RESEARCH ON SOCIAL
EQUITY AND JUSTICE

建立社会公平保障体系与维护社会公平正义研究

孙祁祥　等◎著

图书在版编目(CIP)数据

建立社会公平保障体系与维护社会公平正义研究/孙祁祥等著.—北京:北京大学出版社,2024.7

ISBN 978-7-301-34804-8

Ⅰ.①建… Ⅱ.①孙… Ⅲ.①社会保障—研究—中国 Ⅳ.①D632.1

中国国家版本馆 CIP 数据核字(2024)第 029705 号

书　　　名	建立社会公平保障体系与维护社会公平正义研究 JIANLI SHEHUI GONGPING BAOZHANG TIXI YU WEIHU SHEHUI GONGPING ZHENGYI YANJIU
著作责任者	孙祁祥　等著
责 任 编 辑	兰　慧
标 准 书 号	ISBN 978-7-301-34804-8
出 版 发 行	北京大学出版社
地　　　址	北京市海淀区成府路 205 号　100871
网　　　址	http://www.pup.cn
微信公众号	北京大学经管书苑(pupembook)
电 子 邮 箱	编辑部 em@pup.cn　　总编室 zpup@pup.cn
电　　　话	邮购部 010-62752015　　发行部 010-62750672 编辑部 010-62752926
印 刷 者	天津中印联印务有限公司
经 销 者	新华书店 720 毫米×1020 毫米　16 开本　25.5 印张　454 千字 2024 年 7 月第 1 版　2024 年 7 月第 1 次印刷
定　　　价	98.00 元

未经许可,不得以任何方式复制或抄袭本书之部分或全部内容。
版权所有,侵权必究
举报电话:010-62752024　电子邮箱:fd@pup.cn
图书如有印装质量问题,请与出版部联系,电话:010-62756370

作者感谢国家社会科学基金重大项目"建立社会公平保障体系与维护社会公平正义研究"(13&ZD042)对本研究的大力支持!

前　言

社会公平正义是我国发展的方向和终极目标,原因在于其是人类社会的基本价值追求和行为准则,是促进社会和谐的基本条件,是实现人民美好生活的根本保证。从定义上来说,公平正义是指正直、公平、合理、平等、正义等类似的价值取向、道德规范融为一体后所形成的一种判断标准,具有历史性、合法性、具体性、相对性等特性。从内容上来说,社会公平正义包括权利公平、机会公平以及规则公平,其中权利公平是规则公平的前提和内在依据,机会公平是权利公平的重要补充,而规则公平是权利公平与机会公平的衡量尺度和重要保证。基于社会公平正义的视角构建社会公平保障体系,就需要实现起点公平、过程公平与结果公平的统一,以及横向公平与纵向公平的统一。社会公平保障体系本身包含很多方面的内容,本书从五个篇章展开分析,在理论分析的基础上,重点探讨基本公共教育、基本医疗卫生服务、基本住房保障、社会救助、社会保险和社会福利等几个方面的公平正义情况。

第一篇包含第一章,是理论分析部分,系统全面地对公平正义的内涵外延进行了深度解读,为后文的研究奠定了坚实的理论基础。

第二篇包含第二章至第四章,重点研究我国基本公共服务体系的公平性问题,分析了公共教育、医疗卫生、住房保障等方面的公平性问题。第二章以基本公共教育的公平性为研究对象,分别从起点公平、过程公平和结果公平展开分析,并利用 Hedonic 模型分析义务教育小学阶段教育资源分配不均衡对房价的影响。研究发现,我国以入学率衡量的起点公平存在省际差异,但差异并不大;而以各种教育投入的指标衡量的过程公平省际差异很大,使得义务教育的结果公平也存在明显的省际差异。另外,义务教育小学阶段学校级别类型的划分对"学区房"住宅价格具有显著的正向促进作用。下一步可从以下四个方面构建公平的教育体系:一是改变地区间教育资源投入不公平的现状,对投入不足的地区加以扶持;二是完善教师流动制度,推进教师资源配置优化;三是关注弱势群体,将教育资源更多地向贫困人群倾斜;四是取消义务教育阶段的学校级别划分,促进基础教育公平。

第三章将视角放在基本医疗卫生服务的公平性上,同样从起点公平、过程公平和结果公平展开分析,并利用基于Theil指数分解的方法探讨各因素对医疗服务结果不公平的影响程度。研究发现,从以医疗服务可及性和医疗资源覆盖面衡量的起点公平指标来看,城市和东部地区分别优于农村和中西部地区,而过程公平未存在显著的区域差异;从以患病率和患病天数等指标衡量的结果公平指标来看,城市地区反而略高于农村地区。实证结果表明,收入水平是影响医疗服务结果公平的最重要因素。短期内可从以下三个方面努力构建公平的基本医疗卫生服务体系:一是建立居民健康档案;二是加大人才培养力度,特别是以全科医生为重点的基层医疗卫生服务队伍;三是加强居民保健和疾病预防工作。

第四章探讨了我国住房保障的公平性问题,分别从整体住房保障体系和住房保障政策两方面展开,以北京市为例进行深入分析。研究发现,北京市目前将中等收入群体纳入保障范围,在现有的保障能力下有违公平性原则;目前的保障方式以实物保障为主,缺少出租型保障房,不能保证补贴的公平性和效率性;从政策制定和政策执行两个方面衡量各项住房保障政策的公平性,显示廉租房和公共租赁房的公平性较好,经济适用房的公平性则较差。下一步可考虑从以下几个方面构建我国公平性住房保障体系:一是控制保障范围,规范保障对象;二是逐步改变补贴方式以提高政策的公平性和效率性;三是健全住房保障法律体系;四是充分利用市场机制,拓宽融资渠道。

第三篇是中国社会保障体系的公平正义性研究,重点分析了社会保险、社会救助等方面的公平性问题,包含第五章至第七章。第五章研究了我国养老保险体系的公平性问题,分别从横向及纵向的视角展开深入分析。研究发现,从横向的角度来说,宏观上不同养老保险制度之间存在严重的不公平现象,并且不同地区养老保险待遇差距明显;微观上我国基本养老保险制度实现了一定的收入再分配功能,具有较强的公平性特征。从纵向即代际公平性角度看,目前城镇企业职工基本养老保险能够保证一定的公平性,未显示出显著的代际不公平现象。结合现有研究成果和我国实际,可重点从以下四个角度出发构建我国公平、正义、共享的养老保险制度:一是坚持社会公正基本理念,推进我国养老保险制度改革;二是探寻不公平产生的根源,缩小不同制度之间的待遇差距;三是尽快推进养老保险全国统筹,消减不同区域间的待遇不公平性;

四是加强制度建设以化解可持续性风险,确保代际公平。

第六章以我国医疗保险体系的公平性问题为分析对象,分别从起点公平、过程公平和结果公平三个维度展开分析。研究发现,我国的社会基本医疗保险体系在起点公平方面已较为完善;在过程公平方面,许多制度设计体现了对于低收入居民、欠发达地区的政策倾斜,但在不同制度内和制度间仍存在不公平;在结果公平方面,不同收入群体在住院服务使用率方面不存在明显差异,但不公平性主要体现在实际住院保障水平的巨大制度差异上。下一步可重点从以下五个角度出发构建我国公平、正义的医疗保险制度:一是坚持制度衔接和统筹管理,推进我国医疗保险制度改革;二是积极改进制度内部设计,以减少基本医疗保障的城乡差异;三是积极构建并发挥多层次医疗保障方式的作用,提高医疗保障水平和质量;四是主动给予低收入人群、欠发达地区更多倾斜和扶助;五是尽力改善医疗机构及医疗资源在城乡和区域之间配置的公平性。

第七章研究了我国社会救助体系的公平性问题,从最低生活保障标准的测算方法、城乡和区域三个维度展开深入分析。研究发现:最低生活保障标准测算方法的选择未能体现公平原则,多数贫困线测算方法的依据指向消费支出水平;城乡和区域之间最低生活保障标准均存在较大不公平,其中最低生活保障制度的保障能力上,农村优于城镇。结合我国情况并在借鉴国际经验的基础上,可重点从以下五个方面改进我国最低生活保障制度的公平性:一是坚持最低生活保障标准测算方法一致和简化的原则;二是明确最低生活保障对象的人群分类标准,分类施保;三是区分区域经济发展和消费水平,完善政府财政的分担机制;四是建立最低生活保障对象基础信息库并进行救助规律研究;五是实施统一公布低保标准、变"家计调查"为"家计比较调查"、建立与其他相关制度的衔接机制等。

第四篇主要从国际对比的角度分析了国际上社会公平保障体系与社会公平正义情况,包含第八章和第九章。第八章基于公平正义综合指数,对公平正义程度进行了国际比较研究。从社会的基本制度和资源分配视角出发,提出了公平正义比较的"二维三层"分析框架,并采用层次分析法构造了公平正义综合指数,测算了67个国家的公平正义总体水平。从结果看,总体公平正义水平达到优秀的国家,基本具备较为自由先进的经济环境、完备的法治制度、较高的政府廉洁程度以及较为合理的财富分配比例和社会保障水平;社会公平正义综合评价良好的基本都是发展中国家,这可能是因为发展中国家在现阶段普遍侧重于经济发展,难以兼顾各方面的公平正义。对中国而言,由于社会基础制度建设与收入分配格局改善并非朝夕之功,短期和中期内需重点关注基本公共服务体系和社会保障体系建设。

第九章对国际公平正义保障体系的演进逻辑和主要模式进行了较为系统的考察,以便为理解和解决中国问题提供参考。从纵向历史视角来看,本章研究认为,社会公平正义保障体系的演进,是政策制定者对维持社会稳定、掌握控制权、控制保障成本等多重目标的抉择过程;当前,国际社会公平保障体系的发展与改革更明显地呈现出"底线思维"的特点,各国的政策在从突出"社会保障"到突出"社会保护"转变。从横向国际比较来看,本章将世界范围内的社会公平保障体系划分为"原生型"和"非原生型"两种,原生型社会公平保障体系又进一步划分为自由主义模式、法团主义模式和普世主义模式。代表性国家经验表明,"唯增长论"对社会公平正义乃至经济社会健康发展的负面影响不可小视,需强调不同层次、不同类型制度安排与经济的协调发展,处理好市场和政府的关系,把握好公平与效率的对立统一关系。

第五篇基于前面章节的研究提出了建立社会公平保障体系与维护社会公平正义的战略构想和实施路径,包含第十章和第十一章。第十章提出了建立社会公平保障体系与维护社会公平正义的基本原则与总体思路。我们认为,较为自由先进的经济环境、完备的法治制度、较高的政府廉洁程度以及较为合理的财富分配比例和社会保护水平是社会公平保障体系建立的基础,据此,我们确定并论证了我国未来建立社会公平保障体系与维护社会公平正义的三大基本原则:一是以公平为核心,兼顾效率,以效率促公平;二是以权利公平为基础,以机会公平为关键,以规则公平为保证;三是优化起点公平,保证过程公平,权衡结果公平。最后在这些原则的基础上,提出了建立我国体系完整、结构科学、层次合理和动态持续的社会公平保障体系的总体思路。

第十一章具体给出了建立我国社会公平保障体系的战略步骤与实现路径。我国建立社会公平保障体系存在三大约束条件:一是国民收入分配欠公平,面临"中等收入陷阱"的挑战;二是城乡差距仍然存在,快速城市化进程中各种矛盾十分突出;三是社会政策不公平问题比较严重,需要进一步的法律制度整合。立足于这些约束条件,我们利用系统论的观点规划了我国社会公平保障体系的建设蓝图,拟定了2017—2035年间我国社会公平保障体系建设的战略构想,提出"总体设计,分步实施"的三阶段战略步骤,并据此分别制定了第一阶段（2017—2020年）、第二阶段（2021—2025年）和第三阶段（2026—2035年）基本公共教育、基本医疗卫生服务、基本住房保障、基本养老保险、基本医疗保险和社会救助制度建设的战略发展规划、战略重点和实现步骤。最后利用制度、道德和技术三个要素铺设了我国社会公平保障体系的发展路径，以确保我国社会公平保障体系建设能够顺利地跨越三个战略阶段，实现既定的战略目标。

目 录 Contents

第一篇 社会公平保障体系与社会公平正义：理论研究框架

第一章 完善社会公平保障体系与维护社会公平正义：理论基础与分析框架 / 003
- 第一节 公平正义的内涵与特性 / 003
- 第二节 维护社会公平正义的重要性 / 006
- 第三节 社会公平保障体系的主要内容 / 008
- 第四节 社会公平保障体系自身公平性的判定标准 / 013
- 第五节 社会公平保障体系的构成 / 014

第二篇 中国基本公共服务体系的公平正义性研究

第二章 我国基本公共教育的公平性研究 / 019
- 第一节 我国基本公共教育公平性研究概要 / 019
- 第二节 我国基本公共教育公平性的度量 / 021
- 第三节 基于Hedonic模型的全国就近入学政策分析 / 032
- 第四节 促进我国基本公共教育公平性的政策建议 / 048

第三章 我国基本医疗卫生服务的公平性研究 / 053
- 第一节 我国基本医疗卫生服务公平性研究概要 / 053
- 第二节 我国基本医疗卫生服务公平性的度量 / 060
- 第三节 我国基本医疗卫生服务公平性差异原因分析 / 094
- 第四节 促进我国基本医疗卫生服务公平性的政策建议 / 098

第四章　我国基本住房保障制度的公平性研究　/ 105
　　第一节　我国住房保障公平性的理论研究　/ 105
　　第二节　北京市住房保障政策公平性分析　/ 114
　　第三节　促进我国基本住房保障制度公平性的政策建议　/ 133

第三篇　中国社会保障体系的公平正义性研究

第五章　养老保险体系的公平性　/ 141
　　第一节　研究背景与评估方法　/ 141
　　第二节　养老保险的横向公平性评估:宏观层面　/ 154
　　第三节　养老保险的横向公平性评估:微观层面　/ 164
　　第四节　养老保险的纵向公平性评估　/ 168
　　第五节　建立健全公平养老保险体系的政策建议　/ 171

第六章　医疗保险体系的公平性　/ 182
　　第一节　引　言　/ 182
　　第二节　我国社会医疗保险起点公平性度量　/ 193
　　第三节　我国社会医疗保险过程公平性度量　/ 203
　　第四节　我国社会医疗保险结果公平性度量　/ 217
　　第五节　建立健全公平社会基本医疗保险体系的政策建议　/ 230

第七章　社会救助体系的公平性研究　/ 242
　　第一节　研究背景与研究现状　/ 242
　　第二节　最低生活保障制度标准确定方法的公平性研究　/ 248
　　第三节　最低生活保障制度公平性评估　/ 253
　　第四节　最低生活保障制度公平性的国际实践　/ 265
　　第五节　建立健全公平最低生活保障制度的政策建议　/ 270

第四篇　社会公平保障体系与社会公平正义：国际比较研究

第八章　公平正义程度的国际比较：基于公平正义综合指数的研究　/ 279
　　第一节　研究背景与现状　/ 279

　　　　第二节　公平正义综合指数的构建　/ 283
　　　　第三节　公平正义的国际比较　/ 306

第九章　国际公平正义保障体系的演进、模式与经验　/ 324
　　　　第一节　国际公平正义保障体系的演进与逻辑　/ 324
　　　　第二节　国际公平正义保障体系的模式与代表性经验研究　/ 339
　　　　第三节　对我国的主要启示　/ 353

第五篇　建立社会公平保障体系与维护社会公平正义：战略构想及实施步骤

第十章　基本原则与总体思路　/ 363
　　　　第一节　建立社会公平保障体系的基本原则　/ 363
　　　　第二节　建立社会公平保障体系、维护社会公平正义的总体思路　/ 369

第十一章　约束条件、战略步骤与实现路径　/ 373
　　　　第一节　建立社会公平保障体系、维护社会公平正义的约束条件　/ 373
　　　　第二节　建立社会公平保障体系、维护社会公平正义的战略步骤　/ 379
　　　　第三节　建立社会公平保障体系、维护社会公平正义的实现路径　/ 386

后　记　/ 397

第一篇

社会公平保障体系与社会公平正义：
理论研究框架

第一章 完善社会公平保障体系与维护社会公平正义：理论基础与分析框架

公平正义是人类社会的基本价值追求和行为准则，是人民美好生活的根本基础。因此，维护社会公平正义非常重要。随着中国经济社会发展进入新时代，完善社会公平保障体系、维护社会公平正义日益成为国家和人民关注的重大议题。全面深化改革的重要任务，就是加紧建立健全对社会公平正义具有重大作用的制度，逐步建立起以权利公平、机会公平、规则公平为主要内容的社会公平保障体系，以制度保障公平的社会环境，保证人民平等参与、平等发展和平等享有机会的公平，促进社会公平正义。基于此，本章主要分析完善社会公平保障体系与维护社会公平正义的理论基础，并提出基本分析框架。本章包括以下几个部分：第一，分析公平正义的内涵及其历史性、合法性、具体性、相对性等特性；第二，分析维护社会公平正义的重要性，考察公平正义作为人类社会的基本价值追求和行为准则，对于促进社会和谐以及实现人民美好生活的重大意义；第三，从权利公平、机会公平与规则公平的角度考察社会公平保障体系的主要内容；第四，从起点公平、过程公平与结果公平，以及横向公平与纵向公平等维度分析社会公平保障体系自身公平性的判定标准；第五，提出社会公平保障体系的构成，包括基本公共教育、基本医疗卫生服务、基本住房保障等基本公共服务体系，以及社会救助、社会保险和社会福利等社会保障制度。

第一节 公平正义的内涵与特性

公平正义是在人类不断的生产实践中形成的重要价值取向，作为人类基本的行为规范以及永恒的价值追求已有数千年的历史。古往今来，无论文明兴衰还是朝代更迭,公平正义始终是一个焦点话题,它既是人类社会追求的理想目标,也是真实世界中敏感的现实问题;既涉及机会、权利、利益的分配过程,也涉及人们对这些过程的结果的评判。但是,由于公平本身所具有的抽象性、概括性、历史性以及个体认知的差异性,人们对其不但在客观上很难给出确定的参照标准,而且在主观上也表现出多角度、多层次的思维趋向,在理论上和实践中都充满争议与矛盾。

一、公平正义的内涵

从历史角度看,各国学者对公平正义问题的思考和讨论,最早可以追溯至两千多年前的古希腊。亚里士多德(2007)将公平正义准则以及准则的应用规范划分为两类:一类体现在对于财富、权力、社会地位以及其他相关社会资源的分配状况公平正义与否,即分析每个个体所获得的资源是否均等;另一类则反映在私人交易过程中社会的矫正作用,以保证交易环节的公平正义。随着社会的进步与人类认知的拓展,学者们不断提出各种思路,譬如,从社会能否保护人类正当的权益出发,从权利与义务的分配是否恰当进行考量,从个体满意程度的视角进行研究。

公平正义内涵甚广,仅从字面便可以读出公平、平等、公正、正义等多种含义。在现实中,公平更多被用来衡量各个领域内的利益分配格局,例如收入分配平等、政治权利平等、接受教育的机会平等、医疗保障平等;正义则主要关注个体的行为状态,强调个体间的利益对等,更像是一种意识理念,通过鼓励人们明辨是非、惩恶扬善,从而维护良好的社会风气。违背正义的行为往往可以被社会道德、媒体舆论、法律法规等认定、约束、规范、惩戒。公平与正义虽然存在一定差异,但它们在精神层面所蕴含的内在联系不可忽视。它们都包括了正面的社会道德和价值判断。只强调不具备正义属性的公平只不过是平均主义,简单的、形式上的均等反而会引起社会混乱、降低经济效率;而正义失去了公平的支撑,也只能是无稽之谈。因此,二者水乳交融,不可分割。

总而言之,公平正义就是正直、公平、合理、平等、正义等类似的价值取向与道德规范融为一体后所形成的一种判断标准,它引导人类明辨是非、拨乱反正。公平正义有助于形成良好的社会环境和友善的人际关系,有助于维系人民幸福,促进社会稳定。

二、公平正义的特性

公平正义涉及对基本权利和义务进行分配①,人们对其的理解往往存在巨大的差异。即使其他条件都很接近,但仅仅因为政治阵营的不同,国与国之间的公平正义标准就可能千差万别,原因在于公平正义具有一些特殊的性质。整体而言,公平正义具有历史性、合法性、具体性和相对性等四方面的特征,现分述如下:

(一)历史性

公平正义的内容与人类发展历史阶段密切相关,随历史进程不断调整。社会发展进步实质上是人类不断追求公平正义的必然结果。伴随着历史的演进,公平正义的内涵发生了巨大的变化,人们对公平正义的认知也随之改变。在原始社会时期,由于生产力条件极为低下,人类甚至无法保障最基本的生存条件,在食物分配方面,通常强壮的、具备较强劳动能力的个体具有优先权,这可以说实现了某种程度的资源优化配置,但绝对算不上公平正义。奴隶制社会强调的公平正义必须符合奴隶主的利益,是一种建立在剥夺奴隶阶级自由权利以及劳动成果基础上的、在后世看来极其不公平的理念。在封建社会中,生产资料仍然归统治阶级所有,社会舆论推崇皇权神圣,认为"普天之下,莫非王土"的价值理念代表正义。这种社会制度虽然在某种意义上保护了部分社会底层群体的利益,然而其根本目的仍然是维护不平等的社会关系,此时的"公平正义"无法真正地实现社会和谐。资本主义是当今世界最流行的经济制度,虽然仍然以私有制为基础,但是国家机器运转方式、资源的分配状况以及社会的价值理念相比以前实现了大幅改良,居民生活状况以及社会文明程度已经具备较高的公平正义水准。尽管如此,以马克思、恩格斯、尼尔森为代表的学者仍然认为生产资料私有制无法带来真正的正义,只有以生产资料公有制为基础的共产主义(社会主义)社会才可以真正实现人人平等。在分配制度环节,社会主义国家通过分配正义来维护广大劳动人民的根本利益。从制度设计的角度来看,社会主义相比其他社会制度更加具备实现公平正义的先天优势(马克思和恩格斯,2012)。回顾历史,生产力的发展总是可以决定生产关系,进而推动历史进步的。因此公平正义具备历史性特征,当它处于不同的生产力阶段、面对不同的历史选择时,就会产生不同的价值含义。

---

① 美国政治哲学家约翰·罗尔斯在《正义论》中强调了分配的正义,认为社会分配状况直接反映公平正义状况。

(二)合法性

公平正义不是无限制的,它通常需要被控制在适当的社会的规则范围之内,也不能凌驾于法律法规之上。在法制正义的前提下,任何个体一旦违反了法律法规,都应当被认定是违背公正原则的,理应受到法律的惩罚。社会公平正义不仅要求合乎情理,更要求合乎律法,二者缺一不可。所以,在讨论公民的权利与义务时,法治原则是必须遵循的原则,更是实现公平正义的坚实基础与坚强后盾。公平正义的合法性是双向的,法律赋予公民必要和正当的权利是社会公平正义的体现;公民遵纪守法,维持良好的公共秩序则是社会公平正义的另一个方面。

(三)具体性

具体性指针对不同环境、不同领域和不同状态,公平正义通常具备各不相同的含义,具体状况需要具体分析。在社会范畴,公平正义主要强调社会制度公平、政治制度公平以及经济制度公平,尤其重视社会保障体系以及居民的基本生存需求;在政治范畴,公平正义体现在每个社会成员是否有参与政治活动的权利;在经济范畴,则要求人们在参与社会经济活动时可以获得在公平、公开的市场上按照等价交换原则进行公平交易的权利;此外,在其他语境中,如教育、卫生等范畴,公平正义的具体性所带来的结果同样是各不相同的。具体性要求在讨论公平正义时必须考虑所处的环境因素,针对特定的问题,进行客观具体分析进而找出与之相对的答案,一切抛开实际情况的空想空谈都是没有意义的。

(四)相对性

公平正义相对性有两层含义:其一,衡量任何一种事物时都需要选择一个合理的标准,并且随着标准的改变,对该事物做出的评价也需要随之改变。这意味着公平正义是有条件的,是受制约的,是特殊的,是可以改变的。其二,没有绝对的公平正义,追求绝对的平均主义往往是与公正背道而驰的。平均主义笼统地追求绝对公平,缺乏对实际状况充分的考察,忽视效率的作用,对全部成员都给予平均分配,通常是难以持续的。

第二节 维护社会公平正义的重要性

维护社会公平正义是我国进一步深化改革的出发点和落脚点。之所以将社会公平正义放到这么重要的位置,是因为公平正义不但是人类社会的基本价值追求和行为准则,而且是促进社会和谐的基本条件,是实现人民美好生活的根本保证。

一、公平正义是人类社会的基本价值追求和行为准则

公平正义观深深地根植于人性之中,是千百年来人类社会不懈追求的永恒价值理想,在人类的思想发展史和社会发展史上有着举足轻重的地位。美国著名政治哲学家约翰·罗尔斯(John Rawls)指出:"正义是社会制度的首要价值,正像真理是思想体系的首要价值一样。"(罗尔斯,2001)公平正义是人类社会的本质要求,它既是一个历史观、价值观的问题,也是一个制度体系问题,更是衡量一个社会文明发展程度的重要标志。人类社会古今中外的发展史已经证明,公平正义是人类社会发展到现代社会制度设计的基本依据。它对于实现社会发展的基本宗旨、保证社会的正常运转和健康发展有着极为重要的意义。

在人类社会发展进程中,人们对未来理想社会的期待和设计,始终贯穿着对公平正义的向往与追求。公平正义是人类社会具有永恒价值的基本理念和基本行为准则(赵进斌,2015),是社会安全运行和健康发展的基本前提,只有遵循公平正义的规则,才能使社会各个阶层之间实现良性的互动,形成有效的、持续的整合与合作;才能使绝大多数社会成员都受益,充分激发各个阶层以及绝大多数社会成员的潜能,从而实现真正意义上的良性可持续发展。一个正常的、健康的社会必是以公平正义为基础的社会(郭于华,2012)。

二、公平正义是促进社会和谐的基本条件

我国传统文化与西方伦理文化都认为,公平正义是保证社会和谐的基本前提(程立显,2007)。和谐理念的终极目标在于实现社会和谐,而社会公平正义则是实现社会和谐的基本条件。显然,在一个公平正义不能得到有效维护的社会中,每个人都有普遍的弱势感(孙立平,2014),没有和谐可言。不公平、不正义会激化社会成员之间的冲突,造成各种危机,不但危及经济发展,而且不利于社会稳定。实现社会和谐,则需要践行公正的原则,使不同的社会成员在自由行动中相互调适,达到各种利益相对均衡的状态。因此,在康德看来,公平正义是大量的个人意志实现和谐的基本条件。①

公平正义之所以是社会和谐的基本条件,是因为它在道德体系中居于

---

① 康德指出:"公正法则是确保社会和平与和谐的必要而充分的条件——如果完全地贯彻了这一法则,那么大量的个人意志就能在人们的自由行动中实现完美的和谐。"参见康德(1960)。

最核心的地位。正如《美国百科全书》所言,公正"不取决于人们关于它究竟是什么的想法,也不取决于人们对自以为公正之事的实践,而是以一切人固有的、内在的权利为其基础的;这种权利源于自然法面前人人皆有的社会平等"。

三、公平正义是实现人民美好生活的根本保证

人民的美好生活是多维目标的集成,承载着人民对经济、政治、社会、文化、生态等多重领域的美好期许。党的十九大报告作出了我国社会主要矛盾已经发生转化的判断①,即随着我国经济社会发展水平和人民生活水平不断提高,人民群众的公平意识、民主意识、权利意识不断增强,对社会不公问题的反映越来越强烈,迫切期待在社会生活中实现公平正义,公平正义已经成为人民美好生活需要的重要组成部分。

实现人民美好生活,就是要解决经济社会领域的不公平、不正义造成的发展不平衡和不充分问题。② 因此,要以促进社会公平正义作为全面深化改革的出发点和落脚点,按照公平正义的标准来寻找经济社会发展中的突出问题,确定全面深化改革的突破口,破除损害公平正义的体制机制障碍,促进平衡发展和充分发展。

第三节 社会公平保障体系的主要内容

为了维护社会公平正义,要逐步建立和完善以权利公平、机会公平和规则公平为主要内容的社会公平保障体系。其中,权利公平是规则公平的前提和内在依据,只有在个体权利平等的基础上才能真正形成对于每个人都具有同样约束力的规则,机会公平则是权利公平的重要补充,而规则公平是权利公平与机会公平的衡量尺度和重要保证,没有规则就没有公平的实现。

---

① 党的十九大报告提出,"我国社会主要矛盾已经转化为人民日益增长的美好生活需要和不平衡不充分的发展之间的矛盾""人民美好生活需要日益广泛,不仅对物质文化生活提出了更高要求,而且在民主、法治、公平、正义、安全、环境等方面的要求日益增长"。

② 当前,发展不平衡不充分已经成为满足人民日益增长的美好生活需要的主要制约因素。尽管造成发展不平衡不充分的原因是多种多样的,其中不乏历史、地理环境等原因,但归根结底是由经济社会领域的不公平、不正义造成的。因此,要实现人民的美好生活就必须突破不平衡不充分发展的主要制约因素,通过平衡且充分的发展满足人民当前的美好生活需要,并为预期的美好生活需要提供现实基础。在这个意义上,公平正义既是实现人民美好生活的重要目标,又是实现人民美好生活的根本保证。

一、权利公平

权利公平①要求公民对基本权利的享有不能因为出身、职业、财富等不同而区别对待。古希腊著名的改革家、政治家梭伦（Solon）等人"正义在于应得"的公平正义观，即内含了一种权利观念。近代以来，托马斯·霍布斯（Thomas Hobbes）和约翰·洛克（John Locke）等以自然权利为基础的公平正义观，把公平正义上升到政府权力的来源、社会制度构建的高度，同时也使以权利为基础的公平正义观增强了法律的权威性。当代以来，罗伯特·诺齐克（Robert Nozick）从个人对财产的持有权利发展出了持有正义的三原则，即获取正义原则、转让正义原则和矫正正义原则，并使之成为程序正义的基础。总之，在对西方公平正义观考察与评析的基础上我们可以看出，权利公平是其最重要的内涵，因为只有在个体权利公平的基础上，才能真正形成对于每个人都具有同样约束力的规则。

这里的权利首先体现为一种消极意义上的权利，即个人行动不受他人干涉的区域。这种权利在柏拉图那里是"不干涉他人做自己的事"，而到了近代以霍布斯、洛克为代表的自然法学派那里，则是指公民的生命、自由和财产权利不受侵犯的权利。当代的自由至上主义者仍然秉承了对于公民自由与财产的保护等消极意义上的权利。罗尔斯的自由的平等原则，把公民平等的权利具体化为政治自由、言论和集会自由、良心的自由与思想自由、组织政治团体的自由、选择职业的自由、保障个人财产的权利、依法不受任意逮捕和剥夺财产的自由等方面，仍然是消极意义上的权利观。消极权利的特点是只需要他人负有消极的、不侵犯的义务即可实现，不需要他人的积极行为（王建勋，2013）。而与消极权利相对应的是"积极权利"，即依赖他人的积极行为才能实现的权利，诸如劳动权、健康权、受教育权、物质帮助权、福利权等，需要他人的积极作为才能实现。对于积极权利，古代的梭伦、柏拉图、亚里士多德，近代的霍布斯、洛克与当代的诺齐克、哈耶克等人都予以反对，罗尔斯则是在坚持消极意义上的自由的前提下，通过差异原则赋予社会弱势群体一定限度的积极权利。坚持实质自由（权利）的阿玛蒂亚·森（Amartya Sen）则更多在两者之

---

① 权利公平是指共同体中的每一个成员都具有同样的尊严和权利。权利公平囊括了生存权和发展权，强调每个人有权参与、促进并享受经济、政治、文化和社会发展。从内容上看，权利公平包括法律规定的诸多方面的权利，如政治权利、社会经济权利、获得救助的权利等。权利公平是社会公平保障体系中最为基础和核心的内容。没有基本权利的公平，就谈不上其他公平。

间寻求折中。

同时,权利的另一面是义务,权利的实现往往以义务的履行为前提。"正义在于应得"表明,我们不仅应得我们的善(奖赏),我们也应得我们的恶(惩罚);德谟克利特明确提出,"正义要人尽自己的义务""各尽其责,各安其分";柏拉图希望建构一个恪守本分、各尽其责、各得其所的正义"理想国";亚里士多德则主张分配正义、交换正义与矫正正义。上述论述无不体现了权利与义务相对应的理念;到了近代,霍布斯以社会契约的论说增强了权利、义务之间的关联与强制性执行力;洛克从自然法出发,提出了人类需要遵循不侵害他人的基本人权,以及依据劳动获得财产两条最基本的正义原则。事实上,每个人在享有这两方面权利的时候,也应履行不侵害他人这两方面权利的义务。当代的诺齐克、哈耶克等人所持有的公平正义观则认为,个人(财产或自由)权利的实现,需要履行相应的义务。由此可见,公平正义在某种程度上就是对权利与义务的恰当分配。

二、机会公平

机会公平[①]包含两种情况:第一种是形式上的公平。形式上的公平是指每个人都有达到某个目的的相同可能性,即社会上的任何职务和地位在形式上向每个人开放,没有任何种族或身份的限制,对于这些职务和地位,每个人拥有平等的权利。第二种是实质上的公平。实质公平即考虑到公众是否具有达到一个既定目标的相同手段。由于在现实生活中每个人利用机会、资源的能力是不一样的,如果对于实质公平过分注重和强调,可能会损害机会在形式上的公平。因此,对于机会的实质公平主要应考虑阿玛蒂亚·森所谓的基本可行能力,即通过增强社会中弱势群体的可行能力的方法,促使其具有更多的实现既定目标的手段,而不是为了迁就社会中一部分弱势群体而制定出限制另一部分人群才能发挥的所谓的实质公平的政策。比如,为小学义务教育提供相应的设施,如校舍、课桌椅和教具,为贫困家庭适龄儿童提供"两免一补"(免杂费、免书本费、补助生活费)等。如果没有这些措施,义务教育的机会公平就是一句空话。在这里,机会的公平既是参加某种活动的权利公平,也是获得行使权利的相应条件的公平。可见,为了使社会成员获得实质公平的机会,应当注重起点公平,以确保大家在迈向同一目标的过程中是公平竞争的。具

---

① 机会公平也称作起点公平,是人们在参与经济、政治、社会事务的机会上,在获得各种资源的可能性上,处于同一条起跑线。机会公平要求社会毫不偏袒地为所有人提供同等的机会。

体而言,政府和社会应该提供均等的基本公共服务,使具有相似禀赋和动机的人通过自己的努力能够获得大致平等的受教育和其他方面的机会,不会因为社会出身的不同而受到影响。

在市场经济条件下,机会公平主要是指竞争机会平等。① 市场经济体制与传统的计划经济体制之间的根本差异之一,就在于平等的竞争机会的有无。传统体制的失败,从表面上看,是因为否定市场经济、排斥市场机制,但更为深刻的原因,则在于它忽视人性,缺乏竞争机会平等这一催人奋进的机制,而市场经济则承认并保护竞争机会的平等。

收入平等损害效率原则的实施,进而妨碍经济效率的提高。与之相反,竞争机会平等体现着一种公平。所以竞争机会均等与效率在通常情况下是同步进行的。机会不平等导致非效率,机会平等则产生效率,更高程度的机会平等产生更高的效率。②

三、规则公平

规则是一种可以从正当与否的角度来评价的有关人类行动的普遍的规范性命题。尽管西方古代的公平正义理念中蕴含着一定程度的"德性"与"善"的因素,但是,公平正义无不以一定的行为或规范为表现形式。虽然西方古代哲人们没有明确提出普遍性的规则公平,但其公平正义观中都蕴含规则公平的意识,如梭伦等人"应得"的公平正义观首先体现的是一种不偏不倚的规范。德谟克利特的"各尽其责,各安其分"即隐含了对利益(角色)的合理分配原则。亚里士多德看到了法律的普遍制约性,他认为法律是集中了众人智慧而制定的普遍法则,法律不仅制约一般公民,统治者也不能居于法律之上而逾越法律的约束。

---

① 竞争机会平等是指,在承认竞争起点可能不平等(如人的自然不平等、企业实力不平等、规模大小不平等)的前提下,竞争活动的参与、竞争规则的公正、竞争过程的透明、竞争结果的有效。其中,竞争活动的参与是指每个微观主体都有自主选择参与竞争活动的权利。他们可以放弃这个权利,但必须首先拥有这个权利。实施还是放弃参与竞争活动这一权利的"权利"完全由微观主体自己决定。竞争规则的公正是指竞争过程中的规则对于参与竞争的每一个人来说都具有同等的效力。规则是"不偏不倚"、不分亲疏的。竞争过程的透明是指竞争规则人所共知,竞争在公开状态下进行,不允许有内幕交易或操纵。竞争结果的有效是指参加竞争活动的主体必须承认和接受竞争的最终结局。无论是输家还是赢家,只要你选择了权利,就必须承担义务;你接受了竞争的逻辑,就必须接受这一逻辑的结果。没有人能够凭借特权取得收益的"附加权"和亏损"豁免权"。参见孙祁祥(1993)。

② 从这个意义上说,竞争机会平等化的程度是衡量一个社会市场经济成熟度的重要标志。市场经济体制的重要目标就是建立竞争活动的参与、竞争规则的公正、竞争过程的透明、竞争结果的有效这一竞争机会平等的机制。参见孙祁祥(1993)。

到了近代,作为西方启蒙运动早期代表的霍布斯依据自然状态假说指出,国家是人们通过社会契约创造的,君权是人民授予的。正是在每个公民具有普遍权利的基础上,依据社会契约形成了每个公民必须遵守的普遍规则。从这个角度而言,普遍性的规则一定是建立在公民的个体权利的基础之上的。洛克基于对个人自由、生命和财产的保护提出了以财产所有权为基础的公平正义观,从而使公平正义观在实际上外化为一种普遍的规则。以自由平等主义著称的罗尔斯则明确提出自己的公平正义观旨在确立一种为全体社会成员所普遍认同并严格执行的正义原则。哈耶克、诺齐克同样认为,应该建立保护个人自由与财产权的规则。

规则公平[①]主要体现在规则的同一性与平等性上,它包含以下三个方面的内容:第一,阻碍部分人发展的人为障碍都应该被消除;第二,个人所拥有的任何特权都应该被取消;第三,国家为了改进人们的状况而采取的措施,应该同等适用于所有人(哈耶克,1997)。规则公平是合理分配公民权利与义务的重要保障。规则公平一方面要求规则面前人人平等,没有区别对待;另一方面也强调,若规则被人们认真遵守,则无论可能产生什么样的结果,都应该为人们所接受。

为了确保分配结果(尽管不平等)是符合公平正义原则的,规则公平需要满足如下两方面条件:其一是机会公平,其二是规则达成的适当性。布坎南认为,公正程序的达成要以公民对程序的一致同意为前提。他指出,"正义规则就是在参赛者的特殊地位受确认前和在比赛本身开始之前经所有参赛者同意的规则。如果参赛者对它同意,这个规则就是公正的,而不是因为规则公正使参赛者同意"(布坎南,1988)。而在哈耶克看来,一般性(有效的)规则通常是经过长期试错与竞争的历史演化形成的,政府所要做的就是发现并遵守这些规则而不是人为地去建构一套行为规则。

另外,与规则公平相对应的是实质公平,它所指的是人们关于事实平等和结果平等的一种价值追求。通常而言,实质公平会涉及对社会特定群体进行利益分配的问题。公平正义囿于对分配结果平等的一味追求,将会使我们陷入绝对平均主义的泥潭而损害效率。同时,这必将侵蚀个人的财产权。此外,使用强制性再分配手段也会威胁到公民的自由,因而,规则公平优先于实质公平。

---

① 规则公平也称作程序公平,指所有社会成员都必须遵守法律、法规,所有行为都必须受到法律的约束。规则公平主要体现了法治的理念,法治的核心是法律面前人人平等。如果说机会公平是起跑线上的公平的话,那么,规则公平则是在起跑以后,对人们在竞争全过程中必须遵循同样规则的要求。

第四节　社会公平保障体系自身公平性的判定标准

为了维护社会公平正义,社会公平保障体系自身首先必须是公平的,否则可能会沦落为不公平、不正义的推手。例如,制度设计合理的社会保障有助于调节贫富差距,但产生"正福利"效果的前提是社会保障制度自身公平。如果制度本身不公平,则社会保障制度有可能沦为"零福利"或"负福利",即对贫富差距产生逆向调节。为了实现社会公平保障体系自身的公平性,需要在时序上实现起点公平、过程公平与结果公平的统一,以及在时空分布上实现横向公平与纵向公平。

一、起点公平、过程公平与结果公平

从时序的角度看,公平可以分为起点公平、过程公平与结果公平,三者互相衔接,互相影响,互为条件。为了维护社会公平正义,社会公平保障体系要致力于实现起点公平、过程公平与结果公平。

其中,起点公平主要是指居民享有平等的权利与机会。因此,实现基本公共服务在城乡、地区、行业之间均等化,打破城乡、地区、行业分割和身份、性别歧视,保障劳动者就业机会公平都将有助于提升起点公平。

过程公平主要是指居民按照公正的规则参与竞争。因此,打破行政垄断型性的市场壁垒,充分对内、对外开放市场,有效约束权力的运行,使权力在"阳光"下运行,改善营商环境,将有助于市场主体实现在竞争过程中的公平。

结果公平主要是指居民的所得和收益与其付出和贡献相称。结果公平建立了一种所得与付出紧密相连的正向激励机制,很大程度上是实现了起点公平和过程公平之后的自然结果。

二、横向公平与纵向公平

平衡和保障社会各个群体之间的利益,是推动社会公平保障体系改革和发展的关键。要维护社会公平正义,就需要统筹考虑横向公平与纵向公平,在不同群体之间取得利益平衡。

"横向公平"一般包含两层意思:第一,最低标准(minimum standards)的平

等性,即政府对国民生存与发展所必需的某些物品或服务①,应设立最低供给线,满足民众的"基本需要",并保证在已经确定的最低水平上实现均等供给;第二,平等的可及性(equal access),即民众至少可以在最低标准下拥有平等的机会获取这些物品和服务(巴尔,2003)。显然,能否达成横向公平,是衡量一个社会公平保障体系运行良好与否的重要标志。

"纵向公平"主要是指"代际公平",即不同代之间权利和义务配置的公平性问题。这是养老保险改革中广受关注的一个重要问题。② 要实现纵向公平,就需要社会公平保障体系平等地尊重每一代人的权利:一方面,要有效应对老年群体的长寿风险,防范和减少老年贫困现象的发生,并促进养老金制度的经济适应性;另一方面,要建立缴费和待遇之间的关联机制,形成多缴多得的正向激励,提升养老金制度可持续发展的能力。

第五节 社会公平保障体系的构成

为了维护社会公平正义,必须完善基本公共教育、基本医疗卫生服务、基本住房保障等基本公共服务体系,以及社会救助、社会保险和社会福利等社会保障制度。

一、基本公共服务体系

基本公共服务通常是指由政府主导提供,满足全体公民基本需求的公共服务。③ 完善基本公共服务体系的目标是实现基本公共服务均等化④,其核心是促进机会均等,重点是保障人民群众得到基本公共服务的机会,而不是简单

---

① 诸如食品、卫生、医疗、教育、住房等。
② 在现收现付养老模式中,代际养老是其内在的逻辑,即上一代的养老福利通常由下一代来承担;然而,随着老龄化程度的不断加剧,人口赡养比不断上升,依靠代际养老的现收现付制面临财务可持续性的压力。为应对老龄化社会的挑战,世界各国纷纷对养老金制度进行改革,许多国家采取参数改革的方式对养老金的计发系数、资格条件或待遇标准进行调整,也有一些国家开始由现收现付向基金制转轨或引进基金制的内容对养老金模式进行改革等。以代际养老为核心的现收现付制向完全或部分积累的基金制的转轨要求年轻一代不仅为自己缴费,还得承担上一代的养老责任,参数改革则有可能为了养老金的收支平衡而让晚退休的一代在养老待遇方面受损。因此,试图通过改革来提高代际的再分配力度以实现养老基金的收支平衡,将不可避免地涉及"代际公平"问题。
③ 基本公共服务一般包括保障基本民生需求的教育、就业、社会保障、医疗卫生、计划生育、住房保障、文化体育等领域的公共服务,广义上还包括与人民生活环境紧密关联的交通、通信、公用设施、环境保护等领域的公共服务,以及保障安全需要的公共安全、消费安全和国防安全等领域的公共服务。
④ 基本公共服务均等化是指全体公民都能公平可及地获得大致均等的基本公共服务。

的平均化。享有基本公共服务是公民的基本权利,保障人人享有基本公共服务是政府的重要职责。推进基本公共服务均等化,是全面建成小康社会的题中应有之义,对于促进社会公平正义、增进人民福祉、增强全体人民在共建共享发展中的获得感,都具有十分重要的意义。

国家"'十三五'基本公共服务清单"包括公共教育、劳动就业创业、社会保险、医疗卫生、社会服务、住房保障、公共文化体育、残疾人服务等8个领域的81个项目。在这8个领域中,公共教育、劳动就业创业、社会保险、医疗卫生和住房保障对人民生活的影响较大,本节将着重评估公共教育、医疗卫生、住房保障等基本公共服务体系的公平正义性,分析造成这些体系不公平、不正义的原因,探讨构建公平正义的公共教育、医疗卫生以及住房保障的路径,维护社会公平正义。同时,本书还将基于公平正义综合指数,对国际基本公共服务体系的公平正义程度进行比较,考察国际基本公共服务体系的演进、模式与经验。最后,本书借鉴国际社会基本公共服务体系改革与发展的经验,结合中国的具体国情,提出我国未来完善基本公共服务体系、维护社会公平正义的基本原则、总体思路、战略构想、战略重点、约束条件和实施路径。

二、社会保障制度

社会保障是为公民基本生活提供经济保障的制度安排。我国社会保障制度主要由社会救助[1]、社会保险[2]、社会福利[3]、优抚安置[4]等组成。

在我国的社会保障体系中,社会保险制度居于核心地位。在社会保险制

---

[1] 社会救助是指国家和社会对由于各种原因而陷入生存困境的公民给予财物接济和生活扶助、以保障其最低生活需要的制度。社会救助作为社会保障体系的一个组成部分,其目标主要是反贫困与缓解生活困难。我国社会救助主要包括城乡居民最低生活保障、医疗救助、临时救助、农村五保户社会救济等。

[2] 社会保险是一种为丧失劳动能力、暂时失去劳动岗位或因健康原因造成损失的人提供收入或补偿的一种社会和经济制度。社会保险计划通常由政府执行,强制某一群体将其收入的一部分作为社会保险税(费)形成社会保险基金,在满足一定条件的情况下,被保险人可从基金获得固定的收入或损失的补偿,其目标是保证物质及劳动力的再生产和社会的稳定。社会保险的主要项目包括养老保险、医疗保险、失业保险、工伤保险、生育保险以及长期护理保险。在我国,社会保险是社会保障体系的重要组成部分,在整个社会保障体系中居于核心地位。

[3] 社会福利是指国家依法为所有公民提供旨在保证一定生活水平和尽可能提高生活质量的资金及服务的社会保障制度。在实践中,主要为生活能力较弱的儿童、老人、残疾人士、精神病人等提供社会照顾和社会服务。

[4] 优抚安置是指国家对从事特殊工作者及其家属,如军人及其亲属予以优待、抚恤、安置的一项社会保障制度。在我国,优抚安置的对象主要是烈军属、复员退伍军人、残疾军人及其家属;优抚安置的内容主要包括提供抚恤金、优待金、补助金,创办军人疗养院、光荣院,安置复员退伍军人等。

度中,养老保险和医疗保险覆盖的人群最广,筹资规模最大,与大多数人的生活关系最为密切,公众对其公平性的诉求最为强烈。此外,社会救助是国家和社会对依靠自身能力难以维持基本生活的公民提供的物质帮助与服务,是实现底线保障和维护公平正义的基础性制度安排。因此,本书将着重评估养老保险体系、医疗保险体系以及社会救助体系的公平正义性,探讨构建公平正义的养老保险体系、医疗保险体系以及社会救助体系的路径,维护社会公平正义。同时,本书还将基于公平正义综合指数,对国际社会保障制度的公平正义程度进行比较,考察国际社会保障制度的演进、模式与经验。最后,本书将借鉴国际社会保障制度改革与发展的经验,结合我国的具体国情,提出我国未来完善社会保障制度、维护社会公平正义的基本原则、总体思路、战略构想、战略重点、约束条件和实施路径。

本章参考文献

[1] 巴尔.福利国家经济学[M].郑秉文,穆怀中,译.北京:中国劳动社会保障出版社,2003.
[2] 布坎南.自由、市场与国家[M].吴良健,桑伍,曾获,译.北京:北京经济学院出版社,1988.
[3] 程立显.论社会和谐与公平正义[J].江苏大学学报(社会科学版),2007(3):1-5.
[4] 郭于华.社会生态自救与重建之道[J].人民论坛·学术前沿,2012(36):51-57.
[5] 哈耶克.自由秩序原理[M].邓正来,译.北京:生活·读书·新知三联书店,1997.
[6] 康德.实践理性批判[M].关文运,译.北京:商务印书馆,1960.
[7] 罗尔斯.正义论[M].何怀宏,何包钢,廖申白,译.北京:中国社会科学出版社,2001.
[8] 马克思,恩格斯.马克思恩格斯选集:第3卷[M].北京:人民出版社,2012.
[9] 诺齐克.无政府、国家和乌托邦[M].姚大志,译.北京:中国社会科学出版社,2008.
[10] 桑德尔.自由主义与正义的局限[M].万俊人,等,译.北京:译林出版社,2001.
[11] 森.贫困与饥荒[M].王宇,王文玉,译.北京:商务印书馆,2001.
[12] 森.正义的理念[M].王磊,李航,译.北京:中国人民大学出版社,2012.
[13] 孙立平.公平正义的实现必须基于法治[J].北京日报,2014-3-24(17).
[14] 孙祁祥.市场经济与竞争机会的平等[J].经济研究,1993(8):53-57,76.
[15] 王建勋."积极自由(权利)"的迷思[J].交大法学,2013(2):78-79.
[16] 亚里士多德.尼各马可伦理学[M].王旭凤,陈晓旭,译.北京:中国社会科学出版社,2007.
[17] 亚里士多德.雅典政制[M].日知,力野,林志纯,译.北京:商务印书馆,1959.
[18] 亚里士多德.政治学[M].吴寿彭,译.北京:商务印书馆,1965.
[19] 赵进斌.全面深化改革与公平正义的制度建设[EB/OL].(2015-10-19)[2019-09-20].http://www.aisixiang.com/data/92999.html

第二篇

中国基本公共服务体系的公平正义性研究

《国家基本公共服务体系"十二五"规划》指出,基本公共服务是建立在一定社会共识基础上,由政府主导提供的,与经济社会发展水平和阶段相适应,旨在保障全体公民生存和发展基本需求的公共服务。基本公共服务应该要保障基本的民生需求,包括教育、就业、社会保障、医疗卫生、计划生育、住房保障、文化体育等领域的公共服务,另外,交通通信、环境保护等与人民日常生活有着紧密关系的领域以及公共安全、国防安全等保障人民安全的领域,在广义上也属于公共服务的范畴。国家"'十三五'基本公共服务清单"的8个领域中,公共教育、劳动就业创业、社会保险、医疗卫生和住房保障对人民生活的影响较大,鉴于研究数据的可获得性和从经济学角度分析公平正义的可能性,本篇着重分析公共教育、医疗卫生和住房保障的公平正义性。

第二章　我国基本公共教育的公平性研究

基本公共教育作为培养各行各业人才和提高整体国民素质的基础工程，在我国的教育体系中具有举足轻重的作用。义务教育的普及程度、质量高低，直接关系到我国经济的长足发展，关系到和谐社会的全面实现。我国近年来一直在进行义务教育的改革，力争更好地实现教育的公平性。本章从起点公平、过程公平和结果公平三个维度，对我国现阶段基本公共教育的公平程度进行了统计分析，并进而利用教育基尼系数对教育资源分配的不公平程度进行了测算。随后，运用 Hedonic 模型，以北京、深圳、杭州等 13 个具有就近入学政策的城市的"学区房"市场作为研究对象，研究了义务教育小学阶段教育资源分布不均衡对住宅价格的影响程度，并给出了相应的政策建议。

第一节　我国基本公共教育公平性研究概要

一、我国基本公共教育的内涵

《中国教育改革和发展纲要》指出，"基础教育是提高民族素质的奠基工程"。这意味着基础教育的主要对象是全体公民，其根本目的在于提高整个中华民族的素质，而不仅仅是一部分人的素质。随着各国经济合作的逐步深入以及社会的长足进步，各国对知识、技术等能力的需求越来越迫切，人力资源成为国家在全球市场中占据有利位置的决定因素。因此，从国家长远发展需求的角度来看，应当转变经济发展观念，重视教育尤其是基本公共教育的重要作用，发挥人力资本的强大作用。

基本公共教育，是指由政府根据当前社会发展阶段和水平，为保障全体公民的受教育权利而提供的公共服务。所有的公民都有享有基本公共服务的权利，自然而然地，政府也应当承担起提供基本公共服务的职责。基本公共教育的提供是由国家建立基本公共教育制度，保障所有适龄儿童、少年享有平等受

教育的权利,以提高国民基本文化素质。"十二五"时期,政府提供以下基本公共教育服务:

- 针对所有适龄少年儿童的九年制免费义务教育,针对农村中小学寄宿生的免费住宿计划,以及针对困难家庭的寄宿生的生活补助计划;
- 针对贫困农村的中小学生的营养改善计划;
- 针对农村学生、涉农专业学生以及城镇中的困难家庭的学生的免费中等职业教育计划;
- 针对困难家庭的学生的普通高中教育资助计划;
- 针对孤儿、残疾儿童以及困难家庭的儿童的学前教育资助计划。

其中强调农村、贫困、经济困难、孤儿、残疾儿童等,重点为学前教育、九年制义务教育、高中教育。

2023年《关于构建优质均衡的基本公共教育服务体系的意见》和《关于实施新时代基础教育扩优提质行动计划的意见》印发,指出主要目标是到2027年,"学前教育优质普惠、义务教育优质均衡、普通高中优质特色、特殊教育优质融合发展的格局基本形成"。

二、我国基本公共教育公平性的研究内容

从上述对基本公共教育的分析可以看出,教育公平是确保基本公共教育顺利实现的基础。一方面,教育公平的实现是社会和谐稳定的重要前提。和谐社会的实现首先要求社会公平,而社会公平的重要组成部分即为教育公平。在现代社会,教育的普及程度及质量优劣直接影响整个社会的文明程度。教育公平在提升全民素质的同时,能够减少失业人员,有利于社会安定。因此,实现教育公平,保障每一个公民的自身价值和社会价值的实现,有利于和谐社会的建设。另一方面,教育公平是推动经济长足发展的重要渠道。良好的教育帮助公民更好地成为有用的人才,从而为国家的经济建设作出贡献。

关于教育公平的内涵,国内的许多学者都对此提出过不同的见解。辛涛和黄宁(2009)认为,虽然教育公平常被分为教育起点公平、教育过程公平和教育结果公平三类,但是教育结果公平才是教育公平的最终目标和理想。而褚宏启和杨海燕(2008)则提出,教育起点公平和教育过程公平才是更重要的,过分追求教育结果公平是一种不切实际的想法。由此可见,关于教育公平应当包括起点公平、过程公平、结果公平三个基本的方面,大家有基本共识,但哪一个方面更为重要,则见仁见智。鉴于这种情况,本章将从全部三个角度来考虑

教育公平问题。首先是教育起点的公平。教育起点公平主要表现在全体公民入学机会的公平,保障所有的公民都享有平等的接受义务教育的机会和平等的参加与教育相关选拔的机会,这是整个教育公平的起点。其次是教育过程的公平。教育过程的公平是在已经获得入学机会的前提下,在教育活动中进一步学习发展意义上的平等,主要是保障全体获得教育机会的公民在受教育的过程中能够享有平等的发展机会和条件。最后是教育结果的公平。教育结果公平主要表现在使全体获得教育机会的公民都能接受与其天赋和能力相适应的教育,使每一个受教育者都能获得达到基本质量标准的教育,使处于社会不同阶层或群体的公民在各级各类教育中的受教育人数比例与该阶层或群体在社会总人口中的比例大致相当,并使每一个受教育个体的自身潜能和天赋都能得到一定程度的发展。

除上述观点外,教育公平还有两种含义:一种是无差别公平,它是指在教育公平的三个阶段过程中,用同一个标准无差别地要求所有人;另一种是差异公平,它是指根据受教育者的天赋和兴趣对他们实施不同内容与特点的教育,以及在不损害他人教育利益的前提下,尊重人们自由选择教育的权利。本章中提到的教育公平,主要指的是无差别公平。

第二节 我国基本公共教育公平性的度量

本节主要从起点公平、过程公平、结果公平这三个方面,通过教育公平指标测算,对我国现阶段基本公共教育的公平程度进行宏观分析。

一、我国基本公共教育起点公平的度量

基本公共教育的起点公平,指的是适龄儿童在教育起点上有均等的受教育机会,换句话说,就是要使"人人有学上"。从这一点来看,入学率可以很好地度量我国基本公共教育起点公平情况。

入学率是指全国适龄学生入学的比例。用计算公式表示为:某一级入学率=某一级教育在校生数/全国相应学龄人口总数×100%。比较各省份之间的入学率,则利用各省份某一级教育在校生数除以该省份相应学龄人口总数计算得到。

由图 2-1 可知,我国不同省份[①]的小学入学率有所不同。总的来说,东部

---

① 本节讨论的我国省份不包括港澳台地区。

发达地区省份的入学率要普遍高于中西部地区,这在一定程度上说明我国义务教育的小学阶段在起点上并没有达到公平。

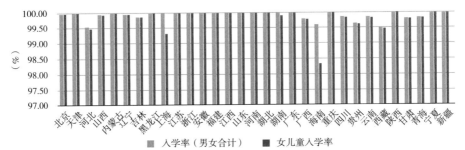

图 2-1　2017 年我国各省份小学入学率

资料来源:根据中华人民共和国教育部网站统计数据计算得到。

二、我国基本公共教育过程公平的度量

(一) 教育支出在公共财政预算支出中的占比

公共财政预算中有一部分用于该地方教育支出,而教育支出占公共财政预算支出的比例在一定程度上反映出该地方对教育的投入情况。对于教育的投入越大,越可能获得更高的教育质量水平,因此对教育的投入差别是体现教育过程公平差异的一部分内容。

由图 2-2 可知,2016 年我国各省份教育支出占公共财政预算支出的比例各有不同。相对于全国其他省份,西藏、青海、宁夏等省份的比例明显偏低。这在一定程度上反映了教育过程的公平程度,可见我国各省份之间由于教育投入差异产生了教育过程的不完全公平。

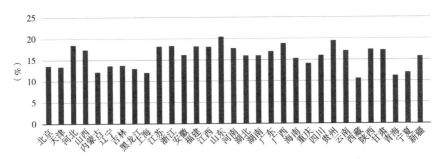

图 2-2　2016 年我国各省份教育支出占公共财政预算支出的比例

资料来源:根据 CEIC 数据库统计数据计算得到。

（二）生均公共财政预算公用经费支出

《财政部、教育部关于做好农村中小学公用经费标准定额核定工作、确保学校正常运转有关问题的通知》（财教〔2001〕38号）中规定，"中小学校的公用经费"具体指中小学校正常运转所需的必要经费。具体来说，"公用经费"指学校为了正常运转所必需的业务费、相关设备的购置及修缮费以及其他有着公用性质的费用。而生均公共财政预算公用经费，是以中小学校公用经费除以该地区在读中小学学生数量得到的。

由图 2-3 可知，我国各省份的生均公共财政预算公用经费支出有所不同。其中经济发展程度较高的直辖市北京、上海的生均公共财政预算公用经费支出明显高于其他省份的支出。这在一定程度上反映了各省份的教育公平程度的差异。

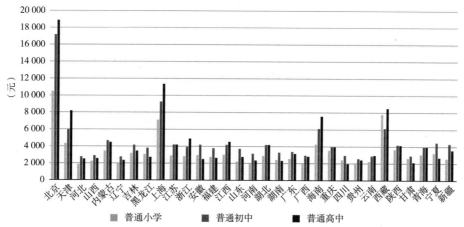

图 2-3　2016 年我国各省份生均公共财政预算公用经费支出

资料来源：根据中华人民共和国教育部《2016 年全国教育经费执行情况统计公告》公布的数据计算得到。

（三）生均公共财政预算教育事业费

公共财政预算教育事业费是指在一定地区范围内（如某省、某市），按照当地的经济发展水平和教育发展实际，用于教师工资、科研项目等的支出。而生均公共财政预算教育事业费，即指将公共财政预算教育事业费除以当地在读中小学学生数量得到的费用，这也是教育投入的重要组成部分。

由图 2-4 可知，我国各省份的生均公共财政预算教育事业费存在差异，且同一省、市的小学、初中、高中的生均公共财政预算教育事业费也有所不同。

重点来看本章研究的义务教育小学阶段的情况,各省份之间该指标的数值相差较大,这在一定程度上反映出小学阶段教育过程的不公平。

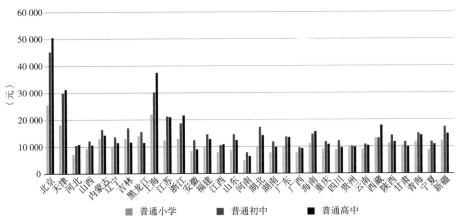

图 2-4　2016 年我国各省份生均公共财政预算教育事业费

资料来源:根据中华人民共和国教育部《2016 年全国教育经费执行情况统计公告》公布的数据计算得到。

(四) 生均指数

生均指数是生均经费(即生均公共财政预算教育事业费)与人均 GDP 的比值,一般作为教育投入努力程度与经济关系研究的一项重要指标。

由图 2-5 可知,各省份同一教育阶段的生均指数不同。同前面三项指标一样,生均指数也能在一定程度上反映教育的公平程度。由此可见,各省份的教育过程并不完全公平。

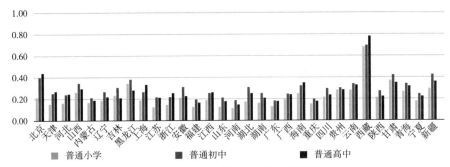

图 2-5　2016 年我国各省份生均指数

资料来源:根据 CEIC 数据库统计数据计算得到。

(五) 生师比

生师比是指在校学生数与学校专任教师数的比例。生师比一般用于衡量高等学校的办学质量,此处使用该指标来反映我国普通小学、普通初中、普通高中的教学质量。

由图 2-6 可知,我国各省份间生师比存在一定差距,经济发达、教育资源较为集中的北京、上海、江苏等省份生师比尤其是普通初中和普通高中的生师比相对较低,经济欠发达的省份生师比则相对较高,这反映出各地区间在教学质量方面存在一定的差距。

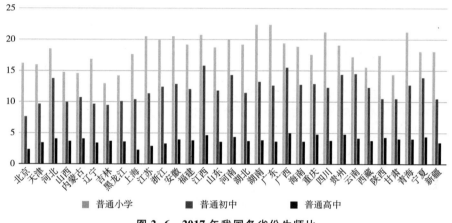

图 2-6 2017 年我国各省份生师比

资料来源:根据中华人民共和国教育部 2017 年教育统计数据计算得到。

(六) 升学率

升学率表示从前一个教育阶段进入下一个教育阶段的学生人数占前一个教育阶段学生总人数的比例,它通常能够在一定程度上反映教育选拔环境的公平性。本章中,普通初中升学率的计算公式为:当年普通初中招生人数/当年普通小学的毕业人数×100%。普通高中升学率的计算公式为:当年普通高中招生人数/当年普通初中的毕业人数×100%。图 2-7 表示 2017 年各省份"小升初"及"初升高"的升学率。所得结果未考虑普通小学毕业后未进入普通初中,而是选择进入职业初中继续接受教育的人数,以及普通初中毕业后未进入普通高中,而是选择进入职业高中继续接受教育的人数。

由图 2-7 可知,各省份在"小升初"及"初升高"的教育选拔环境中,升学率高低不一,可见其教育选拔环境并不完全相同,可能存在省际不公平的情况。

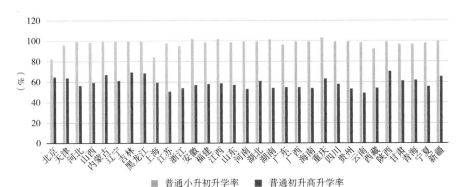

图 2-7　2017 年我国各省份小升初、初升高升学率

资料来源:根据中华人民共和国教育部 2017 年教育统计数据计算得到。

三、我国基本公共教育结果公平的度量

(一) 毕业率

毕业率的一般定义是当年毕业的学生人数与当年参加毕业资格考试的学生人数之比,它反映了各教育阶段的教育结果,是体现教育结果公平的一项指标。需要说明的是,由于数据限制,此处将 2016 年的毕业率定义如下:初中高中毕业率——2016 年的毕业生人数与 2013 年的招生人数之比;小学毕业率——2016 年的毕业生人数与 2013 年的招生人数之比。以小学毕业率为例,因为数据搜集不全,图 2-8 中并未将中途跳级、转学或就读于九年一贯制学校的相关数据剔除,因此,该图只是在一定程度上反映出各省份毕业率的差异,从而说明各省份之间教育结果公平程度不同。

由图 2-8 可知,在相同教育阶段内各省份的毕业率各不相同。从各省份之间同一教育阶段的毕业率比较来看,在九年义务教育范围内的小学和初中两个阶段,各省份的毕业率差异相对较小,而高中毕业率差异较为明显;从各省份内部不同教育阶段的毕业率比较来看,不同阶段的毕业率均衡程度也存在差异,如天津、江苏、浙江、山东等省份三个教育阶段的毕业率差异较小,而安徽、河南、湖北等省份三个教育阶段的毕业率差异则较为明显,在一定程度上反映了各省份不同阶段教育结果公平的一致性也存在差异。

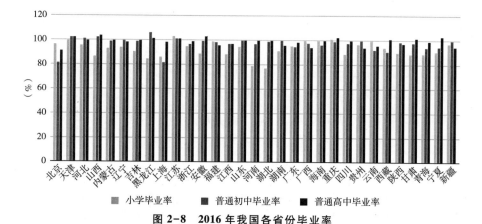

图 2-8 2016 年我国各省份毕业率

资料来源:根据中华人民共和国教育部 2016 年及 2013 年教育统计数据与中华人民共和国国家统计局网站数据计算得到。

(二)人均受教育年限

人均受教育年限指的是某一特定年龄段人群接受学历教育(包括普通教育和成人学历教育,不包括各种非学历培训)的年限综合的平均数。它是反映一个国家或者地区劳动力教育程度或者国民素质的一项重要指标。具体计算公式为:人均受教育年限=某一特定年龄段人群中每个人的受教育年限之和/该年龄段人群总数。

从图 2-9 可以看出,各省份的人均受教育年限有所差异。其中,经济相对发达的北京、上海、天津等省份的人均受教育年数较大,而另一些省份如西藏、贵州等人均受教育年数则较小。可见,由人均受教育年限所体现的各省份教育结果公平程度有所不同。

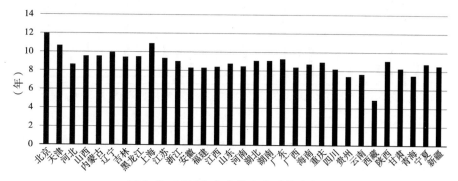

图 2-9 2016 年各省份人均受教育年限

资料来源:根据国家统计局网站数据计算得到。

(三) 性别的教育公平

不同文化程度群体中男女性别的相对趋势,能够从一定程度上反映性别层面的教育结果公平程度。图2-10至图2-14是从性别层面体现的各省份抽样人口中教育结果的公平程度,分别计算了各省份抽样人口中男性和女性在文盲、未上过学以及受过小学、初中、高中教育等特定人群中的占比。

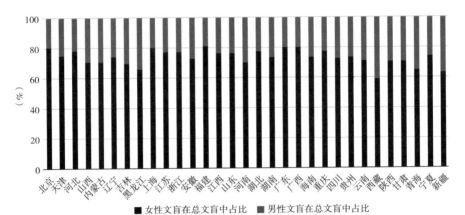

图2-10　2016年我国各省份抽样人口中文盲的性别比例

资料来源:根据国家统计局网站数据计算得到。

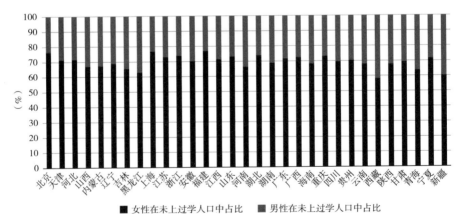

图2-11　2016年我国各省份抽样人口中未上过学人口的性别比例

资料来源:根据国家统计局网站数据计算得到。

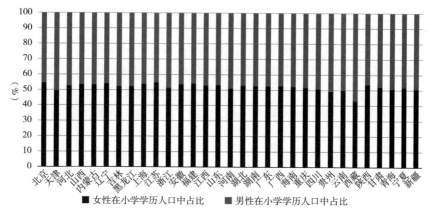

图 2-12　2016 年我国各省份抽样人口中受过小学教育人口的性别比例

资料来源：根据国家统计局网站数据计算得到。

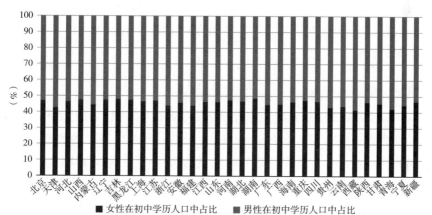

图 2-13　2016 年我国各省份抽样人口中受过初中教育人口的性别比例

资料来源：根据国家统计局网站数据计算得到。

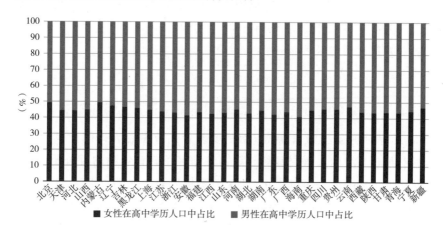

图 2-14　2016 年我国各省份抽样人口中受过高中教育人口的性别比例

资料来源：根据国家统计局网站数据计算得到。

从图 2-10 至图 2-14 可以看出,在文盲和未受过教育的人群中,各省份抽样人口中女性占比均显著高于男性占比;在受过小学教育的人群中,绝大部分省份抽样人口中女性占比高于男性占比;而在初中和高中阶段,男性占比则高于女性占比。这一结果反映了当前在接受教育和接受较高程度的教育方面,我国存在一定程度的性别不平等现象,总体上男性接受教育的机会多于女性。

四、教育公平指标测算

测算教育资源分配公平情况的一项重要指标是教育基尼系数。由意大利经济学家基尼于 20 世纪初根据洛伦茨曲线提出的、原本用于评价收入分配体系公平程度的基尼系数,经过后期发展,现在也被用于衡量教育资源分配的公平状况,其衡量可以从多方面进行,例如教师、校舍等教育软硬件资源的集中程度或教育经费的集中程度等。这里用人均受教育年限为评价指标,人均受教育年限的计算公式为:

$$H_t = \sum_{i=1}^{n} x_i h_i \qquad (2.1)$$

其中,H_t 表示第 t 年人均资本存量(人均受教育年限),x_i 代表第 i 级教育层次的受教育人数占总人口的比例,h_i 表示第 i 级教育层次的教育年限。按照我国教育体系的实际情况以及具体数据的可得性,我国教育层次分为 5 级。具体划分如下:教育层次 1——未上学(文盲),赋值该层次的人群受教育年限为 0 年;教育层次 2——小学,赋值该层次的人群受教育年限为 6 年;教育层次 3——初中,赋值该层次的人群受教育年限为 9 年;教育层次 4——高中或中专,赋值该层次的人群受教育年限为 12 年;教育层次 5——大专及以上,赋值该层次的人群受教育年限为 16 年。

教育基尼系数的公式如下:

$$G_e = 1 - \sum_{i=1}^{n} (X_i - X_{i-1})(Y_i + Y_{i-1}) \qquad (2.2)$$

其中,G_e 为教育基尼系数,n 表示划分的教育层次数,i 表示教育层次中某一层次,X_i 表示累计至教育层次 i 级的受教育人数占总人口的比例,Y_i 表示累计至教育层次 i 级的人群受教育年限占该地区总教育年限的百分比。

从图 2-15 和表 2-1 可得出,地区经济发展对于教育基尼系数(以受教育年限为衡量指标)影响较大,如北京、上海、天津等经济发达地区,其教育基尼系数较低,而如西藏、青海、贵州等经济欠发达地区,教育基尼系数较高。由此

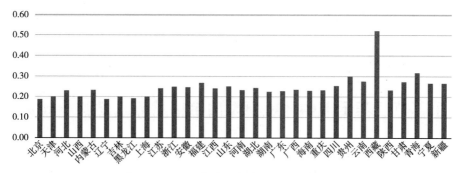

图 2-15　2015 年我国各省份教育基尼系数

资料来源：根据 CEIC 数据库数据计算得到。

可看出，经济发展水平影响不同地区的教育结果的公平性，经济发达地区的教育公平性总体上高于经济欠发达地区。

表 2-1　2015 年我国各省份人均 GDP 及教育基尼系数

省份	人均 GDP（元）	教育基尼系数	省份	人均 GDP（元）	教育基尼系数
天津	107 960	0.20	青海	41 252	0.32
北京	106 497	0.19	海南	40 818	0.23
上海	103 796	0.20	河北	40 255	0.23
江苏	87 995	0.24	新疆	40 036	0.27
浙江	77 644	0.25	黑龙江	39 462	0.19
内蒙古	71 101	0.23	河南	39 123	0.23
福建	67 966	0.27	四川	36 775	0.26
广东	67 503	0.23	江西	36 724	0.24
辽宁	65 354	0.19	安徽	35 997	0.25
山东	64 168	0.25	广西	35 190	0.23
重庆	52 321	0.23	山西	34 919	0.20
吉林	51 086	0.20	西藏	31 999	0.52
湖北	50 654	0.24	贵州	29 847	0.30
陕西	47 626	0.23	云南	28 806	0.28
宁夏	43 805	0.27	甘肃	26 165	0.27
湖南	42 754	0.23			

总结本节的分析,从各个反映教育公平的指标结果来看,我国省际在教育的起点公平、过程公平、结果公平三个维度上均存在不同程度的不平等,且该差异受经济发展程度的影响较大。

第三节 基于 Hedonic 模型的全国就近入学政策分析

对于教育机会公平而言,教育资源的分配尤其是义务教育阶段的资源分配对学生及社会的影响程度较大。处于义务教育阶段的学生开始读书学习的时间不长,本身的自学能力较低,学校教育在这一阶段对学生学习能力等各方面素质的教育起到了相对重要的作用。其中,小学教育又是我国基本公共教育体系的基础。处于小学阶段的儿童,其身心发展最易受外界影响。对于个人而言,良好的小学教育,不仅可以为其身心健康发展奠定基础,还为其后期接受中等教育乃至高等教育提供有利条件。对国家而言,良好的小学教育为培养各行各业的人才、提高全体国民素质奠定了扎实的基础。

各个学校所处地理位置分布广泛,使得教育资源未达到绝对平均的分配。而每个家长都希望让孩子接受更好的教育,"重点学校"自然成为被青睐的对象。针对小学教育,国内很多城市都采用"就近入学"的政策。"就近入学"指的是根据各个学校的分布范围,将附近的居民住宅区划分为不同的片区,每一个学校对应附近若干个居民区,拥有这些居民区住房房产证的家庭的孩子可以就近进入指定的小学入学,而不能选择其他学校。在这种政策下,不少家庭会选择购买"重点学校"附近的居民住宅,由此导致的直接结果就是"重点学校"附近的居民区住宅价格在不同程度上高于其他普通学校附近的居民区住宅价格。价格因素的影响,将限制一部分不具备购买"学区房"经济能力的家庭的子女对更高水平教育资源的可及性,从而最终影响教育公平。

鉴于此,本节在上文对我国目前基本公共教育公平性进行度量和分析的基础上,主要研究的是义务教育小学阶段学校级别类型这一特征对住宅价格的影响程度。由于以往关于教育特征对住宅价格的影响只停留在定性研究的层面,而未体现出具体的影响程度,本节将研究"学区房"住宅价格中所隐含的小学教育因素所占比重。Hedonic 模型能够估计出异质产品的每个属性的隐含价格,因此被广泛应用于对影响房价的因素进行分析。本节利用 Hedonic 模型来分析小学级别类型对房价的影响,将以北京、深圳、杭州等 13 个具有就近入学政策的城市的"学区房"市场作为研究对象,利用 2013 年的住房小区信息数据,根据义务教育小学阶段学校的级别类型进行细分,建立各城市"学区房"市场的 Hedonic 模型。在控制地方财政收入、人口密度等其他将影响住宅价格的变量的情况下,研究学校级别类型对"学区房"住宅均价的具体影响程度。

一、Hedonic 模型综述

本节以 Hedonic 特征价格模型为主线,在广泛吸收、借鉴国内外相关文献内容的基础上,结合我国国情,采用文献分析、实证分析、定量分析和比较分析等研究方法,分析教育资源对住宅价格的影响程度。

(一) Hedonic 模型用于教育资源与住宅价格关系的研究

1. 国外研究综述

美国学者 Hass(1922)在估计农场土地价格时,选取了城市规模和距离市中心路程两个变量作为特征因素。Ridker and Henning(1967)则首次在住宅价格分析中使用了 Hedonic 模型,探讨了空气污染对住宅价格的影响程度。

而国外早期对教育资源与住宅价格关系的研究,是将学生人均支出、学校经费、考试成绩等指标直接引入 Hedonic 模型中。Hayes and Taylor(1996)研究了得克萨斯州的学校,分析了学校考试成绩与相应住宅价格之间的定量关系,他们发现,学校考试成绩与当地住宅价格有显著的正向关系。Black(1999)则研究了马萨诸塞州的各个学校在统考时的不同表现与房价的关系,并得到了相似的结论,即学校在统考时的平均成绩与"学区房"价格有正向关系。Chin and Foong(2006)和 Bilbao-Terol and Cañak-Fernández(2013)发现,名校与"学区房"的价格有显著的正向关系。Fack and Grenet(2010)在 Black(1999)的研究的基础上,将全国考试平均分数、高中入学率以及有特殊背景的学生比例作为衡量学校的相关指标加入了住宅特征价格模型,发现这些指标和学区内的住宅价格有显著的正向关系。一些学者更加关心相关领域的细节问题,如 Brasington and Haurin(2009)、Clapp et al.(2008)、Gibbons et al.(2013)研究发现,优秀生源的数量是用来反映学校质量的一项重要指标。Downes and Zabel(2002)通过对芝加哥市学校与住宅总价格的研究得出结论,学生阅读成绩每提高1%,相应的住宅总价格将上涨1.6%;学生人均支出每提高1%,相应的住宅总价格平均上涨0.67%。

2. 国内研究综述

王轶军等(2007)选择北京的房地产市场作为研究对象,他们发现,住宅方圆 0.8 公里范围内的公交站点数量对住宅价格的影响为 12.4%,公园数量对住宅价格的影响为 6.4%。刘洪彬和王秋兵(2011)则研究了南京的房地产市场,他们发现公交线路、医院和公共设施对土地价格有显著的正向影响。钟海玥等(2009)、邱慧等(2011)、温海珍等(2012)等则研究了公共景观和住宅价格的关系,并且得出了它们对于住宅价格有正向的影响作用的结论。

王旭育(2006)、王松涛等(2007)、何成杰等(2010)、李郇和符文颖(2010)、秦波和焦永利(2010)等在 Hedonic 模型中,以哑变量的形式加入了学校特征,其中大部分人都认为重点学校和住宅价格之间有显著的正相关关系。冯皓和陆铭(2010)则研究了上海的房地产市场,他们发现重点高中和示范性高中对于住宅价格影响不同,前者的正向影响是后者的 4 倍。温海珍等(2013)研究了杭州的房地产市场,他们发现小学和初中学校的等级与学区内的住宅价格有正向关系。

综上所述,国内外在教育资源特征对住宅价格的影响方面的研究成果较多。具体到我国的研究,大部分学者将教育资源作为哑变量加入模型进行研究,即只将居民区周边是否有学校作为判定标准,分析其对住宅价格的定性影响,而对教育资源影响"学区房"住宅价格的定量分析内容较少。由于学校依据办学条件的级别划分可以在一定程度上代表该学校教育资源的水平,因此,本章通过城市层面进行实证研究,不单以是否有学校作为标准,还将学校的级别划分代入 Hedonic 模型。参考国外相关文献内容,通过研究北京等 13 个具有就近入学政策城市的信息数据,根据学校的级别划分,控制其他可能会影响住宅价格的变量,最终得出学校级别对"学区房"住宅价格的定量影响和确切的影响程度数据,从而更具体地分析小学教育资源特征对住宅价格产生的影响。

(二)Hedonic 模型的理论分析

Hedonic 模型的基础理论包括 Lancaster(1966)的消费者理论和 Rosen(1974)的隐含价格理论,以下部分将分析该模型基础理论的假设条件在分析住房市场问题中的适用性。

1. 兰卡斯特消费者理论

凯尔文·约翰·兰卡斯特(Kelvin John Lancaster)的消费者理论对象是异质性商品,该理论认为商品是具有差异性的,通过分析构成商品的不同特征要素,得出商品的需求并不仅由商品自身决定,而且取决于商品内含的特征要素。异质性商品是由一系列的特征集合而成的,商品实际上是作为其内在特征的集合来出售的。兰卡斯特消费者理论的主要假设是:第一,商品所包含的一系列特征对使用商品的消费者产生效用,而不仅仅是商品本身对其产生效用;第二,一般来说,单个商品同时包含多个特征要素,而同一个特征要素也会为多个商品所具备;第三,组合商品与单个商品特征要素可能有所不同。家庭购买和使用这些商品获得一定的效用,该效用水平的高低取决于商品所包含的各种特征要素组合的水平。

对于商品而言,其包含的特征要素形成一个价格结构。任何一种商品都可以表征为一系列特征要素的集合,即 $z_1, z_2, \cdots, z_n$。其中,z_i 表示隐含在商品中的第 i 种特征。商品的差异实际上缘于商品中所隐含的特征要素的不同,及其组合方式的不同。各个特征的种类、数量及组合方式不同,使得商品价格产生差异,即 $P(z) = P(z_1, z_2, \cdots, z_n)$。不同特征组合对应的价格 $P(z)$ 指导了市场中消费者和生产者的经济行为。当商品某一方面的特征要素改变时,商品总价格也会随之发生改变。对商品价格函数(以各种隐含特征为变量)的各个特征变量分别求偏导数,就取得各个特征的变动对商品价格的影响幅度,即 $P_i = \partial P(z)/\partial z_i$。

兰卡斯特通过三个步骤构造出了效用最大化问题的模型:第一步,假设消费单一商品或商品组合的消费活动为 $x = Ay$,其中向量 x 为某一消费活动水平下的所有商品,水平向量 y 指消费活动,矩阵 A 指根据商品本身特性与当前技术水平得出的 x 与 y 的关系。根据这个方程,消费者如果要增加消费活动,就必须增加所有的商品。第二步,假设特征与消费活动的关系为 $z = By$,y 指消费活动,向量 z 指消费活动产生的特征数量,矩阵 B 则是消费活动与特征数量的关系。与第一步中类似,消费活动增加时,特征的数量也会增加。第三步,假设消费者效用函数为 $U(z)$,并且正向依赖于特征的数量。最后,就可以构造出一个不同于传统消费者理论的效用最大化问题了,即 $\max U(z)$:

$$Maximize\, U(z)$$
$$s.t.\, px \leq I$$

其中,$x, y, z \geq 0$。在这个模型中,消费者的效用来自特征 z。这个最大化问题的约束条件为 $px \leq I$,即价格乘以消费商品的数量要小于收入。在这个模型假设下,商品和消费活动存在一对一的相互关系,即存在 $z = Bx$,这个恒等系统代表商品空间和特征空间的转换。

2. 罗森隐含价格理论

舍温·罗森(Sherwin Rosen)就产品隐含的特征要素集合提出了供需均衡模型,这使得特征价格理论的发展更为完善。在市场完全竞争的条件下,罗森将消费者效用最大化和生产者利润最大化作为目标,分析了异质性产品市场的短期均衡和长期均衡,由此为后期的理论建模和函数估计奠定了基础。Hedonic 价格方程曲线如图 2-16 所示。当 Hedonic 价格曲线与供给曲线、需求曲线相切时就达到了均衡状态,此时的均衡点对应的价格即为均衡价格。

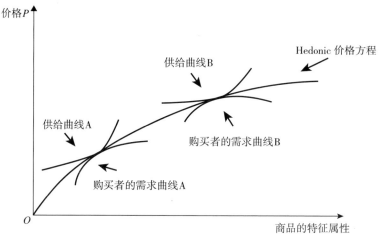

图 2-16　商品品质的不同对消费者决策的影响

3. Hedonic 模型基础理论的假设条件

如上文所述,Hedonic 理论认为消费者对异质性商品的需求并不单是商品本身,而是商品所内含的所有特征要素集合。消费者从购买、使用商品中获得效用,其效用水平的高低依赖于商品所包含的各种特征要素的种类、数量及组合方式。建立的模型基于以下假设条件:

第一,商品的异质性。Hedonic 模型的理论基础——新消费者理论是从商品差异性的角度进行分析的。商品的异质性为每个商品或者每组商品提供了有别于其他同类商品的标签,这在一定程度上形成了同类商品间的非价格形式的判断依据。按照这一标准,住房同样是一种异质性商品,所以可以通过建立 Hedonic 模型来进行分析。

第二,市场的隐含性。这主要是指异质性商品在生产、交换和消费过程中,虽然其最终价格和交易情况是可观察的,然而每个商品中的多个特征对应的特征价格是无法直接观察到的,因此是一个隐含市场。异质性商品是由多个隐含特征集合构成的,所以,异质性商品市场难以用传统的经济模型分析,不能仅由一个价格来表征,而应该采用一系列特征要素的价格组合来表征。住宅价格受到包括是否为"学区房"在内的多重特征影响,各个特征对应的价格无法直接从住宅交易价格中获取,因此符合市场隐含性的假设。

第三,市场均衡。Hedonic 理论应用的另一个假设条件是市场均衡。市场均衡是说产品价格应该完全建立在市场的基础上,并且要求整个市场处于一种均衡的状态。虽然房地产市场各方的经济行为容易受到政策和对未来预期的影响,但随着房地产市场的深入发展,我国消费者大多数以市场均衡价格购买一套特征最为理想的住宅。因此 Hedonic 方法近年来被越来越多地用于对我国房地产市场的分析。

二、变量与数据说明

(一) 变量选择

Hedonic 模型中因变量是商品的价格,具体到本章即为学区内的特定住宅的每平方米均价。在后面的实证分析中,因变量使用的是房源特定时点的挂牌价格。

自变量选择问题上,本章考虑小学的级别划分、人均可支配收入、房地产资产投入、地方公共财政预算收入、人口密度、地方生产总值、地方人均生产总值、全社会固定资产投入、地方社保支出、人口自然增长率等自变量,并根据不同城市的特点,根据试算结果确定最终进入模型参与回归的解释变量。

在整体实证分析中,将"学区房"房源的建筑年代,住宅类型,房源所在楼层,房源所在建筑的总层数,卧室、客厅、卫生间的个数,房屋面积,装修类别,物业管理费,小区绿化率,小区周围一公里内公交站点、银行、超市、商场、医院的个数等影响房源价格的微观变量加入模型进行分析,此外还有人口密度、财政预算收入、地方生产总值、全社会固定资产投入等宏观区域变量。

具体的数据处理采用以下方法:第一,小学级别类型的处理。对属于一级重点的小学,其一级重点小学赋值为"1",二级重点小学和普通小学赋值为"0",并以此类推。第二,房源楼层的处理。为了反映房源所在建筑物的相对位置,本章对单纯的楼层数进行数据处理。先将楼层数除以总楼层数,并设定底层、中层、顶层三个虚拟变量。然后对楼层数除以总楼层数的结果进行判断,如果结果大于等于 2/3,则自变量顶层赋值为"1",中层和底层均赋值为"0";如果结果小于 2/3 并且大于等于 1/3,则自变量中层赋值为"1",顶层和底层均赋值为"0";如果结果小于 1/3,则自变量底层赋值为"1",顶层和中层均赋值为"0"。第三,建筑年代的处理。根据房地产估价的时点原则,应该以挂牌时间作为估价时点来计算建筑年龄。本章采用的均为 2013 年的数据,因此采用自变量建筑年代与 2013 年的差值进行计算。第四，装修程度的处理。这里采用虚拟变量的形式，将装修程度分为毛坯、简装修、中装修、精装修、豪华装修五类，若为豪华装修，则在变量毛坯处将其赋值为"1"，否则为"0"，并以此类推。第五，邻里特征数据的处理。将邻里特征分为公交站点、银行、超市、商场、医院等五个部分。具体处理方法为：以房源方位为圆心，一公里为半径画圆，并分别将公交站点、银行、超市、商场、医院的个数作为自变量的值直接代入模型。第六，其他变量的处理。对于房源的卧室、客厅、卫生间的个数，房屋面积、住房年限要求，以及房源所在小区的物业管理费、绿化率等变量，直接按照其数值赋予自变量代入模型即可。

在对 13 个城市分别进行回归分析时，结合相关的住宅特征，并考虑到数据搜集的结果，在试算的基础上，我们认为每所小学附近"学区房"的绿化环境、停车位、住宅朝向的差别较小，因此不考虑这些因素对房屋价格的影响。

表 2-2 与表 2-3 对变量进行了描述统计。

表 2-2 虚拟变量描述统计

虚拟变量	分类项目	频数	比例（%）
学校等级	一级重点小学	119	26.70
	二级重点小学	170	38.10
	普通小学	157	35.20
楼层	底层	74	16.60
	中层	171	38.40
	顶层	200	44.90
装修品质	毛坯	24	5.38
	简装修	76	17.00
	中装修	96	21.50
	精装修	229	51.30
	豪华装修	21	4.710

表 2-3 连续变量描述统计

连续变量	最小值	最大值	平均值	标准差
卧室（间）	1	5	2.08	0.82
客厅（间）	0	3	1.48	0.52

(续表)

连续变量	最小值	最大值	平均值	标准差
卫生间(个)	1	4	1.26	0.49
建筑面积(平方米)	23	600	92.6	46.2
建筑年代(年)	−2	37	11.8	6.74
物业费(元)	0.1	6.3	1.16	0.77
绿化率(%)	0	73	32.0	10.6
公交站点(个)	7	10	9.44	0.74
银行(个)	2	10	9.61	0.72
超市(个)	7	10	9.29	0.76
商场(个)	1	10	8.05	2.19
医院(个)	1	10	8.94	0.96
地方财政收入(万元)	9 007	3 764 732	784 575.1	1 042 360
人口密度(人/平方公里)	209	39 746	10 773.6	9 670.3
地方生产总值(万元)	19 670	6.29×10^{7}	1.38×10^{7}	1.69×10^{7}

(二) 数据说明

根据《教育部办公厅关于进一步做好重点大城市义务教育免试就近入学工作的通知》的要求，包括北京在内的19个重点大城市在2014年制定完善进一步规范义务教育免试就近入学的方案，并在2015年100%实行划片就近入学政策，小学100%划片就近入学。2015年试行小学就近入学政策的城市如下：4个直辖市——北京、天津、上海、重庆；5个计划单列市——大连、宁波、厦门、青岛、深圳；10个副省级省会城市——沈阳、长春、哈尔滨、南京、杭州、济南、武汉、广州、成都、西安。根据上述背景，我们初步将这19个重点大城市作为本章研究的对象，在搜集相关数据后，根据实际可操作性最终确定其中13个城市作为研究样本。它们分别是：4个直辖市——北京、天津、上海、重庆；2个计划单列市——青岛、深圳；7个副省级省会城市——南京、杭州、济南、武汉、广州、成都、西安。

由于在这13个实施就近入学政策的城市中，小学学校级别的划分名称并非完全相同，为了方便进行实证分析以及后期的比较分析，在数据试算的基础上，我们将小学分为一级重点小学、二级重点小学和普通小学三种类型。

表2-4展示了各个城市一级重点小学、二级重点小学和普通小学的数量。

表 2-4　13 个城市的各级小学数量

城市	区县(个)	一级重点小学(所)	二级重点小学(所)	普通小学(所)
北京	13	30	107	282
天津	8	21	14	106
上海	16	7	99	385
重庆	12	21	10	17
青岛	6	45	53	12
深圳	7	45	53	12
南京	9	46	29	13
杭州	8	11	10	61
济南	5	15	4	34
西安	4	8	1	1
武汉	11	10	123	29
广州	7	73	73	5
成都	15	11	23	25

注：由于滨海新区的行政区划影响，天津市部分区县如塘沽区等的数据获取不准确，因此将这部分数据从此次实证的数据样本中剔除。

住房市场具有其特殊性：一方面，由于影响住宅价格的因素有很多，部分变量之间可能存在共线性关系，这会影响最终的结果；另一方面，因为涉及 13 个城市的数据，而每个城市本身又各有其特征，住宅价格的影响因素也并不完全一致，因此在估计的过程中，我们在反复试算后才确定了每个城市的最终变量。本章综合考虑了统计显著性和变量经济意义明确的标准，逐步剔除不合乎要求的变量，得出意义比较明确的、统计显著性较好的、便于讨论的结果。因此在对 13 个城市教育因素对住宅价格的影响分别进行回归分析时，自变量的选择不完全相同。

三、回归方程的选择与实证检验

（一）回归方程的选择

本章采用三种常见的回归方程分别进行了试算，目的是寻求最优拟合。
公式一——线性形式方程：

$$Y_i = \beta_0 + \beta_1 L_i + \sum \beta_1 X_{ij} + \varepsilon_i \qquad (2.3)$$

即因变量和自变量以线性形式进入模型,回归系数为常数,对应不同特征要素的隐含价格。

公式二——对数形式方程:

$$\ln Y_i = \beta_0 + \sum \beta_1 \ln X_{ij} + \varepsilon_i \qquad (2.4)$$

因变量和自变量以对数形式进入模型,回归系数为常数,对应特征要素的价格弹性。即在其他特征不变的情况下,某个特征变量每变动一个百分点,特征价格将随之变动的百分点。

公式三——半对数形式方程:

$$\ln Y_i = \beta_0 + \sum \beta_1 X_{ij} + \varepsilon_i \qquad (2.5)$$

因变量采用对数形式,自变量采用线性形式,则回归系数对应的是特征变量每变动一个单位时,特征价格随之变动的增长率。

其中,Y_i 表示的是各所小学附近的住宅房屋的均价,β_0 为方程中的常数项,L_i 指的是不同学校的级别,X_{ij} 代表其他可能会影响住宅价格的因素,β_1 是小学的级别划分对住宅价格的定量影响程度,ε_i 代表其他未加入模型中但是会对住宅价格产生影响的潜在因素。

根据试算结果,整体回归中半对数方程的拟合效果较好,因此采用公式三进行回归操作;在分别的回归中线性方程拟合效果较好,因此采用公式一进行回归操作。

(二)实证分析

1. 整体实证分析

这里通过对 13 个城市进行整体的实证分析,探究小学级别类型对住宅价格的影响程度。

从表 2-5 的回归结果中可以得出 13 个城市义务教育小学阶段的一级重点小学与二级重点小学对"学区房"住宅价格的影响。一级重点小学和二级重点小学在 1% 的置信水平显著,其系数分别为 29.1% 和 16.8%,说明综合 13 个城市来看,一级重点小学比二级重点小学对房价的正向影响程度大,每增加 1 所一级重点小学,"学区房"每平方米价格提高 29.1%;每增加 1 所二级重点小学,"学区房"每平方米价格提高 16.8%。对于住房年限要求这一特征,表现的是对房屋均价的正向影响,即需要满足的上小学前持有的住房年数越长,其住宅价格越高,且住房年限要求每增加 1 年,则房屋价格每平方米增加 17.8%。

表 2-5 13 个城市一级重点小学、二级重点小学回归结果

变量名称	回归结果	变量名称	回归结果
一级重点小学	0.291*** (0.000)	豪华装修	−0.071 (0.827)
二级重点小学	0.168*** (0.000)	建筑年代	0.001 (0.290)
住房年限	0.178*** (0.000)	物业费	0.065** (0.033)
底层	0.092 (0.122)	绿化率	0.005** (0.022)
顶层	−0.083* (0.067)	公交站点	0.063** (0.042)
卧室	0.071** (0.025)	银行	0.046 (0.122)
客厅	0.144*** (0.003)	超市	0.042 (0.116)
卫生间	0.053 (0.312)	商场	0.001 (0.894)
建筑面积	0.000 (0.975)	医院	0.035 (0.129)
毛坯	−0.355 (0.280)	地方财政收入	1.37e−07*** (0.000)
简装修	0.125 (0.691)	人口密度	0.000*** (0.000)
中装修	0.066 (0.835)	地方生产总值	1.68e−08*** (0.000)
精装修	0.021 (0.948)	截距项	7.442 (0.000)
N	445		
$\hat{R}^2$	0.6656		
F-stat	36.35		
P-value	0.000		

注：***表示在 1% 的置信水平上显著，**表示在 5% 的置信水平上显著，*表示在 10% 的置信水平上显著，括号内为 P 值。

从表 2-6 的回归结果中可以得出 13 个城市义务教育小学阶段的二级重点小学与普通小学对"学区房"住宅价格的影响。分析重点关注的解释变量二级重点小学和普通小学的系数，其值分别为-12.3%、-29.1%。这说明综合 13 个城市来看，二级重点小学比普通小学对房价的正向影响程度大，每增加 1 所二级重点小学，"学区房"每平方米价格降低 12.3%；每增加 1 所普通小学，"学区房"每平方米价格降低 29.1%。这说明由于二级重点小学和普通小学的增加，降低了一级重点小学分布的密度，因此会对房价产生负向影响。

表 2-6　13 个城市二级重点小学、普通小学回归结果

变量名称	回归结果	变量名称	回归结果
二级重点小学	-0.123 ** (0.023)	豪华装修	-0.071 (0.827)
普通小学	-0.291 *** (0.000)	建筑年代	0.001 (0.290)
住房年限	0.178 *** (0.000)	物业费	0.065 ** (0.033)
底层	0.092 (0.122)	绿化率	0.005 ** (0.022)
顶层	-0.083 * (0.067)	公交站点	0.063 ** (0.042)
卧室	0.071 ** (0.025)	银行	0.046 (0.122)
客厅	0.144 *** (0.003)	超市	0.042 (0.116)
卫生间	0.053 (0.312)	商场	0.001 (0.894)
建筑面积	0.000 (0.975)	医院	0.035 (0.129)
毛坯	-0.355 (0.280)	地方财政收入	1.37×10^{-7} *** (0.000)
简装修	0.125 (0.691)	人口密度	0.000 *** (0.000)
中装修	0.066 (0.835)	地方生产总值	1.68×10^{-8} *** (0.000)

（续表）

变量名称	回归结果	变量名称	回归结果
精装修	0.021 (0.948)	截距项	7.442 (0.000)
N	445		
$\hat{R}^2$	0.6656		
F-stat	36.35		
P-value	0.000		

注：***表示在1%的置信水平上显著，**表示在5%的置信水平上显著，*表示在10%的置信水平上显著，括号内为P值。

对其他变量的简要说明：对于楼层这一特征，低楼层对住宅均价具有正向的影响作用，高楼层的住宅价格相对低楼层的价格则较低。对于室内房间设置这一特征，设置有卧室、客厅、卫生间三个变量，其结果都表现为正向的影响，即卧室、客厅、卫生间的数量越多，其住宅均价就越高。而这三者中对房价影响程度最大的是客厅的数量，每增加1个客厅，每平方米的住宅价格提高14.4%。建筑面积这一特征表现出轻微的负向影响，即建筑面积每增加1平方米，住宅均价降低不到0.005%。对于装修程度这一特征，将装修程度分为毛坯、简装修、中装修、精装修、豪华装修五类。其中毛坯和豪华装修对住宅均价具有负向影响，而简装修、中装修、精装修对住宅类型具有正向影响。其中简装修的房屋类型对房屋均价的影响程度相对最大，但是由于t检验值对应的相伴概率并不显著，因此其结果有待进一步考证。建筑年代这一特征对住宅均价具有轻微的正向影响。物业费和小区的绿化率对住宅价格具有正向影响，且物业管理费的影响程度更大，其t检验值对应的相伴概率同样不是特别显著，因此结果有待进一步考证。对于房源周围设施这一特征，选用了距离房源一公里内的公交站点、银行、超市、商场、医院的数量，其对住宅均价都具有正向影响，公交站点对住宅价格的影响程度相对较大，房源一公里内每增加1个公交站点，每平方米的住宅价格提高6.3%。此外，三个宏观变量——地方财政收入、人口密度和地方生产总值等对房屋价格均为正向影响并体现出较好的显著性。

2. 分城市教育资源对房价影响的实证分析

由于西安的数据不全、样本数量较少，下面将剔除西安，分别对其余12个城市进行分析。在观察数据样本的基础上,由于各个城市中相应"学区房"房源的建筑年代,住宅类型,房源所在楼层,房源所在建筑的总层数,卧室、客厅、卫生间的个数,房屋面积,装修类别,物业管理费,小区绿化率,小区周围一公里内公交站点、银行、超市、商场、医院的个数等影响房源价格的变量综合来看基本没有差异,因此,这里仅将差异较大的变量放入模型进行实证检验。具体回归结果如表2-7、表2-8所示。

表2-7显示了各城市一级重点小学、二级重点小学对"学区房"住宅价格的影响。依次分析解释变量的系数,重点关注的是小学级别类型对住宅价格的影响程度。以北京为例,北京小学住房年限的系数是555.76,即需要满足的上小学前持有的住房年数越长,其住宅价格越高,且住房年限要求每增加1年,住宅价格每平方米增加555.76元。表中,北京解释变量一级重点小学和二级重点小学的系数分别是6 310.6、1 122.7。说明对于北京来说,一级重点小学比二级重点小学对房价的正向影响程度大,且每平方米住宅均价影响程度相差5 187.9元。又如天津,天津解释变量一级重点小学和二级重点小学的系数分别是3 865.7、1 076.4。说明对于天津来说,一级重点小学比二级重点小学对房价的正向影响程度大,且每平方米住宅均价影响程度相差2 789.3元。除北京和天津外,其余10个城市的解释变量一级重点小学的系数也均大于二级重点小学的系数,可见在这12个城市中,一级重点小学都比二级重点小学对房价的正向影响程度大。

表2-8显示了各城市二级重点小学和普通小学对"学区房"住宅价格的影响。以北京为例,北京解释变量二级重点小学和普通小学的系数分别是-5 187.9、-6 310.6。说明对于北京来说,二级重点小学比普通小学对房价的正向影响程度大,且每平方米住宅均价影响程度相差1 122.7元。又如天津,天津解释变量二级重点小学和普通小学的系数分别是-2 789.3、-3 865.7。说明对于天津来说,二级重点小学比普通小学对房价的正向影响程度大,且每平方米住宅均价影响程度相差1 076.4元。除北京和天津外,其余10个城市的解释变量二级重点小学的系数也均大于普通小学的系数,可见在这12个城市中,二级重点小学都比普通小学对房价的正向影响程度大。

综上所述,小学级别普遍对房价有着正向影响,并且小学级别越高,对房价造成的正向影响往往越大。

表 2-7 12个城市一级重点小学、二级重点小学回归结果

城市	北京	天津	上海	重庆	青岛	深圳	成都	济南	南京	广州	杭州	武汉
截距项	19 433*** (0.000)	1 154.0 (0.251)	12 393*** (0.000)	2 388.7*** (0.002)	1 231.8 (0.356)	−933.83 (0.855)	3 249.9*** (0.000)	4 922.5*** (0.000)	1 851.6 (0.418)	11 541.1*** (0.000)	7 032.4** (0.016)	3 372.7*** (0.000)
住房年限	555.76 (0.283)	—	—	—	—	—	—	—	—	—	—	—
一级重点小学	6 310.6*** (0.002)	3 865.7*** (0.000)	16 886*** (0.000)	1 117.2*** (0.000)	3 057.4*** (0.004)	12 952*** (0.005)	1 527.6*** (0.001)	2 106.5*** (0.004)	3 026.2** (0.036)	4 116.0* (0.052)	4 533.0*** (0.008)	1 423.5*** (0.002)
二级重点小学	1 122.7 (0.337)	1 076.4 (0.136)	6 890.1*** (0.000)	355.42 (0.282)	1 102.4 (0.278)	2 647.0 (0.588)	562.18 (0.11)	13.431* (0.099)	−1 284.6 (0.401)	885.90 (0.674)	1 357.7 (0.388)	321.60 (0.205)
人口密度	1.3372*** (0.000)	0.4076*** (0.000)	0.7270*** (0.000)	—	—	—	0.3223*** (0.000)	—	—	0.4417*** (0.000)	0.6911*** (0.002)	0.2737*** (0.000)
地方生产总值	0.0003*** (0.000)	—	—	—	16.118*** (0.000)	—	—	—	31.318*** (0.000)	—	—	—
地方财政收入	—	0.0150*** (0.000)	21.124*** (0.000)	—	0.0245*** (0.000)	0.0080*** (0.000)	0.0054*** (0.000)	0.0184*** (0.000)	—	—	0.0131** (0.019)	18.027*** (0.000)
人均地方生产总值	—	—	—	0.0548*** (0.000)	—	—	—	—	—	—	—	—
地方固定资产投入	—	—	—	—	—	—	—	—	—	—	—	0.0046*** (0.001)

表 2.8　12 个城市二级重点小学、普通小学回归结果

城市	北京	天津	上海	重庆	青岛	深圳	成都	济南	南京	广州	杭州	武汉
截距项	25 744*** (0.000)	5 019.7*** (0.000)	2 9278*** (0.000)	3 505.9*** (0.000)	4 289.2*** (0.002)	1 2018*** (0.001)	4 777.5*** (0.000)	8 368.3*** (0.000)	567.01 (0.807)	15 657*** (0.000)	16 531*** (0.000)	3 232.3*** (0.000)
住房年限	555.76 (0.283)	—	—	—	—	—	—	—	—	—	—	—
二级重点小学	−5 187.9** (0.014)	−2 789.3*** (0.002)	−9 995.5*** (0.002)	−761.74** (0.025)	−1 955.0*** (0.003)	−10 305.2*** (0.000)	−965.38** (0.039)	−2 677.5** (0.011)	4 310.8*** (0.000)	−3 230.1*** (0.000)	4 533.0*** (0.008)	211.88 (0.427)
普通小学	−6310.6*** (0.002)	−3 865.7*** (0.000)	−16 886*** (0.000)	355.42*** (0.000)	−3057.4*** (0.004)	−12 952*** (0.005)	−1 529.6*** (0.001)	−3 097.1*** (0.000)	1 284.6 (0.401)	−4 116.0* (0.052)	−7 493*** (0.000)	119.79 (0.739)
人口密度	1.3372*** (0.002)	0.4076*** (0.000)	0.7270*** (0.000)	—	—	—	0.3223*** (0.000)	—	—	0.4417*** (0.000)	0.7855*** (0.001)	0.2737*** (0.000)
地方生产总值	0.0003*** (0.000)	—	—	—	16.118*** (0.000)	—	—	—	31.318*** (0.000)	—	—	—
地方财政收入	—	0.0150*** (0.000)	21.124*** (0.000)	—	0.0245*** (0.000)	0.0080*** (0.000)	0.0054*** (0.000)	0.0152*** (0.000)	—	—	0.0008** (0.044)	18.027*** (0.000)
人均地方生产总值	—	—	—	0.0548*** (0.000)	—	—	—	—	—	—	—	—
地方固定资产投入	—	—	—	—	—	—	—	—	—	—	—	0.0046*** (0.001)
N	418	141	491	48	110	64	59	53	88	151	82	162
F-stat	149.65	101.89	139.11	20.7	42.97	22.89	23.57	28.63	35.77	84.01	10.57	55.06
$\hat{R}^2$	0.6406	0.7424	0.5299	0.5571	0.6063	0.5104	0.6088	0.6145	0.5609	0.6241	0.4619	0.6482
P-value	0.0000	0.0000	0.0000	0.0000	0.0000	0.0000	0.0000	0.0000	0.0000	0.0000	0.0000	0.0000

注：***表示在 1% 的置信水平上显著，**表示在 5% 的置信水平上显著，*表示在 10% 的置信水平上显著，括号内为 P 值。

第四节　促进我国基本公共教育公平性的政策建议

一、我国基本公共教育公平性研究结论

起点公平、过程公平和结果公平的统计分析显示，我国省际在这三个维度上均不平等；而教育基尼系数测算结果则揭示了经济发展水平影响不同省份的教育结果的公平性，北京、上海、天津等经济发达地区，其教育基尼系数较低，西藏、青海、贵州等经济欠发达地区，其教育基尼系数较高。

此外，本章通过对实施就近入学政策的13个城市进行的实证分析，得到了教育资源分配不公产生的影响：义务教育小学阶段学校级别类型的划分对"学区房"住宅价格具有显著的正向作用。实证结果分析显示，在13个实施就近入学政策的城市（包括4个直辖市、2个计划单列市和7个副省级城市）中，每个城市义务教育小学阶段学校的级别类型划分都对"学区房"住宅价格产生正向的影响。观察整体的实证分析结果，在一级重点小学与二级重点小学的影响比较中，一级重点小学比二级重点小学对住宅价格的正向影响程度大，每增加1所一级重点小学，"学区房"每平方米价格提高29.1%；每增加1所二级重点小学，"学区房"每平方米价格提高16.8%。在二级重点小学与普通小学的影响比较中，二级重点小学比普通小学对房价的正向影响程度大，每增加1所二级重点小学，"学区房"每平方米价格降低12.3%；每增加1所普通小学，"学区房"每平方米价格降低29.1%。对于住房年限要求这一特征，表现的是对住宅均价的正向影响。即需要满足的上小学前持有的住房年数越多，其住宅价格越高，且住房年限要求每增加1年，住宅价格每平方米增加17.8%。在13个城市各自的分析中，由于在回归过程中，房价的单位是元，因此学校类别的系数就是影响"学区房"每平方米均价上升多少的直接数据。一级重点小学和二级重点小学对"学区房"住宅价格的影响差别最大的是深圳，每平方米相差10 305元；影响差别最小的是重庆，每平方米相差761.78元。二级重点小学和普通小学对"学区房"住宅价格的影响差别最大的是上海，每平方米相差6 890.5元；影响差别最小的是武汉，每平方米相差92.09元。

二、促进我国基本公共教育公平性的政策思考

对于实现我国义务教育公平，本章提出四个方面的建议：

第一，改善地区间教育资源投入不公平的现状，对投入不足的地区加

以扶持。

目前,各省份对于教育领域的资源投入有很大的差异,这也导致了我国教育过程的不完全公平。从长远来说,想要完全解决地区间教育资源投入不公平的问题,最根本的方法是发展经济,改善地区间经济发展水平有差异的现状。但就目前情况而言,我国地区间教育资源投入的差异已经很大,地区间教育过程不完全公平的问题已经较为突出,因此,应当通过宏观统筹,对经济不发达的地区与教育基础薄弱的地区加以扶持。

首先,应当对各省份教育资源投入的情况进行全面评估,在综合各个指标的基础上,建立起全面科学的评估体系,准确地监控到那些教育资源投入严重不足的地区。其次,应当对这些地区在经济上加以扶持,保证各省份教育资源投入差异不过大。

另外需要补充的一点是,教育资源投入严重不公平的问题并不仅仅出现在省份之间,事实上,在各省份内部也显著存在。因此,不能仅仅局限于对教育落后的省级地区进行扶持,同时还应该考虑对于教育落后的地级市、县级市加以扶持。

第二,完善教师流动制度,推进教师资源配置优化。

从各省份的生师比数据来看,我国各省份间的教师资源分配并不公平。如果把不同地区教师的能力差异纳入考虑的话,这种地区间教师资源的不公平情况可能比生师比数据所显示出来的更为严重。我国为了推进教师流动,已经先后出台了多个政策文件,但是政策效果不理想。教师资源不仅没有依照预想的流入教育基础薄弱的落后地区,反而呈现出从农村流向城市、从小城市流向大中城市、从普通学校流向重点学校的不合理单向流动。鉴于这种情况,进一步做实教师轮岗刻不容缓。

具体来说,目前教师流动制度有如下几点值得改进之处:

首先,应当根据实际教育需求制订教师供给计划,统筹师资配置。根据国际经验,可以根据全国适龄儿童人数的变化和基础教育发展的具体情况,对全国中小学教师的需求做出预测,并根据预测结果确定各学区教师的分配指标。值得注意的是,在确定实际指标时,还需要因地制宜,科学规划,各地教育主管部门应根据本地教育水平不平衡状况及对师资的实际需求,切实做好师资统筹分配规划。

其次,对教师流动依据进行量化,完善教师流动具体内容。目前教师流动情况不理想,很大一部分原因是没有切实将教师的工作积极性纳入考虑范围。

经济发达地区的名校教师在流动到经济不发达地区的弱校时,会考虑许多因素,比如流动后的待遇水平、流动对职业未来发展的影响等。只有消除了教师的这些顾虑,才能增加其交流积极性。因此,借鉴国际经验,我们可以建立起一套积分系统,积极参与流动的教师可以赚取积分,积分多少则与教师的职业前景以及退休待遇挂钩。这一激励制度无疑可以有效提高教师的积极性。

最后,弱化教师对学校的依附关系,保障流动教师的地位。具体地说,一方面要将流动教师纳入一个全国化的系统中,把学校的地位弱化成职业平台,不能继续让不同学校的待遇差别、学生差异左右教师流向;另一方面,要更加重视教师的个人利益,给予流动教师与其工作相匹配的待遇,例如切实解决教师的住房、子女教育、福利等问题,以解除其后顾之忧。

第三,关注弱势群体,将教育资源更多地向相对贫困人群倾斜。

从教育基尼系数的测算中可以看出,经济发达地区的教育基尼系数普遍更低,教育结果的公平性更高。这就意味着,我们不仅需要关注地区间教育不公平的问题,还需要关注地区内部不同社会阶层间教育不公平的情况。

具体来说,单纯地向一个地区投入教育资源,并不能公平地改善社会各阶层的受教育水平。教育基尼系数表明,在经济落后地区,当地的富裕人群会占据大部分的教育资源,而相对贫困人群享受到的教育资源非常有限,在经济发达地区,这种现象会略有改善,但是依旧存在。

为了解决社会各阶层间教育不公平的问题,需要国家对社会经济地位不利的人群进行补助,而且这种补助要与这些人的社会经济地位和家庭经济状况挂钩。目前,我国已经逐步开始对家庭经济困难学生进行补助,这主要是通过发放免费书本、生活费的方式实现的。但这种补助形式只能对贫困学生的受教育现状做出一些改善,而并不能完全地改变教育纵向不公平的现状。因此,还必须对相对贫困群体给予更多的补助,以保证该群体也能够享有基本的基础教育资源。

第四,取消义务教育阶段的学校级别划分,促进基础教育公平。

从"就近入学政策"的实证分析中可以发现,重点学校附近居民区住宅的价格要比普通学校附近居民区住宅的价格高。学生进入"重点学校"意味着可以享受更多的教育资源。在就近入学政策下,经济状况较好的家庭可通过购买相对高价的学区房的方式让孩子进入重点学校,从而获取更多的教育资源。这种将教育资源分配方式与家庭经济状况相挂钩的现象,将导致教育资源的浪费,同时造成教育不公平的问题。

需要指出的是，就近入学政策并不是导致将教育资源分配与家庭经济状况挂钩这一问题的根本原因，实质的问题还在于"学校等级划分"的制度。事实上，只要将义务教育阶段的学校划分等级，即使不实施就近入学政策，重点学校周边的"学区房"价格依旧会较高，教育资源依然会被经济状况相对更好的人群所更多地占有，由此导致基础教育不公平的问题。

教育并非一个纯粹的商品，"价高者得"并非教育资源配置的最优方式。在义务教育阶段，每个家庭的孩子都应该享受到公平的基础教育。学校等级的划分，使得义务教育阶段的学生享受到的教育差异过大，有悖公平原则。因此，建议取消义务教育阶段的学校等级划分，缩小义务教育阶段的学校差异，使不同家庭的孩子都能够享受到更加公平的基础教育，这也更加契合义务教育制度的初衷。

本章参考文献

[1] Bilbao-Terol, C., Cañak-Fernández, V. The price of secondary school quality: A hedonic approach[J]. Applied Economics Letter, 2013, 20(7): 706-709.

[2] Black, S. E. Do better schools matter? Parental valuation of elementary education[J]. The Quarterly Journal of Economics, 1999, 144(2): 577-599.

[3] Brasington, D. M., Haurin, D. R. Parents, peers, or school inputs: Which components of school outcomes are capitalized into house value? [J]. Regional Science and Urban Economics, 2009, 39(5): 523-529.

[4] Chin, H. C., Foong, K. W. Influence of school accessibility on housing values[J]. Journal of Urban Planning and Development, 2006, 132(3): 120-129.

[5] Clapp, J. M., Nanda, A., Ross, S. L. Which school attributes matter? The influence of school district performance and demographic composition on property values[J]. Journal of Urban Economics, 2008, 63(2): 451-466.

[6] Downes, T. A., Zabel, J. E. The impact of school characteristics on house prices: Chicago 1987-1991[J]. Journal of Urban Economics, 2002, 52(1): 1-25.

[7] Fack, G., Grenet, J. When do better schools raise housing prices? Evidence from Paris public and private schools[J]. Journal of Public Economics, 2010, 94(1-2): 59-77.

[8] Gibbons, S., Machin, S., Silva, O. Valuing school quality using boundary discontinuity[J]. Journal of Urban Economics, 2013, 75(3): 15-28.

[9] Hass, G. Sale prices as basis for farm land appraisal[R]. The University of Minnesota Agricultural Experiment Station, Technical Bulletin, 1922.

[10] Hayes, K. J., Taylor, L. L. Neighborhood school characteristics: What signals quality to homebuyers? [J]. Economic Review-Federal Reserve Bank of Dallas, 1996, (2): 2-9.

[11] Lancaster, K. J. A new approach to consumer theory [J]. Journal of Political Economy, 1966, 74(2): 132-157.

[12] Ridker, R. G., Henning, J. A. The determinants of residential property values with special reference to air pollution [J]. The Review of Economics and Statistics, 1967, 49(2): 246-257.

[13] Rosen, S. Hedonic prices and implicit markets: Product differentiation in pure competition [J]. Journal of Political Economy, 1974, 82(1): 34-55.

[14] 褚宏启,杨海燕.教育公平的原则及其政策含义[J].教育研究,2008(1):10-16.

[15] 冯皓,陆铭.通过买房而择校:教育影响房价的经验证据与政策含义[J].世界经济,2010(12):89—104.

[16] 何成杰,郭怀成,王真,等.房地产交易价格微观驱动力分析——以北京市为例[J].北京大学学报(自然科学版),2010,46(6):985—990.

[17] 李郇,符文颖.城市政府基础设施投资在住宅市场的资本化考察——基于广州价格数据的Hedonic模型构建[J].地理研究,2010,29(7):1269—1280.

[18] 刘洪彬,王秋兵.基于特征价格模型的城市住宅用地出让价格影响因素研究[J].经济地理,2011,31(6):1008—1013.

[19] 秦波,焦永利.北京住宅价格分布与城市空间结构演变[J].经济地理,2010,30(11):1815—1820.

[20] 邱慧,蒋涤非,易欣.城市公共景观对周边住宅价格影响——以株洲神农城为例[J].经济地理,2011,31(12):210—211.

[21] 王松涛,郑思齐,冯杰.公共服务设施可达性及其对新建住房价格的影响——以北京中心城为例[J].地理科学进展,2007,26(6):78—85.

[22] 王旭育.基于Hedonic模型的上海住宅特征价格研究[D].同济大学,2006.

[23] 王轶军,郑思齐,龙奋杰.城市公共服务的价值估计、受益者分析和融资模式探讨[J].城市发展研究,2007,14(4):46—53.

[24] 温海珍,李旭宁,张凌.城市景观对住宅价格的影响——以杭州市为例[J].地理研究,2012,31(10):1806—1814.

[25] 温海珍,杨尚,秦中伏.城市教育配套对住宅价格的影响:基于公共品资本化视角的实证分析[J].中国土地科学,2013(1):34—40.

[26] 辛涛,黄宁.教育公平的终极目标:教育结果公平——对教育结果公平的重新定义[J].教育研究,2009,30(8):24—27.

[27] 钟海玥,张安录,蔡银莺.武汉市南湖景观对周边住宅价值的影响——基于Hedonic模型的实证研究[J].中国土地科学,2009,23(12):63—68.

第三章 我国基本医疗卫生服务的公平性研究

我国政府近年来多次提到要建设基本医疗卫生制度,2020年6月1日开始实施的《中华人民共和国基本医疗卫生与健康促进法》指出,"国家建立基本医疗卫生制度,建立健全医疗卫生服务体系,保护和实现公民获得基本医疗卫生服务的权利"。因此有必要对我国基本医疗卫生服务公平性的状况和引起不公平的原因进行探讨,以便更好地提供公平的基本医疗卫生服务。本章主要采用了基于相对比例值的Theil指数这一研究公平性问题的主要衡量指标,并通过分组分解的方法观察城乡和地区组内及组间的差异。在此基础上,本章将以往研究收入不平等的基于回归方程的分解方法引入基本医疗卫生服务公平性研究,先对影响基本医疗卫生服务的结果进行一般性回归,分析可能对基本医疗卫生服务结果造成影响的各个变量,然后通过对Theil指数分解的方法探讨主要影响变量对医疗服务结果不公平程度的贡献。

第一节 我国基本医疗卫生服务公平性研究概要

一、我国基本医疗卫生服务及其公平性的内涵

(一)我国基本医疗卫生服务的内涵

基本医疗卫生服务(essential health services)包含一系列的基本预防和医疗服务。在1993年的《世界发展报告》中,世界银行最先提出了这个概念。我国的《国家基本公共服务体系"十二五"规划》(国发〔2012〕29号)提出,为了能够更加切实地保障全体人民的身体健康,国家应当建立起基本医疗卫生制度,为城市和农村的所有居民提供既安全又方便、既有效又价廉的基本医疗卫

生服务。"十二五"期间,我国政府已经提供了诸如预防接种、传染病防治等国家基本公共卫生服务,实施了艾滋病等重大传染病防治、适龄妇女宫颈癌乳腺癌检查等重大公共卫生项目,建立了国家基本药品制度。

借鉴国内外权威部门的相关概念,本章定义的基本医疗卫生服务,是指排除基本医疗保障的保障社会基本医疗卫生基本需求的医疗服务(包括医疗机构数量、医护水平、医疗设施条件、可及性、医疗费用、服务水平)和公共卫生(包括健康教育、预防接种、传染病防治、老幼孕残保健、重大疾病管理等)等内容的综合体。

(二)我国基本医疗卫生服务公平性的内涵

公平性问题向来是理论和实务的难点。贾康(2007)区分了"公平"(fairness)和"均平"(equity)两个概念,认为公平可以理解为起点公平、过程公平,这与效率是没有矛盾的,通过公正的待遇和处理,给大家公平的竞争环境;而均平是指结果的均平状态,这个是与效率有所矛盾的,决策者需要做出合理的权衡。李文贵(2007)认为,卫生资源分配的公平性主要指按照需要和需求分配卫生人力资源与物力资源。黄清华(2014)提出,公共医疗卫生资源的公平性分配,要同时兼顾平等性、医疗需求、健康收益最佳化等。《国家基本公共服务体系"十二五"规划》中提出的基本公共服务均等化,是指全体公民都能公平可及地获得大致均等的基本公共服务,其核心是机会均等,而不是简单的平均化和无差异化。而《中共中央 国务院关于深化医药卫生体制改革的意见》(中发〔2009〕6号)则从起点公平(向城乡居民提供统一的基本医疗卫生服务)、过程公平(提高服务的质量和效率)和结果公平(缩小基本公共卫生服务差异)这三个角度,阐述了关于基本公共卫生服务均等化的具体方案。

许多学者提出了衡量医疗卫生体系公平性的指标(Roemer,1991;The World Health Organization,2000;刘宝等,2009;贺买宏,2013;等等)。本章对这些指标进行总结,将基本医疗卫生服务体系的公平性的内涵定义为以下三个方面:一是起点公平。这部分强调所有人应当公平地享受到公共的基本医疗卫生服务。从具体角度来说,又包括以下几个方面:基本医疗卫生服务的覆盖程度,即是否所有人都已被纳入基本医疗卫生服务的范围;基本医疗卫生服务的可及性,包括距离上的可及性、资源上的可及性和经济上的可及性;基本医疗卫生服务提供的公平性,即是否对不同地区、群体和个体提供的医疗服务差异不大。二是过程公平,主要是指在基本医疗卫生服务提供的过程中是否具有公平性,服务质量是否接近、提供效率是否一致。三是结果公平,主要指从基本医疗卫生服务的结果来看,地区间、城乡间、城乡内部不同人群、个体间得到的基本医疗服务的结果是否相同。结果公平主要从基本医疗卫生服务资源分配的结果来考察,主要分析比较现实情况下地区间和城乡间的患病情况、严重程度、人口健康情况等考察医疗服务效果的指标。

二、我国基本医疗卫生服务公平性研究的数据说明

本章采用的数据主要为国家卫生和计划生育委员会(现国家卫生健康委员会)主持的四次国家卫生服务调查的数据,另外,结合和参考了历年卫生统计年鉴和中国统计年鉴的部分数据。国家卫生服务调查由国家卫生和计划生育委员会主持,各省、自治区、直辖市卫生厅、局和样本县、市参与,自1993年开始每五年在全国范围内进行一次,至今已经有1993、1998、2003、2008、2013、2018年六次调查,本章主要分析前四次的调查结果。家庭调查的部分采用多阶段分层整群随机抽样的方法,在全国31个省、自治区和直辖市中抽取90多个县(市、区),在四次调查结果中除行政区划变更等特殊原因外,县(市、区)级别的行政单位基本保持不变,因此,四次调查的结果构成了一个良好的面板数据,具有纵向的可比性。2008年的调查结果涵盖了全国除港澳台地区外的31个省、自治区、直辖市的94个县(市、区),共计470个乡镇(街道)、940个行政村(居委会)、56 400户。根据调查地区的人口、经济等指标,将调查的县(市、区)分为大城市、中等城市、小城市、一类农村、二类农村、三类农村、四类农村七个等级,以便分类汇总不同等级的地区在卫生服务相关指标之间的差异。

调查的主要内容包括:城乡居民卫生服务需要,包含人口与社会经济学特征、健康的自我评价、居民患病伤情况、失能状况、健康危险因素等;城乡居民卫生服务需求与利用,包括因病治疗状况、需求满足程度及未满足原因,公共卫生、妇幼保健、门急诊、住院服务的利用情况,个人医药费用的支付情况等;城乡居民医疗保障,包括医疗保障系统的组成、医疗保险覆盖情况、补偿范围与补偿水平、主要保险制度的运行情况等;居民的满意度,包括对卫生服务系统反应性、服务提供过程、医疗保障覆盖及水平等的满意度。调查的框架基本与世界卫生组织(WHO)对各国卫生系统的评价体系相一致,内容涵盖了基本医疗卫生服务的覆盖面、服务提供的过程、卫生服务系统的反应性、卫生服务的结果(患病情况、满意度)等各方面的指标。国家卫生服务调查的数据较为

全面地涵盖了衡量起点公平、过程公平和结果公平的指标,在衡量医疗卫生服务的公平性方面有其他统计年鉴和微观数据无法比拟的优点。

由于国家卫生服务调查对外公布的产出表只细分到县(市、区)一级的数据,本章在使用时,也主要以县(市、区)一级的中观数据作为样本数据。该中观数据的优点在于包含了反映地区整体情况的指标,例如人均卫生资源、患病人次、就诊人次等,可以反映出基本医疗卫生服务区域性差异的影响,但缺点在于区域内的差异被抹平,无法更加精确地衡量样本个体间的差异对基本医疗卫生服务指标造成的影响。本章的研究也主要基于区域层面的中观因素,通过分析基本医疗卫生服务在地区间、城乡间和整体层面的差异性,来考察区域间的平等程度。

三、我国基本医疗卫生服务公平性的研究思路

本章首先构建起覆盖起点公平、过程公平、结果公平三个层面的多个衡量医疗服务公平性的指标,并通过考察每个指标的相对比例,以此观察基本医疗卫生服务在城乡间、省份间的差异性。在此基础上,结合 Theil 指数等指标,分析单个指标横向和纵向的差异性及变化,并通过对 Theil 指数的分解,来分析组内和组间的差异,以考察单个指标所反映的基本医疗卫生服务公平程度的变化,以及在城乡内部和城乡间、地区内部和地区间分别的差异对整体差异的贡献。考虑到数据的可得性,本章在研究起点公平时主要选取了距离最近医疗机构的距离和时间、基本医疗卫生机构、设施和人员的密度等考察可及性的指标,以及基本医疗卫生费用等经济指标(贺买宏,2013;刘宝等,2009);在研究过程公平时主要考察了门诊服务和住院服务的质量等指标(张永梅和李放,2010;孙统达等,2009;苏红,2011;王辉等,2008);在研究结果公平时主要考察了死亡率、患病率、住院率和患病天数等指标。

在对单个指标进行分析考察的基础上,本章将以基本医疗卫生服务的结果(患病率、患病天数等指标)作为被解释变量,深入探讨导致基本医疗卫生服务结果出现差异的原因。此部分的数据主要基于历次国家卫生服务调查提供的地区中观层面数据,以每个地区的基本医疗卫生结果作为被解释变量,以尽量剔除个人因素对结果的影响。参考卫生经济学领域的相关研究,在考察影响基本医疗卫生服务结果的公平性的相关因素时,我们主要选取了该地区人均收入、人口结构、受教育程度等经济及人口指标,以及基本医疗卫生服务设施的可及性、医疗费用差异等反映基本医疗卫生服务起点公平及过程公平的

指标。通过对解释变量与被解释变量的回归分析,考察产生基本医疗卫生服务结果(以患病率和住院率表示)的原因,从起点、过程的公平性角度来衡量不同的基本医疗卫生服务结果。

最后,本章将借鉴 Shorrocks(1982)、Shorrocks and Slottje(2002)、Morduch et al.(2002)以及万广华(2004,2008)在研究收入不平等时基于回归方程的分解方法,通过对不同地区间基本医疗卫生的结果变量利用回归方程进行分解,精确度量不同层次的不公平性对于基本医疗卫生服务的结果公平产生的影响。之前的研究者分别基于回归方程的分解,来考察不同自变量对于不平等指标(基尼系数、Atkinson 指标、Theil 指数等)的影响。本章还将通过对于患病率等指标差异性(Theil 指数)的考察,并且利用回归方程对基本医疗卫生服务的结果不公平性进行拆分,详细分析收入差异、年龄结构、医疗费用差异、地区差异等对结果的不公平产生的具体影响大小,考察导致结果不公平的具体原因,并以此为基础提供政策建议。

四、我国基本医疗卫生服务公平性的研究方法

(一) 基本医疗卫生服务公平性研究的方法概述

许多学者构建指标和指标体系衡量卫生服务体系的公平性。The World Health Organization(2000)《在世界卫生报告》中对各国的基本医疗卫生系统进行了评估,从总体的健康状况、人口的健康分布、满足需求的总体水平、满足需求的分配状况以及财政支出的分布情况等五个方面,利用各国的数据计算出达标情况。刘宝等(2009)基于 Romer 模型及 WHO 2000 年《世界卫生报告》提出的模型,构建了包括 4 个一级指标、15 个二级指标以及 38 个三级指标的基本公共卫生服务均等化指标体系。葛凌霄和张亚斌(2010)采用 Theil 指数对城乡之间的基本医疗卫生资源配置、健康消费水平两个指标进行了分解测算。研究结果显示,我国城乡间的基本医疗卫生服务和城乡居民的健康消费差异明显,但随着改革的进展呈现倒"U"形趋势,城乡之间的基本医疗卫生服务的差异正在缩小,但不同的基本医疗卫生资源的变化趋势不同,卫生技术人员指标的差异仍然在逐年扩大;城镇与农村内部的 Theil 指数低于城乡间以及总体的 Theil 指数,且城镇内部的差异超过了农村内部的差异。

另外,一些学者对基本医疗卫生服务不公平性的原因进行了探讨。如 Grossman(1972)就通过构建健康的生产函数来考察医疗价格、工资、教育、营养摄入和环境条件等对健康的影响。而健康与收入的关系更是已经被大量研

究过的课题,如 Pappas et al.(1993)对美国社会的研究、Benzeval et al.(2001)对英国社会的研究等。值得一提的是,有些学者已经发现社会的不平等程度和收入分配与健康状况之间存在显著的关系,如 Rodgers(2002)通过对 56 个贫富不等的国家的截面数据的研究,考察了收入分配(基尼系数)和健康状况之间的关系。Lochner et al.(2001)对美国州级水平的收入不平等对死亡率风险的影响在控制个人特征后,发现生活在收入不平等程度更高的州的个人的死亡率更高。另外,以往的研究还发现基本医疗卫生资源的可及性及公共支出(如每万人的医护人员数、床位数等)对健康水平也存在影响,如 Anand and Bärnighausen(2004)使用 WHO 的数据进行跨国多元回归发现,卫生人力资源(医护人员数量)与母亲生产死亡率、婴儿死亡率等指标关系非常显著。这些研究都表明,基本医疗卫生服务的结果的差异性可能是由多种因素导致的,在考察基本医疗卫生服务公平性时,不能仅仅以某个指标体现出的差异性作为医疗服务公平程度的衡量,还应该深入分析这种差异出现的背后原因。但还较少有学者对我国医疗卫生服务不公平的原因进行研究。

(二)公平性度量的研究方法

关于公平问题的研究一直以来都是经济学研究的难点。不同的公平正义观对社会福利函数的影响,导致如何定义公平本身就存在一定的争议。在本章的研究中,我们借鉴《国家基本公共服务体系"十二五"规划》及 WHO 在评价各国卫生服务系统中采用的思路,从起点公平(机会均等)、过程公平(服务提供一致)、结果公平(卫生服务结果趋同)三个维度来衡量基本医疗卫生服务的公平性,并且对反映三方面公平程度的指标单独评价、综合考虑,给予各区域间、各指标间在公平性问题上相同的权重。

对于公平程度的度量也已经经过了长期的探索。早期对公平问题的关注主要是源于对收入分配的研究,由此产生了帕累托分布(Pareto Distribution)等反映人口和收入关系的分布函数(Pareto,1895)。在此之后,Lorenz(1905)提出了洛伦兹曲线(Lorenz Curve),Gini(1910)又基于该曲线提出了基尼系数(Gini Coefficient),成为截至目前仍然被世界各国广泛使用的衡量公平程度的指标。Theil(1967,1972)提出并扩展了广义熵(generalized entropy,GE)指数,而 Atkinson(1970)将随机占优方法引入公平性的研究,并提出了 Atkinson 指标。以上指标都为目前研究公平性问题使用的主要指标。此外,基于统计学也有方差、标准差、变异系数、分位数等衡量样本差异性的指标。

在本章的研究中,我们采用基于 GE 指数的 Theil 指数作为主要考察基本医疗卫生服务公平性的指标。原因主要有以下四个方面：首先，该指标具有标准性，当完全平等时，指标值为0，并且随着指标值的扩大反映的不平等程度也逐渐增加；其次，该指标具有无量纲性，相比方差或者标准差等绝对指标，当改变计量单位或者样本数量时，只要分配情况一样，该指标得到的结果也相同；再次，该指标具有可拆分性，相比基尼系数等指标而言，该指标可以观察到样本间的相对差异，并且可以进行组内分解；最后，近来的研究发现，Atkinson指标和GE指数存在一一对应的转换关系（Shorrocks and Slottje，2002）。因此，GE指数具有更强的适应性。

GE指数的表达式为：

$$\text{GE}(a) = \frac{1}{a(a-1)}\left[\sum_i f_i \left(\frac{y_i}{\mu}\right)^a - 1\right] \tag{3.1}$$

其中，f_i 代表样本数量占总体数量的比例；y_i 代表样本观察值；μ 代表总体均值；a 为反映公平程度的系数，a 为负值时，越小则该指数对于底层的分布差异越敏感，a 为正值时，越大则该指数对于顶层的分布差异越敏感。当 $a=0$ 时，则GE指数转变为平均对数离差Theil-0指数（T_0 指数）：

$$T_0 = \sum_i f_i \ln \frac{\mu}{y_i} \tag{3.2}$$

当 $a=1$ 时，则GE指数转变为Theil指数（Theil-1指数，T_1 指数）：

$$T_1 = \sum_i f_i \frac{y_i}{\mu} \ln \frac{y_i}{\mu} \tag{3.3}$$

当 $a=2$ 时，则得到了变异系数平方的1/2。当每个样本容量均为1时，y_i 表示个体的观察值，$f_i = 1/N$。当单个样本容量大于1时，则 y_i 表示该样本的均值。令 $f_i = N_i/N$，$f_i = N_i/N$，其中 N_i 代表样本数量，N 代表总体数量，则 T_0 指数和 T_1 指数分别可以表示为：

$$T_0 = \sum_i \frac{N_i}{N} \ln \frac{N_i/N}{N_i y_i / \sum N_i y_i} \tag{3.4}$$

$$T_1 = \sum_i \frac{N_i y_i}{\sum N_i y_i} \ln \frac{N_i y_i / \sum N_i y_i}{N_i/N} \tag{3.5}$$

也就是说，T_0 指数和 T_1 指数反映的是样本值占总体的比例除以该样本容量占总体的容量，进行对数化后按照样本容量占总体容量比重或者样本值占总体值的比重加权平均的结果。当样本占总体的比重相比样本容量占总体容量的比重越大时,代表的不平等程度越高,对数化再加权平均后的值也越大。而当样本绝对平均时,样本值占总体值的比重和样本量与总体量的比重相等,对数化后的结果为 0。因此,Theil 指数值越接近于 0,代表样本之间的差异性越小;Theil 指数越大,代表样本之间的差异性也越大。一般而言,Theil 指数用于研究收入分配,反映的是该样本的收入占总收入的比重相比于人口占总人口的比重,再对数化后进行加权平均的结果。如果收入越不平均,收入占比高的人群占总人口比重越小,对数化后按照收入加权或者按人口比例赋值加权后的值也越大,因此 Theil 指数也越大。从 Theil 指数的公式可以看出,T_0 指数给予收入占比相对人口占比更低的群体乘以的权重更大,而 T_1 指数给予收入占比相对人口占比更高的群体乘以的权重更大,因此,T_0 指数更关注低收入群体,而 T_1 指数更关注高收入群体。

尽管在以往的研究中,Theil 指数主要用于收入的不平等性研究,但事实上,该指标对于研究基本医疗卫生服务公平性同样适用。通过衡量基本医疗卫生资源在人群中的分配情况、基本医疗卫生服务提供的情况以及基本医疗卫生的结果在人群中的分布情况,通过计算相应的 Theil 指数,可以观察基本医疗卫生服务的公平程度。我们采用的是基于县(市、区)的数据,在计算 Theil 指数时,以各区县人口占总人口的比重作为样本量占比,以各区县对应的基本医疗卫生服务或结果的相应指标占总体值的比重作为样本值占比,以此反映基本医疗卫生服务在各区县之间的差异性。在此基础上,通过将区县按照城乡间、地区间分组,计算组内差异和组间差异,以考察基本医疗卫生服务公平性差异的来源。

第二节 我国基本医疗卫生服务公平性的度量

根据对公平性的定义,我们将考察的指标分为起点公平、过程公平和结果公平三类,并综合考虑三方面的基本医疗卫生服务差异性。其中起点公平包含基本医疗卫生服务的可及性、基本医疗卫生服务覆盖面、基本医疗卫生费用支出等方面的指标;过程公平包括门诊服务和住院服务提供的质量、满意程度等方面的指标;结果公平包括死亡率、患病率、患病严重程度以及其他健康情况等方面的指标。选择相关指标的理由已在本章第一节的研究思路中做了较为详细的说明,此处不再赘述。

一、我国基本医疗卫生服务公平性的横向度量

在进行 Theil 指数的计算和分解之前,首先利用 Theil 指数计算过程中的样本值占比相对样本量占比的相对比例值 $R=y_i/\mu$,主要观察基本医疗卫生服务在地区间的横向差异性。该相对比例值 R 反映的是样本均值与总体均值的比例,当 $R>1$ 时,说明该样本相比总体的比值较高。为了方便观察,将各区县按照省份和城乡类别分别分组,分别考察基本医疗卫生服务在各省份间和城乡各级之间的差异性。

(一) 起点公平

1. 基本医疗卫生服务可及性

基本医疗卫生服务可及性是指患者享受到基本医疗服务的便利程度。在本章中,这一指标着重表示地理上的便利,体现在距离最近基本医疗卫生点的路程和时间两方面。

(1) 距离最近基本医疗卫生点的路程。

图 3-1 和图 3-2 分别反映了省份间和城乡间调查人口中距离最近的基本医疗卫生点一公里以内的地区人口占比相对于总体平均的人口占比 R。以 $R=1$ 为界,当 $R>1$ 时,表示该地区距离最近基本医疗卫生点一公里内的人口占该地区调查人口的比重高于总体距离基本医疗卫生点一公里内的人口占总人口的比重,因此,该地区距离基本医疗卫生点一公里内的人口比例高于平均水平,也就是距离上的可及性比平均水平要好。从图 3-1 可以看出,距离基本医疗卫生点一公里内的人口比例相对更高的省份有北京、天津、河北、辽宁、黑龙江、上海、浙江、山东、河南等,主要以东部发达地区的省份为主;而广西、西藏、青海、新疆等中西部地区省份的距离基本医疗卫生点的人口占比相对值在四期内一直低于 1。《第五次国家卫生服务调查分析报告》指出,"无论城市还是农村,西部地区距离最近医疗点在一公里以内的比例均明显低于东部和中部地区"。从纵向变化来看,湖南、广东、广西等省份的相对比值有降低的趋势,反映出上述地区在各省份中相对比重的情况有所恶化,而西藏的距离医疗点一公里内的人口占比相对值则逐步提升,在 2008 年时已经接近全国平均的人口占比。

四次国家卫生服务调查均按城市、农村进行了分类,城市按人口规模分为三类地区——大城市(100 万人口及以上)、中城市(30 万和 100 万人口之间)

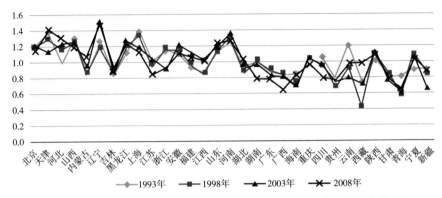

图 3-1　距离最近基本医疗卫生点一公里内的人口占比相对值（省份间）

资料来源：根据国家卫生服务调查数据计算得到。

和小城市（30万人口以下）；根据社会经济指标，将农村分为四类——一类为富裕县，二类为小康县，三类为温饱县，四类为贫困县。从图 3-2 可以看出距离最近基本医疗卫生点一公里内的人口占比在城乡间的相对变化。与省份间的相对比值相比更明显，城乡间的人口占比相对值城市明显优于农村，且随着区域级别的降低，距离基本医疗卫生点一公里内的人口比重相对值逐渐降低。其中城市地区的距离基本医疗卫生点一公里内的人口比重均高于总体的平均比重，一类农村和二类农村的人口比重与平均比重基本持平，而三类农村和四类农村的人口比重则显著低于总体的平均比重。《第五次国家卫生服务调查分析报告》指出 2013 年城市居民距离最近医疗机构不足一公里的比例为 71.0%，高于农村的 56.7%；而这一指标在 2008 年分别是 83.5% 和 58%。因此城市和农村居民距离最近医疗机构的距离都在增加，而农村增加幅度较小。

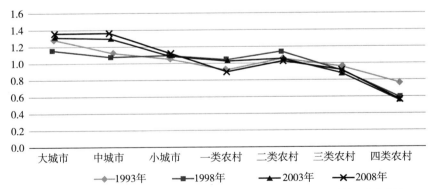

图 3-2　距离最近基本医疗卫生点一公里内的人口占比相对值（城乡间）

资料来源：根据国家卫生服务调查数据计算得到。

(2) 距离最近基本医疗卫生点的时间。

图 3-3 和图 3-4 从距离基本医疗卫生点的时间角度分析了省份间、城乡间的人口占比变化。与距离基本医疗卫生点距一公里内的人口占比相对值类似,距离医疗点 10 分钟以内的人口占比相对较高的省份主要为北京、辽宁、河北、天津、黑龙江、上海、浙江、山东、河南等,而广西、海南、四川、贵州、西藏、青海、新疆等省份相对比重低于总体的平均值。城乡间的相对比重也呈现类似的趋势,但从距离基本医疗卫生点的时间来看,城市与一类农村、二类农村之间的差异相比距离基本医疗卫生点的路程的差异较小,与三类农村、四类农村的差异仍然较大,而且随着时间的变化仍然有拉大的趋势。

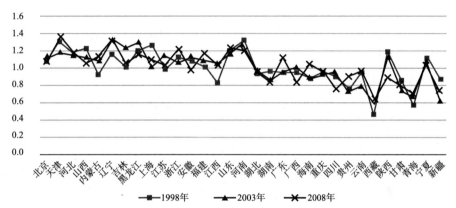

图 3-3　距离最近基本医疗卫生点 10 分钟内的人口占比相对值(省份间)
资料来源:根据国家卫生服务调查数据计算得到。

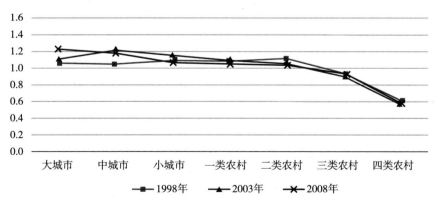

图 3-4　距离最近基本医疗卫生点 10 分钟内的人口占比相对值(城乡间)
资料来源:根据国家卫生服务调查数据计算得到。

综合以上两个指标可以发现,从基本医疗卫生服务的可及性角度来看,省份间、城乡间仍然存在较大的差异,东部经济发达地区在距离基本医疗卫生点的路程和时间较短的人口比重显著高于西部欠发达地区,城市地区在对应的人口比重高于农村地区,特别是经济相对落后的三类农村、四类农村地区,并且,这种差异有随着时间的变化而扩大的趋势。

2. 基本医疗卫生服务覆盖面

基本医疗卫生服务覆盖面指的是基本医疗卫生服务覆盖或影响的范围,在本章中,这一指标着重指某地区的人享受到基本医疗卫生服务资源的丰富程度。具体指标包括人均基本医疗卫生机构数、人均基本医疗卫生机构床位数和人均基本医疗卫生人员数等。

图 3-5 反映的是 2016 年基本医疗卫生服务的覆盖面在各省份之间的差异性。[①] 以 $R=1$ 为界,当 $R>1$ 时,说明该省份的人均基本医疗卫生资源数高于全国的平均水平。从图 3-5 中可以看出,2016 年人均基本医疗卫生机构数相对较高的省份有河北、山西、四川、西藏、陕西、甘肃、青海和内蒙古等,而人均基本医疗卫生机构数相对较低的省份有北京、天津、广东、江苏、浙江、安徽、上海和云南等。人均基本医疗卫生机构床位数相对较高的省份有北京、山西、辽宁、上海、黑龙江、吉林、山东和新疆等,而人均基本医疗卫生机构床位数相对较低的省份有安徽、江西、广东、广西、海南、贵州和西藏等。从人均基本医疗卫生机构数等硬件设施来看,各省份之间虽然存在差异,但并未出现明显的地区分布,部分中西部省份在人均基本医疗卫生机构数上甚至领先于东部发达地区。然而,从人均基本医疗卫生人员数这一反映医疗服务提供的软件指标或者真实水平的指标来看,相对比例较高的省份为北京、天津、山西、辽宁、吉林、黑龙江、上海、陕西和新疆,仍然以中东部经济发达地区为主,而江西、福建、安徽、贵州、云南、甘肃等中西部经济落后地区的人均基本医疗卫生人员数相对比例仍然较低。由此可以看出,从医疗服务的覆盖面来看,虽然中西部欠发达地区在人均基本医疗卫生机构数等硬件指标上与东部发达地区不存在显著差异,然而在反映医疗服务提供真实水平的人均基本医疗卫生人员数等指标上,东部经济发达地区仍然领先于中西部欠发达地区。

---

① 因国家卫生服务调查相关数据缺失,此处数据来源为《中国统计年鉴》及《中国卫生统计年鉴》。

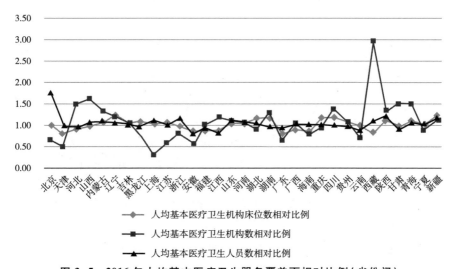

图 3-5　2016 年人均基本医疗卫生服务覆盖面相对比例（省份间）

资料来源：根据《中国统计年鉴 2017》和《中国卫生统计年鉴 2017》的数据计算得到。

3. 基本医疗卫生费用支出

基本医疗卫生费用支出包括次均门诊医疗费用、次均住院医疗费用和人均基本医疗卫生支出三个具体的指标。

（1）次均门诊医疗费用。

图 3-6 和图 3-7 反映了次均门诊医疗费用在省份间及城乡间的差异性。在分析次均门诊医疗费用时采用的样本总数为两周内就诊人次数，而相对比例 R 反映的是该地区次均门诊医疗费用相对于总体平均次均门诊医疗费用的差异。从图 3-6 可以看出，次均门诊医疗费用高于全国平均次均门诊医疗费用的省份有北京、黑龙江、辽宁、吉林、天津、上海、浙江、湖南和新疆等，而次均门诊医疗费用相对平均次均门诊医疗费用较低的省份则有福建、江西、河南、广西、贵州、西藏和甘肃等。从城乡间的差异来看（见图 3-7），随着区域级别的提升，次均门诊医疗费用的相对比例也会相应上升，而且大中城市相对农村地区次均门诊医疗费用差异十分明显，在历次调查中相对差异也基本保持不变。这一指标在《第五次国家卫生服务调查分析报告》中未提及。

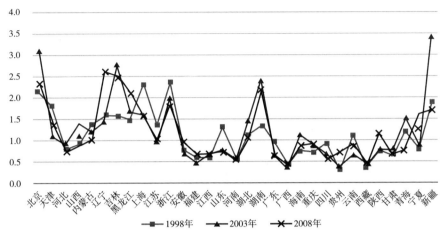

图 3-6　次均门诊医疗费用相对比例（省份间）

资料来源：根据国家卫生服务调查数据计算得到。

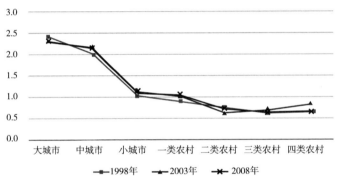

图 3-7　次均门诊医疗费用相对比例（城乡间）

资料来源：根据国家卫生服务调查数据计算得到。

（2）次均住院医疗费用。

图 3-8 和图 3-9 从次均住院医疗费用角度衡量的相对比例差异与次均门诊医疗费用的相对比例差异类似。次均住院医疗费用相对比例较高的地区仍然为北京、天津、上海、江苏、浙江、广东、海南等经济发达的东部省份，而相对比例较低的地区为江西、广西、贵州、甘肃、青海等经济相对欠发达的中西部省份。这一状况与《第五次国家卫生服务调查分析报告》的描述类似。次均住院医疗费用城乡间的相对比例差异也比较类似，区别在于 2008 年的全国卫生服务调查结果显示，大中城市间、小城市和一类农村间以及二类到四类农村间内部的相对比例差异正在缩小，而三个层次之间的相对比例差异仍然存在，呈现出分级别的住院医疗费用相对比例阶梯形的态势。

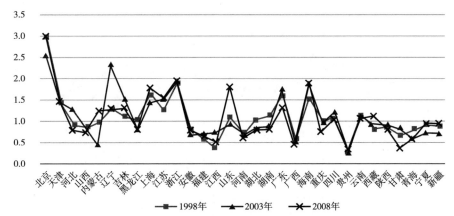

图 3-8 次均住院医疗费用相对比例（省份间）

资料来源：根据国家卫生服务调查数据计算得到。

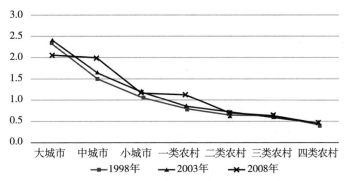

图 3-9 次均住院医疗费用相对比例（城乡间）

资料来源：根据国家卫生服务调查数据计算得到。

（3）人均基本医疗卫生支出。

图 3-10 和图 3-11 从人均基本医疗卫生支出的相对比例角度反映了省份间和城乡间的差异。该指标采用的样本数为各地区调查人数，区别于次均门诊和次均住院医疗费用的就诊人次数与住院人次数。但从整体结果来看，反映的趋势仍然保持一致，这也进一步验证了地区间、城乡间在医疗费用支出上相对差异的稳健性。东部发达地区的人均基本医疗卫生支出显著高于平均基本医疗卫生支出，而中西部欠发达地区则显著低于平均水平，城市地区人均基本医疗卫生支出也显著高于农村地区。由此可见，从基本医疗卫生费用支出的角度来看，东部发达地区和大中城市的居民在享受到更便利和更优质的基本医疗卫生服务的同时，也需要承担更高的基本医疗卫生费用支出。

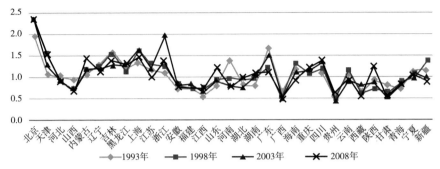

图 3-10 人均基本医疗卫生支出相对比例（省份间）

资料来源：根据国家卫生服务调查数据计算得到。

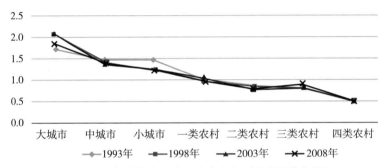

图 3-11 人均基本医疗卫生支出相对比例（城乡间）

资料来源：根据国家卫生服务调查数据计算得到。

总结以上分析可以得出，从基本医疗卫生服务的起点公平角度来看，不管是反映医疗服务可及性的距离最近医疗机构的路程、时间等指标，还是反映医疗资源覆盖面的人均基本医疗卫生人员数等指标，东部发达地区均显著优于中西部欠发达地区，大中城市也显著优于农村地区。但同时，东部发达地区和大中城市在享受更加便捷和覆盖面更广的医疗资源的同时，也需要承担相对更高水平的医疗费用。值得一提的是，比较基本医疗卫生服务可及性、覆盖面指标的相对比例和基本医疗卫生支出相对比例的指标可以看出，基本医疗卫生支出相对比例差异程度要高于基本医疗卫生服务可及性及覆盖面的相对比例差异程度，这在一定程度上反映出，尽管东部发达地区和大中城市支付了相对更高的基本医疗卫生费用，但从起点公平的角度上获得的基本医疗卫生资源的相对差异并没有基本医疗卫生费用的差异那么大，因此，从起点公平的角度来看，医疗资源在地区间、城乡间可能存在一定程度的再分配。但不可否认的是，1993—2008 年，经历十数年的发展和改革历程，基本医疗卫生服务在地区间、城乡间的差异仍然存在,而且这种差异从目前来看并没有缩小的趋势,医疗资源起点上的分配不均仍然是需要解决的问题。

(二)过程公平

1. 门诊服务

图 3-12 至图 3-19 从就诊等候时间、门诊设施和环境、门诊解释清晰程度和门诊满意度四个方面反映了门诊服务提供过程中的公平性(苏红,2011)。这四个指标采用的样本数均为两周就诊病例数,而除门诊满意度反映主观感受较好的人数比率外,其余三个指标比率均为对两周就诊病例进行调查后主观感受程度较差的人数比率。因此,除满意度反映的是该区域门诊满意度相比总体平均的满意度的比例外,其他的相对比例 R 反映的是该区域对对应门诊服务指标感受较差的人口比例(差评率)与总体平均感受较差的人口比例的比值。R 值越高,相对不满意的程度也越高。由于 1993 年和 1998 年未进行相关指标的统计,因此,此处我们仅采用 2003 年和 2008 年的数据进行省份间、地区间差异性变化的比较。

(1)就诊等候时间。

《第五次国家卫生服务调查分析报告》指出 63.6% 的就诊者认为候诊时间短,这一数据比 2008 年上升了 4.2 个百分点。因此患者对就诊等候时间的满意度在提升。省份间和城乡间分析我们主要还是采用 2003 年和 2008 年的数据。从就诊等候时间来看,2003—2008 年部分省份的相对比例有较大波动,但总体趋势仍保持一致。北京、辽宁、上海、浙江和广东等东部发达省份就诊等候时间长或较长的人口占比相对平均的人口占比而言反而更高,这也反映出经济发达地区虽然基本医疗卫生资源供应相对充足,但在享受基本医疗卫生服务的过程中仍然存在基本医疗卫生资源特别是优质资源紧张的情况。而河北、陕西、内蒙古、河南、贵州、甘肃和青海等省份的就诊等候时间较长的比例则相对较低,这一方面跟该区域的人口总量较少有关;另一方面也反映出部分欠发达地区虽然人均拥有的基本医疗卫生资源数和可及性较低,但在医疗资源使用过程中相对比较充裕。从城乡间的差异来看,大中城市的门诊等候时间较长的比例显著高于农村地区,而且这种差异在 2008 年相比 2003 年并未缩小;中等城市的等候时间较长的比例反而有所上升,小城市的等候时间较长的比例有所下降。

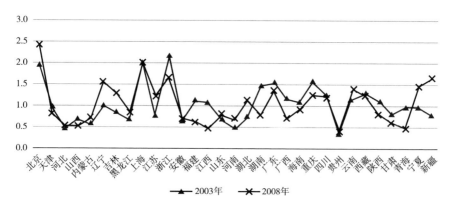

图 3-12　就诊等候时间较长比率相对值(省份间)

资料来源:根据国家卫生服务调查数据计算得到。

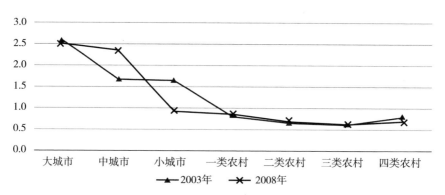

图 3-13　就诊等候时间较长比率相对值(城乡间)

资料来源:根据国家卫生服务调查数据计算得到。

(2)门诊设施和环境。

《第五次国家卫生服务调查分析报告》指出就诊者认为就诊机构环境好的比例为65.6%,与2008年相比,认为就诊环境好的比例增加了20.8个百分点,这说明就诊者对就诊环境的满意度大幅提升。由于数据限制,省份间和城乡间分析我们主要还是采用2003年和2008年的数据。从设施和环境的角度来看,省份间、城乡间呈现出与就诊等待时间相反的趋势,东部发达地区的设施环境满意程度仍然相对占优,而中西部地区特别是广西、贵州、四川和甘肃等省份的设施环境不满意比率显著高于全国平均水平。大中城市的设施环境差评率也相对较低,满意度高于农村地区。农村内部对设施环境的评价也差异较大,总体来看,三类农村的不满意比率相对最高,甚至高于四类农村,而一类、二类农村的不满意比率相对较低。

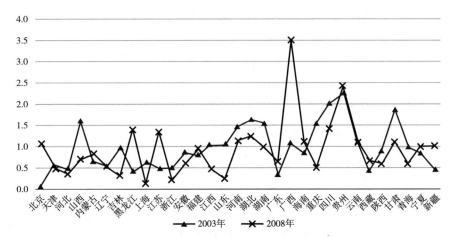

图 3-14 门诊设施和环境差评率相对比例（省份间）

资料来源：根据国家卫生服务调查数据计算得到。

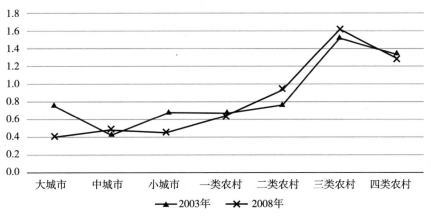

图 3-15 门诊设施和环境差评率相对比例（城乡间）

资料来源：根据国家卫生服务调查数据计算得到。

（3）门诊解释清晰程度。

《第五次国家卫生服务调查分析报告》指出就诊者认为医护人员解释治疗方案清晰程度高的比例为78.7%，与2008年相比，这一比例增加了19.8个百分点。就诊者认为医护人员解释治疗方案清晰程度高的比例，城乡无明显差异，同时说明就诊者对医护人员解释清晰程度的满意度大幅提高。从2003年和2008年公布的省际数据来看，门诊的解释清晰程度各省份间的差评比率存在较大波动，但并未呈现明显的地区间的差异性。除2008年北京差评比率高外，差评比率保持高位的省份以中西部省份为主，但大部分省份的差评比率都低于平均水平,相对满意的地区既有江苏、海南和广东等东部省份,也有河南、云南和青海等中西部省份。城乡之间的差评率在 2003 年未呈现太大的差异,而 2008 年城市特别是大城市的差评率略高于其他地区特别是四类农村的差评率。这反映出门诊的解释清晰程度与经济情况、地区类别等并无显著的相关性。《第五次国家卫生服务调查分析报告》指出东部城市的差评率高于中西部城市和农村地区,这和 2008 年的情况基本类似。

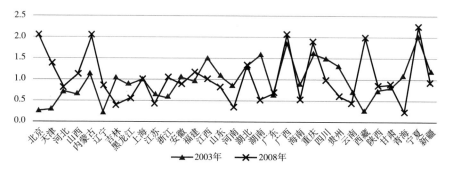

图 3-16　门诊解释清晰程度差评率相对比例(省份间)

资料来源:根据国家卫生服务调查数据计算得到。

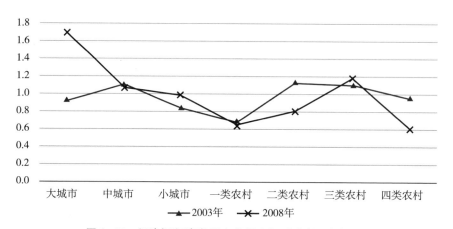

图 3-17　门诊解释清晰程度差评率相对比例(城乡间)

资料来源:根据国家卫生服务调查数据计算得到。

(4)门诊满意度。

《第五次国家卫生服务调查分析报告》指出就诊者对就诊总体情况满意的比例为 76.5%,不满意的仅为 1.9%,而 2008 年 41.2% 的门诊就诊病人对就诊机构表示不满意,就诊者对医疗机构的满意度大幅提升。我们依旧利用 2003 年和 2008 年的数据来分析门诊满意度的省份间和城乡间差异。从门诊的满意度水平来看,省份间、城乡间并未呈现较大的差异性,基本在平均的满意度上下波动,中西部地区的部分省份如内蒙古、广西、四川、贵州、甘肃和宁夏等略低于平均的满意程度;从城乡来看,中等城市的满意度相对略低于平均的满意程度。这反映出门诊的满意程度与基本医疗卫生服务提供的差异性之间并无明显的相关性,且在各区域间、城乡间仍然保持相对平均的水平。

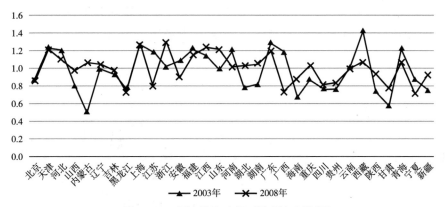

图 3-18　门诊满意度相对比例(省份间)

资料来源:根据国家卫生服务调查数据计算得到。

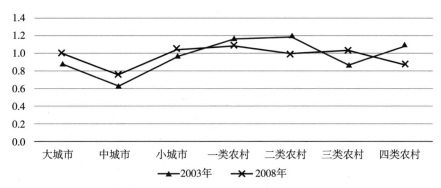

图 3-19　门诊满意度相对比例(城乡间)

资料来源:根据国家卫生服务调查数据计算得到。

2. 住院服务

图 3-20 至图 3-25 从住院征求意见情况、住院查询费用方便程度、住院投诉方便程度三个方面考察了住院服务提供的公平程度。这三个指标采用的样本数为住院病例数,均反映的是对住院服务主观感受程度较差的人数比率相比总体的平均感受较差的人数比率的比值。R 值越高,反映的相对不满意的

程度也越高。

（1）住院征求意见情况。

从住院征求意见的情况来看，各省份之间的波动性较大，且2003年和2008年之间也呈现较大的差异性。整体来看，在两期内差评率均相对较高的省份有北京、吉林、江西和西藏，而差评率均相对较低的省份有山西、上海、福建、河南、云南和甘肃等，各省份之间并未呈现与地区特征相匹配的一致性。从城乡差异来看，城市地区在住院征求意见上的差评率整体上略高于农村地区。

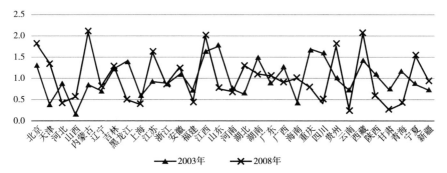

图 3-20　住院征求意见情况差评率相对比例（省份间）

资料来源：根据国家卫生服务调查数据计算得到。

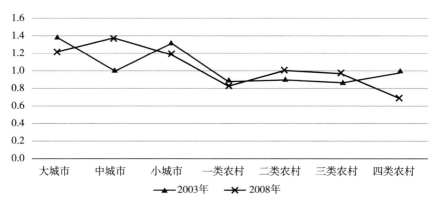

图 3-21　住院征求意见情况差评率相对比例（城乡间）

资料来源：根据国家卫生服务调查数据计算得到。

（2）住院查询费用方便程度。

从住院查询费用方便程度来看，北京、天津、吉林、上海、江苏和浙江等东部省份差评率略低于广西、贵州和云南等中西部地区，而城市地区的差评率总体上也略低于乡村地区。由于查询费用方便程度相对比较依赖硬件设施,这也反映出在医疗服务的提供过程中,城市地区在硬件相关的指标上要相对优于农村地区。

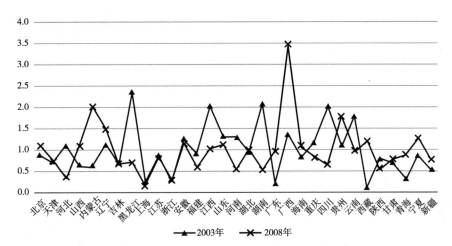

图 3-22 住院查询费用方便程度差评率相对比例(省份间)

资料来源:根据国家卫生服务调查数据计算得到。

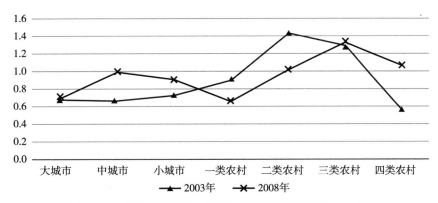

图 3-23 住院查询费用方便程度差评率相对比例(城乡间)

资料来源:根据国家卫生服务调查数据计算得到。

(3)住院投诉方便程度。

从住院投诉方便程度来看,上海、江苏、浙江、福建、甘肃和新疆等省份整体差评率低于全国平均水平,而北京、内蒙古、西藏、青海和江西整体差评率高于全国水平,也并未呈现省份与地区经济情况比较明显的相关性。从城乡差异来看,城市地区投诉方便程度差评率略低于农村地区。

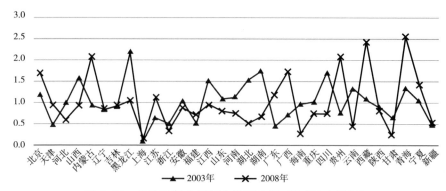

图 3-24　住院投诉方便程度差评率相对比例（省份间）

资料来源：根据国家卫生服务调查数据计算得到。

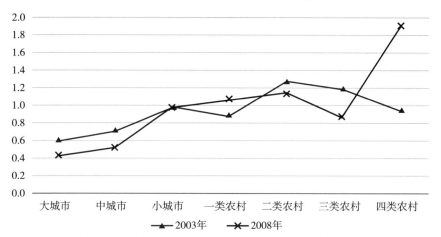

图 3-25　住院投诉方便程度差评率相对比例（城乡间）

资料来源：根据国家卫生服务调查数据计算得到。

综上我们看到，从基本医疗卫生服务提供的过程的角度来看，并未发现省份间和城乡间呈现出比较一致的差异性。比较依赖硬件设施的门诊设施和环境、住院查询费用方便程度、住院投诉方便程度等指标，发现城市地区略优于农村地区，东部经济发达地区略优于中西部经济欠发达地区；而在就诊等候时间、门诊解释清晰程度等指标上，城市地区又略差于农村地区，从就诊等候时间来看，东部发达地区也差于中西部落后地区；从门诊解释清晰程度、门诊满意度来看，省份间、城乡间并未呈现明显的差异性。这说明在医疗服务提供的过程中，不同的服务内容在省份间和城乡间呈现不同的差异性，但总体来看，特别是从反映医疗服务提供的满意度指标来说，各省份间、城乡间仍然保持着相对的公平。基于基本医疗卫生服务过程中的相对公平性，以及服务提供过程难以精确度量,我们在下文的研究中将重点考虑起点公平和结果公平因素,而将过程公平作为影响医疗服务结果的参考。

(三)结果公平

死亡率、患病率和患病严重程度是常用的衡量健康产出的指标(Filmer and Pritchett,1999;Huisman et al.,2003;刘宝等,2009;张永梅和李放,2010;Farag et al.,2013)。本章也利用这些指标来衡量结果公平,其中患病率通过考察包含调查人口两周内的患病率以及慢性病患病率来衡量,患病严重程度主要考察患病持续天数和患病后的人均卧床天数。

1. 死亡率

图 3-26 反映了死亡率在省份间的差异。该地区死亡率相对于总人口死亡率的水平越高,说明该地区相对死亡率越高。从省份比较来看,北京、天津、吉林、浙江、上海、广东、西藏、宁夏、新疆等省份死亡率处在较低水平,而河北、江苏、山东、河南、重庆、四川、贵州、云南、甘肃等省份死亡率处在较高水平。总体而言,各省份之间的死亡率指标相对起点公平和过程公平的指标而言差异较小,但从纵向比较来看,2003—2018 年,各省份死亡率之间的差异没有明显缩小的趋势,反而部分省份之间呈现差异扩大的倾向。死亡率受人口结构、环境等因素的影响,在部分东部发达地区相对较高,但总体上仍呈现东部地区较低、中西部地区较高的情况。

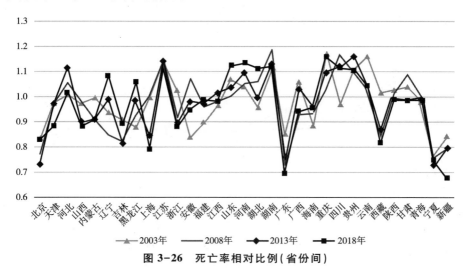

图 3-26 死亡率相对比例(省份间)

资料来源:根据国家统计年鉴数据计算得到。

2. 患病率

图 3-27 至图 3-30 反映了两周患病率和慢性病患病率在省份间和城乡间的差异。样本数量为各地区调查人口数和患病人次数,对应地区患病率相比总体平均患病率的水平越高,说明该区域的相对患病率越高。

(1) 两周患病率。

从省份间的比较来看,北京、天津、上海、江苏、重庆和四川等地的两周患病率处在较高水平,而安徽、福建、江西、湖南、贵州、云南、西藏、陕西、甘肃和新疆等地的两周患病率低于平均水平。从城乡间的比较来看,两周患病率呈现出随着地区等级的降低逐步下降的情况,大中城市的两周患病率显著高于农村地区的两周患病率。

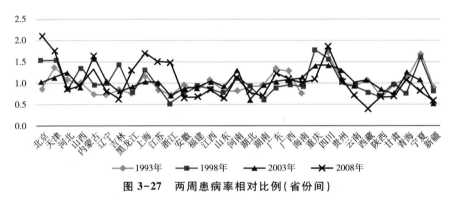

图 3-27　两周患病率相对比例(省份间)

资料来源:根据国家卫生服务调查数据计算得到。

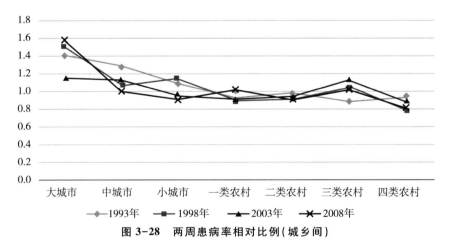

图 3-28　两周患病率相对比例(城乡间)

资料来源:根据国家卫生服务调查数据计算得到。

（2）慢性病患病率。

慢性病患病率分布与两周患病率情况相似。从省份间的比较来看，经济发达省份慢性病患病率总体上处在较高水平，而经济欠发达地区的慢性病患病率则普遍较低。从城乡间的比较来看，慢性病患病率随着地区等级的降低逐步下降，大中城市的慢性病患病率显著高于农村地区的慢性病患病率。

以上分析说明，以患病率来衡量的基本医疗卫生服务结果和地区的经济发展水平呈现明显的负相关，经济越发达，地区等级越高，居民对于健康的重视程度越高，及时发现患病的可能性更大，由此，对应的患病率反而越高。从两周患病率和慢性病患病率的比较来看，慢性病患病率省份间和城乡间的差异要高于两周患病率省份间和城乡间的差异。

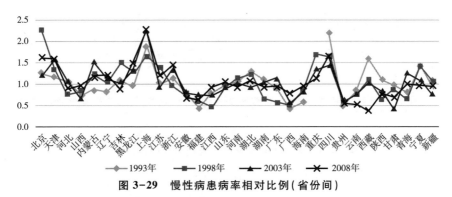

图 3-29　慢性病患病率相对比例（省份间）

资料来源：根据国家卫生服务调查数据计算得到。

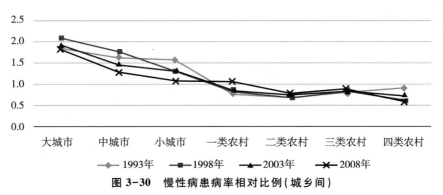

图 3-30　慢性病患病率相对比例（城乡间）

资料来源：根据国家卫生服务调查数据计算得到。

3. 患病严重程度

图 3-31 至图 3-34 从每千人患病持续天数和两周患病卧床天数的角度反映了患病的严重程度。各地区对应的样本量为调查人口数，该地区人均患病

持续天数或两周患病卧床天数相比总体的人均患病持续天数或两周患病卧床天数的比例越高,说明患病的严重程度越高。

(1)患病持续天数。

从患病持续天数来看,相对较高的省份为北京、天津、上海、江苏、重庆、四川和青海等,而相对较低的省份为安徽、福建、湖南、广西、西藏和新疆等,省份的相对情况与患病率基本保持一致。而从城乡的患病天数相对比也能看出,城市地区的人均患病天数仍然显著高于乡村地区,这与上文患病率的结果保持一致,这也再次证明了医疗服务的结果和经济水平的负相关性。

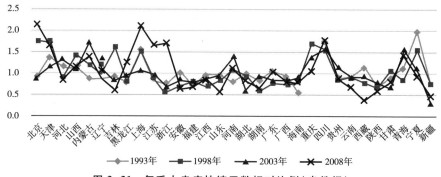

图 3-31 每千人患病持续天数相对比例(省份间)

资料来源:根据国家卫生服务调查数据计算得到。

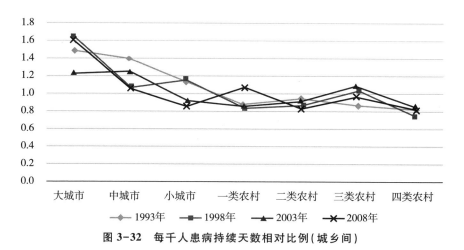

图 3-32 每千人患病持续天数相对比例(城乡间)

资料来源:根据国家卫生服务调查数据计算得到。

(2)两周患病卧床天数。

从两周患病卧床天数来分析基本医疗卫生服务结果的公平性,得到的结论则有所差异。从省份之间的比较可以看出,各省份之间的卧床天数相对比例均在平均卧床天数范围内上下波动,省份之间不存在明显的差异。相对而言,大部分中西部省份在人均卧床天数上略低于东部地区。而城乡之间的人均卧床天数差异也较小。从 2003 年和 2008 年的调查结果来看,城乡各级之间均接近平均卧床天数。这也反映出从患病的严重程度来看,各地区卧床天数与地区的经济特征、地区层级之间的关系较小。

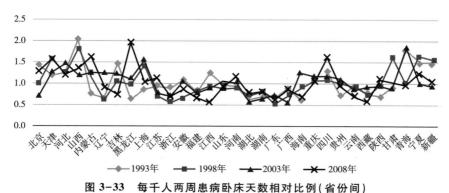

图 3-33 每千人两周患病卧床天数相对比例(省份间)

资料来源:根据国家卫生服务调查数据计算得到。

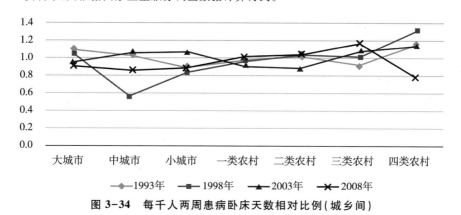

图 3-34 每千人两周患病卧床天数相对比例(城乡间)

资料来源:根据国家卫生服务调查数据计算得到。

总结本部分可以看出,从起点公平的角度来看,东部发达地区和大中城市在医疗服务的可及性与医疗资源特别是卫生人员的覆盖范围上,均显著优于中西部欠发达地区和农村地区,但同时,在人均基本医疗卫生费用支出上也相应高于中西部欠发达地区和农村地区。从过程公平的角度来看,不同的服务指标之间呈现的差异性并不一致,在硬件设施上东部地区和大中城市可能具有优势,但在就诊等候时间、门诊解释清晰程度等方面,东部地区和大中城市则相对落后,而在门诊的满意程度上各地区间区别不明显。从结果公平的角度来看,与医疗服务起点的差异形成鲜明的对比,尽管东部地区和大中城市享受了更优质便捷的基本医疗卫生服务并为此支付了更高的费用,但在患病率、患病天数等指标上反而落后于中西部欠发达地区和农村地区,而在卧床天数等指标上也无明显差异。造成这一基本医疗卫生服务的结果与起点不一致的因素是什么?这些不同的因素对基本医疗卫生服务的差异的影响程度有多大?这也是本章接下来需要重点研究的内容。

二、我国基本医疗卫生服务公平性的纵向度量

以上我们从相对比例值的角度考察了各指标在省份间和城乡间的公平性,主要以横向比较为主的。而在本部分,我们将通过对各指标衡量公平程度的 Theil 指数的计算和纵向比较,来分析各指标反映出的基本医疗卫生服务随时间的公平程度的纵向的变化。在此基础上,通过对指数进行分组分解,将对应的各县(市、区)的样本数据按照城乡间和地区间进行分组,分别计算组内和组间的 Theil 指数,以分析整体公平程度变化的构成和原因,考察城乡内部、城乡间以及地区内部、地区间的差异性以及这些差异性各自对总体差异程度的贡献。

Bourguignon(1979)证明,第一 Theil 指数(T_1)是唯一可以用收入比重作为权数的相加可分解的不平等指数,而第二 Theil 指数(T_0)是唯一可以用人口比重作为权数的相加可分解的指标。Shorrocks and Wan(2005)指出,只有当 GE 指数 a 为 0 或 1 时,权数相加之和为 1,此时对 Theil 指数的分解不依赖于先计算组内差异还是组间差异。当 $a=0$ 或 1 时,对 T_0 及 T_1 的分解公式如下:

$$T_0 = \sum_i f_i \ln \frac{\mu}{y_i} = \sum_g f_g T_{0g} + \sum_g f_g \ln \frac{\mu}{\mu_g} \tag{3.6}$$

$$T_1 = \sum_i f_i \frac{y_i}{\mu} \ln \frac{y_i}{\mu} = \sum_g f_g \frac{\mu_g}{\mu} T_{1g} + \sum_g f_g \frac{\mu_g}{\mu} \ln \frac{\mu_g}{\mu} \tag{3.7}$$

其中,f_i 表示第 i 组样本总数占总体数量的比重,μ 为所有样本的期望值,y_i 表示第 i 组样本的期望值,f_g 表示分组后的该组样本总数占总体数量的比重,μ_g 表示该组内部样本观测值的平均值,T_{0g} 和 T_{1g} 分别表示组内的 T_0 和 T_1 指数。因此,对 T_0 的分解就表示为子样本组内部的 T_0 指数按照该组样本数占比进行加权加总后,再加上组间的 T_0 指数值,对 T_1 的分解则表示为子样本组内部的 T_1 指数按照该组样本观测值之和占总体观测值之和的比重进行加

权加总后,再加上组间的 T_1 指数值。加总的第一项表示组内的差异性对总体不平等程度的贡献,而第二项表示组间的差异性对总体不平等程度的贡献。

根据式(3.6)和式(3.7),我们可以将各衡量基本医疗卫生服务公平性的指标首先计算总体的 Theil 指数,以评价总体的公平程度的变化,再按照城乡间和地区间分别对样本进行分组,考察各分组内部的不平等程度和组间的不平等程度对总体的贡献,以分析当前我国基本医疗卫生服务主要差异的来源及构成。

需要指出的是,在使用 Theil 指数的分组分解的方法中可能存在几个缺陷:首先,由于组内贡献是根据各分组内部的 Theil 指数乘以该分组内的样本数量占总体数量或者加总值占总体值的权重来衡量的,当不同组的样本数量存在较大差异时,即使不同组内的公平程度完全相同(组内 Theil 指数相等),也会受到该分组占总体权重的大小影响,表现出不同的贡献率;其次,组内贡献和组间贡献的大小受到样本总量与分组数量的影响。一般而言,分组越多,组间贡献也越大。

根据上一部分对各指标相对比例值的分析,在进行城乡间和地区间的公平性分解时,我们选取部分区域间差异相对明显的指标进行分析。由于 T_0 和 T_1 指数在最终的结果上呈现一致性,在汇报各指标反映的基本医疗卫生服务公平程度时,选用更加常用的 T_1 指数。在分析不同指标时,仍然遵循起点公平、过程公平和结果公平的顺序,分别考察各指标在城乡、省份内部和之间的公平程度。

(一)城乡间基本医疗卫生服务公平性的度量

图 3-35 至图 3-39 分析了各指标在总体和城乡间的差异性及变化。图中的左轴均代表总体、城乡内部及城乡间的 T_1 指数,右轴则反映的是城乡内部和城乡间的差异分别对总体差异的贡献率。需要指出的是,由于样本数据中农村地区数量大大超出城市地区数量(2008 年调查地区城市数量 28 个、农村数量 66 个,其他年份基本一致),可能造成农村地区在对总体差异的贡献率中权重过高,从贡献率上不能真实反映城乡分别的内部差异水平对整体的贡献,因此,在比较城乡内部的差异性时,我们主要参考城乡内部分别的未加权的 Theil 指数(如图中折线所示),并和总体的 Theil 指数进行比较。

从基本医疗卫生服务的可及性来看,以路程和时间衡量的距离基本医疗卫生点较近的人口比在各调查县(市、区)之间的差异一直较小,但从 1993—

2008年的变化上,从路程上反映的可及性差异略有上升,而时间上反映的可及性差异略有下降。从城乡内部和城乡间的差异性来看,城市内部的路程和时间可及性水平差异均低于农村内部,城市内部的差异基本保持不变甚至在距离最近医疗点的时间上差异有所下降,而农村内部的差异一直维持在较高水平,甚至超过了总体的差异水平,这是造成总体差异的最重要原因。由此可以看出,虽然从基本医疗卫生服务可及性角度反映的各区县总体的差异不大且变化趋势不明显,但农村地区内部的差异水平仍然相对较高,成为造成总体差异的重要原因。而城乡之间的差异在近年来有所上升,对总体差异的贡献率也有所增加。

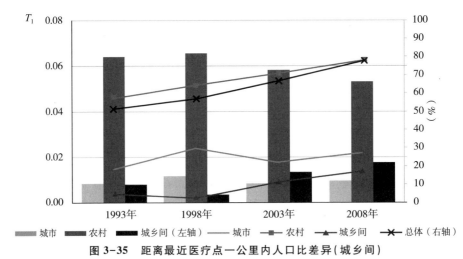

图 3-35 距离最近医疗点一公里内人口比差异(城乡间)

资料来源:根据国家卫生服务调查数据计算得到。

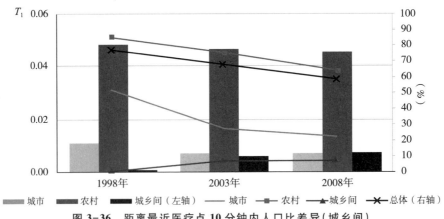

图 3-36 距离最近医疗点 10 分钟内人口比差异(城乡间)

资料来源:根据国家卫生服务调查数据计算得到。

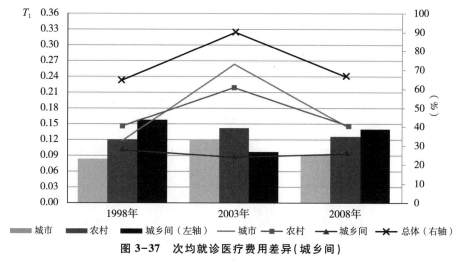

图 3-37　次均就诊医疗费用差异（城乡间）

资料来源：根据国家卫生服务调查数据计算得到。

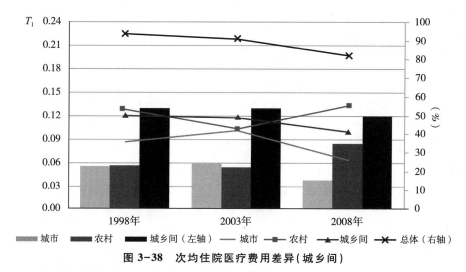

图 3-38　次均住院医疗费用差异（城乡间）

资料来源：根据国家卫生服务调查数据计算得到。

从基本医疗卫生支出的角度来看，各调查地区总体的基本医疗卫生费用支出仍然存在较大的差异，但在2003年和2008年两次的调查服务结果中这一差异水平有所降低。城乡内部和城乡间的差异水平也基本保持了一致的趋势，2003—2008年城乡内部和城乡间的人均基本医疗卫生费用支出差异保持相对不变或者有所降低。而农村内部的差异水平仍然略高于城市内部的差异水平。从差异的贡献率来看，城乡之间的差异占整体差异的40%—50%，说明城乡间的不平等仍然是导致人均医疗费用整体不平等的重要原因。

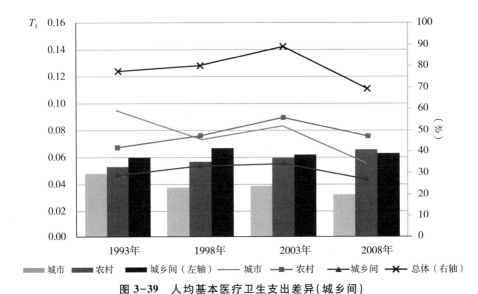

图3-39 人均基本医疗卫生支出差异(城乡间)

资料来源:根据国家卫生服务调查数据计算得到。

图3-40至图3-43从结果公平的角度分析了各指标在总体和城乡间的差异性及变化。从患病率来看,整体上各调查地区间的患病率差异不大,两周患病率在各调查地区之间的差异在2003年有所下降,但在2008年又有所回升,而慢性病患病率的差异自1998年以来一直在下降。从城乡内部和城乡间的变化来看,城市地区和农村地区内部的患病率差异在2003年和2008年两次调查间有所上升,而城乡间的两周患病率差异在2003年和2008年两次调查间上升,但慢性病患病率差异有所下降。由此可以看出,造成慢性病患病率差异下降的原因是城乡间的患病率差异下降,但城市内部和农村内部的患病率差异仍然保持不变甚至有所上升。

从患病的严重程度来看,总体的每千人患病天数和每千人卧床天数在各地区之间的差异水平在2003年和2008年调查间均有所上升,而这种差异的上升主要是由城市内部和农村内部的差异性造成的,其中城市地区的差异性水平高于农村地区,但二者差异不大且逐步接近。而城乡间的每千人患病天数差异性很小,对总体的贡献率也较低。

通过以上分析可以看出,从各地区之间基本医疗卫生服务公平性的变化来看,虽然2003年和2008年的调查各地区在医疗费用上差异有所降低,但相对差异仍然较大,反映在基本医疗卫生结果上的差异反而有所上升。从城乡内部和城乡之间的差异性来看,基本医疗卫生服务可及性差异主要体现在农村地区内部的差异性,城乡之间的差异相对较小,但有上升的态势;而医疗费用的差异主要体现在城乡之间的差异,城乡之间医疗费用支出的差异占整个医疗费用支出差异的40%—50%;除慢性病患病率外,基本医疗卫生结果的差异主要体现为城市内部和农村内部的差异性,城乡之间的差异相对较小,而慢性病患病率主要体现为城乡间的差异,但城乡间的差异也有所下降,从而导致各地区间慢性病患病率差异减小。结合通过相对比例值所反映的城乡间的基本医疗卫生服务差异可以看出,虽然城乡间在医疗费用等指标上存在较大的差异,但从医疗服务的结果来看差异并不明显。

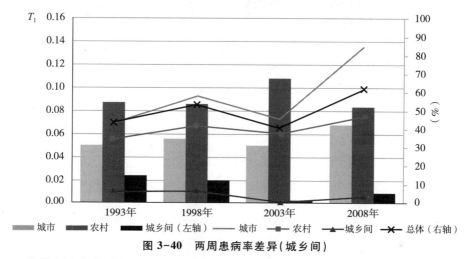

图 3-40 两周患病率差异(城乡间)

资料来源:根据国家卫生服务调查数据计算得到。

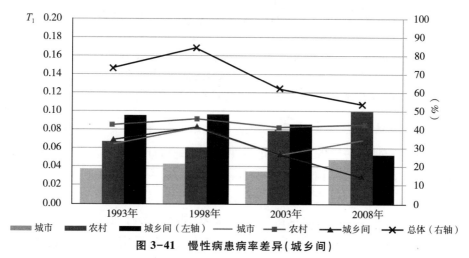

图 3-41 慢性病患病率差异(城乡间)

资料来源:根据国家卫生服务调查数据计算得到。

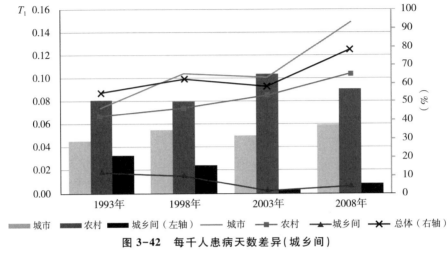

图 3-42 每千人患病天数差异(城乡间)

资料来源:根据国家卫生服务调查数据计算得到。

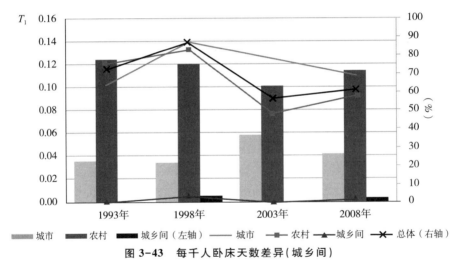

图 3-43 每千人卧床天数差异(城乡间)

资料来源:根据国家卫生服务调查数据计算得到。

(二)地区间基本医疗卫生服务公平性的度量

图 3-44 至图 3-52 反映了各指标在总体和地区间的差异及变化。将调查县(市、区)按照卫生统计年鉴的分类标准划分为东、中、西三个地区,其中东部地区包括北京、天津、河北、辽宁、上海、江苏、浙江、福建、山东、广东和海南等 11 个省(直辖市),中部地区包括湖北、黑龙江、吉林、山西、安徽、江西、河南和湖南等 8 个省,西部地区包括广西、重庆、四川、贵州、云南、西藏、陕西、甘肃、青海、宁夏、新疆和内蒙古等 12 个省(自治区、直辖市)。由于各地区之间样本

数量比较接近,在比较各地区内部和地区间的公平性时对总体差异的贡献率是一个有效的参考,同时结合各地区内部和地区间相对的 Theil 指数及变化趋势,以分析各地区内部和地区之间相对的公平程度。反映总体公平程度的 Theil 指数及其变化趋势与城乡间分析时一致,在此不再赘述。

从基本医疗卫生服务的可及性来看,西部地区内部的差异性相对较高,高于总体的差异性,对总体的差异性贡献也相对较高,达到 40%—50%。而中部和东部地区内部差异略低于总体差异。地区间的差异对总体的贡献相对较小,但距离医疗点时间的地区间差异有所增大,对总体差异性的影响也在增加。

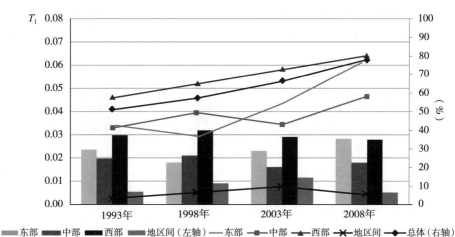

图 3-44　距离最近医疗点一公里内的人口比差异(地区间)

资料来源:根据国家卫生服务调查数据计算得到。

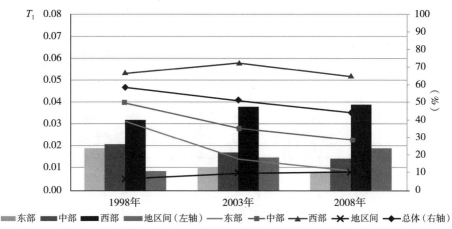

图 3-45　距离最近医疗点 10 分钟内人口比差异(地区间)

资料来源:根据国家卫生服务调查数据计算得到。

从基本医疗卫生支出的差异来看,各地区内部差异均相对较高,而地区间差异相对较低,且基本稳定甚至略有下降。总体之间的基本医疗卫生支出差异主要是由于各地区内部的差异造成的,而地区间的差异对总体的基本医疗卫生支出差异影响较小。

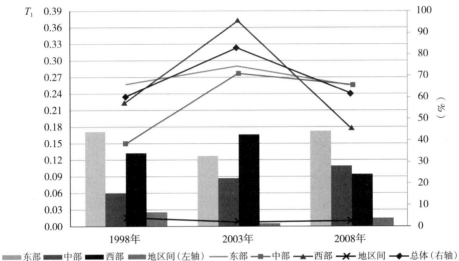

图 3-46　次均就诊医疗费用差异(地区间)

资料来源:根据国家卫生服务调查数据计算得到。

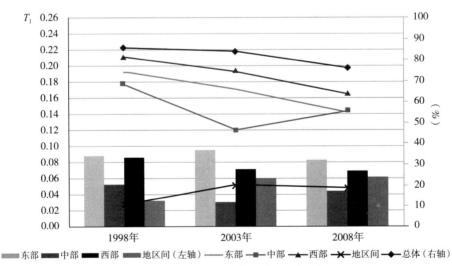

图 3-47　次均住院医疗费用差异(地区间)

资料来源:根据国家卫生服务调查数据计算得到。

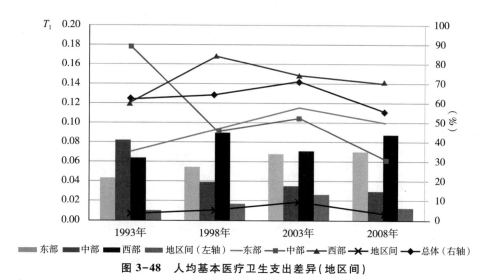

图 3-48　人均基本医疗卫生支出差异（地区间）

资料来源：根据国家卫生服务调查数据计算得到。

从基本医疗卫生服务的结果来看，总体的差异主要由各地区内部的差异造成，其中东部地区和西部地区内部的差异相对较高，而除了人均卧床天数这一指标，中部地区在基本医疗卫生服务的结果上差异均相对较小。而地区间的差异对总体的贡献率影响均较小，从结果角度反映的基本医疗卫生服务在地区间则不存在明显的差异性，这与采用相对比例值分析的结果是基本一致的。

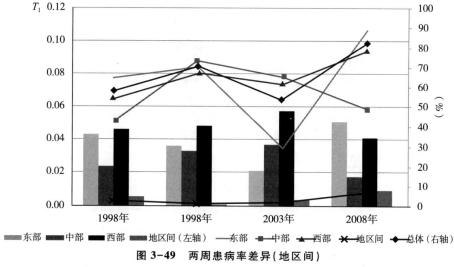

图 3-49　两周患病率差异（地区间）

资料来源：根据国家卫生服务调查数据计算得到。

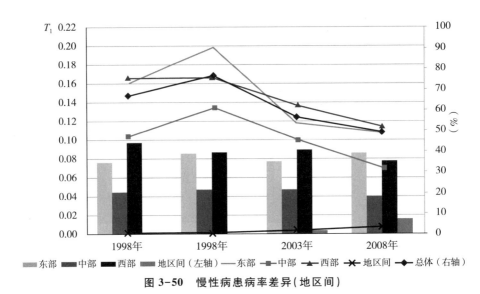

图 3-50 慢性病患病率差异（地区间）

资料来源：根据国家卫生服务调查数据计算得到。

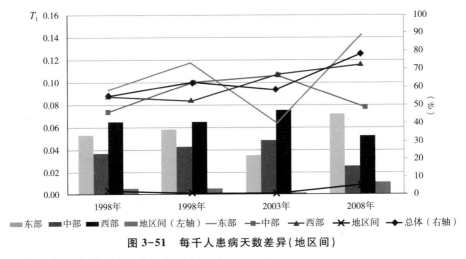

图 3-51 每千人患病天数差异（地区间）

资料来源：根据国家卫生服务调查数据计算得到。

结合上面的分析，可以得出如下结论：从起点公平来看，各调查县（市、区）在医疗服务可及性上差异较小且基本保持稳定，城市地区和东部发达地区的医疗服务可及性与医疗资源覆盖面略优于农村地区和中西部欠发达地区，但这种城乡间和地区间的差异相对较小。在基本医疗卫生费用支出上，各调查县（市、区）之间的差异有缩小的趋势，但仍然处于相对较高的水平，城市地区医疗费用支出高于农村地区，城乡间的差异是造成总体差异的主要原因，而东

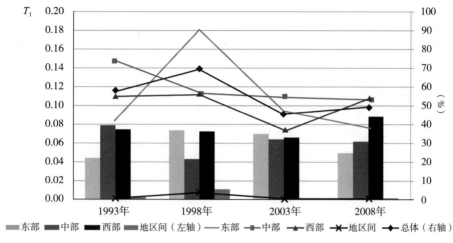

图 3-52 每千人卧床天数差异(地区间)

资料来源:根据国家卫生服务调查数据计算得到。

部地区医疗费用支出高于中西部地区,但区域间差异对总体的差异影响相对较小。从过程公平来看,城乡间和地区间在不同的指标上各有优劣,城市地区和东部地区在硬件设备相关指标上相对占优,但从具体的服务过程和最后的满意度来看,城乡间和地区间不存在明显的差异,在就诊等候时间等指标上农村地区甚至略优于城市地区。从结果公平来看,城乡间和地区间的差异也不明显,在两周患病率、慢性病患病率和每千人患病天数等指标上农村地区也略优于城市地区。总体的差异水平在两周患病率、每千人患病天数和每千人卧床天数上有所上升,而在慢性病患病率上有所下降。

总结以上结论可以看出,从横向比较来看,尽管在起点公平上,城乡间和地区间存在一定程度的差异性,城市地区和东部地区具有一定的优势,但这一优势并未最终转化为医疗服务结果的优势;从结果公平来看,城乡间和地区间差异较小,甚至在一些指标上农村地区领先于城市地区。从纵向变化来看,各调查地区间在医疗服务的起点上差异保持不变甚至有所下降,但反映在基本医疗卫生服务的结果上并未表现出差异的明显减少,在两周患病率、每千人患病天数等指标上差异甚至有所上升。因此,我们需要进一步探索基本医疗卫生服务结果背后的原因,分析不同因素对基本医疗卫生服务的结果的影响程度,并且分析这些因素的差异性对最终医疗服务结果的差异性的影响。

第三节　我国基本医疗卫生服务公平性差异原因分析

有关基本医疗卫生服务结果(如患病率、患病天数等)影响因素的研究是卫生经济学的一个重要议题。除了本章第一节所提及的研究,现有针对发达国家的研究普遍认为,社会经济地位(Huisman et al., 2005; Mol et al., 2005; Siegel, 2012)和医疗服务投入(Diehr et al., 1979; Bokhari et al., 2007; Farag et al., 2013)均对健康水平产生影响,更高的社会经济地位能够帮助个人获取更加优质的医疗资源从而提升健康水平,而医疗服务投入与健康水平之间的关系尚未有明确结论。一些针对中国的研究则未能一致得出社会经济地位与健康水平存在联系的结论,但现有研究普遍关注了年龄(Wang and Yu, 2016)、教育程度(Han, 2014)等人口特征和收入(Wang and Yu, 2016; Han, 2014; Kwon, 2016; Bakkeli, 2016)等经济特征对健康水平的影响。

本章在模型中采用各调查县(市、区)的两周患病率、慢性病患病率和每千人患病天数作为被解释变量,而用对应地区的人口特征(性别结构、年龄结构、教育结构)、经济特征(人均收入、人均基本医疗卫生支出)、医疗服务提供特征(距离最近基本医疗卫生服务点的距离、次均就诊医疗费用、次均住院医疗费用)作为解释变量。同时,考虑到城乡间和地区间的差异性,加入代表城市和东部地区的虚拟变量及其交叉项。在选用回归模型时,采用了1998年、2003年、2008年三年的面板数据(1993年由于数据缺失未使用)。

主要变量指标解释及描述统计结果如表3-1所示。

表 3-1　主要变量描述统计

指标名称	指标含义	最小值	最大值	均值	样本数量
illratio	两周患病率	0.037	0.532	0.164	284
chronicratio	慢性病患病率	0.032	0.531	0.178	284
illdays	每千人患病天数(天)	231	4 128	1 331	284
income	人均年收入(元)	704	19 382	4 291	284
male	男性人口占比	0.449	0.549	0.503	284
age60	60岁以上人口比重	0.047	0.404	0.153	284
edu	平均受教育年限(年)	1.7	11.65	7.39	284

（续表）

指标名称	指标含义	最小值	最大值	均值	样本数量
medicost	人均年卫生支出（元）	26	1 498	344.7	284
permedicost	次均就诊医疗费用（元）	7.96	1 456	150.8	284
perhoscost	次均住院医疗费用（元）	427.9	18 117	4 011.1	284
distance1	距离最近医疗点一公里内人口比例	0.147	0.998	0.679	284
east	东部地区＝1，中西部地区＝0	0	1	0.338	284
urban	城市地区＝1，农村地区＝0	0	1	0.209	284
measturban	东部地区和城市地区交叉项	—	—	0.116	284

回归方法采用了固定效应和随机效应模型。根据 Hausman 检验的结果，两周患病率指标的两种回归结果的置信水平为 12%，慢性病患病率的置信水平为 0.5%，每千人患病天数的置信水平为 5.4%。因此，在汇报回归结果时同时考虑固定效应和随机效应模型。

各变量在三次调查服务结果中的回归结果如表 3-2 所示。

表 3-2　回归模型估计结果

变量	两周患病率		慢性病患病率		每千人患病天数	
	fe	re	fe	re	fe	re
人均年收入 （income）	1.61e−05*** (5.13)	6.38e−06** (2.67)	8.27e−06** (3.08)	1.27e−06 (0.56)	0.162*** (5.95)	0.0682** (3.13)
男性人口占比 （male）	−0.199 (−0.39)	−0.285 (−0.90)	−0.600 (−1.38)	−0.977** (−3.09)	−1562.7 (−0.35)	−5254.5 (−1.78)
60岁以上人口占比 （age60）	0.0186 (0.11)	0.302** (2.90)	0.300* (2.05)	0.500*** (4.85)	793.7 (0.54)	2655.2** (2.74)
平均受教育年限 （edu）	−0.0121 (−1.03)	9.37e−03* (2.09)	−0.0109 (−1.09)	0.0114* (2.45)	−114.9 (−1.12)	69.99 (1.65)
人均年卫生支出 （medicost）	−7.09e−06 (−0.18)	7.37e−05* (2.42)	2.62e−05 (0.80)	6.59e−05* (2.29)	−0.382 (−1.15)	0.411 (1.48)

（续表）

变量	两周患病率		慢性病患病率		每千人患病天数	
	fe	re	fe	re	fe	re
次均就诊医疗费用（permedicost）	−8.95e−05*	−1.42e−04***	−1.07e−04**	−7.40e−05*	−0.913*	−0.992**
	(−2.03)	(−3.96)	(−2.85)	(−2.20)	(−2.40)	(−3.05)
次均住院医疗费用（perhoscost）	−3.18e−06	−3.78e−06	−3.89e−06	−3.94e−06	−0.0336	−0.0398
	(−0.99)	(−1.45)	(−1.42)	(−1.61)	(−1.21)	(−1.68)
距离最近医疗点一公里内人口比例（distance1）	−0.0433	−1.96e−03	−0.0618	0.0116	−325.7	179.4
	(−1.02)	(−0.08)	(−1.71)	(0.48)	(−0.89)	(0.80)
东部地区（east）	0	−0.0232*	0	−0.0240	0	−239.8*
	(.)	(−2.02)	(.)	(−1.92)	(.)	(−2.17)
城市地区（urban）	0	−0.0401*	0	0.0213	0	−374.1*
	(.)	(−2.23)	(.)	(1.10)	(.)	(−2.16)
交叉项（measturban）	0	0.0348	0	0.0550*	0	376.7*
	(.)	(1.77)	(.)	(2.56)	(.)	(1.99)
常数项	0.339	0.192	0.544*	0.495**	2773.7	2951.7
	(1.18)	(1.16)	(2.21)	(2.97)	(1.11)	(1.91)
样本量	284	284	284	284	284	284

注：*** 表示在1%的置信水平上显著，** 表示在5%的置信水平上显著，* 表示在10%的置信水平上显著，括号内为 P 值。

从回归结果可以看出，收入对患病率和患病天数等衡量基本医疗卫生结果的指标均有显著的正向影响，但该正向影响的系数并不大。这与前文中的结论一致，即经济水平越高的地区，患病率反而相对较高，但这一由于经济水平导致的差别并不大。产生这种差异，可能是因为经济发达地区在生活作息等方面对健康造成了负面影响。老龄化率对患病率的影响也显著为正，60岁以上的老龄人口比重越高，则该地区的平均患病率和患病天数指标也相应越高，这与人们的直观感受较为一致。而性别结构和受教育水平对健康状况并无显著影响。值得关注的是，不同地区间人均基本医疗卫生支出水平并未对地区间的患病率和患病天数产生显著影响,这说明基本医疗卫生支出的差异并不是导致健康结果差异的原因,支出较高的地区并不一定意味着基本医疗卫生服务的结果更优。

距离最近医疗点一公里以内的人口比例也并未对基本医疗卫生结果造成显著影响,这个结论和的预期有所出入。一般而言,一个地区距离基本医疗卫生点较近的人数越多,反映出该地区的医疗服务在可及性上越高,基本医疗卫生服务提供也越方便,从而能带来该地区基本医疗卫生结果即平均健康水平的改善。但在此处呈现出不显著的影响,一方面可能是由于距离基本医疗卫生点越近并不一定意味着基本医疗卫生服务提供的质量越好;另一方面可能是由于在多数情况下,基本医疗卫生点主要提供事后治疗,因此对于患病率这一指标难以做出显著改善。这也提示政府部门在当前的情况下,仅仅依靠布局更多医疗网点等措施并不能显著改善一个地区的基本医疗卫生状况,而应更多考虑从软件指标,如基本医疗卫生人员数量及整体素质、预防和妇幼保健措施普及程度等方面来改进基本医疗卫生服务的效果。

从次均基本医疗卫生费用的影响来看,次均就诊医疗费用对患病率和患病天数都有比较显著的负向影响,而次均住院医疗费用对医疗结果均无显著的影响。次均就诊医疗费用较高的地区,对应的患病率和患病天数相对较低,这似乎与收入对基本医疗卫生结果的影响相矛盾。但考虑的是该指标的偏效应,即在控制其他变量不变的情况下,次均就诊医疗费用越高的地区,对应每次享受的医疗服务较好,因此反映在结果上患病率和患病天数也相对较少,较为合理。而次均住院医疗费用对患病率和患病天数的影响不显著,一方面可能是由于住院人次数本身的样本量就比较少,在地区间的观测值不具有代表性;另一方面也可能是因为住院医疗费用受影响的因素比门诊相对更复杂,受到病种、严重程度等的影响,因此不能很好地反映出医疗服务提供的质量。

从地区之间的医疗服务结果来看,虚拟变量 east 的系数反映的是东部农村相对于西部农村的医疗结果差异,该系数显著为负,说明在控制其他变量的影响下,东部农村地区的患病率和患病天数低于中西部农村地区。而虚拟变量 urban 的系数反映的是中西部城市和西部农村之间的医疗结果差异,除慢性病患病率作为因变量时系数不显著外,在两周患病率和患病天数作为被解释变量时该系数均为负。这反映出在控制其他变量的情况下,中西部城市地区两周患病率和人均患病天数也低于中西部农村地区。而交叉项 measturban 的系数反映的是东部城乡间医疗结果差异相对于西部城乡间医疗结果差异之差,或者东西部城市之间医疗结果差异相对于东西部乡村间医疗结果差异之差。该值显著为正,说明东部城乡间医疗结果差异相比中西部城乡间的差异更大。而该项系数分别与 east 和 urban 的系数相加,得到的结果分别是东部城市和中西部城市之间的差异以及东部城市与东部农村之间的差异。从相加的结果来看,在其他变量不变的情况下,东部城市的患病率和患病天数高于西部城市,而东部城市的慢性病患病率和患病天数也略高于东部农村。因此,综合以上结果可以看出,东西部城乡间的患病率和患病天数排序为中西部农村>东部城市>东部农村>中西部城市。从回归比较的结果来分析东西部之间和城乡之间的差异更细致,可以看出,东部地区和中西部地区差异并不显著,东部城市整体患病率高于中西部城市,而东部农村患病率又低于中西部农村。从城乡间的差异来看,东部城市患病率高于东部农村,而中西部城市患病率又低于中西部农村。结合本章第二节基于相对比例值和 Theil 指数的分析可知,城乡间的差异仍然相对较大,整体而言城市患病率和患病天数高于农村,而地区间的差异相对较小,尽管呈现一定程度的东部地区患病率和患病天数高于西部,但是整体差异没有城乡差异显著。

第四节 促进我国基本医疗卫生服务公平性的政策建议

一、我国基本医疗卫生服务公平性研究结论

本章从基本医疗卫生服务的公平性问题出发,构建了一个包含起点公平、过程公平和结果公平的基本医疗卫生服务的衡量框架,研究了各基本医疗卫生服务指标在城乡和地区内部与之间的差异性,并探讨了影响基本医疗卫生服务结果的各影响因素。在研究方法上,本章主要采用了基于相对比例值的 Theil 指数这一研究公平性问题的主要衡量指标,并通过分组分解的方法观察城乡和地区组内及组间的差异。在此基础上,本章将以往研究收入不平等的基于回归方程的分解方法引入医疗卫生服务公平性研究,先对影响医疗卫生服务的结果进行一般性回归,分析可能对医疗卫生服务结果造成影响的各个变量,然后通过对 Theil 指数分解的方法探讨主要的影响变量对医疗服务结果不公平程度的贡献。

从起点公平的角度来看,城市和东部经济发达地区在医疗服务可及性、医疗资源覆盖面等方面均优于农村和中西部欠发达地区,在基本医疗卫生支出上也要高于欠发达地区;从过程公平来看,地区之间不存在明显的差异,在部

分反映硬件条件的指标上城市和东部发达地区占优,而在满意度等指标上农村和中西部地区占优;然而从结果来看,城市地区在患病率、患病天数等指标上反而略高于农村地区,城乡和地区间基本医疗卫生服务的起点差异并未转化为最后基本医疗卫生的结果差异。

从医疗服务的差异构成来看,农村地区内部的差异是造成医疗服务可及性差异的主要原因,农村地区内部在医疗服务可及性上差异仍然较大,而城乡之间的差异趋势较小但有上升的趋势。而城乡之间在医疗支出上仍然存在巨大的差异,是造成基本医疗卫生支出差异的主要原因。城乡间在患病率、患病天数等基本医疗卫生服务结果上的差异较小,而城市内部和农村内部的差异是造成总体差异的主要原因,而且总体的差异略有上升的态势。地区间基本医疗卫生服务的差异相比城乡间的差异较小,主要的差异来自地区内部,特别是西部地区内部的差异。

从影响基本医疗卫生服务结果的因素来看,老龄化率和收入水平会对患病率和患病天数等指标产生正向影响,老龄化比例越大、收入水平越高的地区,代表的经济水平较高,患病率反而越高。而以往关注的基本医疗卫生服务可及性及基本医疗卫生支出对基本医疗卫生服务的结果并没有显著的影响。反映医疗服务水平的次均就诊医疗费用会对基本医疗卫生结果产生负向影响,次均医疗费用较高的地区患病率和患病天数相对较低。

从各因素对医疗服务结果的公平性的影响来看,地区间的区位条件差异仍然是造成基本医疗卫生结果差异的重要原因,而人口老龄化率则会缩小地区间的差异,但这种影响随着人口年龄结构的趋同在减弱。次均医疗费用代表的基本医疗卫生服务会拉大短期健康水平的差异,而长期医疗结果的差异仍然受该地区人均收入等经济条件的影响。

二、促进我国基本医疗卫生服务公平性的政策思考

基于以上的分析结论,我们认为在解决基本医疗卫生服务不平等的问题时,需要注意以下几点:

首先,当前我国的基本医疗卫生服务差异主要表现为起点上的差异,特别是在可及性和医疗支出上的差异。基本医疗卫生服务均等化的首要目标就是全体公民都能公平可及地获得大致均等的基本公共服务,其核心是机会均等。因此,需要将政策目标转移到保障医疗服务可及性和平衡基本医疗卫生支出上来,通过更好地促进基本医疗卫生资源在地区间的分配,加大对落后地区基

础基本医疗卫生服务设施和基本医疗卫生服务人员队伍的建设,保证基本医疗卫生服务公平可及;通过防止发达地区过度医疗,同时加大对落后地区医疗服务补贴等措施,平衡地区间的基本医疗卫生支出。

国务院在《"十三五"推进基本公共服务均等化规划》中提出,要建立健全科学有效的基本公共服务实施机制,改善人财物等基础条件,以推动基本公共服务均等化规划目标顺利实现。具体实施机制包括:统筹协调机制,加强中央和地方、政府和社会的互动合作,促进各级公共服务资源有效整合,形成实施合力;财力保障机制,拓宽资金来源,增强县级政府财政保障能力,稳定基本公共服务投入;人才建设机制,加强人才培养培训,强化激励约束,促进合理流动,相关政策重点向基层倾斜,不断提高服务能力和水平;多元供给机制,积极引导社会力量参与,推进政府购买服务,推广政府和社会资本合作(PPP)模式。

其次,当前我国医疗服务可及性的差异主要为农村内部和西部地区内部存在较大的差异,而城乡间和地区间的差异相对较小。因此,对于农村和西部内部落后地区要重点扶持,使基本医疗服务能够真正覆盖国家的偏远地区,帮助农村和西部地区内部的落后地区赶上医疗服务的平均水平。而在医疗费用上的差异主要表现为城乡之间的差异,因此要加大对于农村地区医疗支出的保障力度,扩大新农合的保障范围和补贴力度,帮助农村地区解决"看病贵"的问题,缩小城乡间基本医疗卫生支出的差异。

针对地区内对基本医疗服务有需要的特殊群体,比如特殊疾病患者、学生和老人等,提供必要的基本医疗服务。对于贫困群体,针对其支付困难的问题,政府可以通过更大优惠幅度的医疗保险或财政直接扶持,在一定标准内免除或减少其支付义务。在政府的财政补贴过程中,也要注意尽量按照逆向收入分配的额度进行。特别是困难家庭,政府各部门应予以特别帮扶,防止出现因病致贫、因病返贫的问题。

最后,相比建设医疗服务网点等提高硬件设备的措施,更有效的措施在于保障基本医疗卫生服务的质量,使得不同地区之间真正能够享受到同等优质的服务。相比泛泛地增加人均基本医疗卫生支出的措施,更有效的方式在于提高次均诊疗的支出水平,从而真正保障基本医疗卫生支出能够落到实处,能够转化为次均的优质医疗服务,以有效提升居民的健康状况,缩小不同地区间的差异性。

具体而言,保障基本医疗卫生服务的质量,可以采取以下三方面的具体实施措施：

第一，建立居民健康档案。根据各地区的实际情况，由地方政府负责，为辖区内的常住人口建立统一、规范的健康档案。健康档案应当贯穿城乡居民的整个生命过程，以个人健康为核心，将各种健康相关因素都记录在案。包含个人健康信息、家庭健康信息甚至社区健康信息的居民健康档案，无论是对于居民个人的疾病预防与诊疗，还是对于医学科学研究，都有重要的意义。除了建立个人健康档案，还应加强跨地区、跨地域之间就诊信息的共享，发挥互联网和大数据在诊疗中的作用。通过相似案例的比较分析，确定特定病种的诊疗路径，也有利于对医生队伍力量相对薄弱地区的患者的病情进行判断。通过此类信息化手段，可以促进医疗资源纵向流动，从而提高医疗服务整体的效率和质量，并且推动优质的医疗资源被更广泛地应用。

第二，加大人才培养力度，特别是以全科医生为重点的基层医疗卫生服务队伍。加强人才队伍建设，是医疗事业发展的根本，也是确保医疗卫生质量的基础。随着我国经济社会的不断发展和老龄化趋势不断加剧，提高医疗医护人员的整体专业水平刻不容缓。同时，要鼓励优质医疗资源向下流动。鼓励优秀的医生到乡镇卫生院、社区诊所等医疗服务相对薄弱的地方工作；加大对落后地区的医疗资源的倾斜力度。对于分级诊疗，不能只是局限于通过医疗保险保额和报销比例的差异进行激励，还必须提升基层医院的服务质量，包括加强医生队伍建设、完善医院诊疗设施等，使基层医院能够为患者所信赖。

第三，加强居民保健和疾病预防工作。在一个成熟的医疗体系中，无论是从成本控制还是从患者病痛的角度来考虑，病前预防都优于病后诊疗。实现医疗模式由诊疗向预防转变，特别是在职业病和慢性病方面，能够大幅提高居民的整体健康水平。这既需要公共卫生服务相关部门的通力合作，也需要环保、社区和医疗保健等相关部门的共同努力。从医疗市场供给者的角度考虑，应提供健康教育、健康咨询等服务，特别是通过家庭医生或社区医生的方式，使公民能够更及时地在患病之前接触到医疗服务。社区医生需要一批优秀的全科医生，通过与患者的初步接触，判断病人最有可能患的疾病，排除可能最危险的疾病，治好病人当前的疾病并预防病人可能罹患的其他疾病。当然，考虑到中国人口基数大、流动人口多，不同地区的自然环境和社会环境差异巨大，能够提供有效的社区基本医疗服务的医生队伍建设工作仍任重道远。

本章参考文献

[1] Anand, S., Bärnighausen, T. Human resources and health outcomes: Cross-country econometric study[J]. The Lancet, 2004(364): 1603-1609.

[2] Atkinson, A. B. On the measurement of inequality[J]. Journal of Economic Theory, 1970, 2(3): 244-263.

[3] Bakkeli, N. Z. Income inequality and health in China: A panel data analysis[J]. Social Science & Medicine, 2016(157): 39-47.

[4] Benzeval, M., Judge, K., Shouls, S. Understanding the relationship between income and health: How much can be gleaned from cross-sectional data?[J]. Social Policy & Administration, 2001, 35(4): 376-396.

[5] Bokhari, F. A., Gai, Y., Gottret, P. Government health expenditures and health outcomes[J]. Health Economics, 2007(16): 257-273.

[6] Bourguignon, F. Decomposable income inequality measures[J]. Econometrica, 1979, 47(4): 901-920.

[7] Diehr, P. K., Richardson, W. C., Shortell, S. M., et al. Increased access to medical care: The impact on health[J]. Medical Care, 1979, 17(10): 989-999.

[8] Farag, M., Nandakumar, A., Wallack, S., et al. Health expenditures, health outcomes and the role of good governance[J]. International Journal of Health Care Finance and Economics, 2013(13): 33-52.

[9] Filmer, D., Pritchett, L. The impact of public spending on health: Does money matter?[J]. Social Science & Medicine, 1999(49): 1309.

[10] Gini C. Prezzi e consumi[J]. Giornale Degli economisti e rivista di statistica, 1910, 40(1): 99-114.

[11] Grossman, M. On the concept of health capital and the dem and for health[J]. Journal of Political Economy, 1972(80): 223-255.

[12] Han, C. Health implications of socioeconomic characteristics, subjective social status, and perceptions of inequality: An empirical study of China[J]. Social Indicators Research, 2014(119): 495-514.

[13] Huisman, M., Kunst, A. E., Bopp, M., et al. Educational inequalities in cause-specific mortality in middle-aged and older men and women in eight western European populations[J]. The Lancet, 2005(365): 493-500.

[14] Huisman, M., Kunst, A. E., Mackenbach, J. P. Socioeconomic inequalities in morbidity among the elderly, a European overview[J]. Social Science & Medicine, 2003(57): 861-873.

[15] Kwon, S. Economic segmentation and health inequalities in urban post-Reform China[J]. AIMS Public Health, 2016(3): 487-502.

[16] Lochner K., Pamuk, E., Makuc, D., et al. State-level income inequality and individual mortality risk: A prospective, multilevel study[J]. American Journal of Public Health, 2001, 91(3): 385-391.

[17] Lorenz M. O. Methods of measuring the concentration of wealth[J]. Publications of the American Statistical Association, 1905, 9(70): 209-219.

[18] Mol, G., Van de Lisdonk, E., Smits, J., et al. A widening health gap in general practice? Socio-economic differences in morbidity between 1975 and 2000 in The Netherlands[J]. Public health, 2005(119): 616-625.

[19] Morduch, J., Terry, S. Rethinking inequality decomposition, with evidence from Rural China[J]. The Economic Journal, 2002(112): 93-106.

[20] Pappas, G., Queen, S., Hadden, W., et al. The increasing disparity in mortality between socioeconomic groups in the United States, 1960 and 1986[J]. New England Journal of Medicine, 1993, 8, 329(2): 103-109.

[21] Pareto, V. La legge della domanda[J]. Giornale Degli Economisti, 1895(10): 59-68.

[22] Rodgers, G. B. Income and inequality as determinants of mortality: An international cross-section analysis. 1979[J]. International Journal of Epidemiology, 2002, 31(3): 533-538.

[23] Roemer M. I. National Health Systems of the World: volume 1[M]. New York: Oxford University Press, 1991.

[24] Shorrocks, A., Slottje D. Approximating unanimity orderings: An application to Lorenz dominance[J]. Journal of Economics, 2002, 77(1): 91-117.

[25] Shorrocks, A., D. Slottje. Approximating unanimity orderings: An application to Lorenz Dominance[J]. Journal of Economics, Supplement, 2002(9): 91-118.

[26] Shorrocks, A. F. Inequality decomposition by factor components[J]. Econometrica, 1982(50): 193-211.

[27] Shorrocks, A., Wan, G. Spatial decomposition of inequality[J]. Journal of Economic Geography, 2005, 5(1): 59-82.

[28] Siegel, J. S. Demographic and socioeconomic group differences in morbidity and mortality[J]. In The Demography and Epidemiology of Human Health and Aging, Springer Netherlands: Dordrecht, 2012: 363-422.

[29] Theil, H. Economics and Information Theory[M]. Amsterdam, North-Holland Publishing-Co., 1967.

[30] Theil, H.. Statistical Decomposition Analysis[M]. Amsterdam: North-Holland Publishing-Co., 1972.

[31] Wang, H., Yu, Y. Increasing health inequality in China: An empirical study with ordinal

data[J]. The Journal of Economic Inequality, 2016(14): 41-61.

[32] World Bank. World Development Report 1993: Investing in Health[M]. Oxford: Oxford University Press, 1993.

[33] The World Health Organization. The World Health Report 2000: Health Systems Improving Performance[R]. 2000: 27-29.

[34] 陈斌开,杨依山,许伟.中国城镇居民劳动收入差距演变及其原因:1990—2005[J].经济研究,2009(12):30—42.

[35] 葛凌霄,张亚斌.城乡基本医疗卫生服务均等化的实证分析——基于 Theil 指数的测算[J].生产力研究,2010(7):113—115.

[36] 贺买宏.我国卫生服务公平性研究[D].第三军医大学,2013.

[37] 黄清华.公共医疗卫生资源公平分配的伦理和法律问题——以英国 NHS 分配伦理和法律为参照[J].国外社会科学,2014(2):71—79.

[38] 贾康.论分配问题上的政府责任与政策理性——从区分"公平"与"均平"说起[J].经济与管理研究,2007(2):11—15.

[39] 李文贵.对医疗卫生领域中卫生服务公平性的思考[J].现代医药卫生,2007,23(10):1568—1569.

[40] 刘宝,胡善联,徐海霞,等.基本公共服务均等化指标体系研究[J].中国卫生政策研究,2009,2(6):13—17.

[41] 苏红.公立医院绩效评价方法研究[J].卫生经济研究,2011(3):8—11.

[42] 孙统达,陈健尔,张秀娟,等.公立医院绩效评价指标体系的构建[J].中国农村卫生事业管理,2009,29(12):896—898.

[43] 万广华.解释中国农村区域间的收入不平等:一种基于回归方程的分解方法[J].经济研究,2004(8):117—125.

[44] 万广华.不平等的度量与分解[J].经济学(季刊),2008,8(1):347—368.

[45] 万广华,范蓓蕾,陆铭.解析中国创新能力的不平等:基于回归的分解方法[J].世界经济,2010(2):3—14.

[46] 万广华,张藕香,Mahvash, S. Q.全球化与国家间的收入差距:来自81个国家面板数据的实证分析[J].世界经济文汇,2008(2):28—44.

[47] 万广华,张藕香,伏润民.1985—2002年中国农村地区收入不平等:趋势、起因和政策含义[J].中国农村经济,2008(3):4—15.

[48] 王辉,林琦远,谢钢.公立医院绩效评价体系的研究[J].中国卫生事业管理,2008(8):510—511,515.

[49] 王鹏.我国劳动力市场上工资收入差距的决定因素——基于夏普里值过程的回归方程分解[J].财经研究,2012,38(2):39—47.

[50] 张永梅,李放.城乡基本医疗卫生服务均等化的综合评价——基于两次国家卫生服务调查数据[J].贵州社会科学,2010(5):56—61.

第四章 我国基本住房保障制度的公平性研究

住房保障可以理解成政府为保障社会成员的基本居住权利而实施的一种补贴和救助政策。我国基本住房保障制度的现代化改革始于20世纪90年代,至今已形成了以廉租房、公租房、经济适用房以及限价商品房为主的居民住房保障体系。各类住房保障政策覆盖了低收入者、中低收入者和部分中等收入者,在解决困难家庭的住房问题方面起到了关键作用。但由于住房供不应求,在各类保障房建设和分配过程中仍存在各种问题,呈现出种种不公平性。因此有必要研究基本住房保障制度的公平性理论,从而改进现有保障房建设、分配机制设计的不足,在保证公平的前提下实现"居者有其屋"或"住有所居"。本章分别从整体住房保障体系和各项住房保障政策两个角度建立衡量住房保障公平性的理论体系。首先,从整体上主要考察了住房体系的保障对象和保障方式的公平性,提出了衡量住房保障体系公平性的五个观点,并以规则公平论为基础,建立了包括政策制定的公平性和政策执行的公平性两大一级指标以及准入政策等六大二级指标在内的评价体系;其次,在对北京市住房保障政策的分析和研究中,利用前文建立的理论体系,对北京市实际住房保障政策的公平性做了具体的评价;最后,结合国际住房保障政策经验及对北京市住房保障政策的分析结果,提出了新型住房保障体系构想。

第一节 我国住房保障公平性的理论研究

一、整体住房保障体系的公平性研究

住房保障的研究对象主要包括住房政策的保障对象、保障方式和保障程度。一般而言,各国的住房保障程度都是根据补助对象的经济状况确定的,即

一旦个人获得了补助资格,政府会为其提供超出其承受能力的那部分租金,因此可以认为保障程度的确定对住房政策公平性的影响不大。住房政策是否公平,更多地体现在保障对象的选择和保障方式的确定上。保障对象的选择决定了哪些家庭有资格获得补贴,这直接影响住房保障的公平性。而不同的保障方式会产生不同的保障效率,对应着不同的保障效果。本节将首先阐明整体住房保障体系公平性的理论基础,再从保障对象和保障方式两个角度研究住房保障体系公平性。

(一)整体住房保障体系公平性的理论基础

公平是一种价值判断,不同人会基于自身价值观给出不同的公平的概念。同时,公平又是一个社会范畴,不同社会、不同时代对公平也有不同的解释。本书的第一章已经对有关公平正义的概念做了详解,这里再根据本章具体研究内容的要求从以下几个方面进一步界定公平概念的内涵,并以此作为本部分的立论基础。

1. 罗尔斯主义

罗尔斯在《正义论》中提出了正义(justice)的两个原则(参见本书第一章)。罗尔斯的公平概念着重于个别人的实质性平等,试图通过社会平等政策的帮助使原先存在的不平等逐渐变为平等,符合公共政策设计原则之一——最劣者受益最大原则,即在社会上处于最劣势者获得最优先的考虑和最大利益(田东海,1998)。

2. 功利主义

Bentham(1789)提出社会行为的目的应该是"增进最大多数人的最大幸福"。这种被称为功利主义的思想追求的是个人效用总和的最大化。功利主义者认为,社会福利是所有社会成员的总和(刘怡,2010)。功利主义把结果公平放在首位,认为个人实际获得的福利和个人福利的总和的实际数量才是最根本和最重要的。

3. 垂直公平与水平公平

Headley(1978)提出的公平理论被广泛用于分析各种国家政策。根据黑登的公平理论,政府的补贴政策既要做到水平公平,又要做到垂直公平。水平公平描述了收入水平相同的家庭之间的关系,根据水平公平理论,同等经济条件的家庭,获得政府补贴的机会应该相等。垂直公平指的是收入水平不同的家庭之间的关系,根据垂直公平理论,越贫困的家庭应该获得越多的补贴资源。垂直公平同时强调,在获得政府补贴后,原本条件较差的家庭的福利水平不应超过较好家庭的福利水平,否则会由于补贴过大而造成新的不公平。可以看出,黑登的公平理论在主张优先补贴穷人的同时,对政策实施的细节也给予了考量。简单而言,黑登认为同等条件的穷人必须获得同等的保障机会,而且在保障结果上,穷人的保障结果不能超过原本条件更好的人。

在补贴方式货币化的前提下,假设所有家庭的收入水平和福利水平是一个一一对应的连续函数(见图4-1)。如果政府对收入水平在 A 以下的家庭均给予补贴,则根据黑登的公平理论,公平的补贴结果是,在补贴后社会成员的福利分布随收入的变化趋势是曲线 BCD,即受到补助的人的福利实现了均等,且不超过任何一个没有获得补贴的人。

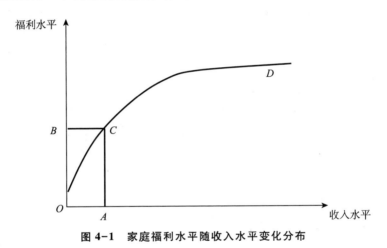

图4-1 家庭福利水平随收入水平变化分布

4. 效率与公平

效率与公平之间会相互产生影响:假定其他条件不变,过分追求公平会导致效率低下进而导致所有个体福利下降,一味追求效率也会因缺乏公平而难以持续。由此可见,在评价政策的公平性时,我们必须同时考虑政策的效率性,在公平和效率之间找到一个平衡点。经济学中的"效率"一词起源于意大利经济学家帕累托提出的经济学理论——帕累托最优,也称帕累托效率,它是指一种理想的资源分配状态,在这种状态下,任何人的福利都不可能在不降低其他人福利水平的前提下得到增进。在帕累托最优的情况下,个人的决策行为一定是沿着效用可能性曲线移动的(见图4-2)。而决策是否有效率,取决于该项决策产生的帕累托改进的大小,即效用增进的多少。

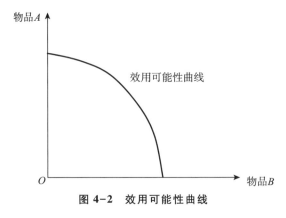

图 4-2 效用可能性曲线

（二）保障对象与公平性

在保障资源有限的情况下，是应当集中力量优先保障最困难家庭，还是应当把资源分散到各个收入阶层、扩大保障覆盖面，这是政府所面临的一个选择。

1. 公平视角下的保障对象

几乎所有的公平理论都主张政府优先对弱者给予补助，并且这种对弱者的政策倾斜已经成为政府的职责所在，即政府有责任保障和满足最困难群体的基本生活需求。罗尔斯主义的正义二原则主张在保障所有人基本的平等和自由的基础上，对社会和经济的不平等加以特殊安排，使最弱势群体的福利得以改善，即最劣者受益最大原则。功利主义以个人福利总和最大化为公平的标准。而根据福利经济学中的边际效应递减规律，在获得同等的保障性收入的前提下，穷人效用提高的程度要高于富人。因此，功利主义的观点也意味着优先保障最贫困人群是公平的。黑登的公平理论也主张越贫困的家庭应该获得越多的补贴资源，但同时要求补贴后的家庭福利水平不应超过没有获得补贴的家庭，即把未领补贴的家庭也纳入"保障对象"范畴，其公平理念更具广泛性。

2. 效率视角下的保障对象

从效率角度看住房保障政策，关注的是补贴哪种保障对象可以最大限度地提高社会总效用。现代经济学普遍认为，自由竞争的市场是有效的，理论上可以实现帕累托最优。虽然现实中不存在完全竞争市场，但无疑自由市场代表着效率，而政府出于某种目的所进行的调节则会在一定程度上扰乱市场、降低经济运行效率。因此，在确定住房保障对象时，效率性不是表现为对整个经济运行效率的较大的增进，而是体现为对原有市场机制较小的影响和扭曲。Murray(1999)对公共住房挤出效应的研究结果表明，补贴低收入者对私人住房市场没有明显的挤出效应，而补贴中等收入者会对私人住房市场产生明显的挤出效应。宋吟秋等（2013）通过计算政府补贴前后社会总福利的变化得出结论：对低收入群体补贴的福利损失较小。可见，对贫困家庭的补贴对正常的市场秩序影响较小，从而表现出高效率。

根据以上关于公平和效率的分析，本章提出以下确定住房保障对象的基本观点。

观点1：政府在确定住房保障对象时，应以家庭条件为依据，从下到上，优先补贴最困难家庭。在基本解决了下一收入人群住房问题的前提下，再把保障范围扩大到上一收入人群。

观点2：在补贴过程中，要尽可能保证各家庭之间的福利水平排序在补贴前后不变，即任何一个家庭的福利水平不应因获得补贴而超过原本福利较高家庭的水平。在理想状态下，补贴后的结果如图4-1中的曲线BCD所示。

（三）保障形式与公平性

1. 住房保障形式分类

住房保障形式是指政府以何种方式对住房困难家庭进行保障。虽然各国政府根据本国实际情况制定了种类繁多的保障政策，但总结起来主要是以下三种保障方式：

（1）政府建设保障房。

在住房短缺时代，几乎各国政府都采取过直接建房的保障方式。在这种模式下，政府直接建造保障房，并以低廉的租金或价格租售给住房困难家庭。

（2）政府补贴供给方。

政府为开发商提供一定补贴，由开发商负责建房，按照政府规定的价格出售或出租给政府指定的人群。政府提供的补贴一般包括减免地价、减免税收等形式。这种补贴方式属于实物补贴，俗称为"砖头补贴"。

（3）政府补贴需求方。

需求方补贴就是政府直接为住房困难家庭提供补贴。与实物补贴相对应，需求补贴是一种货币补贴，俗称"人头补贴"。目前，几乎所有的发达国家都以不同水平为本国住房困难家庭提供货币补贴，越来越多的发展中国家也开始采取这一模式，这使得该模式成为各国运用最普遍的住房保障模式。

无论是政府直接建房，还是补贴开发商建房，都属于供给导向的住房保障政策，而政府对租户的补贴则属于需求导向的住房保障政策。长期以来，学术界关于住房保障形式优劣的争论主要表现为"供给导向和需求导向之争"或者说"实物补贴与货币补贴之争"。

2. 实物补贴和货币补贴

(1) 公平视角下的实物补贴和货币补贴。

货币补贴比实物补贴更容易实现水平公平和垂直公平,因为在资源有限的情况下,大额补贴意味着资源被集中分配给了少数人,这会加剧同一水平家庭之间的不公平(孙冰等,2005)。实物补贴虽然按照收入从低到高的排序加以分配,但房屋作为一个不可分割的整体,一般具有较大价值,属于典型的大额补贴,这会导致受益人的福利明显超出原本比其境况略好的人,加剧同一水平家庭之间的不公平,同时造成结果上的垂直不公平。货币补贴的可分性决定了其在实现水平公平和垂直公平方面具有明显优势,政府可以根据不同家庭的收入水平灵活制定补贴数额,这在很大程度上可以避免实物补贴的弊端。

(2) 效率视角下的实物补贴和货币补贴。

从效率角度看,无论是消费者行为理论还是公共住房的挤出效应,都证明了货币补贴比实物补贴更有效率。

消费者行为理论:货币补贴由于提供给消费者更多的选择而更有效率。许多学者从消费者选择模型出发,分析了两种住房保障方式的福利效应。如图4-3所示,横坐标代表住房消费,纵坐标代表除住房以外的消费。在获得住房补贴前,家庭预算线为AB。如果政府对家庭给予住房实物补贴,且补贴数量为BC,则家庭预算线变为曲线ADC。此时,若家庭意愿的住房消费数量小于补贴的数量BC(即AD),则会产生选择性损失(因无法自由选择而导致的损失)。为解释这一点,假设政府改实物补贴为等量的货币补贴,则新的预算线由曲线ADC变为直线EC。两条新预算线对应的效用最大的无差异曲线分别为G和F。显然,F所对应的效用要大于G,两者之差即为选择性损失。可见,根据消费者行为理论,货币补贴比实物补贴更有效率。

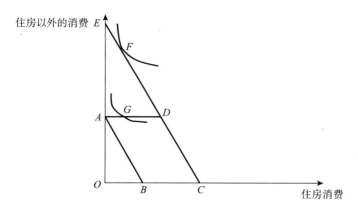

图4-3 消费者行为理论下的补贴效率比较

挤出效应：供给导向的公共住房政策往往容易产生较大的挤出效应，这是其最容易为人们所批评之处（刘斌和姜博，2013）。国外众多学者的相关实证研究也都证明了这一挤出效应不但存在而且很明显，而这种对市场秩序的扰乱必然是以牺牲效率为代价的。实物补贴的挤出效应可以通过图4-4加以解释。在没有实物补贴时，出租房市场的需求曲线D与供给曲线S_1交于点(P_1,Q_1)。当政府采取实物补贴方式，直接增加公共住房供给时，供给曲线S_1右移至S_2。但新的市场均衡点为(P_2,Q_2)，而不是(P_1,Q_3)，这意味着虽然公共住房的供给量为Q_1Q_3，但市场实际增加的出租房数量只有Q_1Q_2，Q_2Q_3就代表那些被挤出市场的私人出租房数量。

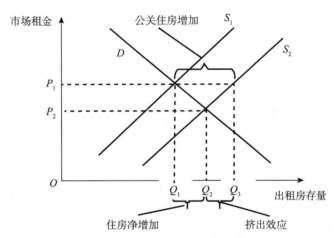

图4-4 实物补贴的挤出效应

（3）现实视角下的实物补贴和货币补贴。

尽管从理论上来说，货币补贴优于实物补贴，但多数国家的住房保障政策都还是从实物补贴开始的，而且在保障初期也是以实物补贴为主。即便是在经历了保障方式由实物补贴向货币补贴转变后的今天，多数国家仍然保留着实物补贴的方式。究其原因，就像Murray(1999)和Susin(2002)指出的那样，对于很多低收入家庭，即使加上政府补助，它们也没有能力支付市场租金，因而很难在市场上找到合适的住宅，所以，政府有必要给低收入者修建保障房。

根据以上对住房保障方式的分析，本章提出衡量住房保障方式公平性的如下观点。

观点3：在低端住房市场供给不足的情况下，政府应广泛采取实物补贴方式，增加低端住房的有效供给。

观点4：在市场住房短缺得到有效解决后，基于公平和效率的考虑，政府应推动住房保障方式由实物补贴向货币补贴过渡,最终实现以货币补贴为主的补贴方式。

(4) 出租与出售。

实物补贴具体可以分为出租和出售两种类型。从公平的角度来看,政府毫无疑问应该选择出租的方式,因为出租是暂时性的,存在一个合理的退出机制,在居住者条件转好后,政府有权收回保障房并将其继续租给其他符合条件的家庭,这种机制保证了住房一直被最需要的家庭所享用,因此是公平的。相对而言,出售则是永久性的,它会导致保障资源固化在部分家庭,即使买房家庭条件明显好转,政府也无法收回住房,由此造成保障资源的流失。同时,在补贴程度上,出租明显要低于出售,而现实中往往是低收入家庭选择出租的方式,中低收入家庭选择出售的方式,因为只有后者才买得起政府出售的住房。这就造成了收入越高的家庭获得补贴越多的现象,违反了公平性原则。从效率的角度看,虽然政府需要定期对出租的公共住房加以修缮,但由于出租房可以循环利用,其效率总体明显高于出售公房。

虽然理论上出租公房明显优于出售公房,但在各个国家和地区的实践中并非如此。美国在建设出租公房的同时,通过各种政策措施鼓励个人购买住房,提高住房自有率。英国、新加坡和中国香港地区在为低收入家庭提供出租住房的同时,通过出售公房等方式努力帮助中低收入家庭获得自有住房。这说明出租还是出售不仅仅涉及公平和效率,而是由多种因素共同决定的。李洪侠(2012)指出,租赁或购买涉及产权问题,既与一国(地区)居民住房消费习惯有关,也与居民收入水平、住房分布状况和住房市场发展状况有关,同时受政府财力的约束。可见,选择出租还是出售,必须从本国(地区)实际情况出发,因时因地而异。

本章认为,与美国、新加坡等国家和地区相比,我国目前最大的实际情况就是我国是一个发展中国家,同时是一个人口大国。以美国为代表的西方国家在20世纪70年代已经完成城市化,城市化水平稳定在70%以上。对于这些国家而言,城镇人口数量基本是稳定的。新加坡和中国香港地区属于城邦式的国家和地区,原本就是一座城市,城市人口数量更是高度稳定。对于这些国家和地区而言,城镇住房困难家庭的数量是有限的,政府有能力通过税收手段甚至是出售公房的手段解决居民的住房问题。而我国的城市化进程还远远没有结束,2016年城镇化率为57.35%,根据2016年《政府工作报告》,计划"到2020年,常住人口城镇化率达到60%、户籍人口城镇化率达到45%"。这些新增城市人口中的很大一部分都会面临住房困难问题。在这种情况下,选择出售公房的保障形式对政府财政而言是不可想象的,只有采用出租的形式,实现保障资源的循环利用,才是长久之计。

从另一个角度看,我国城市住房自有率已经达到很高水平。按中国社会科学院发布的《社会蓝皮书:2016年中国社会形势分析与预测》,2015年城镇居民家庭住房自有率为91.2%,较2013年上升1.6个百分点。而欧美发达国家自有住宅率普遍在60%—70%。我国居民的传统观念是必须拥有住房的产权,租赁住房对绝大多数家庭而言都只是权宜之计。这种观念在一定程度上导致了目前的高住房自有率。但居民的消费习惯和传统观念不应成为政府制定政策的主要依据。考虑到居民对自有住房的需求,政府可以部分地实行出售政策,但为了保证住房政策的公平性和效率性,在实物补贴方面,必须以出租方式为主导。

总结以上分析,我们提出以下关于衡量住房保障方式的标准。

观点5:在实物保障方面,应以出租方式为主,以出售方式为辅。对于出售方式,应探索有效方法,最大限度防止保障资源流失,促进资源循环利用。

二、住房保障政策的公平性研究

(一) 各项住房保障政策公平性的研究简述

关于一项政策的公平性,不同学者会从不同的角度加以评价。例如,罗尔斯的公平观强调规则公平和机会公平,认为结果公平是对人的差异性的否定。因此,制度本身的正义性和运行过程的正义性就很好地代表了公平性的评价标准。不同的评价角度形成了不同的公平理论。比较典型的理论包括机会公平论、规则公平论和结果公平论等。

机会公平论承认不同社会成员之间先天禀赋和能力的差异,强调的不是分配结果的公平性,而是分配过程的机会均等,即每个社会成员面对同一项政策都有相同的机会。例如,厉以宁(1995)认为,公平主要是指获取收入或积累财产机会的公平,即机会均等。只要在市场竞争中大家处于同一条起跑线上,出发点相同,就可以认为是公平的。

规则公平论强调调节分配政策制度的公平性。这一理论包括两个内涵:一是规则制定的公平性,公平的规则需要为每个社会成员提供平等无歧视的政策待遇,包括平等的教育、就业机会,平等的市场竞争地位等,这其实就是机会平等;二是规则执行的公平性,即过程公平,强调对规则的遵守和执行。规则公平更关注政策制定和执行的公平性。

结果公平论以分配结果作为衡量政策公平的依据。这一理论认为,结果公平是调节收入分配的根本目的,因此,公平的制度设计必须是以能实现结果公平为前提的。在结果公平状态下,每个社会成员都享有相同的生活水平或拥有相同的收入。结果公平是对效率和差异性的否定,无论在理论上还是在实践中都只能作为一种政策取向发挥引导作用,绝对意义上的结果公平与极端平均主义毫无差异,是明显不可取的。

综合以上分析可知,规则公平论是政策公平性的更好的评价标准。这一理论通过对规则制定和规则执行的限定,一方面保证了机会的均等,另一方面既促进了结果公平又避免了极端平均主义。本章将以规则公平论为依据建立评价各项住房保障政策的指标体系。

(二)衡量住房保障政策公平性的指标体系

按照规则公平论,本部分的指标体系将包括两方面:政策制定的公平性和政策执行的公平性。在政策制定方面,拟选取准入标准、申请程序、监督机制、退出机制等四个评价标准组成二级指标体系。在政策执行方面,拟选取执行过程和保障效果两个评价标准组成二级指标体系。具体情况如表4-1所示。

表4-1 各项住房保障政策公平性指标体系

目标	一级指标	二级指标
各项住房保障政策的公平性分析	政策制定的公平性	准入标准的公平性
		申请程序的公平性
		监督机制的公平性
		退出机制的公平性
	政策执行的公平性	执行过程的公平性
		保障效果的公平性

第二节 北京市住房保障政策公平性分析

一、我国基本住房保障制度情况简述

我国住房制度的大规模现代化改革始于20世纪90年代。迄今为止已形

成了以廉租房、经济适用房、限价商品房和公共租赁房为主的分层次的住房保障体系,这四类住房也构成了住房保障政策的最主要内容。

经济适用房指的是政府提供优惠政策,对建设标准、供应对象以及销售价格有所限制,向低收入住房困难家庭出售的政策性住房,这类住房具有保障性质。国务院于 1994 年 7 月发布的《关于深化城镇住房制度改革的决定》(国发〔1994〕43 号),提出要分别建立经济适用房供应体系和商品房供应体系,前者以中低收入家庭为对象、具有社会保障性质,后者以高收入家庭为对象。1998 年的《国务院关于进一步深化城镇住房制度改革加快住房建设的通知》(国发〔1998〕23 号,以下简称《通知》)提出了建立以经济适用房为主的住房供应体系,大规模的经济适用房建设由此开始。经济适用房作为住房保障的主要方式之一,对解决城市中低收入家庭的住房困难问题起到了重要作用。根据国家统计局《中国统计年鉴 2010》显示,1998—2000 年我国新开工的经济适用房面积分别为 3 466.40 万平方米、3 970.36 万平方米、5 313.23 万平方米,连续三年占住宅新开工面积达到 20%以上。2001—2010 年,年均经济适用房新开工面积达 4 925 平方米,反映了较快的建设速度。

《通知》同时提出了要对不同收入家庭实行不同的住房供应政策,由政府或单位提供的廉租住房面向最低收入家庭。2004 年建设部等部委发布的《城镇最低收入家庭廉租住房管理办法》[①](国家税务总局令第 120 号)的实施,标志着廉租房制度的全面启动。截至 2006 年年底,全国 658 个城市中已经有 512 个城市建立了廉租房制度,占比 77.9%。其中 287 个地级以上城市中已有 283 个城市建立了廉租房制度,占比 98.6%。截至 2006 年年底,廉租房制度已经累计满足了 54.7 万户的最低收入家庭的住房需求。北京和上海等城市已经基本实现了对最低收入家庭的应保尽保。应当说,21 世纪初期,廉租房制度对于解决最困难家庭的住房问题起着关键性作用。根据《国务院批转发展改革委关于 2013 年深化经济体制改革重点工作意见的通知》(国发〔2013〕87 号)和《国务院办公厅关于保障性安居工程建设和管理的指导意见》(国办发〔2011〕45 号)等文件精神,从 2014 年起,各地公共租赁住房和廉租住房并轨运行,并轨后统称为公共租赁住房。

限价商品房概念始见于 2006 年发布的《国务院办公厅转发建设部等部门

---

① 该管理办法于 2004 年 3 月 1 日施行,2007 年 9 月 26 日废止。——编者注

关于调整住房供应结构稳定住房价格的意见》(国办发〔2006〕37号),该文件提出,对中低价位、中小套型普通商品住房以及廉租房的土地供应,要优先保证;而土地的供应,要以限套型、限房价为基础,通过竞地价、竞房价,以招标方式确定开发建设单位。这种限套型、限房价的商品房被称为"限价商品房"。限价房面向中等收入的住房困难家庭提供。在房价飞涨的背景下,这种针对普通收入家庭的住房政策被寄予厚望,各地政府也根据自身实际情况对限价房制度做出了不同的探索。北京市于2007年启动限价房项目,截至2007年年底,共开工建设9个项目,完成约300万平方米的限价房用地供应量,基本实现了当年年初的目标。根据《北京市2008年住房建设计划》,北京市2008年新建限价房450万平方米,约占新建住房总量的16%,超过了新建廉租房和经济适用房的总和。总体来看,北京市限价房项目的建设进度较快。

公共租赁房是指政府以低于市场价的租金为中低收入家庭提供的租赁型保障房,这一住房政策的宗旨在于解决住房政策中的夹心层问题。2010年6月,住房和城乡建设部等七部委联合印发了《关于加快发展公共租赁住房的指导意见》(建保〔2010〕87号),提出要大力发展公共租赁房,并明确指出公共租赁房的保障对象是中等偏下收入住房困难家庭。部分地区在此之前就已经启动了公共租赁房项目。例如,截至2009年11月,北京市建设中的公共租赁房项目已经达到11个,建设收购公共住房51.5万平方米,可提供房源达到7400多套。目前公共租赁房已成为我国住房保障体系的重要组成部分,各地区的保障房建设计划中公共租赁房占据很大比例。总之,公共租赁房作为租赁型保障房,在解决中低收入家庭的住房问题上扮演着越来越重要的角色。我国住房保障政策体系概览如表4-2所示。

表4-2 我国住房保障政策体系概览

政策类型	保障对象	准入条件	说明
经济适用房	低收入家庭	均要求家庭人均收入、资产、人均居住面积等符合相关规定	土地行政划拨
廉租房	最低收入家庭		实物补贴与货币补贴相结合
限价商品房	中等收入住房困难家庭		通过招标、拍卖、挂牌方式获得土地
公共租赁房	中等偏下收入家庭		通过新建、收购、改建、租赁等多种方式取得房源

二、北京市住房保障体系概览

北京市住房保障政策改革步伐一直走在全国前列,具有覆盖人口数量多、政策出台更新速度快、解决问题成效较为显著等突出特点,在我国各主要城市的住房保障体系建设过程中具有较强的代表性。下面将以北京市住房保障体系为例,对住房保障政策公平性做进一步分析。

根据国家相关政策文件要求,北京市先后制定了多项住房保障政策,逐步形成了以廉租房、经济适用房、限价商品房、公共租赁房和自住商品房为主的住房保障体系。截至2014年各种保障房的基本情况如表4-3所示。

表4-3 北京市各类保障房情况汇总

政策类型	保障对象	准入标准	建筑面积	保障方式
廉租房	城市最低收入住房困难家庭	家庭人均月收入在960元及以下,人均住房面积在7.5平方米及以下,家庭总资产净值在30万元及以下	50平方米以下为主,一居室35平方米以下,二居室50平方米以下	1.租金补贴(<7.5平方米) 2.租金减免(=7.5平方米) 3.还贷购房(低保家庭) 4.实物配租(优抚、孤老、重残等特殊家庭)
经济适用房	城市低收入住房困难家庭	三口之家家庭年收入在45 300元及以下,人均住房使用面积在10平方米及以下,家庭总资产净值在36万元及以下	中套80平方米左右,小套60平方米左右	采取"补砖头"的保障方式,在实物供给上提供优惠
限价商品房	中等收入住房困难的城镇居民家庭、征地拆迁过程中涉及的农民家庭	三口之家家庭年收入在88 000元及以下,人均住房面积在15平方米及以下,家庭总资产净值在57万元及以下	90平方米以下为主,一居室60平方米以下,二居室75平方米以下	限制销售价格、住房套型面积和销售对象,价格低于周边商品房价格的10%—15%
公共租赁房	中低收入住房困难家庭	已通过廉租房、经济适用房、限价商品房资格审核尚在轮候的家庭以及其他住房困难家庭	一、二居室小户型	租金优惠,租赁期限不得超过5年

（续表）

政策类型	保障对象	准入标准	建筑面积	保障方式
自住商品房	符合北京市限购条件的家庭	无收入条件限制,经济适用房、限价商品房轮候家庭和北京户籍无房家庭可优先购买	90平方米以下为主	限制销售价格、住房套型面积和销售对象,价格低于周边商品房价格的30%

资料来源:佘宇著《我国经济适用住房政策的效果评估与发展前景研究》及北京市住房和城乡建设委员会网站,数据截至2014年4月。

注:截至2023年各类政策房的准入标准没有发生变化。

三、北京市总体住房保障体系的公平性

（一）保障对象的公平性

按照现行住房保障政策,北京市政府为不同收入阶层的人群提供不同的住房保障。分层次的住房保障体系具有内在合理性,但具体对哪些层次的居民提供住房保障还必须因时因地而异,其判断标准就是公平和效率原则。Donnison(1967)以政府责任为划分标准,将政府在住房政策中的角色定位归纳为以下三种:雏生型、社会型和全面负责型。雏生型政府采取消极态度面对住房需求,社会型政府倾向于帮助那些无法在市场中获得住房的人获得住房,全面负责型政府承担大多数甚至所有居民的住房需求。各种类型本身并无优劣之分,但政府在选择哪种保障目标时必须以本国实际情况为依据。例如,新加坡和中国香港地区人口有限,政府财力充足,有能力采取全面负责型的保障政策,因此,新加坡有85%以上的家庭居住在公房中,中国香港地区公房的居民比例也达到了50%。而美国虽然经济发达,但人口众多,且自由经济思想根深蒂固,因此,美国政府仅将住房保障的目标锁定为低收入家庭,其他家庭均被推向市场。

我国人口众多,截至2022年城镇人口占比超过60%,9.21亿的城镇人口意味着仅仅是最低收入人群就有近9 210万(按10%比例计算),而我国的住房保障对象不仅仅是最低收入人群,还包括中低收入人群和中等收入住房困难人群。要全面覆盖这种超出很多国家总人口的保障基数目前来说是不现实的。随着中国城市化的进一步推进,更多的中低收入者涌入城市,会导致政府大规模住房补贴政策的无限期延长,给国家财政带来巨大压力。而既然国家

无法在短期内解决所有收入阶层的住房问题,公平问题就会随之产生:在没有解决较低收入家庭住房问题时,国家同时开始了对收入较高家庭的住房补贴,这种政策体系公平吗?回顾前面涉及的公平理论,无论是罗尔斯主义、功利主义,还是黑登的公平理论,都主张对最贫困者优先给予补贴,因此,在解决低收入家庭住房问题前,是不应对收入较高家庭给予住房补贴的。

为了确定目前究竟应该补贴哪些收入阶层,我们必须对北京市住房政策的实际保障程度进行测度。这里通过比较每个收入阶层的住房需求与住房供给来确定保障效果的好坏。以廉租房为例,如果政府廉租房的补贴数量足以满足最低收入家庭的住房需求,则可以认为政府对"较高收入阶层"即中低收入阶层的住房补贴是公平合理的,否则便不合理。按照北京市的相关规定,廉租房向符合条件的城镇最低收入家庭提供。但关于最低收入家庭的定义,相关文件并没有给出一个标准的概念,本章从以下几个角度衡量最低收入家庭的保障房覆盖情况:

第一,根据北京市《关于调整本市社会救助相关标准后做好住房保障相关衔接工作的通知》,2017年北京市认定城乡低收入家庭的标准为家庭人均月收入1 410元。而2017年北京城区家庭申请廉租房的准入标准为人均月收入960元,远郊申请廉租房家庭收入准入标准为740元。而2022年北京市认定城乡低收入家庭的标准为家庭人均月收入2 120元,2022年廉租房申请家庭上年人均月收入连续一年低于580元。我们可以看出随着经济发展,廉租房更加向极低收入者倾斜。

第二,根据国家统计局的七分法,可以将城镇居民的收入分为:最低收入户(10%)、低收入户(10%)、中等偏下收入户(20%)、中等收入户(20%)、中等偏上收入户(20%)、高收入户(10%)、最高收入户(10%)。2012年年底北京市城镇居民(非农户数)有396.2万户,按照10%的最低收入家庭比例,北京市约有39.2万户最低收入家庭。而本章统计北京市2000—2012年共完工廉租房40余万套(见表4-4),超过了最低收入家庭数量。由此可以看出,北京市仅仅在实物补贴上就已经实现了对最低收入家庭住房的应保尽保。根据《北京市"十二五"时期住房保障规划》,北京市分别于2007年年底和2010年年底完成对申请廉租住房租赁补贴家庭和申请廉租住房实物配租家庭的"应保尽保"。而廉租房轮候家庭的出现则是由于北京市廉租房保障范围的逐年扩大。

表 4-4　北京市廉租房建设数量

（单位：套）

年份	2000	2001	2002	2003	2004	2005	2006—2010
数量	44 000	58 575	57 600	80 600	74 707	81 400	23 000
年份	2011	2012	2013	2014	2015	2016	总计
数量	20 850	9 450	10 036	12 217	9 551	21 907	450 182

资料来源：《北京市统计年鉴》《北京市房地产年鉴》和《北京市"十二五"时期住房保障规划》。2000—2005年廉租房竣工套数由当年竣工平方米数除以每套平均面积得出，每套廉租房平均面积为估计值，取40平方米。2013—2016年的数据中也包括了公共租赁房。

第三，截至2014年3月，北京市廉租房轮候家庭有27 442户。这个数目只占全部廉租房实物保障资源的6%（即27 442/450 182）。鉴于廉租房除实物补贴外还有货币补贴方式，真实的比例会更低。由此可见，北京市已经满足了绝大多数廉租房申请人的住房需求。在已经基本解决了最低收入家庭住房问题的基础上，北京市把保障范围扩大到中低收入家庭（即低收入户和中等偏下收入户），是符合公平理论的。

经济适用房从1999年开始建设，到2012年年底建设完工273 818套，平均每年约19 588套。2013年起，经济适用房的建设开始放缓，经济适用房竣工面积由2012年的241万平方米下降到2013年的15.3万平方米，2015年再降至23.8万平方米。随着经济的发展，北京市更多以公租房和共有产权房的形式提供保障住房。2022年竣工公租房0.51万套，集租房0.9万套，共有产权房1.01万套，经济适用房0.06万套。

北京市2008年开始公共租赁房建设，2009年建设完工0.9万套约53.5万平方米，平均每套约60平方米。根据北京市政府工作报告，"十一五"期间（2006—2010年）北京市共建设和收购公共租赁房26 000套。2010年之后，公共租赁房施工面积和竣工面积均呈现先上升后下降的波动趋势，其施工面积、竣工面积和新开工面积均于2016年达到最高峰，分别是450.7万平方米、161.1万平方米和122.5万平方米。之后开始下降，到2020年新开工面积仅为1万平方米。

总体而言，针对中低收入家庭的公共租赁房虽然暂时供给不足，但有望在近几年得到改善。而经济适用房则由于投入少、建设慢而无法使众多申请者在短期内得到有效满足。因此，北京市中低收入家庭的住房问题仍然没有得到有效解决，还存在大量的轮候家庭，并且按照目前的建设进度，这个问题将长期存在。在这种情况下对中等收入者给予住房补贴违反公平原则。但在北京甚至全国,这种"越级保障"的情况是普遍存在的,因为限价商品房早已成为我国住房保障体系的一部分,而北京市的自住型商品房实际上是面向所有符合限购条件的家庭的,但对家庭收入等指标没有任何要求。鉴于此,相关部门需要重新界定住房保障对象,改革现行住房保障体系。

(二)保障方式的公平性

如前所述,现实中几乎所有国家都同时采用实物补贴和货币补贴这两种补贴方式,原因在于,单纯依靠市场往往无法满足居民对中低端住房的需求,而实物补贴却可以直接增加住房有效供给。总体上来说,我国住房保障是以实物补贴为主的。中央和地方政府历年大规模的保障房建设计划也充分说明了这一点。虽然实物补贴从成本收益角度来看是低效的,但可以在短期内供应大量中低端住房,优先满足部分住房困难家庭的住房需求。因此,在我国目前住房短缺的情况下,为了尽快改善居民居住环境,政府大力度地直接干预是十分必要的。

从实物保障的具体分类看,北京市出售型保障房的建筑面积一直高于出租型保障房(见图4-5),特别是近些年,随着面向最低收入家庭的廉租房基本得到满足后,保障的重点转移到了中低收入家庭和中等收入家庭。而针对这些家庭,北京市采取的是出售型的保障方式。很多国家和地区,如英国、新加坡和中国香港地区等,也都曾通过出售公房的方式解决中低收入家庭的住房问题。但这种做法存在明显的缺陷,即收入越高的家庭获得的补贴越多。具体

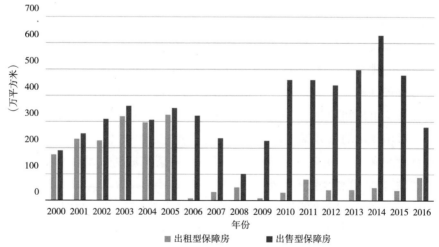

图4-5 北京市2000—2016年出租型保障房和出售型保障房建设面积

资料来源:《北京市房地产年鉴》。

而言,廉租房对于最低收入家庭而言是暂时性的补贴,在家庭条件转好后,这些家庭必须退出廉租房。因此,最低收入家庭获得的福利就是一定期限内的租金补贴。而购买到经济适用房或限价商品房的中低收入家庭和中等收入家庭则获得了永久性的补助,无论家庭条件如何变化,这些家庭都有权利选择继续占有保障房。因此,对富人的补贴数量超过了对穷人的补贴数量,违反了公平性原则。从这一角度看,北京市有必要改革原有出售型为主的实物保障政策。

四、北京市各项住房保障政策的公平性

本部分将分别对经济适用房、廉租房、公共租赁房各项政策的公平性加以分析。由于限价商品房的保障对象实际超出了我国现在应有的保障范围,如2018年北京首批三个获批入市"限价商品房项目"——大兴区瀛锦苑项目,限定均价52 449元/平方米;房山区尚锦佳苑及舒朗苑项目,限定均价都是38 994元/平方米,这都不是低收入家庭乃至中低收入家庭所能承担的〔如北京市要求限价商品房申请人家庭(三人及以下)年收入低于8.8万元,2023年仍然按照此标准执行〕,从而违反了公平性原则,所以此处略去对其公平性的分析。自住房政策实施的时间较短,同样暂时不评论其公平性。最后一部分将对限价商品房和自住商品房的优缺点与改革方向加以讨论。

(一)经济适用房

1. 政策制定的公平性

(1)准入标准的公平性。

《通知》明确规定经济适用房的供应对象是"城市中低收入家庭"。2007年,北京市政府出台《北京市经济适用住房管理办法(试行)》,将经济适用房的供应对象由最初的"中低收入家庭"调整为"低收入住房困难家庭",并对申请经济适用住房的家庭需符合的条件进行了规定:第一,申请人须取得本市城镇户籍时间满3年,并且年满18周岁;第二,申请家庭的人均住房面积、家庭收入、家庭资产符合规定的标准。

根据2007年发布的《关于印发北京市廉租住房、经济适用住房家庭收入、住房、资产准入标准的通知》(京建住〔2007〕1129号),申请经济适用房的家庭应符合以下标准(见表4-5):

表 4-5　北京市 2007 年城八区城市居民申请经济适用房家庭准入标准

家庭人口	家庭年收入	人均住房使用面积	家庭总资产净值
1 人	22 700 元及以下	10 平方米及以下	24 万元及以下
2 人	36 300 元及以下	10 平方米及以下	27 万元及以下
3 人	45 300 元及以下	10 平方米及以下	36 万元及以下
4 人	52 900 元及以下	10 平方米及以下	45 万元及以下
5 人及以上	60 000 元及以下	10 平方米及以下	48 万元及以下

资料来源：北京市住房和城乡建设委员会网站。

综上可知，北京市经济适用房的保障对象为符合户籍、年龄以及一定收入、住房和资产标准的城市低收入住房困难家庭。虽然准入标准界定得很清晰，但这种标准并不符合实际需要。以三口之家标准为例，对于年收入在 45 300 元以下且家庭总资产在 36 万元以下的家庭而言，经济适用房的价格是难以承受的。这导致了最终购买到经济适用房的家庭一般为不符合收入条件的家庭，而低收入家庭虽然符合条件却无力购买。理论和现实的矛盾源于经济适用房最初的政策定位，"经济适用房保障低收入家庭"已经被实践证明是"伪命题"，要解决这一矛盾，必须改革经济适用房保障政策，或者提高保障标准使低收入家庭更容易购买经济适用房，或者将经济适用房的保障对象由低收入家庭扩大到中低收入家庭。

（2）申请程序的公平性。

北京市对申请购买经济适用房的家庭实行三级审核、两次公示制度。三级审核使相关部门可以彻底摸清申请人的家庭状况，有效减少甚至杜绝个别申请人弄虚作假的情况出现，最大程度上保证最终得到住房补贴的家庭符合政策规定。同时，这种审核制度也使各级政府部门相互监督，避免了某一级政府的违规操作行为。两次公示制度是对政府部门和申请家庭的双重监督，这种透明的制度设计是公正的最大保障。因此可以说，北京市经济适用房的申请程序是科学合理的。

（3）监督机制的公平性。

监督机制可以分为住房申请过程的监督和住房使用过程的监督。申请过程的三级审核、两次公示制度本身就是一种监督机制。但关于经济适用房的使用过程并没有有效的监督制度。北京市规定，经济适用房只能自住，不得出租或出借；购买不满五年的，不得上市交易。然而在实际当中，并无有效的制度设计来保证经济适用房只用于自住,也没有要求各级部门对已出售经济适用房的使用状况做定期检查。相关的政策条款只能对经济适用房的自由出售起到一定的约束作用,对于限制经济适用房出租却几乎没有任何约束,居住者完全可以私自出租经济适用房而不被发现。此外,按照政策规定,已经备案的申请家庭,在家庭收入等方面发生变化后,应如实向住房保障管理部门报告。但实际当中不大可能有居民主动上报要求取消经济适用房申请资格,而这种隐瞒不报的行为被发现后也没有任何惩罚措施,至多取消当次申请资格。对弄虚作假的申请人,相关政策的处理办法是:取消其申请资格,五年内不得再次申请;构成犯罪的,移交司法机关依法追究刑事责任。但这种惩罚措施在实际当中也很难起到作用,因为申请人只要不构成犯罪,则没有任何直接损失。由此看来,北京市经济适用房制度缺少有效的监督、纠错机制,这种监督上的不足必然导致保障资源分配和利用的不合理,进而影响社会公平。

(4) 退出机制的公平性。

根据北京市的相关规定,购买经济适用房不满五年的,不得上市交易;购买经济适用房满五年的,出售时应当缴纳一定比例的土地出让金等,购房人也可以在补缴政府应得收益后取得完全产权。由此可见,在经济适用房的退出机制中,主动权并不掌握在政府手中,而是掌握在居住者手中。实际上,政府之所以关注保障房的退出机制,主要是考虑在保障对象经济条件好转后顺利收回保障房以实现住房资源的持续利用。而经济适用房作为出售型保障房,一旦售出,基本意味着政府不再有机会收回,因为即便在五年期满后政府有优先购买权,但在目前房价持续高涨的情况下,购买家庭几乎不可能将房子再出售给政府,这些家庭或者选择一直居住下去,或者补齐相应的差价将房屋所有权全部据为己有。所以,北京市的经济适用房在退出机制上是存在严重问题的,这种问题在出售型保障方式中表现得尤为明显,在国外的住房保障历史中也很常见。退出机制的缺失将导致少数人长期占据有限的保障资源,导致那些真正困难的家庭无法获得补贴,同时也会因为对部分家庭的补贴过度而导致新的不公平。

2. 政策执行的公平性

(1) 执行过程的公平性。

从北京市经济适用房政策的执行情况来看,很多政策并没有得到有效执行。北京市经济适用房的建筑标准是:小套型60平方米左右,中套型80平方米左右。而实际建筑面积明显超出了这一标准。如图4-6所示,1999—2010年,北京市每年竣工的经济适用房住宅面积几乎都在100平方米以上,只有2010年符合建筑标准,小于80平方米。超出建筑标准的经济适用房背离了公平性原则,因为对部分人的补贴过度会导致垂直不公平。

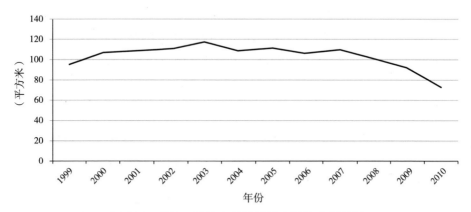

图4-6　1999—2010年经济适用房平均建筑面积

资料来源:根据《北京统计年鉴2000—2011》的经济适用房住宅竣工面积和竣工套数计算得到。

建筑面积过大导致买得起经济适用房的家庭都是经济条件相对较好的,而条件较差的家庭被排除在外。这就在实际上产生了优先补贴高收入阶层的效果,明显违背了公平原则。新闻媒体中关于高收入者买经济适用房的报道也一直不绝于耳。这些现象都说明,由于各种原因导致经济适用房在配售过程中并没有完全做到保障低收入家庭。

从另一个角度看,政策制定的不完善也导致了政策执行的偏差。例如,政策上规定经济适用房是为低收入住房困难家庭提供保障,但现实中很多真正的低收入家庭没有能力购买经济适用房,这种错误的政策定位直接导致了政策无法有效执行。此外,经济适用房有两种退出方式:一是上市退出,增值部分要按照一定比例上缴土地溢价款;二是政府回购。这两种方式在执行过程中都存在很大问题。上市退出方式下,由于经济适用房产权的模糊性,上缴的土地溢价款比例并没有一个事先确定的标准,这直接导致了个人与国家在退出过程中的利益纠纷。过高的上缴比例会让居民难以接受,过低的比例又会导致国有资产流失,政府回购方式下,由于政策缺失,回购价格同样难以合理确定。总而言之,产权的模糊性导致了经济适用房政策无法有效执行。

(2) 实际保障效果。

截至 2014 年 3 月 19 日,北京市经济适用房轮候家庭有 92 790 户,这代表全市当时经济适用房的需求量。而根据 2014 年之前经济适用房的建设进度和北京市"十二五"保障房建设计划,北京市每年经济适用房的建设数量大约为 2 万套,这代表北京市当时经济适用房的供给。

北京市经济适用房的实际保障水平＝经济适用房供给数量/经济适用房需求数量＝21%。可见,北京市经济适用房的实际保障程度较低,只能满足1/5的需求。

3. 结论

根据以上分析可以看出,2014 年北京经济适用房制度除了申请程序设置已经较为科学合理,无论在准入标准、退出机制、监督机制方面还是政策执行和实际保障程度方面,公平性都较差,存在准入标准过低、退出和监督机制不完善不健全、执行过程不严谨、实际保障程度不足等方面的问题,制约了经济适用房政策效果的发挥(见表 4-6)。因此,对经济适用房的政策改革势在必行。截至 2023 年共有产权房已经成为主要的供应形式,2022 年竣工共有产权房 1.01 万套,经济适用房仅 0.06 万套。

表 4-6 经济适用房的公平性

目标	一级指标	二级指标
经济适用房政策的公平性分析	政策制定的公平性	准入标准的公平性:较差
		申请程序的公平性:较好
		监督机制的公平性:较差
		退出机制的公平性:较差
	政策执行的公平性	执行过程的公平性:较差
		保障效果的公平性:较差

(二) 廉租房

1. 政策制定的公平性

(1) 准入标准的公平性。

根据北京市 2001 年出台的廉租房相关文件,廉租房是指政府向具有本市非农业常住人口的最低收入家庭和其他需保障的特殊家庭提供的租金补贴或者以低廉租金配租的具有社会保障性质的普通住宅。由此可知,廉租房的保障对象是以"城镇低保家庭"为主的。2007年9月印发的《北京市城市廉租住房管理办法》规定申请廉租房补贴的家庭应具备以下条件:

第一,申请人必须具有本市城镇户籍,在本市生活,申请家庭推举的申请人应为具有完全民事行为能力的家庭成员。

第二,申请家庭的人均住房面积、家庭收入以及家庭资产符合相关标准。同年11月北京市公布了具体的家庭申请标准,如表4-7所示。

表4-7 北京市2007年城八区城市居民申请廉租房家庭准入标准

家庭人口	家庭年收入	人均使用住房面积	家庭总资产净值
1人	6 960元及以下	7.5平方米及以下	15万元及以下
2人	13 920元及以下	7.5平方米及以下	23万元及以下
3人	20 880元及以下	7.5平方米及以下	30万元及以下
4人	27 840元及以下	7.5平方米及以下	38万元及以下
5人及以上	34 800元及以下	7.5平方米及以下	40万元及以下

资料来源:北京市住房和城乡建设委员会网站。
注:人均收入580元/月。

如上所述,随着经济发展,北京市廉租房保障覆盖面已经超出了低保家庭范围,还覆盖了一部分低收入家庭,既保证了最低收入家庭的优先权,又适度照顾了其他人群。因此,北京市廉租房的准入标准是公平的。

(2) 申请程序的公平性。

在申请程序上,廉租房与经济适用房一样实行三级审核、两次公示制度。这种制度最大限度保证了申请过程的公平性。

(3) 监督机制的公平性。

廉租住房申请也采取了三级审核、两次公示制度,除了两次公示制度可以保证申请过程的公平性,享受廉租住房保障的家庭还需每年按时向相关住房保障管理部门报告住房、收入、人口等信息,住房保障管理部门进行复核,并按照复核结果调整补贴程度。同时,区县的住房保障管理部门也会定期检查享受廉租住房保障的家庭,了解其住房、收入、人口及资产状况,对于家庭条件变化后不再符合廉租房入住条件的家庭,将取消其居住资格或停止货币补贴。因此,相对经济适用房而言,廉租房政策中的自主申报和定期检查相结合的制度使廉租房不但在申请过程中得到有效监督,而且在使用过程中也做到了公平,有效减少了不符合条件的家庭占据保障资源的现象发生。

总体而言,廉租房的监督机制是比较全面和有效的,既有对申请过程的监督,也有对使用过程的监管,做到了从进入到退出的全程监控。

另外需要指出,对于那些不如实申报家庭状况的申请家庭,政策上规定收回保障房或保障补贴,并在五年内禁止其申请保障房。但这种惩罚力度在现实中无法产生足够的威慑性,申请人为了得到补贴,仍然有很大动力铤而走险。有效的惩罚措施应该是对违规者直接给予经济上的处罚。

(3) 退出机制的公平性。

根据北京市廉租房相关政策,住房保障管理部门应定期检查享受廉租住房保障的家庭的住房、收入、人口及资产状况,若有家庭的收入连续一年以上超出规定标准,则取消其廉租房的保障资格。可见,北京市廉租房实行每年动态评估,一旦发现住户的家庭条件超出了保障标准线,就取消保障。从政策制定的角度看,这种实时动态评估的方法是比较合理的,保证了住房资源分配的公平性。

2. 政策执行的公平性

(1) 执行过程的公平性。

目前廉租房已经覆盖了大多数最低收入家庭,因此可以说廉租房的政策在总体上得到了较好的执行。但实际当中仍然有些政策难以有效执行,最终导致了社会不公平。首先,由于政府和个人之间的信息不对称,了解住户家庭情况对政府而言是一项高成本、低效率的工作。尤其我国还没有完全形成个人信用制度和个人收入申报制度,政府即便入户调查也很难摸清家庭的真实情况。因此,调查结果很难完全反映现实情况。其次,一些家庭一旦入住廉租房,便拒绝退出,导致实际当中的退出机制无法执行。

(2) 实际保障效果。

经过二十多年的努力,北京市廉租房早已实现了对最低收入家庭的应保尽保,保障范围也逐年扩大,实际保障效果远远好于经济适用房等其他保障房形式。

3. 结论

根据以上分析可知,北京市廉租房政策在政策制定和执行方面都具有较好的公平性。在政策制定中在准入标准、申请程序、监督和退出机制等方面设置都较好地体现了公平原则,在政策执行中对于执行过程的控制良好,保障效果较为理想(见表4-8)。

表 4-8 廉租房的公平性

目标	一级指标	二级指标
廉租房政策的公平性分析	政策制定的公平性	准入标准的公平性:较好
		申请程序的公平性:较好
		监督机制的公平性:较好
		退出机制的公平性:较好
	政策执行的公平性	执行过程的公平性:较好
		保障效果的公平性:较好

（三）公共租赁房

1. 政策制定的公平性

（1）准入标准的公平性。

2011 年北京市发布《关于加强本市公共租赁住房建设和管理的通知》（京政发〔2011〕61 号）指出，北京市公共租赁房主要面向城市中低收入住房困难家庭提供。如需申请公共租赁房，符合以下条件之一即可：

第一，其他保障性住房（廉租房、经济适用房、限价商品房）的轮候家庭。

第二，申请人具有本市城镇户籍，家庭人均住房使用面积 15 平方米（含）以下；3 口及以下家庭年收入 10 万元（含）以下。

第三，外省市来京连续稳定工作一定年限，家庭收入符合上款规定标准，能够提供缴纳住房公积金或社会保险等证明且无住房的人员。截至 2023 年年底仍然执行这一标准。

以上政策表明，公共租赁房的保障对象不仅包括城市中低收入家庭，还包括部分中等收入住房困难家庭，即限价商品房的轮候家庭。实际上，2014 年北京市公共租赁房轮候家庭共有 49 948 户，其中限价商品房备案家庭有 13 985 户，占比 28%（13 985/49 948）。这说明中等收入家庭占据了相当大的一部分公共租赁房保障资源。这对于那些仍然在排队等候的中低收入家庭是不公平的。2014 年廉租房和经济适用房的轮候家庭超过 12 万户，这些家庭的住房问题并不能在短期内得到有效解决。在这种情况下，用部分公共租赁房去保障中等收入家庭将导致"越级保护"问题。此外，按照北京市的相关规定，有两类人群可以优先配租公共租赁房：一是其他保障性住房轮候家庭，二是申请家庭成员中有 60 周岁（含）以上老人、重度残疾人员、成年孤儿等特殊人群。由此可见，中等收入家庭不但有权利申请公共租赁房，而且在申请过程中拥有与老年人、残障人士等特殊群体相同的优先权。这种公共租赁房的准入标准明显违背公平性原则。

（2）申请程序的公平性。

与其他类型的保障房相同,公共租赁房的申请仍然实行三级审核、两次公示的制度。公平性原则在申请程序上得到了制度保障。

（3）监督机制的公平性。

在对政府部门监督方面,除了申请过程中的三级审核、两次公示制度,北京市还规定,对于乘职务之便收受他人财物或者其他好处的管理部门相关工作人员,给予行政处分。这些政策规定对于限制政府工作人员的违反制度行为起到了一定的约束作用。

根据北京市公共租赁房相关规定,北京市住房保障管理部门每年需对公共租赁房承租家庭住房情况进行复核,家庭住房情况不再符合公共租赁房申请条件的,应当退出公共租赁房。这说明北京市公共租赁房同样实行每年动态审核制度。而对于不如实申报家庭住房等信息、骗租公共租赁房的家庭,相关产权单位将解除与其的租赁关系;信用档案将记录其骗租行为,五年内无法申请政策性住房。总体而言,公共租赁房的监督机制是比较公平的。

（4）退出机制的公平性。

根据《北京市公共租赁住房管理办法》,五年是公共租赁房的最长租赁期限,合同期满后,承租家庭不得继续居住。需继续承租的,应在合同期满前向相关单位提出申请,相关单位复核之后,符合条件的家庭可以续签租赁合同。同时,每年的动态审核制度也保证了居住家庭的实际情况符合住房的申请标准。因此,从政策制定角度来看,北京市公共租赁房的退出机制是比较公平的。

2. 政策执行的公平性

（1）执行过程的公平性。

公共租赁房作为保障房体系的重点,其建设力度逐年增大,各项计划也得到了有效实施。例如,北京市计划"十二五"期间每年建设和收购公租（廉租）房6万套,而2011年当年北京市开工建设、收购公共租赁房6万套,完成了计划的任务。因此,与廉租房类似,公共租赁房政策在总体上得到了有效执行,特别是"十二五"期间,公共租赁房逐渐成为我国保障房体系的主力军,北京市和各地方政府有动力继续加大政策执行力度。

（2）实际保障效果。

以2013年为例,北京市公共租赁房轮候家庭有49 948户,廉租房的轮候家庭有 27 438 户,两者一共有 77 386 户。而根据北京市公共租赁房建设在"十二五"期间的计划进度,每年新开工和收购的公租(廉租)房约为 6 万套,虽然房屋建设周期需要 1—2 年,但这说明大部分的轮候家庭在短期之内都能够获得公共租赁房保障。公共租赁房的实际保障程度 = 60 000/77 386 = 78%,已经达到了较高水平。

3. 结论

由以上分析可知,总体上来说,公共租赁房政策具有较好的公平性(见表 4-9)。但在准入标准方面,应该缩小保障范围,降低准入标准,以中低收入家庭为保障对象。

表 4-9 公共租赁房的公平性

目标	一级指标	二级指标
公共租赁房政策的公平性分析	政策制定的公平性	准入标准的公平性:较差
		申请程序的公平性:较好
		监督机制的公平性:较好
		退出机制的公平性:较好
	政策执行的公平性	执行过程的公平性:较好
		保障效果的公平性:较好

五、经济适用房、限价商品房、自住商品房和共有产权房比较

针对中低等收入的住房困难家庭,北京市先后提出了经济适用房和限价商品房政策,而在 2013 年年底,北京市又出台了覆盖面更广的自住型商品房政策。2017 年 9 月,《北京市共有产权住房管理暂行办法》(京建法〔2017〕16 号)公开征求意见。这四类保障房之间存在许多共同之处,本部分将对此加以分析总结。

根据 2007 年《北京市经济适用房管理办法(试行)》(京政法〔2007〕27 号),经济适用房是指在政府的优惠政策下,对建设标准、供应对象和销售价格有所限制,向低收入住房困难家庭出售的政策性住房,具有保障性质。根据 2008 年《北京市限价商品住房管理办法(试行)》(京政发〔2008〕8 号),限价商品房是指政府采取招标、拍卖、挂牌方式出让商品住房用地时,对销售价格、住房套型面积以及销售对象等有所限定,建设单位采取公开竞争办法取得土地,进行开发建设和定向销售的普通商品住房。自住商品房全称自住型改善型商

品房,北京市政府并未对其给出一个完整的定义。但从相关政策文件中可以看出,自住商品房与限价房类似,是通过招标、拍卖、挂牌的方式出售土地,并在出售土地前确定了房屋的平均建筑面积和销售对象的普通商品住房。共有产权房是以出让土地的方式取代经济适用房的划拨土地方式,将出让土地与划拨土地之间的差额显化为政府出资,形成政府产权,最后按照购房人实际出资额与政府出资额的比例形成共有产权的住房。

四种住房的销售对象既有重合又存在不同。经济适用房保障的是低收入住房困难家庭,限价商品房则是向中等收入住房困难家庭提供。自住商品房在销售对象上则包括了所有符合北京市限购条件的家庭,这说明这种住房的供应对象超出了以往所有的保障房项目,不仅包括各个收入阶层的家庭,还包括部分符合条件的非京户籍家庭。共有产权房的销售对象为符合北京市住房限购条件且成员在北京市均无住房的家庭。在销售过程中,经济适用房和限价商品房的轮候家庭可以优先购买自住商品房,这是四者之间的重合之处。

四种住房的建设标准十分相似,限价商品房和自住商品房的建筑面积均以 90 平方米以下为主,经济适用房的建筑要求也以中小套型为主,中套 80 平方米左右,小套 60 平方米左右。共有产权房的总建筑面积在 90 平方米以下的占建设总量的 70%以上,最大不超过 120 平方米。

在土地供应方面,限价商品房、自住商品房和共有产权房均采取"限房价、竞地价"的方式获得土地,而经济适用房则以行政划拨的方式直接获得土地。因此,对于开发商而言,建设经济适用房的成本要小于建设其他三种住房的成本。自住商品房的限价程度为低于同地段同类商品住房的 30%左右,而限价商品房一般为低于同地段同类住房的 10%—15%。共有产权房的房价则可由开发商依据销售均价上下浮动 5%。因此,四类住房的售价一般为经济适用房<自住商品房<限价商品房<共有产权房。但这个比较并不是绝对的,因为具体的房价还取决于住房的建设地点。

在售后管理方面,为防止投机套利行为,四种住房均要求在购房 5 年内不得转让。经济适用房、限价商品房和自住商品房在 5 年后如需转让,要按照同地段商品住房价格和该住房购买时价格差价的一定比例缴纳土地收益等价款。其中自住商品房的缴纳比例为 30%,其他两类住房根据实际情况而定。如果经济适用房、限价商品房和共有产权房购买者确实需要在 5 年内转让,可以向政府申请回购,政府回购后的住房继续用作保障房向其他符合条件的家庭出售。

综上可知,这四种保障房在保障对象、保障方式、建设标准、土地供应、售后管理等方面都存在很多相同之处。类似的保障政策平行运行不利于保障房的统一运作和管理,因此有必要考虑将四种保障房并轨运行。

六、北京市住房保障政策公平性研究结论

根据对北京市整体住房保障体系和北京市各项住房保障政策的分析和对比,可以得出以下结论:

从保障对象来看,北京市住房保障体系有违公平性原则,在现有保障能力的情况下,不应将中等收入阶层纳入保障范围。因此,北京市应以最低收入家庭和中低收入家庭为保障对象。最低收入家庭的住房问题已经基本得到解决,应该在继续保持对最低收入家庭的住房补贴的同时,集中保障资源,缩小保障范围,重点解决中低收入家庭住房问题。

从保障方式看,北京市以实物保障为主。而在实物保障中,近些年出租型保障房比例明显下降,出售型保障房数量显著增加。鉴于北京市中低端住房供给仍然相对短缺,选择实物保障为主的方式是现实需要,但为了保证补贴的公平性和效率性,实现保障资源的持续利用,必须改变目前出售为主的保障方式,大力发展出租型保障房,同时以共有产权房代替多种出售型保障房,实现资源循环利用。

从各项政策的公平性来看,无论是在政策制定方面还是在政策执行方面,廉租房和公共租赁房的公平性较好,而经济适用房的公平性则较差。在廉租房和公共租赁房并轨运行后,应规范新的公共租赁房的准入标准,将不符合条件的中等收入阶层排除在外,将保障对象缩小至中低收入及以下家庭。

从经济适用房、限价商品房、自住商品房和共有产权房的对比角度看,为保证住房体系的公平性,最大限度利用保障资源,应该将四类住房并轨运行,并轨后的新型保障房应具有两个突出特点:一是缩小保障范围,以中低收入家庭为保障对象,实现与新公共租赁房的无缝连接;二是采取共有产权模式,防止保障资源流失。

第三节 促进我国基本住房保障制度公平性的政策建议

一、国际住房保障政策经验

(一)住房保障,立法先行

一项社会制度的制定和实施需要有效的法律支持,住房政策更是如此。

许多国家不仅在法律上规定政府有责任保障公民拥有合适的居住条件,也通过法律手段保障各项政策计划的实施。美国先后制定了《住房法》《住房抵押贷款法》和《国民住宅法》等法案,从法律制度层面对住房问题的各方面细节做出了规定(阿列克斯,2012)。英国1890年就制定了《工人阶级住房法》,在长达一百多年的住房发展历史中,英国颁布的重要住房法律超过30部,包括《住房法》《住房协会法》和《住房与建房控制法》等(吴立范,2009)。日本的《地方住宅提供公社法》《住宅地区改良法》和《住宅质量保证法》等(康耀江等,2011),新加坡的《建屋局法》和《中央公积金法》等(蔡荣生和吴崇宇,2012),都体现了各国住房保障对立法的重视和运用。完善的法律法规为住房保障制度的建立和完善提供了有力的法律依据及保障。

(二)多层次的住房保障体系

根据"最劣者受益最大原则",在社会制度安排上,处于最劣势者应该获得最优先的考虑和最大利益。各国住房发展经验表明,这一原则同样适用于住房政策的制定。为体现公平性原则并尽可能提高保障资源的利益效率,政府需要对不同收入水平的保障对象实施不同的保障政策。从另一角度看,由于住房保障对象的住房支付能力是分层次的,不同保障对象的住房需求也具有层次性,因此,住房保障政策必须具体问题具体分析,以满足不同层级的居民需求。美国政府通过公共住房政策对低收入家庭提供住房保障,通过税收手段为其他收入阶层购房提供优惠。英国政府为最低收入阶层提供租金折扣和租金减免,同时通过"住房私有化"帮助中低收入家庭获得自有住房(鲍磊,2011;李进涛和孙峻,2013)。新加坡"居者有其屋"计划(蔡荣生和吴崇宇,2012)同样经历了一个渐进过程,首先重点满足最低收入家庭的住房需要,其次逐步解决中等收入家庭的住房需求。最终占人口10%以下的低收入家庭居住在廉租房内,其余大部分家庭居住在拥有自主产权的组屋内,而占人口少数的高收入家庭则通过市场获得私有住房。

(三)住房建设强调计划性

由于解决住房问题是一个长期的过程,因此计划显得尤为重要。如同经济计划一样,住房建设或发展计划在历史上十分常见,几乎每个国家或地区都制订了多项短期或长期计划。最有代表性的,如日本在1966—2000年间共实施了七个五年住房建设计划,中国香港地区从1973年开始实施了十年建屋计划,新加坡通过六个建房的五年计划建成70余万套住房,瑞典从1946年开始住房十年发展计划。

（四）灵活调整住房政策

从各国住房政策发展史看，各个发达国家和地区基本上经历了类似的住房保障政策发展阶段。阶段一：住房严重短缺时期。这一阶段的特点是，基于战争等原因，住房短缺问题非常严重，政府不得不开始大规模干预住房市场，直接建造公共住房。阶段二：住房短缺情况得到缓解，政府的住房保障政策随之改变，供给方补贴减少，需求方补贴逐渐成为主导。这种住房政策的阶段性特征表明，住房保障政策不仅需要因地制宜，更需要因时而异。不同经济发展阶段、不同住房供求情况，需要不同的住房政策与之相适应。这种政策既涉及补贴方式的选择，又涉及保障对象的多与寡。实践证明，没有任何一项政策是十全十美的，关键是选择的政策要适合实际情况。住房供求状况、政府财政状况、居民收入水平等因素都是制定政策时必须着重考虑的。

（五）充分发挥市场机制作用，引导私人企业参与保障房建设

在公共住房的兴建方面，多数国家普遍经历了政府直接建房向补助开发商和非营利机构建房的过渡。美国的经验尤其值得借鉴。单独依靠政府建设保障房，不可避免地会产生效率低下和所供住房不符合现实需要等问题。通过引入私人开发商，美国政府强化了住房建设者的市场主体地位，在一定程度上解决了公房建设效率和住房保障之间的矛盾。更重要的是，鼓励开发商参与保障房建设可以解决政府资金短缺的问题。在保障房建设的过程中，资金不足是影响建设数量和进度的最大限制因素。政府引入市场机制，用有限的资源撬动巨大的社会资本，起到了杠杆效应，既可以为保障房建设融资，又缓解了政府各阶段的财政压力。

二、促进我国基本住房保障制度公平性的政策思考

根据上述分析，我们给出以下建议：

第一，控制保障范围，规范保障对象。

住房保障应该量力而行，在国家财力有限的情况下，公平性原则要求把保障资源集中分配给收入水平较低的家庭，而不是把资源分散到各个阶层。新型住房保障体系必须以中低收入家庭和最低收入家庭为保障对象，暂时取消对中等收入阶层的补贴。只有在收入较低的阶层的住房问题得到普遍解决的情况下，才能考虑补贴收入较高的阶层。

第二，逐步改变补贴方式以提高政策的公平性和效率性。

货币补贴在理论和实践上均被证明是更公平和更有效的补贴方式。未来

我国应推动实物补贴向货币补贴转变,最终目标是过渡到类似于美、英等国的以货币补贴为主、实物补贴为辅的保障方式。在实物补贴方面,应选择出租为主、出售为辅的方式。同时,出售型保障房应改变目前多种政策并行的状况,探索推广共有产权保障房,这既能促进保障房的公平分配,又有利于实现保障资源的持续利用。

第三,健全住房保障法律体系。

目前我国整个住房保障制度的运行以及各项住房制度的制度和实施主要以各类政府条文和管理办法为依据,与住房保障相关的法律少之又少,最基本的《中华人民共和国住房保障法》的立法工作也是从2010年才开始的,已基本形成征求意见稿阶段,但与发达国家的住房法律制度相比仍存在很大差距。为了规范住房制度,我国必须重视住房保障的立法工作,尽快制定相关的法律法规,从法律的高度保障公民住房的基本权利,并为相关政策的制度和实施提供强有力的法律保障。

第四,充分利用市场机制,拓宽融资渠道。

为了提高政策效率,避免政治寻租、管理机构短视等问题,政府应引入市场机制参与保障房的建设和运作。在这方面,美国的低收入住房税收补贴政策值得借鉴。此外,市场机制的效率性还体现在拓宽融资渠道上。目前我国保障性住房的资金主要源于财政拨款、公积金增值和部分土地出让金,各地区政府限于财政预算压力,没有动力和能力完成计划的保障目标。借助市场力量融资,可以将政府当前阶段的财政压力分散到各个阶段,在很大程度上缓解加大保障投入力度与政府财力不足之间的矛盾。

新型住房保障体系要合理确定租赁型保障房和出售型保障房的比例,确保两项保障政策实现无缝衔接。同时,在保障资源有限的情况下,要控制保障覆盖面,灵活确定共有产权房的产权比例,保证住房补贴的垂直公平。在经济发展、国家财政能力增强后,可以逐步提高保障范围,依次解决中等偏下收入家庭甚至是中等收入家庭的住房问题。

本章参考文献

[1] Bentham, J. An Introduction to the Principles of Morals and Legislation [M]. Oxford: Clarendon Press, 1789.

[2] Donnison, D. V. The Government of Housing[M]. London: Penguin Books, 1967.

[3] Headley, B. Housing Policy in the Developed Economy: The United Kingdom, Sweden and

the United States[M]. New York：St Martin's Press, 1978.

[4] Murray, M. Subsidized and unsubsidized housing stocks 1935 to 1987：Crowding out and Cointegration[J]. The Journal of Real Estate Finance and Economics, 1999, 18(1)：107-124.

[5] Susin, S. Rent vouchers and the price of low-income housing[J]. Journal of Public Economics, 2002(83)：109-152.

[6] 阿列克斯.美国住房政策：第二版[M].陈立中,译.北京：中国社会科学出版社,2012.

[7] 鲍磊.安得广厦千万间："共有产权"的淮安模式[M].南京：江苏人民出版社,2011.

[8] 蔡荣生,吴崇宇.我国城镇住房保障政策研究[M].北京：九州出版社,2012.

[9] 康耀江,张健铭,文伟.住房保障制度[M].北京：清华大学出版社,2011.

[10] 李洪侠.城镇基本住房保障体系研究[D].财政部财政科学研究所,2012.

[11] 李进涛,孙峻.住房政策变化与市场背景策应：观照英国做法[J].改革,2013(5)：97—105.

[12] 厉以宁.经济学的伦理问题[M].北京：生活·读书·新知三联书店,1995.

[13] 刘斌,姜博.住房保障政策的国外文献及引申[J].改革,2013(1)：58—65.

[14] 刘怡.财政学[M].北京：北京大学出版社,2010.

[15] 宋吟秋,高鹏,董纪昌.政府提供住房补贴的福利损失[J].系统工程理论与实践,2013,33(6)：1441—1447.

[16] 孙冰,刘洪玉,卢玉玲.中低收入家庭住房补贴的形式与效率[J].经济体制改革,2005(4)：20—24.

[17] 田东海.住房政策：国际经验借鉴和中国现实选择[M].北京：清华大学出版社,1998.

[18] 吴立范.美英住房政策比较[M].北京：经济科学出版社,2009.

第三篇

中国社会保障体系的公平正义性研究

第五章　养老保险体系的公平性

目前,我国已经形成了城镇职工基本养老保险、城乡居民基本养老保险和机关事业单位养老保险三种基本养老保险制度并存的养老保险体系,这种现状的产生有特定的历史背景以及现实原因,我国也一直致力于养老保险体系改革,力争做到养老保险制度的公平、公正和共享。从公平性的角度来说,我国养老保险体系从制度设置之初就存在一定的问题,但不可否认的是,我们始终在为达到公平而不懈努力。基于此,本章展开对养老保险体系公平性的评估和分析,在寻找评估养老保险体系公平性指标的同时,观察体系本身的公平性以及造成不公平的原因,据此探讨构建公平公正共享养老保险体系的可行之路。本章首先对我国养老保险体系的发展历程和现状进行梳理,同时对我国养老保险体系公平性的研究成果展开综述,以明确我国养老保险体系制度设计的脉络及公平性问题;其次从横向及纵向的角度对我国养老保险体系展开深入分析;最后对构建公平的养老保险体系提出思考。

第一节　研究背景与评估方法

一、我国养老保险体系的发展历程与现状

我国养老保险制度建立于中华人民共和国成立初期,是针对城镇劳动者建立的一种社会保障制度。1951年2月26日,政务院公布实施《中华人民共和国劳动保险条例》,在小范围内实行养老保险,标志着养老保险制度的形成。1953年,政务院对《中华人民共和国劳动保险条例》进行了修正,扩大了养老保险的实施范围,并对保障内容做出了详细的规定:企业按月缴纳企业职工工资总额的3%作为社会保险基金,其中30%上缴中华全国总工会作为社会保险总基金,70%存于各企业工会,作为退休退职专用;规定退休费为职工本人工资的50%—70%。1955年12月29日,国务院颁布《国家机关工作人员退休处

理暂行办法》《国家机关工作人员退职处理暂行办法》《关于处理国家机关工作人员退职、退休时计算工作年限的暂行规定》等法规，首次对国家机关、事业单位工作人员的退休条件和退休待遇做了规定：男年满60岁，女年满50岁，满足一定的工作年限即可退休；养老金按工作年限的长短，以退休时基本工资的50%—80%计发，机关、事业单位退休人员的养老金完全源于财政拨款，标志着国家机关和事业单位退休制度的建立。1958年2月9日，国务院颁布《关于工人、职员退休处理的暂行规定》，对国家机关、团体、企事业单位的工作人员实行了统一的养老保险制度，并制定了因公因病完全丧失劳动能力人员的退休办法。同年，国务院发布《关于现役军官退休处理的暂行规定》，建立了由民政部门与军民政治机关共同负责的军官退休制度。1966年4月20日，国家发布《关于轻、手工业集体所有制企业职工、社员退职统筹暂行办法》等法规，建立集体所有制单位职工的退职统筹制度。自此，在城镇企业职工之间形成了按照所有制区分退休制度的格局。

1966年开始，我国进入"文化大革命"时期，刚刚建立起来的养老保险制度受到了严重破坏，企业缴纳不起社会保险费，社会保险机构被撤销，社会保险制度停止运行。1969年，财政部发布《关于国营企业财务工作中几项制度改革的意见（草案）》，规定"国营企业一律停止提取劳动保险金""企业的退休职工工资，长期病号工资及其他劳保开支，改在营业列支"，使社会保险倒退为"企业保险"。1978年，国务院发布实施《关于安置老弱病残干部的暂行办法》和《国务院关于工人退休、退职的暂行办法》（国发〔1978〕104号），标志着我国恢复重建退休养老制度。法规对国有企业职工、机关和事业单位工作人员退休条件、待遇水平做了统一规定。

面对我国养老保险制度公平公正性等方面存在的问题，我国开始着手对养老保障制度进行改革。在接下来的几十年间，全国各地进行了多种有意义的养老保险制度的改革，并逐步形成了社会统筹、三方负担（国家、企业及个人）的费用统筹模式，社会统筹与个人账户相结合的制度模式，先后建立和完善了企业职工基本养老保险制度，新型农村社会养老保险和城镇居民社会养老保险，并逐步实现了几种制度之间的衔接。

城镇企业职工基本养老保险制度的改革。1997年7月，国务院发布《国务院关于建立统一的企业职工基本养老保险制度的决定》（国发〔1997〕26号），提出在1998年年底前，在全国范围内实行统一的企业职工基本养老保险制度，统一企业和职工的缴费比例、个人账户的规模以及基本养老金的计发办法。2000 年,国务院发布《国务院关于完善城镇社会保障体系的试点方案》(国发〔2000〕42 号),提出了进一步完善社会保障体系的基本原则和目标任务,确定了调整和完善我国社会养老保险的主要政策,决定 2001 年在辽宁省及其他省(自治区、直辖市)确定的部分地区进行试点。2004 年,试点扩大到东北的吉林省和黑龙江省。2005 年 12 月 3 日,国务院颁布《国务院关于完善企业职工基本养老保险制度的决定》(国发〔2005〕38 号),在总结东北三省试点的基础上,对基本养老保险制度进行了重大改革,其主要内容包括逐步做实个人账户、改革基本养老金的计发办法等。

城乡居民基本养老保险制度的改革。 民政部于 1992 年颁布的《县级农村社会养老保险基本方案(试行)》(民办发〔1992〕2 号)确定了以县为单位开展农村社会养老保险的原则,规定了"坚持资金个人交纳为主,集体补助为辅,国家予以政策扶持"的缴费原则,并实行个人账户制。2009 年国务院颁布了《国务院关于开展新型农村社会养老保险试点的指导意见》(国发〔2009〕32 号),提出在筹资结构上加大政府补助的力度,并在支付结构上增设基础养老金(不再完全是个人储蓄),提高最低保障标准。2011 年国务院颁布了《国务院关于开展城镇居民社会养老保险试点的指导意见》(国发〔2011〕18 号),进一步明确了城镇居民社会养老保险制度的办法。2014 年 2 月 21 日,国务院印发了《关于建立统一的城乡居民基本养老保险制度的意见》(国发〔2014〕8 号),规定统筹合并新型农村社会养老保险和城镇居民社会养老保险,建立全国统一的城乡居民基本养老保险制度(黄丽,2015)。2014 年 2 月 24 日,《城乡养老保险制度衔接暂行办法》(人社部发〔2014〕17 号)出台,明确了解决城乡养老保险和城镇职工基本养老保险的衔接问题。至此,我国基本养老保险制度主要由城镇职工基本养老保险制度和城乡居民基本养老保险制度组成。

机关事业单位养老保险制度改革。 因为要顾及公平公正性,在机关事业单位员工养老保险改革的历史沿革中曾面临诸多难题,国家有关部门曾多次着手对这一制度进行改革,却均未取得显著成效。历史改革措施主要包括 1992 年出台的《人事部关于机关、事业单位养老保险制度改革有关问题的通知》(人退发〔1992〕2 号),指出要完成养老保险制度并轨;2008 年由国务院发布的《事业单位工作人员养老保险制度改革试点方案》(国发〔2008〕10 号)进行机关事业单位养老保险改革的前期试点工作。总的来看,制度设计难度较大、改革初期财政压力较大、公务员养老待遇降低所带来的政治压力等因素构成了改革的阻力。鉴于此,2015年1月14日,国务院办公厅发布了《国务院关于机关事业单位工作人员养老保险制度改革的决定》(国办发〔2015〕2号)、《国务院办公厅转发人力资源社会保障部财政部关于调整机关事业单位工作人员基本工资标准和增加机关事业单位离退休人员离退休费三个实施方案的通知》(国发办〔2015〕3号),正式拉开机关事业单位养老保险改革的序幕。发文中明确,要将公务员以及事业单位编制内员工纳入基本养老保险制度,并为机关事业单位基本养老保险建立单独账户,与企业城镇职工基本养老保险分别运营。同时,建立职业年金制度,从而在微观层面上,弥补改革前后机关事业单位员工的养老待遇差距;在宏观层面上,起到对冲财政支付压力与制度转轨成本的作用。通过这一改革,我国养老保险制度"碎片化"、企业与机关事业单位员工基本养老保险替代率水平差异等问题均在一定程度上得到缓解。

养老保险制度的建立是促进社会稳定、经济健康发展的要求,对于调整经济结构,培育劳动力市场,维护劳动者合法权益,缓解和避免可能出现的社会震荡,保持社会稳定,顺利度过人口老龄化高峰期,促进国民经济持续、快速、健康发展都具有重要作用。截至2023年,如前所述,经过不断改革,我国已经形成了基本养老保险、企业补充养老保险和个人储蓄性养老保险组成的三支柱养老保障体系。其中,基本养老保险主要由"城镇职工基本养老保险制度""城乡居民基本养老保险制度"和"机关事业单位养老保险"三大养老保险制度构成。2012年11月,党的十八大将社会保障全民覆盖作为全面建成小康社会的重要目标,要求坚持全覆盖、保基本、多层次、可持续方针,以增强公平性、适应流动性、保证可持续性为重点,全面建成覆盖城乡居民的社会保障体系。2013年11月召开的十八届三中全会,进一步提出建立更加公平可持续的社会保障制度的改革目标,标志着我国社会保障制度改革进入一个新的重要时期。为落实三中全会精神、进一步统一城乡居民养老保障制度,2014年2月7日,国务院常务会议决定将原有的新型农村社会养老保险和城镇居民社会养老保险进行合并,建立全国统一的城乡居民基本养老保险制度。我国的基本养老保险已基本实现了制度的全覆盖。2017年10月,党的十九大报告指出,要加强社会保障体系建设。按照兜底线、织密网、建机制的要求,全面建成覆盖全民、城乡统筹、权责清晰、保障适度、可持续的多层次社会保障体系。重点指出要完善城镇职工基本养老保险和城乡居民基本养老保险制度,尽快实现养老保险全国统筹。新农保制度和城居保制度分别于 2009 年和 2012 年启动试点,2012 年基本实现全覆盖。截至 2016 年年底,全国城乡居民基本养老保险(包括新型农村社会养老保险和城镇居民社会养老保险)参保人数已达到 5.08 亿,其中领取待遇人数达 1.53 亿,城镇职工基本养老保险参保人数达 3.79 亿,合计覆盖 8.87 亿人。2022 年 10 月,党的二十大报告指出,要建成世界上规模最大的社会保障体系。健全覆盖全民、统筹城乡、公平统一、安全规范、可持续的多层次社会保障体系。我国养老保险制度运行的基本情况如表 5-1、表 5-2 所示。

表 5-1 2000—2016 年基本养老保险历年参保人数及增长率

年份	合计人数(万)	城镇职工基本养老保险参保人数(万)	在职职工人数(万)	在职职工占总参保人数比重(%)	参保在职职工人数增长率(%)	退休人员人数(万)	退休人员增长率(%)	城乡居民基本养老保险参保人数(万)
2000	13 617.4	13 617.4	10 447.5	76.72	—	3 169.9	—	
2001	14 182.5	14 182.5	10 801.9	76.16	3.39	3 380.6	6.65	
2002	14 736.6	14 736.6	11 128.8	75.52	3.03	3 607.8	6.72	
2003	15 506.7	15 506.7	11 646.5	75.11	4.65	3 860.2	7.00	
2004	16 352.9	16 352.9	12 250.3	74.91	5.18	4 102.6	6.28	
2005	17 487.9	17 487.9	13 120.4	75.03	7.10	4 367.5	6.46	
2006	18 766.3	18 766.3	14 130.9	75.30	7.70	4 635.4	6.13	
2007	20 136.9	20 136.9	15 183.2	75.40	7.45	4 953.7	6.87	
2008	21 891.1	21 891.1	16 587.5	75.77	9.25	5 303.6	7.06	
2009	23 549.9	23 549.9	17 743.0	75.34	6.97	5 806.9	9.49	
2010	35 984.1	25 707.3	19 402.3	75.47	9.35	6 305.0	8.58	10 276.8
2011	61 573.2	28 391.2	21 565.0	75.96	11.15	6 826.2	8.27	33 182.0
2012	78 796.3	30 426.8	22 981.1	75.53	6.57	7 445.7	9.08	48 369.5
2013	81 968.4	32 218.3	24 177.3	75.04	5.21	8 041.0	8.00	49 750.1
2014	84 232.0	34 124.0	25 531.0	74.82	5.60	8 593.0	6.86	50 107.5
2015	85 833.4	35 361.2	26 219.2	74.15	2.70	9 141.9	6.39	50 472.2
2016	88 776.8	37 929.7	27 826.3	73.36	6.13	10 103.4	10.52	50 847.1

资料来源:《中国统计年鉴 2017》。

表 5-2　2010—2016 年我国养老基金收支及积累情况

(单位：亿元)

	年份	2010	2011	2012	2013	2014	2015	2016
基金收入	合计	13 872.9	18 004.8	21 830.2	24 732.6	27 619.9	32 196.0	37 990.8
	城镇职工	13 419.5	16 894.7	20 001.0	22 680.4	25 309.7	29 341.0	35 058.0
	企业	12 218.4	15 484.8	18 363.0	20 848.7	23 305.4	26 613.0	—
	事业单位、机关	1 201.1	1 409.9	1 638.0	1 831.7	2 004.2	2 728.0	—
	城乡居民	453.4	1 110.1	1 829.2	2 052.3	2 310.2	2 855.0	2 933.0
基金支出	合计	10 755.3	13 363.2	16 182.0	19 818.7	23 325.8	27 930.0	34 004.3
	城镇职工	10 554.9	12 764.9	15 032.3	18 470.4	21 754.7	25 813.0	31 854.0
	企业	9 409.9	11 425.7	14 008.5	16 741.5	19 847.2	23 141.0	—
	事业单位、机关	1 145.0	1 339.3	1 023.8	1 729.0	1 907.4	2 672.0	—
	城乡居民	200.4	598.3	1 149.7	1 348.3	1 571.2	2 117.0	2 150.0
累计结余	合计	15 787.8	20 727.8	26 243.5	31 274.8	35 644.5	39 933.0	43 965.2
	城镇职工	15 365.3	19 496.6	23 941.3	28 269.2	31 800.0	35 341.0	38 580.0
	企业	14 547.2	18 608.1	22 968.0	27 192.3	30 626.3	34 115.0	—
	事业单位、机关	818.1	888.5	973.3	1 076.9	1 173.7	1 226.0	—
	城乡居民	422.5	1 231.2	2 302.2	3 005.7	3 844.6	4 592.0	5 385.0

资料来源：《中国人力资源和社会保障年鉴（2015）》；2015 年数据根据《中国社会保险发展年度报告 2015》第一章内容、《中国统计年鉴 2017》及《2016 年度人力资源和社会保障事业发展统计公报》整理。

总的来说，我国在养老保险制度的构建与改革等方面做了很多努力和尝试，也取得了很多成效，对保障我国居民老年生活、保持我国社会的繁荣和谐发展意义重大。然而不可否认的是，我国养老保险体系一直都存在各式各样的问题，其中最主要的问题是公平性并不能得到广泛认可，这也是我国养老保险体系一直处于改革进程中的主要原因之一。接下来我们将对我国养老保险体系的公平性研究成果进行评析，以寻找影响我国养老保险体系不公平的深层次原因。

二、养老保险公平性研究述评

从理论角度来说,养老保险制度不单单是一种社会福利政策,同样是一项经济补偿安排,从福利政策的角度出发尤其要注重公平性,而从经济补偿安排的角度出发则对效率提出要求。我国对养老保险制度的定位,一直是公平优先、兼顾效率的原则。鉴于此,本章接下来首先从理论的角度对制度的公平和效率二者的博弈出发阐述不同的观点,然后结合我国实际对制度的公平性设计进行深入分析。

养老保险体系到底应当体现公平性还是效率性,一直是学界争论的焦点。基于提高养老保险体系的贫困救济能力及其缩小贫富差距的作用,坚守公平、正义、共享的核心价值理念一直是我国养老保险体系建设的执行标准(郑功成,2008)。然而,作为一种经济补偿功能的社会制度,我们也必须考虑制度运行过程中所面对的效率问题。至于在制度设计时到底是以公平为主还是以效率为先,学术界和实务界一直存在广泛的争论,本章重点考察我国相关制度的社会公平正义性,因此侧重对公平性展开分析。具体到我国养老保险体系,在制度设计之初存在很多问题,不仅效率不高,也缺乏公平性(黄贻芳,2002)。鉴于养老保险的实质是代际公平的经济交换,即养老保险实际上是居民现在把养老资金通过国家的手段储存起来等年老的时候用于养老支出,从本质上来说是个人生命周期里的平滑消费决策,因此在养老保险制度设计上必须公平(黄贻芳,2002)。那么到底什么是公平呢?按照郑功成(2008)的理解,"公平是现代社会保障制度的核心价值诉求。社会保障中的公平是指平等地对待每一个国民并保障满足其基本生活需求,普遍性地增进国民的福利,不因身份、性别、民族、地域等差异而歧视或者排斥任何人。核心是通过相应的制度安排,创造并保证国民生存与发展的起点公平和维护过程公平,同时促进结果公平或者尽可能合理缩小结果的不公平性。因此,创造公平、维护公平、促进公平,是这一制度与生俱来的独特使命"。郑功成(2008)对公平的定义基于社会保障制度,作为社会保障制度的一种,养老保险制度同样适用于这一公平的定义。

通过对我国养老保险体系发展历程和现状的分析可知,我国养老保险制度一直处于改革的进程中,而之所以坚持持续性的改革,其中一个最主要的原因就在于制度本身缺乏公平性。汪泽英和曾湘泉(2004)认为,我国养老保险制度发展到21世纪初,由于强调其为国有企业改革配套服务、为经济发展服务,甚至完全服从于经济增长,对制度的公平性关注不够,且未随社会经济环境变化调整其政策参数,养老保险制度同时存在机会上与过程上的不均等,导致了结果上的不均等。鉴于此,为建设公平的养老保险制度,汪泽英和曾湘泉(2004)建议对城镇企业职工基本养老保险进行必要的改革,同时尝试建立农村养老保险制度,改革机关事业单位养老保险制度的做法,以促进我国养老保险制度的公平性。封进(2004)认为,绝对的公平是不可能的,养老保险制度的公平性建设实际上追求的是相对公平,作者基于年龄和收入两个角度对我国养老保险制度的再分配效应进行了分析,建议在制度设计上可以考虑居民的具体需求情况,在达到相对公平的同时兼顾制度的运行效率。受"公平优先、兼顾效率"思潮的影响,国内学者们开始思考如何才能在保持公平的情况下提高制度运行的效率。肖严华(2008)指出,公平是社会保障制度的核心理念和基本价值目标,而我国养老保险制度代内公平和代际公平出现了严重的恶化状况,这将威胁到社会稳定和经济发展。鉴于此,应树立"人人有权享有社会保险"的基本理念,正确处理代内公平与代际公平之间的关系。周韬(2012)研究发现,我国基本养老保险制度存在城乡之间不公平、社会人群之间不公平、地区之间不公平以及代际不公平的现状,急需改革。席恒和翟绍果(2014)在研究了我国养老保险制度存在的不公平现象之后,倾向于建立绝对公平的养老保险制度,做到制度结构的统一、项目类别的统一、费基费率的统一和养老保险待遇的趋同与公平。邹铁钉(2015)从代际、城乡、所有制以及性别等几个方面阐述了我国养老保险体系的不公平现象及形成的原因,指出公平和效率在某种程度上是可以互补的,在加强公平性建设的同时也要考虑到制度的可持续性和效率。孙正成和兰虹(2016)从马克思社会保障思想的角度出发,研究认为保障社会养老保险制度的可持续性在于优化当前"统账结合"模式,重视代际分配公平,建立更高统筹层次养老金,积极应对"空账",并在过程中注重调整初次分配。

三、评估方法讨论

通过对现有研究成果的分析可以发现,大多数研究认为养老保险制度本身存在一定的公平性问题,那么到底用什么标准来衡量养老保险制度公平与否呢?综合来看,被普遍接受的是替代率,也有学者用内部收益率、参保价值比、期望余命与平均回收期之差等变量来评估养老保险体系的公平性情况,接下来我们将对这几种变量进行详细介绍。

(一) 养老金替代率

养老金替代率,又称目标替代率,是国际通用的评估养老保障水平的指标,指退休者领取的养老金占其退休前工资收入的百分比。养老金替代率的高低反映了养老保险金同劳动者退休前收入的某种关联,反映了养老保险的保障水平,但在客观上体现了退休职工与在职职工的收入关系,并影响着养老保险的财务收支状况(邱东等,1999)。从现有研究成果看,计算养老金替代率的公式如下:

$$养老金替代率 = \frac{某年度退休人员的平均养老金}{同一年度在职职工的平均工资收入}$$

这种计算方法是"经验式"的,除此之外还有"制度式"的计算方案,通过假定各种参数来估算养老金替代率。目前国际上对养老金替代率的计算两种方法都非常普遍,而由于我国经验数据较为缺乏,较多国内学者采用"制度式"方法来测算(王亚柯等,2013),具体计算方案在本章第二部分详细介绍。

在评估养老保险体系的公平性上,养老金替代率是一个可以使用的指标。其优点在于不仅能够对退休前后的待遇进行比较,还可以进行区域间以及国家之间的水平对比,以衡量特定养老保险制度设计上的公平性;缺点在于该指标只能对比同一背景同一制度框架下的公平性情况,在分析制度之间的替代率情况时就没有太大意义。

(二) 内部收益率

内部收益率是一个宏观概念指标,最通俗的理解为项目投资收益能承受的货币贬值、通货膨胀的能力。比如内部收益率10%,表示该项目操作过程中每年能承受货币最大贬值10%或通货膨胀10%。从数值上来说,内部收益率就是资金流入现值总额与资金流出现值总额相等、净现值等于零时的折现率。用内部收益率来测算养老保险制度的再分配效应是早期学者常用的方法,据此观察养老保险制度的公平性。张勇(2010)从考察养老保险制度的再分配入手,基于终生收入法构建了基本养老保险精算模型,采用内部收益率的方法测算了不同学历的人群所具有的内部收益率,据此比较不同群体参与养老保险制度的收益情况。薛惠元和宋君(2015)依据2005年发布的《国务院关于完善企业职工基本养老保险制度的决定》(国发〔2005〕38号),构建出城镇职工基本养老保险个人账户内部收益率精算模型,在对相关参数合理假设的基础上测算出城镇职工基本养老保险个人账户内部收益率,并认为现行城镇职工基本养老保险个人账户具有较高的内部收益率。

总之,用内部收益率的方法评估养老保险制度资金端的"划算"与否,能够清晰地分析制度本身在设计上是否公平公正,也能观察制度的可持续性。

(三) 参保价值比

参保价值比是一个比较通俗的说法,用来从直观的角度测算个人缴纳的资金和将来获得的养老金之间的系数。从数值的角度来说,参保价值比=养老金现值/养老金缴费终值。此处的终值和贴现值的时点以退休的时间为准,养老金缴费包括个人账户和企业缴费两部分。对个人来说,该指标数值越大越好;对制度的设计来说,该指标数值必须保持在一个合理的区间,若指标数值过小(比如小于1),从根本上说明制度设计存在问题,缺乏起码的公平性;若指标数值过大,说明太过"大方",会对财政产生巨大的压力,制度的可持续性存在威胁。

(四) 平均回收期与期望寿命之差

平均回收期与期望寿命之差从时间的角度来考察养老金制度是否公平。其中的平均回收期是指个人退休前养老金积累的资金等于退休后领取到的养老金的平均时间,回收时间长说明回收投入资金的时间长,反之亦然。

计算出平均回收期后[①],用期望寿命减去平均回收期,目的是观察从整体的角度来看居民能否在死亡之前领取到积累的养老金。该指标数值越大,说明退休人员总能提前若干年"回本"。从个人的角度来说,该指标数值越大越好;但从制度的设计者来说,该指标数值必须保持在一个合理的区间之内,过小对居民不公平,可能很多人在死亡之前都没能领取完自己积累的养老金,数值过大势必会对个人缴费乃至国家财政产生巨大压力,由此威胁到制度的可持续性。

四、基本假设与说明

要计算内部收益率、平均回收期、参保价值比,需要得出一个人一生的养老金缴费和给付的整个现金流,所以需要对一个参保人的具体情况进行假设。具体假设如下:

---

① 平均回收期的计算方法见本章附录。

(一) 个体情况

假设个人1997年参加工作,同时开始参保(即第一代"新人",以避免出现过渡性养老金的问题),个人参保时为25岁,连续工作并缴费35年,即缴费至2031年,2032年(即60岁)退休,开始领取养老金。

(二) 工资

1997—2016年的工资数据采用历年《中国人力资源和社会保障年鉴》中公布的平均工资情况。2016年之后的工资增长率假设采用郑伟等(2017)中成本的假设,如表5-3所示。

表5-3　工资增长率:名义工资增长率假设(2016—2100年)

(单位:%)

年份	低成本	中成本	高成本
2016—2030	11.65	8.39	5.13
2031—2050	11.52	8.26	5.00
2051—2100	9.41	6.14	2.88

(三) 缴费比例

个人账户缴费比例设为8%,统筹部分缴费比例如表5-4所示,单位缴费和个人缴费均计入现金流。

表5-4　各省份养老保险统筹部分缴费比例

(单位:%)

省份	年份			
	1998	2003	2008	2016
广东	15.5	10.9	14.0	14.0
浙江	20.0	20.0	14.0	14.0
福建	20.0	18.0	18.0	18.0[2]
湖北	17.8	19.0	20.0	20.0[1]
海南	18.0	20.0	20.0	20.0
北京	19.0	20.0	20.0	19.0
天津	20.0	20.0	20.0	20.0
河北	20.0	20.0	20.0	20.0[1]
内蒙古	20.0	20.0	20.0	20.0[1]
广西	20.0	20.0	20.0	20.0[1]

(单位:%)(续表)

省份	年份			
	1998	2003	2008	2016
陕西	20.0	20.0	20.0	20.0
新疆	20.0	20.0	20.0	20.0[1]
山东	20.0	20.0	20.0	18.0[2]
河南	22.5	19.3	20.0	20.0[1]
宁夏	21.0	21.0	20.0	20.0[1]
贵州	21.0	21.0	20.0	20.0[1]
湖南	22.5	20.0	20.0	20.0
山西	21.5	21.5	20.0	20.0[2]
安徽	22.0	21.0	20.0	20.0[2]
江西	23.0	20.0	20.0	20.0[1]
江苏	21.0	21.0	21.0	20.0[1]
重庆	25.0	24.0	15.0	20.0[1]
四川	22.0	22.0	20.0	20.0[1]
辽宁	21.0	25.1	20.0	20.0[2]
上海	22.5	22.5	22.0	20.0
青海	24.5	24.5	20.0	20.0[1]
甘肃	25.0	25.0	20.0	20.0[1]
西藏	25.0	25.0	20.0	20.0[1]
云南	25.5	25.5	20.0	20.0[1]
吉林	25.0	25.0	22.0	20.0[1]
黑龙江	25.0	25.0	22.0	20.0

资料来源:51labour.com。[1] 为 2013 年的数据,其后未再更新;[2] 为 2014 年的数据,其后未再调整。

注:人力资源和社会保障部、财政部《关于阶段性降低社会保险费率的通知》(人社部发〔2016〕36 号)要求,2016 年 5 月 1 日起,企业职工基本养老保险单位缴费比例超过 20%的省(区、市),将单位缴费比例降至 20%。

(四)领取养老金年限

假定个人领取养老金的年限是 60 岁的期望余命。国家统计局公布了根据第六次全国人口普查数据计算的各个省份人的预期寿命,但没有公布 60 岁的期望余命。表 5-5 所示的期望余命根据联合国人口司对中国人预期寿命预测结果计算整理。

表 5-5　不同年份 60 岁人的期望余命

(单位:年)

年份	期望余命	年份	期望余命
2010—2015	19.55	2055—2060	24.65
2015—2020	20.07	2060—2065	25.25
2020—2025	20.61	2065—2070	25.82
2025—2030	21.15	2070—2075	26.37
2030—2035	21.71	2075—2080	26.87
2035—2040	22.28	2080—2085	27.35
2040—2045	22.87	2085—2090	27.80
2045—2050	23.45	2090—2095	28.24
2050—2055	24.05	2095—2100	28.70

资料来源：United Nations, Population Division, Department of Economics and Social Affairs, 2017。

养老金待遇调整：养老金待遇调整比例要高于当年的通货膨胀水平，以确保退休人员生活水平不下降；养老金待遇调整比例等于当年的通货膨胀率加上实际工资增长率一定的比例，即养老金调整比例 = 通货膨胀率 + α×实际工资增长率（见表 5-6）。

表 5-6　养老金待遇调整

(单位:%)

年份	实际工资增长率			通货膨胀率			α	养老金待遇调整		
	低成本	中成本	高成本	低成本	中成本	高成本		低成本	中成本	高成本
2015	8.50			1.60				5.85		
2016—2030	7.15	5.89	4.63				0.5	8.08	5.45	2.82
2031—2050	7.02	5.76	4.50	4.5	2.5	0.5		8.01	5.38	2.75
2051—2100	4.91	3.64	2.38					6.96	4.32	1.69

资料来源：2015 年的数据来自《中国统计年鉴 2016》。

（五）利率

2015 年之前的利率采用当年的一年期定期存款利率，2016 年之后的利率假设如表 5-7 所示。

表 5-7 2016—2100 年名义利率与实际利率假设

(单位:%)

	低成本	中成本	高成本
名义利率	6.0	3.5	1.0
实际利率	1.5	1.0	0.5

第二节 养老保险的横向公平性评估：宏观层面

我国目前的情况是三种养老保险制度并存，因此在考察其公平性时，首先应该就不同制度之间的公平性情况进行对比分析。基于此，本节首先考察城镇企业职工基本养老保险、机关事业单位养老保险和城乡居民基本养老保险的公平性情况，随后以城镇企业职工基本养老保险和城乡居民基本养老保险为例展开地区维度的比较。评估制度公平性的指标为上文所介绍的养老金替代率、内部收益率、参保价值比、平均回收期和预期寿命之差等。

一、制度维度的比较

(一) 城镇企业职工基本养老保险和机关事业单位养老保险

在讨论城镇职工养老金时，我们可以将参保人分为三个群体，即企业劳动者、机关单位劳动者和事业单位劳动者。这三大劳动者群体拥有各自不同的养老金替代率。表 5-8 中，2000—2015 年，城镇企业职工在岗职工平均工资从 9 189 元增至 61 904 元，人均养老金从 6 144 元增至 26 880 元，养老金替代率却从 66.9% 下降到 43.4%，机关单位的养老金替代率从 113.4% 下降到 59.3%，事业单位的养老金替代率从 108.5% 下降到 57.3%，三者的下降速度都非常迅猛。值得注意的是，一直以来城镇企业职工的养老金替代率都低于机关事业单位的，虽然差距逐渐缩小，但直到 2015 年，城镇企业职工基本养老保险养老金与机关单位养老保险养老金和事业单位养老保险养老金的替代率差距依然分别高达 15.9% 以及 13.9%。

从公平性的角度来说，不同制度之间的养老保险存在较大的差异，横向再分配功能偏弱，这种二元的养老金结构不仅未能有效实现社会养老保险横向收入再分配的功能，反而扩大了城镇不同劳动者群体的终身收入差距，说明我国社会养老保险制度表现出较为明显的分配不均的特征。

表 5-8 2000—2015 年机关事业单位养老保险制度与城镇企业职工基本养老保险制度待遇水平对比

年份	城镇企业职工①			机关单位②			事业单位③			②—①		③—①	
	人均养老金（元）	在岗职工平均工资（元）	养老金替代率（%）	人均养老金（元）	在岗职工平均工资（元）	替代率（元）	人均养老金（元）	在岗职工平均工资（元）	替代率（元）	人均养老金（元）	替代率（元）	人均养老金（元）	替代率（元）
2000	6 144	9 189	66.9	11 364	10 020	113.4	10 452	9 634	108.5	4 690	46.6	3 778	41.6
2001	6 372	10 453	61.0	11 280	12 125	93.0	10 728	11 491	93.4	4 414	32.1	3 862	32.4
2002	7 188	11 873	60.5	12 924	14 005	92.3	12 372	13 246	93.4	5 044	31.7	4 492	32.9
2003	7 452	13 578	54.9	13 488	15 736	85.7	13 092	14 564	89.9	5 400	30.8	5 004	35.0
2004	7 752	15 559	49.8	14 676	17 869	82.1	13 848	16 489	84.0	6 140	32.3	5 312	34.2
2005	8 376	17 853	46.9	15 084	20 828	72.4	14 496	18 720	77.4	5 833	25.5	5 245	30.5
2006	9 780	20 555	47.6	16 368	23 360	70.1	15 480	21 259	72.8	5 804	22.5	4 916	25.2
2007	11 100	24 046	46.2	20 532	28 763	71.4	18 912	25 805	73.3	8 491	25.2	6 871	27.1
2008	13 200	28 359	46.5	21 864	33 869	64.6	19 956	29 758	67.1	7 931	18.0	6 023	20.5
2009	14 700	31 622	46.5	23 508	37 397	62.9	21 792	34 053	64.0	8 191	16.4	6 475	17.5
2010	16 344	36 256	45.1	24 660	40 512	60.9	23 148	38 411	60.3	7 919	15.8	6 407	15.2
2011	18 132	42 020	43.2	26 892	44 303	60.7	25 260	43 254	58.4	8 192	17.5	6 560	15.2
2012	20 232	47 284	42.8	28 224	48 513	58.2	28 560	48 426	59.0	7 324	15.4	7 660	16.2
2013	22 272	52 270	42.6	31 044	51 894	59.8	30 528	53 291	57.3	8 074	17.2	7 558	14.7
2014	24 600	57 359	42.9	32 016	55 939	57.2	32 340	58 125	55.6	6 700	14.3	7 024	12.8
2015	26 880	61 904	43.4	39 012	65 829	59.3	38 880	67 828	57.3	12 132	15.9	12 000	13.9

资料来源：根据《中国统计年鉴-2016》及《中国人力资源和社会保障年鉴（2016）》的数据整理。

(二) 城镇企业职工基本养老保险和城乡居民基本养老保险

为对比城镇企业职工基本养老保险和城乡居民基本养老保险两种制度，考虑到城乡居民基本养老保险在制度设计上给了城乡居民几个档次的选择，本节在测算同等条件下城镇企业职工基本养老保险的相应指标时，对应地设置了不同收入人群[①]。根据本章的基本假定，得出如表 5-9 所示的结果。

表 5-9 城乡居民基本养老保险制度与城镇企业职工基本养老保险制度指标对比

指标	城乡居民基本养老保险			城镇企业职工基本养老保险		
缴费档次	100 元/年	600 元/年	2 000 元/年	低收入	中等收入	高收入
内部收益率(%)	10.46	6.28	4.66	7.82	6.53	5.49
参保价值比	7.60	2.49	1.64	2.81	2.22	1.71
平均回收期(年)	2.50	7.17	10.83	8.10	10.08	14.82
60 岁期望余命减平均回收期(年)	17.57	12.91	9.24	13.82	11.78	6.89
养老金替代率(%)	12.91	8.65	6.96	60.45	48.65	36.71

注：① 城镇企业职工基本养老保险分为低收入、中等收入和高收入三个档次，中等收入为平均工资，低收入为平均工资的 60%，高收入为平均工资的 300%；② 城乡居民基本养老保险的养老金替代率是用年满 60 岁的居民第一年的养老金除以当年的相应收入水平 [100 元/年对应五等分分组最低 20% 的收入水平，600 元/年对应中等收入水平的 20%（600 元处于 12 个缴费档次的中间位置，此处选择这一档次代表中等收入水平），2 000 元/年对应最高收入水平的 20%] 的全国居民人均可支配收入得出，如果把分母换成城镇居民人均可支配收入，三个档次的替代率分别为 3.9%、2.2%、2.0%。

从内部收益率的角度来看，缴费水平（收入水平）越低，收益率越高，基本能够实现制度之间的收入再分配功能。从制度之间的对比可以发现，城乡居民养老保险的内部收益率最高可达 10.46%，高于城镇企业职工基本养老保险的 7.82%，随着缴费水平（收入水平）的提升，两种制度的内部收益率都随之下降，但城乡居民基本养老保险的下降速度明显大于城镇企业职工基本养老保险的下降速度。

同样，随着缴费档次（收入水平）的提升，参保价值比随之下降。城乡居民基本养老保险的参保价值比最大为 7.60，远高于城镇企业职工基本养老保险

---

① 城乡居民基本养老保险缴费标准分为 12 个缴费档次，从 100 元到 2 000 元不等，由城乡居民自由选择。

的 2.81。但城乡居民基本养老保险参保价值比的下降速度明显大于城镇企业职工基本养老保险的下降速度,并且城镇企业职工基本养老保险的参保价值比在不同收入水平下差异并不大。期望余命与平均回收期之差也随着缴费档次(收入水平)的上升而下降,即回收期会随着收入水平的上升而增加。从养老金替代率的角度来看,城乡居民基本养老保险的水平远远低于城镇企业职工基本养老保险。城乡居民基本养老保险的养老金替代率最高为 12.91%,而城镇企业职工基本养老保险的养老金替代率最高可达 60.45%,是城乡居民基本养老保险的 4.68 倍。

总的来说,选择较低的缴费档次,城乡居民基本养老保险能够获得比城镇企业职工基本养老保险高的收益水平,并且参保价值也远大于城镇企业职工基本养老保险。但这种相对水平所占据的优势并没有能够使得城乡居民基本养老保险的待遇水平和城镇企业职工基本养老保险缩小差距,突出表现为城乡居民基本养老保险的养老金替代率远远低于城镇企业职工基本养老保险的养老金替代率。

二、区域维度的比较

(一)城镇企业职工基本养老保险

根据本章第一节的相关假定,我们测算了不同地区城镇企业职工基本养老保险的内部收益率、平均回收期以及参保价值比等,并参照不同地区的养老金替代率进行对比,结果如表 5-10 所示。

表 5-10 各省城镇企业职工基本养老保险内部收益率、平均回收期与参保价值比等

省份	养老金替代率(%)	内部收益率(%)	参保价值比	平均回收期(月)	60岁期望余命(月)	期望余命减回收期(月)
北京	45.42	7.49	2.78	120	302	182
天津	45.40	7.32	2.59	121	287	166
河北	45.41	6.74	2.11	121	240	119
山西	45.24	6.70	2.06	123	239	116
内蒙古	45.22	6.78	2.08	119	233	114
辽宁	45.49	6.63	2.11	130	257	127
吉林	45.38	6.39	1.98	137	254	117
黑龙江	45.38	6.36	1.96	137	252	115
上海	45.64	7.01	2.50	133	303	170

（续表）

省份	养老金替代率(%)	内部收益率(%)	参保价值比	平均回收期(月)	60岁期望余命(月)	期望余命减回收期(月)
江苏	45.45	6.84	2.23	126	260	134
浙江	45.73	7.24	2.56	116	273	157
安徽	45.22	6.74	2.08	123	241	118
福建	45.43	7.03	2.31	116	249	133
江西	45.26	6.57	1.99	124	232	108
山东	45.44	6.96	2.29	121	258	137
河南	45.41	6.59	2.02	124	235	111
湖北	45.32	6.94	2.19	116	238	122
湖南	45.43	6.54	2.01	125	236	111
广东	45.69	7.84	2.92	96	258	162
广西	45.53	6.68	2.10	122	241	119
海南	45.32	7.12	2.35	118	256	138
重庆	45.34	6.71	2.11	126	248	122
四川	45.35	6.53	2.00	126	237	111
贵州	45.27	5.88	1.64	123	193	70
云南	45.54	4.75	1.30	137	174	37
西藏	45.93	4.12	1.14	140	158	18
陕西	45.29	6.77	2.10	120	236	116
甘肃	45.48	5.63	1.59	135	207	72
青海	45.54	5.02	1.37	135	180	45
宁夏	45.36	6.38	1.89	123	221	98
新疆	45.30	6.27	1.82	120	208	88
全国	45.41	6.67	2.16	135	270	135

注：①表中数值的计算基于本章第一节的基本假定，联合国人口司估计2010年中国60岁人口的期望余命为19.55岁，预测2030—2035年中国60岁人口的期望余命为21.71岁，国家统计局公布的中国2010年的期望寿命为74.83岁，所以从全国的预期寿命数据可以看出，60岁的预期余命比预期寿命减60约多5岁，因此目前对各省份60岁人的期望余命的估计采用以下比较粗略的方法——将各省的预期寿命减去60，再加5作为各省份60岁人的期望余命的估计；②考虑到各省份平均工资数据较难获取，在测算不同省份替代率指标时，分母用2015年各地区城镇居民人均可支配收入代替。

图 5-1、图 5-2 和图 5-3 直观反映了中国养老保险制度在各省份的内部收益率、参保价值比和平均回收期与期望余命的差值。可以看出大部分经济发展水平较高的省份的内部收益率、参保价值较大（高于全国平均水平），平均回收期较短（低于全国平均水平）；而内部收益率、参保价值比低于全国平均水平，平均回收期高于全国平均水平的省份多为经济欠发达地区。

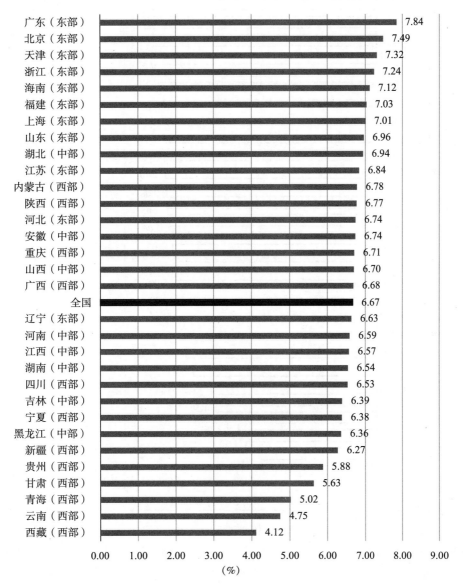

图 5-1　不同省份内部收益率

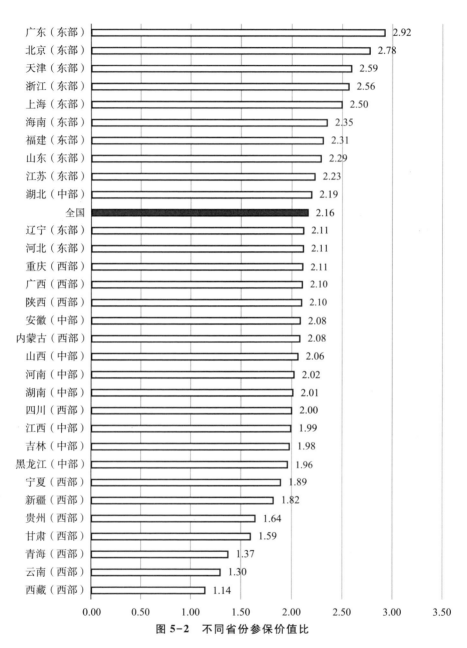

图 5-2　不同省份参保价值比

从内部收益率的角度来看，全国平均水平为 6.67%，最高的为 7.84%（广东），最低为 4.12%（西藏）。总的来说，内部收益率低于全国平均水平的省份有 14 个，分别为西藏、云南、青海、甘肃、贵州、新疆、黑龙江、宁夏、吉林、四川、湖南、江西、河南、辽宁，其中包括 8 个西部省份、5 个中部省份、1 个东部省份。

内部收益率高于全国平均水平的省份有17个,分别为广西、山西、重庆、安徽、河北、陕西、内蒙古、江苏、湖北、山东、上海、福建、海南、浙江、天津、北京、广东,其中包括10个东部省份、3个中部省份、4个西部省份。

从参保价值比的角度来看,全国平均水平为2.16,最高为2.92(广东),最低为1.14(西藏)。参保价值比小于全国平均水平的省份有21个,分别为西

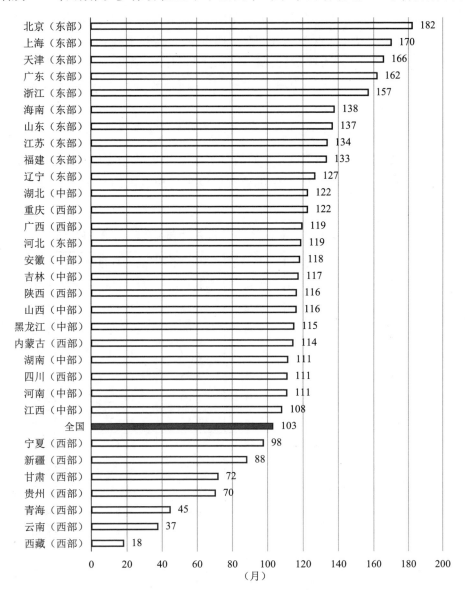

图 5-3　不同省份平均回收期与期望余命的差值

藏、云南、青海、甘肃、贵州、新疆、宁夏、黑龙江、吉林、江西、四川、湖南、河南、山西、内蒙古、安徽、陕西、广西、重庆、河北、辽宁,其中西部省份12个、中部省份7个、东部省份2个。参保价值比高于全国平均水平的10个省份从高到低依次为广东、北京、天津、浙江、上海、海南、福建、山东、江苏、湖北,其中东部省份9个、中部省份1个,大部分地区经济发展水平处于全国前列。

期望余命与平均回收期之差的全国平均水平为103个月,最长的省份为北京,高达182个月;最低为西藏,仅为18个月。总的来看,低于全国平均水平的省份有7个,分别为西藏、云南、青海、贵州、甘肃、新疆、宁夏,全部为西部省份。剩下的省份都高于全国平均水平,其中西部省份5个、中部地区省份8个、东部省份11个。

（二）城乡居民养老保险

同样参照本章的基本假定,我们测算了城乡居民养老保险在不同省份的养老金替代率、内部收益率、参保价值比以及平均回收期的具体情况,结果如表5-11所示。

表5-11　不同省份城乡居民养老金替代率、内部收益率、参保价值比等

省份	养老金替代率(%)	内部收益率(%)	参保价值比	平均回收期(年)	60岁期望余命(年)	期望余命减平均回收期(年)
北京	11.3	9.95	8.78	2.58	25.17	22.58
天津	11.6	8.53	5.49	4.00	23.92	19.92
河北	10.0	5.65	2.15	8.33	20.00	11.67
山西	10.4	5.73	2.15	8.25	19.92	11.67
内蒙古	8.6	5.81	2.21	8.00	19.42	11.42
辽宁	7.1	5.64	2.14	8.83	21.42	12.58
吉林	11.2	6.28	2.49	7.58	21.17	13.58
黑龙江	9.4	5.58	2.12	8.75	21.00	12.25
上海	14.9	10.94	9.60	2.42	25.25	22.83
江苏	7.3	6.49	2.79	6.92	21.67	14.75
浙江	7.2	7.32	3.68	5.75	22.75	17.00
安徽	9.5	5.49	2.04	8.75	20.08	11.33
福建	6.9	5.58	2.09	8.83	20.75	11.92
江西	9.8	5.56	2.05	8.50	19.33	10.83

（续表）

省份	养老金替代率(%)	内部收益率(%)	参保价值比	平均回收期(年)	60岁期望余命(年)	期望余命减平均回收期(年)
山东	8.1	5.87	2.32	8.17	21.50	13.33
河南	10.5	5.55	2.07	8.50	19.58	11.08
湖北	8.7	5.46	2.02	8.75	19.83	11.08
湖南	9.3	5.57	2.09	8.50	19.67	11.17
广东	7.2	6.19	2.57	7.42	21.50	14.08
广西	10.5	5.53	2.03	8.83	20.08	11.25
海南	13.1	6.96	3.07	6.25	21.33	15.08
重庆	9.9	6.08	2.46	7.50	20.67	13.17
四川	11.0	5.78	2.19	8.08	19.75	11.67
贵州	12.8	4.95	1.66	9.08	16.08	7.00
云南	12.5	5.02	1.66	8.25	14.50	6.25
西藏	23.6	6.52	2.53	5.08	13.17	8.08
陕西	10.3	5.52	1.98	8.92	19.67	10.75
甘肃	12.9	5.19	1.84	8.75	17.25	8.50
青海	18.6	6.93	2.76	5.33	15.00	9.67
宁夏	10.9	5.70	2.05	8.50	18.42	9.92
新疆	13.6	6.23	2.41	6.67	17.33	10.67
全国	7.9	5.46	2.02	8.75	19.83	11.08

注：① 缴费档次选择1 000元/年；② 大部分省份的补贴政策与国家规定的最低标准持平，甚至低于规定标准，均统一采用国家低标准；③ 养老金替代率的计算，分母采用个人领取养老金第一年的各省份城乡居民家庭的人均可支配收入。

从表5-11可以看出，城乡居民基本养老保险在不同地区的待遇差异并不十分明显，但同样存在经济发达地区待遇水平相对较高的情况。从养老金替代率的角度来说，本部分选择的缴费档次水平较高，最高可达23.6%，为西藏，全国平均水平在7.9%；从内部收益率的角度来说，最高的为上海，高达10.94%，全国平均水平为5.46%；参保价值比的全国平均水准为2.02，最高的上海则高达9.60；期望余命减平均回收期最短的为云南，仅为6.25年，低于全国平均水平的11.08年。

三、基于宏观层面的我国养老保险体系横向公平性结果分析

（一）不同养老保险制度之间存在严重的不公平现象

对比城镇企业职工基本养老保险和机关事业单位养老保险的基本情况可以发现，虽然城镇企业职工的在岗职工平均工资近年来已经逐渐高于机关事业单位，但养老金待遇明显低于机关事业单位，这也是我国目前机关事业单位的工作机会相对受欢迎的原因之一。城镇企业职工养老金待遇低于机关事业单位养老金待遇突出表现在替代率上，我国机关事业单位的养老金替代率高达55%以上。

对比城镇企业职工基本养老保险和城乡居民基本养老保险，可知城镇企业职工基本养老保险的待遇水平显著高于城乡居民基本养老保险的待遇水平。不过如果城乡居民基本养老保险的参保人选择较低的缴费档次，就可以获得高于城镇职工基本养老保险的制度回报率，但改变不了保障程度远低于城镇企业职工基本养老保险的现实。

综合来说，机关单位的保障程度高于事业单位，事业单位的保障程度高于城镇企业职工，而城乡居民的养老金待遇是最低的。这说明，从制度维度来看，我国养老保险制度存在较为严重的不公平现象，可以说我国养老保险制度并没有完成收入再分配的任务，相反，还进一步扩大了收入不平等。

（二）不同地区养老保险待遇差距明显

对比不同地区的城镇企业职工基本养老金待遇可以发现，东部经济发达地区的待遇水平普遍高于中西部地区，尤其是广东、上海和北京等东部省份，养老金待遇居全国的绝对前列。相对来说，中西部经济欠发达地区的内部收益率、参保价值比普遍较低，平均回收期也较长。对比城乡居民基本养老保险，能够得到相同的结果，体现为经济较为发达的北、上、广等省份的待遇水平高于其他省份。

总之，经济发达地区的养老金待遇水平普遍高于经济相对不发达地区，我国养老保险制度在地域上也呈现出较为明显的不公平现象。

第三节　养老保险的横向公平性评估：微观层面

通过制度维度和地区维度的比较，我们已经发现我国养老保险制度存在较为明显的不公平性。接下来我们从微观的层面来观察某一特定养老保险制

度针对不同的参与者是否存在不公平的现象,基于此,本节首先考察城镇企业职工基本养老保险的不同收入群体养老金待遇情况,随后考察城乡居民基本养老保险在不同缴费档次中的养老金待遇情况。

需要说明的是,在本节的分析中,其他假定参照本章第一节,对于城镇企业职工基本养老保险,假定个人参保时为 25 岁,连续工作并缴费 35 年,即缴费至 60 岁退休,开始领取养老金。对于城乡居民基本养老保险,基础养老金于 2015 年开始按照表 5-6 的中成本方案进行调整,个人账户养老金不调整;除省际比较外,政府保费补贴采用的是国家 2014 年规定的全国最低标准,即月缴保费在 500 元以下的财政补贴 30 元,月缴保费在 500 元以上的财政补贴 60 元。在省际比较中遇到比国家标准低的,自动替换为国家最低标准;政府保费补贴不计入现金流,因为保费补贴增加的个人账户养老金和基础养老金计入现金流。

一、不同收入群体的比较:以城镇企业职工基本养老保险为例

由于我国城镇企业职工基本养老保险的筹资渠道来自三个方面,分别是职工个人、企业和政府,并且这三者的缴费水平主要取决于职工个人的工资收入水平,因此可以说职工工资直接决定了其养老金待遇水平的高低。也就是说,收入水平对养老金待遇情况具有较强的敏感性,因此此处针对不同收入群体对城镇企业职工基本养老保险的具体情况进行对比分析。基于本章的基本假定,我们测算出了不同收入群体城镇企业职工基本养老保险各项指标的对比情况,具体如表 5-12 所示。

表 5-12 不同收入群体城镇企业职工基本养老保险各项指标比较

指标	低收入	中低收入	中等收入	中高收入	高收入
内部收益率(%)	8.69	7.26	6.53	5.97	5.18
参保价值比	3.17	3.01	2.22	1.89	1.63
平均回收期(年)	7.04	8.87	10.08	11.41	15.01
60 岁期望余命减平均回收期(年)	16.02	13.92	11.78	10.02	8.03
养老金替代率(%)	63.57	58.54	48.65	40.75	35.77

注:中等收入为社会平均工资,低收入为平均工资的 60%,中低收入为平均工资的 80%,中高收入为平均工资的 200%,高收入为平均工资的 300%。

总的来说,收入水平越低,所获得的养老金待遇越高。从表 5-12 可以看

出,低收入群体的内部收益率高达8.69%,高于中等收入的6.53%和高收入人群的5.18%。同样,低收入人群的参保价值比是最高的,平均回收期也最短,养老金替代率则高达60%以上。这说明,就城镇企业职工基本养老保险而言,在制度内基本实现了收入再分配的功能作用,在一定程度上体现了养老保险制度的公平性,也在一定程度上实现了共享的原则。

二、不同缴费档次的比较:以城乡居民基本养老保险为例

我国城乡居民基本养老保险的制度设计在一定程度上参照了城镇企业职工基本养老保险的做法。城镇企业职工的缴费参照工资水平,以此为依据,城乡居民基本养老保险将缴费档次分为12个,由100元/年到2 000元/年不等,城乡居民可以根据自己的收入水平自由选择。参照本章的基本假定,我们测算了不同缴费档次的养老金待遇情况,结果如表5-13所示。

表5-13 不同缴费档次城乡居民基本养老保险指标比较

缴费档次(元/年)	100	200	300	400	500	600
内部收益率(%)	10.46	8.59	7.61	6.98	6.62	6.28
参保价值比	7.60	4.84	3.75	3.17	2.72	2.50
回收期(年)	2.50	3.83	4.92	5.75	6.58	7.17
60岁期望余命减平均回收期(年)	17.33	16.00	14.92	14.08	13.25	12.67
缴费档次(元/年)	700	800	900	1 000	1 500	2 000
内部收益率(%)	6.01	5.79	5.61	5.46	4.95	4.66
参保价值比	2.33	2.20	2.10	2.02	1.77	1.64
回收期(年)	7.67	8.08	8.42	8.75	10.00	10.83
60岁期望余命减平均回收期(年)	12.17	11.75	11.42	11.08	9.83	9.00

注:此处以35岁加入城乡居民基本养老保险为例,以2015年的全国居民人均可支配收入为计算依据。

同城镇企业职工基本养老保险一样,随着缴费档次的提升,城乡居民基本养老保险养老金待遇逐渐下降。可以发现,选择100元/年的城乡居民所获得的内部收益率高达10.46%,为所有缴费档次中水平最高,而选择2 000元/年的城乡居民所获得的内部收益率只有4.66%;同样,选择100元/年的城乡居民的参保价值比最高,平均回收期最短。这说明,在城乡居民基本养老保险这一

制度框架下，缴费档次越低，所获得的保障水平相对越高，在制度内实现了收入再分配，具有较强的公平性特征。

在不同缴费档次下，接下来我们来看城乡居民基本养老保险相对农村和城镇不同收入水平的养老金替代率情况，结果如表5-14所示。

表5-14　城乡居民基本养老保险相对不同层次的农村居民养老金及城镇居民替代率情况

缴费档次（元/年）		100	300	500	700	900	1 000	1 500	2 000
相对不同收入农村居民（%）	平均	5.4	6.6	7.7	8.8	10.3	11.4	12.6	13.7
	最低20%	20.1	24.3	28.5	32.7	38.1	42.3	46.5	50.7
	次低20%	8.6	10.4	12.2	14.0	16.3	18.1	19.9	21.7
	中等20%	6.0	7.3	8.5	9.8	11.4	12.7	13.9	15.2
	中上20%	4.3	5.2	6.0	6.9	8.1	9.0	9.9	10.8
	最高20%	2.4	2.9	3.4	3.9	4.5	5.0	5.5	6.0
相对不同收入城镇居民（%）	平均	2.0	2.4	2.8	3.2	3.8	4.2	4.6	5.0
	最低20%	5.1	6.1	7.2	8.2	9.6	10.7	11.7	12.8
	次低20%	2.9	3.5	4.1	4.7	5.5	6.1	6.7	7.3
	中等20%	2.1	2.6	3.0	3.5	4.0	4.5	4.9	5.4
	中上20%	1.6	1.9	2.3	2.6	3.0	3.4	3.7	4.1
	最高20%	1.0	1.2	1.3	1.5	1.8	2.0	2.2	2.4

注：此处以25岁加入城乡居民基本养老保险为例，分母分别以2015年的农村居民人均可支配收入和城镇居民人均可支配收入为收入依据。

从表5-14可以看出，首先，对农村居民来说，收入水平越低，其养老金替代率越高，并且这一替代率会随着缴费档次的提升而提升。比如收入水平在最低20%的农村居民，如果选择缴费档次为100元/年，养老金替代率为20.1%，若选择缴费档次为2 000元/年，养老金替代率则高达50.7%；这一情况在城镇居民不同收入水平下同样存在，比如相对城镇居民最低20%收入水平的人来说，若选择缴费档次为100元/年，养老金替代率为5.1%，若选择缴费档次为2 000元/年，养老金替代率则可以达到12.8%。从表5-14中可以看出，参加城乡居民基本养老保险的人将来获得的养老金收益相对城镇居民的收入水平来说，养老金替代率非常低，以平均水平而言，选择1 000元/年的缴费档次，相对农村收入水平来说，养老金替代率为11.4%，但相对城镇居民收入水平的养老金替代率仅为4.2%，不及农村的1/2，这说明，基本养老保险制度在不同群体之间的设计上，公平性需要持续调整。

三、基于微观层面的我国养老保险体系横向公平性结果分析

城镇企业职工基本养老保险和城乡居民基本养老保险都体现出收入水平（缴费档次）越低，内部收益率、参保价值比越高，平均回收期越短；收入水平（缴费档次）越高，内部收益率、参保价值比越低，平均回收期越长。这种现象说明，从制度内来说，我国基本养老保险制度实现了一定的收入再分配功能，具有较强的公平性特征。值得注意的是，低收入水平（缴费档次）虽然获得了相对较高的养老金待遇，但这种高待遇是相对的，养老金的领取在实际上可能并不能满足居民老年生活所需，毕竟不管是养老金替代率还是参保价值比，都是和自身收入水平（缴费档次）进行比较的。也即，因为城乡居民基本养老保险可以自由选择缴费档次，低档高收益激励个人更愿意选择较低的缴费档次，不利于其获得充分的养老保障。

第四节　养老保险的纵向公平性评估

养老保险代际公平正义问题的核心是各出生代间贡献、收益与风险如何实现再分配。有关养老保险代际公平及其模式改革的争论主要有两种立场。自由至上主义者及激进改革者认为，在人口老龄化等风险因素的影响下，当前各国普遍采用的现收现付养老保险模式已出现了可持续性危机和代际不公平，主张以"应得"原则和代际负担比相等的要求强化精算公平，建议转为基金制、名义账户制或采用更大比例的私人养老金制度。平等主义者认为，社会养老保险制度的代际公平不仅指可持续性和代际负担比相等，还应体现"需要""尊严"、社会团结与代际依赖，主张坚持现收现付并进行参数调整。社会养老保险制度的本质功能在于代际赡养和满足各代老年基本生活需要，这并不因养老保险模式的差异而改变。因此，养老保险代际公平的核心在于世代间贡献、收益与风险如何正当、合理地分配（邱玉慧，2013）。因此，在进行本章以上关于制度维度、区域维度以及不同收入群体间的公平性分析之后，有必要对制度本身的代际公平性进行研究。本节主要对城镇企业职工基本养老保险和城乡居民基本养老保险进行代际公平性分析，期望从分析结果中判断我国基本养老保险制度在代际的公平性情况。

一、城镇企业职工基本养老保险的代际比较

事实上，代际公平正义就是指人们世代之间的资源，财富，贡献与收益，权

利与义务分配的合理性。具体到城镇企业职工基本养老保险制度,代际公平性即判断在不同时期参与该制度的人群最终的待遇是否合理。参照本章的基本假定,此处选取不同时期参加城镇企业职工基本养老保险的人群,共设计8代,对代际的具体情况进行对比分析,所得到的结果如表5-15所示。

表5-15 城镇企业职工基本养老保险的代际比较

代	养老金替代率(%)	内部收益率(%)	参保价值比	平均回收期(月)	60岁期望余命(月)	期望余命减回收期(月)
第1代	45.41	6.85	2.37	124	238	114
第2代	46.93	6.45	2.38	139	259	120
第3代	47.49	6.21	2.30	145	268	123
第4代	48.68	6.17	2.38	155	282	127
第5代	49.29	6.00	2.31	160	290	130
第6代	49.55	6.04	2.39	162	300	138
第7代	49.57	6.15	2.50	163	311	148
第8代	49.57	6.26	2.61	163	322	159

注:第1代到第8代分别以1997年、2007年、2017年、2027年、2037年、2047年、2057年、2067年参保(参加工作)的个体为代表。

根据本节的测算,可知加入城镇企业职工基本养老保险时间越晚,养老金替代率越高,内部收益率和参保价值比则呈现出一定的波动性,平均回收期则逐渐增加。从养老金替代率的角度来说,2067年参保所获得的待遇水平是最高的,达到了49.57%,不过替代率随时间变化的边际倾向逐渐降低。从内部收益率的角度来说,在1997年参保的第1代人的数值最高,达6.85%,最低点为2037年参保的第5代人群,为6.00%。对比养老金替代率和内部收益率可以发现,考虑到内部收益率的抗通货膨胀能力,并不能说养老金替代率变高就说明养老金待遇变高,养老金替代率变高的这一优势随着内部收益率的降低而变小。参保价值比在代际的变化呈现出先下降后上升的现象,最高时可达2.61,最低时为2.30;平均回收期随着参保时间的延后而变长,这也符合我国人民平均寿命逐渐变长的现实。

总的来说,我国城镇企业职工基本养老保险代际具有一定的公平性,但也存在一定的差异,主要原因在于工资增长率和预期寿命的变化,前期内部收益率和参保价值比的下降主要是因为工资增长率的下降,后期的上升是因为预期寿命的延长的影响超过了工资增长率下降的影响。

二、城乡居民基本养老保险的代际比较

与城镇企业职工基本养老保险不同,城乡居民基本养老保险的缴费采用自愿的模式,不同的缴费档次下最终所获得的养老金待遇势必存在一定的差异。此处我们假定代际的比较基于同一缴费档次展开,并且所有人都是在2015年参加城乡居民基本养老保险,其他假定参照本章第一节内容,所得到的结果如表5-16所示。

表5-16 城乡居民基本养老保险不同参保时点(缴费年限)的比较

参保时点	养老金替代率(%)	内部收益率(%)	参保价值比	平均回收期(年)	60岁期望余命(年)	期望余命减平均回收期(年)
2015年,25岁	12.17	5.43	2.24	8.92	21.56	12.64
2015年,35岁	14.38	6.42	2.30	8.50	20.84	12.34
2015年,45岁	19.62	8.57	2.23	7.58	20.13	12.25
2015年,55岁	22.37	10.37	2.24	8.33	19.58	11.25
2015年,60岁	41.13	—	—	0.00	19.48	19.48

注:①缴费档次设为1 000元/年;②对于2015年55岁的个人,假设其不补缴费用;③对于2015年已经年满60岁的个人,按照相关规定,如果其之前没有领取国家规定的基本养老保障待遇,可不用缴费,按月领取基础养老金,所以其内部收益率和参保价值比都可以看成无穷大;④此处的养老金替代率分母为2015年全国居民人均可支配收入。

同样是2015年参加城乡居民基本养老保险,越年轻,最后的养老金替代率越低,如25岁的养老金替代率为12.17%,而60岁的人则达到41.13%;同样,年龄越大所获得的内部收益率越高,60岁参保的人群内部收益率是无穷大的,这种情况同样适用于参保价值比,而平均回收期则随着年龄的增加而急剧减少,到60岁时回收期下降为0.00。总的来说,年龄越大,参加新型农村社会养老保险越划算,这也是目前试点县普遍出现了老年农民投保积极、年轻农民不愿参保的保险逆向选择现象的主要原因(罗锋和黄丽,2014)。这说明我国现行的城乡居民基本养老保险在制度设计上具有对老年农民和高档次缴费人员更为有利的收入再分配效应,但对年轻人则没那么"慷慨",存在年轻人缴费、老年人领钱的现象。

可以看出,不同年龄的人能够享受到的保障是不同的,缴费年限较短的群体可以获得较高的内部收益率,这种代际的"不公平性"是由制度建立的客观

现实造成的,纳入现收现付制的第二代老人一般都会得到相对比较"慷慨"的养老金。

三、我国养老保险体系纵向公平性结果分析

从纵向即代际公平性角度看,目前城镇企业职工基本养老保险能够保证一定的公平性,未显示出显著的代际不公平现象。与城镇企业职工基本养老保险相比,城乡居民基本养老保险在代际存在较为明显的不公平性,突出表现在制度对老年人较为"慷慨",对年轻人来说不公平情况比较明显。城乡居民基本养老保险的这种代际的"不公平性"是制度建立初期的客观现实造成的。可以预见的是,随着时间的推移,这种"不公平"会随着制度的建立完善逐步消除。此外,从纵向公平性角度看,最大的潜在不公平在于养老保险体系的不可持续性,即因为养老保险不可持续给后代带来的负面影响。

第五节 建立健全公平养老保险体系的政策建议

我国建立养老保障体系的目的,在于通过养老制度建设,让居民免除老年后顾之忧,确保老年人生活质量。我国在制度设计的过程中,一直坚持公平、正义、共享的核心价值理念。但在现实中,我国的养老保险制度并没有真正做到公平、正义以及共享,这也是我国一直在对养老保险制度进行改革的原因。从本章以上内容的分析可知,从制度维度方面来说,不同制度之间存在较为严重的不公平现象,突出表现在机关事业单位的养老金待遇明显好于城镇企业职工以及城乡居民的养老金待遇;同时,同一制度在不同地区也表现出较为严重的不公平现象,经济较发达地区的待遇明显好于经济落后地区;从相同制度不同参与者的角度来看,我国基本养老保险制度虽然能够在一定程度上实现收入的再分配,但离真正的公平正义还有不小的差距。从纵向角度来说,城镇企业职工基本养老保险和城乡居民基本养老保险代际基本不存在显著的不公平性,但存在潜在的不公平性,即存在可持续性风险。本节从产生不公平性的原因以及如何改进的角度展开分析,同时尝试对目前存在的不公平现象进行制度层面的思考和建议,希望对构建我国公平、正义、共享的养老保险制度以有益的借鉴。

一、坚持社会公正基本理念,推进我国养老保险制度改革

一方面,我国养老保险制度改革坚持公平、正义、共享的社会主义核心价

值观,坚持"全覆盖、保基本、多层次、可持续"的方针,以增强公平性、适应流动性、保证可持续性为重点;另一方面,《中华人民共和国宪法》规定,所有劳动者都有享受社会保障制度的权利,这种权利不会因公民的性别、种族、户籍等的不同而发生变化。因此,建立健全公平正义的养老保险体系是我国国策,也是现实所需。

社会公正要求以权利公平为起点,全体社会成员共享社会经济发展成果。不同的制度土壤、文化背景下,形成了不同的社会价值观,而社会公正观究其本质来说就是社会价值观。社会公正观在很大程度上反映着人们对权益分配、利益均衡状态的最优诉求。正确认识社会公正的基本内涵,首先需要澄清社会公正与平等、效率之间的关联与差异。当代西方政治哲学从以罗尔斯到德沃金再到阿玛蒂亚·森为代表的主流观点均将公正理解为平等,将平等视为公正的集中体现,平等是公正的中心目标,是社会正义的最高价值(甘绍平,2008)。但需要明确的是,一方面,社会公正所追求的平等并非收入均等,社会公正不能等同于社会均等化。现代社会公正的诉求,其起点应该是权利平等,社会成员只有首先享有权利平等,才能有参与社会竞争并分享社会利益的机会。没有权利平等,就绝无公正可言。而且,现代社会的公正观强调要平等地分配所有社会成员的权利和义务,要遵循权利与义务相适应的原则(程立显,1999)。另一方面,现代社会公正所要求的权利平等,同经济效率绝无矛盾和冲突;相反,它只会促进经济效率的提高和社会进步。社会的运行有效率,经济才能可持续发展;经济保持可持续发展,才能为社会成员提供足够的物质和文化消费,人们对权利平等的追求才有了终极价值。试想一下,人人都在平等地忍受饥饿和贫乏,这并非现代社会公正的终极诉求。但是,如果没有社会公正提供"底线保证",国民收入差距持续扩大,社会分化日趋严重,社会矛盾不断累积,这样的一种社会状态很难说是有效率的,也不可能实现可持续发展。其次,正确认识当代中国的社会公正观,必须立足于中国社会经济发展的历史阶段,认清其现实约束。基于中国社会经济发展的历史阶段及其现实约束,我们认为:当代中国的社会公正诉求,以维护每一个社会成员或社会群体的平等权利与合理利益为基本出发点;"共享"与"个体自由发展"是当代中国社会公正观的基本价值取向,既要能够让全体社会成员共享社会经济发展成果,也要为每一个社会成员的自由发展提供充分的空间。

社会公正是我国社会养老保险制度改革必须秉持的核心价值理念。首先,只有基于社会公正理念统筹设计并协调推进社会养老保险制度改革,才能符合"共享"这一现代社会的基本价值取向,才能被广大民众所广泛认可并自觉遵循,才能有助于促进社会的团结与合作,并最大限度地激发整个社会的创造活力,也才能确保制度的制定程序是公平的。其次,社会养老保险制度改革必须秉持社会公正的基本理念,这是实现公民社会保障权利平等、机会均等的内在需要。公民的社会保障权是基于社会契约、国家责任和公民基本生活保障需要的一项基本人权。社会公正理念以人权保障和人道尊严为价值基准,只有依据社会公正理念设计和安排城乡社会养老保险制度,才有助于实现公民社会保障权利平等和机会均等。最后,社会养老保险制度改革必须秉持社会公正的基本理念,是当前推进基本社会保障均等化的现实需要。基本社会保障均等化是指全体社会成员不分城乡、不分地区享有对基础教育、基本医疗保险、基本养老保险和社会救助的基本权利,并能够实现机会均等和尽可能的结果平等。基本社会保障均等化是基本公共服务均等化的重要内容。进入21世纪以来,能否加快推进城乡基本公共服务均等化,使城乡居民共享改革发展成果,已经成为新阶段统筹城乡发展的关键所在。显然,只有秉持社会公正的基本理念来设计和安排城乡社会养老保险制度,才有助于推进基本社会保障均等化的顺利开展。

总体而言,公平的理念要求所有国民的养老保障权益都得以实现,以维护起点公平;要求将群体之间、地区之间的养老保险待遇差距控制在合理的范围,实现代际责任的公平分配,以促进结果公平。正义的理念要求养老保险制度发挥收入再分配功能,以实现分配正义;要求相关利益主体充分参与到养老保险制度的监管过程中,以实现程序正义。共享的理念则要求养老保险待遇与经济增长合理挂钩,在提高养老保险经济待遇的同时,重视老年人的服务保障和精神慰藉,以实现老年人对经济社会发展成果的共享。因此,应当明确将"公平、正义、共享"的理念作为养老保险制度建设的重要标准,凡是遵循这一标准的都应该坚决拥护,凡是违反这一标准的都应该坚决反对。

二、探寻不公平产生的根源,缩小不同制度之间的待遇差距

通过本章对机关事业单位养老保险、城镇企业职工基本养老保险和城乡居民基本养老保险几种养老保险制度的分析可以发现,机关事业单位养老保险的待遇显著优于城镇企业职工基本养老保险和城乡居民基本养老保险,城镇企业职工基本养老保险的待遇又好于城乡居民基本养老保险。不同制度之间呈现出的不公平性显著不利于全体国民共享社会经济发展成果,必须对这

一情况进行改革。首先,加强"后并轨时代"不同制度间的政策公平性。2015年开始实施的机关事业单位养老保险制度改革标志着养老金双轨制正式废除,开始进入"并轨时代"。鉴于不同制度之间待遇不公平的根源在于制度设计不公平,为了防止"并轨"成为新的双轨,要加强制度设计,确保不同制度间保持一定的公平性。其次,鼓励发展第二支柱企业年金,缩小城镇企业职工基本养老保险与机关事业单位养老保险的待遇差距。我国的养老保险制度由三支柱构成,其中的第一支柱是基本养老保险制度,并轨后不同的基本养老保险制度待遇差异并不大,然而由于机关事业单位的第二支柱职业年金是全覆盖的,而企业职工的第二支柱企业年金覆盖率很低,造成养老金双轨制并轨后待遇差依然显著。在这种情况下,通过政策优惠等举措,大力推进企业年金发展,无疑会缩小城镇企业职工基本养老保险和机关事业单位养老保险的待遇差距,促进制度之间的公平性。最后,引导城乡居民基本养老保险参保人选择更高的缴费档次,缩小城乡居民基本养老保险与城镇企业职工基本养老保险的待遇差距。通过本章的分析可以发现,城乡居民基本养老保险的参保人选择的缴费档次越高,养老金替代率等指标水平也会越高,说明制度设计的初衷即希望参保人选择较高的缴费档次。但现实中受限于收入水平等因素的影响,选择最高缴费档次的参保人并不多,在这种情况下,可以通过财政补贴、政策引导等机制,鼓励参保人选择更高的缴费档次,以缩小城乡居民基本养老保险和城镇企业职工基本养老保险之间的差距。

三、尽快推进养老保险全国统筹,消减不同区域间的待遇不公平性

通过对不同地区之间的城镇企业职工基本养老保险和城乡居民基本养老保险的对比分析可以看出,东部经济较为发达的地区待遇水平显著优于中西部地区,并且养老金结余明显多于中西部地区。习近平同志在党的十九大报告中指出:"加强社会保障体系建设……完善城镇职工基本养老保险和城乡居民基本养老保险制度,尽快实现养老保险全国统筹。"基本养老保险全国统筹,是指以全国范围内统一制度规定、统一调度使用基金、统一经办管理、统一信息系统为主线,实现全国基本养老保险事业的统筹协调发展。可以从以下几个方面着手推进:

首先,加大中央财政支持力度,增强地方养老金筹措水平。为全社会提供跨区域的公共物品是中央政府必须履行的一项重要职能,养老保险作为跨区域的公共物品,理应由中央政府负责。为了促进全国统筹顺利推进,需要根据

中央政府与地方政府财力的不平衡程度、地区的人口结构、财力状况和支出标准等综合因素,不断完善财政转移支付制度,优化转移支付结构。同时,通过降低基本养老金替代率等方式减少养老保险基金支出,通过延长退休年龄、扩大覆盖面等方式增加养老保险资金收入,从而实现养老保险制度本身的开源节流,为全国统筹提供经济支撑。其次,要注重中央政府与地方政府的协调。全国统筹是一项具有收入调节与财富分配功能的全国性的公共事业,只有中央政府才有能力进行这种跨区域的收入调节与财富分配。如果由财力差距悬殊的不同地方政府来提供,将导致供给不足或严重不均。地方政府需要明确的是,全国统筹会使高收入地区的养老金向低收入地区转移是毋庸置疑的,这显著有利于低收入地区养老金待遇的提高,但也会有助于隐性债务较高的地区(一般是东部地区)的债务"均摊"到其他隐性债务较低的地区(一般是西部地区);另外,东部地区居民的预期寿命显著高于西部地区居民,意味着东部地区养老金的支出压力显著高于西部地区,实施全国统筹必然会有利于缓解东部地区的养老金支出压力。最后,要坚持分步实施,逐步到位。与省级统筹相比,全国统筹可能引发更大的道德风险、各省间利益协调更加困难等问题,这就要求全国统筹必须采取渐进性原则。分步渐进推进的主要目的是给全国统筹创造良好的运行条件,渐进过程中争取出来的时间是为全国统筹奠定坚实的基础,而不是对当前困难的消极回避与妥协。一旦运行条件具备,则及时推进全国统筹。为保证基本养老保险全国统筹的效果和质量,当前工作的重点之一是加强各地区省级统筹建设,在省级范围内逐步实现基本养老保险金的统收统支和垂直管理,在实现真正意义上的省级统筹基础上再推进全国统筹。在实现统筹目标的时间上允许各地存在差异,条件具备或基本具备的要根据国家相关规定在短期内尽快实现统筹层次的提高;条件不具备的要加快进程,可以在稍晚的时间内达到目标。

四、加强制度建设以化解可持续性风险,确保代际公平

通过对不同养老保险制度的代际分析可以发现,从制度本身来说,城镇企业职工基本养老保险和城乡居民基本养老保险具有一定的公平性,但有些因素的存在会引发可持续性风险。首先,隐性债务处理不当引发可持续性风险。在现收现付制下,当期退休人员领取的养老金来自同期在职职工的缴费。这些在职职工在缴费的同时,也相当于为自己积累着未来退休后领取的养老金。一般情况下,随着缴费记录的增加,在职职工所积累的养老金权益也在逐渐增

加。这部分养老金权益就是养老保险制度对他们的负债。由于不存在任何可见的借贷行为,而仅由国家的规定和强制力来保证实行,故称之为"隐性债务"。理论上,偿还养老保险隐性债务的途径有三种:第一,利用下一代职工的缴费来解决;第二,若当前在职职工在缴费过程中出现基金结余,这部分结余也可以用来偿还隐性债务;第三,国家从养老保险制度外筹集资金解决。如果第一、第二种途径不能完全解决隐性债务,那么国家为了维持养老保险制度的运行,就必须采取第三种途径,这样养老保险隐性债务就转变成了显性的国家债务(彭浩然等,2009)。现实中,我国 2000 年以前参保人口的缴费远远不能满足自身养老金发放的需要,国家首先动用了第一、第二种途径来解决,但发现依然解决不了问题,欠下了大量的隐性债务,这对代际的公平性产生了非常恶劣的影响。其次,统筹层次低也是导致可持续风险的重要原因。由于制度设计存在的缺陷和漏洞,我国养老保险基金的统筹层次一直不高,目前来看,不管是提高统筹层次还是降低统筹层次,都会损害一部分人的既得利益,甚至会进一步加剧不公平的现象;退休制度的设计并不完全规范,导致一些人的实际退休年龄远比法定退休年龄早很多,这就进一步给养老基金造成巨大的压力,并且对那些按规定退休的人来说是显著不公平的;同时,我国养老保险待遇的持续性高水平增长是一种典型的"寅吃卯粮"行为,存在明显的代际不公平现象。最后,相关技术落后进一步加强了养老保险的代际不公。第一,基金可持续性的中长期测算存在问题。养老基金的充足性是养老保险制度得以持续的最根本保证,对养老基金的合理测算是制度设计时必须考虑的问题,若中长期测算存在问题,不管测算的结果是过大还是过小,都会对整个养老保险体系的持续性产生影响。第二,参保人死亡后养老金个人账户的去向并没有处理好。在参保人死亡后,其个人账户的资金不管是充公还是由继承人继承,都会对制度的公平性造成不好的影响:若充公,对参保人个人不公平,毕竟个人账户的资金都是自己缴费的积累;若继承,对整个养老保险制度不公平,因为我国养老保险制度规定,对于那些个人的寿命比较长的情况,个人账户储存额不足以支付时,个人账户的养老金转由统筹基金列支,保证个人账户养老金能够继续发放,这样一来,势必造成统筹账户资金紧张。

下一步,可从以下几个方面发力,促进代际公平:

第一,建立基本养老金的合理调整机制,维持代际公平。建立健全基本养老金合理调节机制,使得领取养老金积累随着物价水平、工资增长率等因素的变化而变化,保持养老金的合理增长,维持代际公平。养老金调整的目的,一是保持养老金的实际货币购买力,抵御通货膨胀的侵蚀,保障退休人员的基本生活;二是让退休人员分享经济增长的成果。根据测算,未来在人口老龄化急剧深化的背景下,养老金替代率将显著降低,如果不调整,将难以保证退休人员的基本生活。如果调整,又将面临养老保险财务可持续性的硬性约束和社会共识带来的软性约束。在建立完善基本养老金调整机制方面,应当积极探索建立"自动调整"机制(包括参数自动调整机制、自动平衡机制等),引领凝聚"社会共识"。

第二,主动推进"内部挖潜"改革。即通过对养老保险制度一些缺陷的改革来达到基金充足的目的,确保制度的可持续性。首先,规范养老保险缴费政策,提高基金征集的效率。着力规范养老保险缴费政策,健全参保缴费激励约束机制,尽量使实际缴费比例、缴费基数占社会平均工资比例、遵缴率等制度参数回归正常水平。其次,尽快落实延迟实际退休年龄政策。一方面,严格执行现有退休年龄政策,减少非正常提前退休;另一方面,制定出台渐进式延迟法定退休年龄方案。通过这两个方面的举措,来达到延迟实际退休年龄的效果。最后,提高基金投资收益率。选择适合国情的养老保险基金运营管理模式,拓宽基金投资渠道,提升投资管理水平,加强风险管理能力,完善监管制度,在确保风险可控的前提下,提高基金的投资收益率。

第三,积极寻求"外部筹资"支持。面对养老保险的可持续性问题,可以寻求政策的托底支持,维持制度的正常运转。首先,通过政府财政补贴补充社保基金。2018年修正的《中华人民共和国社会保险法》第五条规定,"县级以上人民政府将社会保险事业纳入国民经济和社会发展规划。国家多渠道筹集社会保险资金。县级以上人民政府对社会保险事业给予必要的经费支持";第十三条规定,"国有企业、事业单位职工参加基本养老保险前,视同缴费年限期间应当缴纳的基本养老保险费由政府承担。基本养老保险基金出现支付不足时,政府给予补贴"。当制度运转困难时,可考虑借助财政补贴维持。其次,通过划拨部分国有资本充实社保基金。2017年11月9日国务院发布《国务院关于印发划转部分国有资本充实社保基金实施方案的通知》(国发〔2017〕49号),表明"以弥补企业职工基本养老保险制度转轨时期因企业职工享受视同缴费年限政策形成的企业职工基本养老保险基金缺口为基本目标",可"将中央和地方国有及国有控股大中型企业、金融机构""企业国有股权的10%"划转社保基金。最后,适时使用全国社会保障基金。2016年发布的《全国社会保障基金条例》(国务院令第667号)第三条规定,"全国社会保障基金是国家社会保障储备基金,用于人口老龄化高峰时期的养老保险等社会保障支出的补充、调剂";第四条规定,"国家根据人口老龄化趋势和经济社会发展状况,确定和调整全国社会保障基金规模。全国社会保障基金的筹集和使用方案,由国务院确定"。应合理使用上述三种托底政策,保证养老保险制度健康可持续运行。

附录:平均回收期的计算方法举例

在本章中,养老金的平均回收期测算采用两种假定。

首先,假设职工的工资不增长,年工资 w,缴费 n 年($15 \leq n < 45$),60岁退休开始领取保险金,社会平均工资是 $\bar{w}$,个人缴费部分计入个人账户(8%),个人账户无累计利率,那么此人的月领取养老金为[①]:

$$\frac{w \times 0.08 \times n}{139} + \frac{(\bar{w} + w)/2 \times n \times 1\%}{12}$$

制度替代率:

$$\frac{0.08 \times n}{139} \times 12 + \frac{\bar{w} + w}{2w} \times n \times 1\%$$

在不考虑时间价值,同时不考虑企业缴费部分的平均回收期为:

$$\frac{w \times n \times 0.08}{\frac{w \times 0.08 \times n}{139} + \frac{(\bar{w} + w)/2 \times n \times 1\%}{12}}$$

当 $w = \bar{w}$ 时,平均回收期为56.78月。$\bar{w} < w$ 时,平均回收期变长;反之,平均回收期变短。也就是说,低收入者在同等条件下投资平均回收期更短。若考虑企业缴费的20%,投资平均回收期会延长,但前述结论依然适用。

其次,若职工的工资增长率均为 r,社平工资增长率为 $\bar{r}$,60岁退休时点年工资 w,社会平均工资是 $\bar{w}$,其余假设同上,那么此人的月领取养老金为:

$$\frac{0.08 \times w \sum_{t=1}^{n} \frac{1}{(1+r)^t}}{139} + \frac{\left[\bar{w} + \bar{w} \times \sum_{t=1}^{n} \frac{w}{\bar{w}} \frac{(1+\bar{r})^t}{(1+r)^t}\right] \times 1\%}{12}$$

制度替代率表示为:

$$\frac{0.08 \times \sum_{t=1}^{n} \frac{1}{(1+r)^t}}{139} \times 12 + 1\% \frac{\bar{w}}{w} + \sum_{t=1}^{n} \frac{(1+\bar{r})^t}{(1+r)^t} \times 1\%$$

---

① 我国60岁以上人口的平均余命为11年7个月,也就是139个月,公式中的139意思是这种计算方法将个人账户资金平均发放139个月。

相较于工资保持不变情况下的结果,制度替代率还受到工资增长率的影响,给定 $\bar{r}$,个人工资增长率越高,其养老金替代率越低。对于退休时点工资为 w 的个人,若其工作期内工资增长率很高,说明他前期工资特别低,与工资增长率低的人相比,他所缴费和积累的金额是较少的,所以能够获得的替代率也相对较低。那么工资增长率较高的是什么人呢?对于月工资收入分别为 1 000 元和 10 000 元的两个人,工资上涨 100 元,前者工资增长率为 10%,后者工资增长率为 1%。所以在收入分配没有扭曲到一定程度前,低收入者的工资增长率从相对数额上看会较高,可能高于社会平均工资增长率,但他们能获得的养老金替代率较低。而替代率本身是相对值,低收入者拿到的养老金绝对数额在高增长率时增加了。

那么平均回收期为:

$$\frac{0.08 \times w \sum_{t=1}^{n} \frac{1}{(1+r)^t}}{\underbrace{0.08 \times w \sum_{t=1}^{n} \frac{1}{(1+r)^t}}_{139} + \underbrace{\bar{w} \times \sum_{t=1}^{n} \frac{w}{\bar{w}} \frac{(1+\bar{r})^t}{(1+r)^t} \times 1\%}_{12}}$$

在社会平均工资不增长的情况下(即 $r=0$),结果同不考虑时间价值,同时不考虑企业缴费的水平一致。社会平均工资增长率大于 0 时,平均回收期缩短,但个人工资增长率越高,平均回收期越长(影响不大)。而缴费年限越长,平均回收期越短。

本章参考文献

[1] Breyer, F., Hupfeld, S. Fairness of public pensions and old-age poverty [J]. Finanzarchiv, 2009(3): 358-380.

[2] Fenge, R. Pareto-efficiency of the pay-as-you-go pension system with intragenerational Fairness [J]. Public Finance Analysis, 1995(3): 357-363.

[3] Hurd, M. D., Shoven, J. B. The distributional impact of social security [D]. Cambridge, 1983.

[4] James, E. Pension reform: Is there a tradeoff between efficiency and equity? [D]. Washington, 1997.

[5] Leimer, D. R. Cohort-specific measures of lifetime social security taxes and benefits [D]. NBER Working Paper, National Bureau of Economic Researoh, ERC, 2007.

[6] Orbán, G., Palotai D. The sustainability of the Hungarian pension system: A reassess-

ment[D]. MNB Occasional Paper, Budapest, 2005.

[7] ValdeÂs-Prieto, S. Financial stability of notional account pensions[J]. Scandinavian Journal of Economics, 2000(3): 395-417.

[8] Whiteford, P. The use of replacement rates in international comparisons of benefit systems[J]. International Social Security Review, 1995(2): 3-30.

[9] Zaidi, A., Grech, A. G., Fuchs, M. Pension policy in EU25 and its possible impact on elderly poverty[D]. Working Paper, Lse Research Online Documents on Economics. London, 2006.

[10] 程立显.论社会公正、平等与效率[J].北京大学学报(哲学社会科学版),1999(3):57—63.

[11] 封进.公平与效率的交替和协调——中国养老保险制度的再分配效应[J].世界经济文汇,2004(1):24—36.

[12] 冯曦明.公平视角下的中国基本养老保险制度改革[J].中国行政管理,2010(1):46—49.

[13] 甘绍平.人权平等与社会公正[J].哲学动态,2008(1):27—31.

[14] 胡晓义.加快建立更加公平可持续的养老保险制度[J].求是,2014(8):46—48.

[15] 胡秀荣.养老保险并轨改革:让养老保险向更公平方向迈进——访全国人大常委会委员、中国人民大学教授郑功成[J].中国党政干部论坛,2015(2):38—42.

[16] 黄丽.城乡居民基本养老保险保障水平评估与反思——基于养老金替代率视角[J].人口与经济,2015(5):91—99.

[17] 黄贻芳.养老保险的实质是代际公平的经济交换[J].湖北省社会主义学院学报,2003(1):58—60.

[18] 黄贻芳.论中国养老社会保险的公平与效率[J].经济评论,2002(4):63—69.

[19] 蒋云赟.我国企业基本养老保险的代际平衡分析[J].世界经济文汇,2009(1):58—69.

[20] 罗锋,黄丽.新型农村社会养老保险收入再分配效应研究[J].西北农林科技大学学报(社会科学版),2014(5):96—101.

[21] 彭浩然,申曙光,宋世斌.中国养老保险隐性债务问题研究——基于封闭与开放系统的测算[J].统计研究,2009(3):44—50.

[22] 邱东,李东阳,张向达.养老金替代率水平及其影响的研究[J].财经研究,1999(1):30—32.

[23] 邱玉慧.代际正义视角下的社会养老保险制度研究[D].吉林大学,2013.

[24] 沈洁颖.中国养老保险制度现状及未来发展路径——基于公平与效率的视角[J].金融与经济,2012(6):78—80.

[25] 孙祁祥,锁凌燕,郑伟.城镇化背景下社会公平保障体系建设的国际经验及其启示[J].中共中央党校学报,2014(2):46—53.

[26] 孙正成,兰虹.我国社会养老保险代际分配:公平与可持续——从马克思社会保障思

想出发[J].长白学刊,2016(2):105—112.

[27] 汪泽英,曾湘泉.完善基本养老保险制度实现其公平的目标[J].中国劳动,2004(10):13—16.

[28] 汪泽英,曾湘泉.我国基本养老保险制度的公平问题探析[J].中州学刊,2004(6):177—179.

[29] 王亚柯,王宾,韩冰洁,等.我国养老保障水平差异研究——基于替代率与相对水平的比较分析[J].管理世界,2013(8):109—117.

[30] 王艳萍,杨旭东.中美养老保险制度公平与效率的比较[J].保险研究,2009(9):106—111.

[31] 席恒,翟绍果.更加公平可持续的养老保险制度的实现路径探析[J].中国行政管理,2014(3):11—14.

[32] 肖严华.中国养老保险制度公平问题研究[J].上海经济研究,2008(8):18—23.

[33] 薛惠元,宋君.城镇职工基本养老保险个人账户内部收益率测算与分析[J].保险研究,2015(9):117—127.

[34] 杨桂宏,熊煜.论"双轨制"养老保险制度对民众公平感的影响——基于2008中国综合社会调查(CGSS)的实证分析[J].北京工业大学学报(社会科学版),2014(1):16—22.

[35] 杨一心,何文炯.养老保险缴费年限增加能够有效改善基金状况吗?——基于现行制度的代际赡养和同代自养之精算分析[J].人口研究,2016(3):18—29.

[36] 张苏,王婕.养老保险、孝养伦理与家庭福利代际帕累托改进[J].经济研究,2015(10):147—162.

[37] 张勇.中国养老保险制度的再分配效应研究[J].财经论丛,2010(4):59—66.

[38] 郑功成.养老保险的公平取向[J].法人杂志,2006(1):30.

[39] 郑功成.中国社会保障30年[M].北京:人民出版社,2008.

[40] 郑功成.中国社会保障改革与发展战略:理念、目标与行动方案[M].北京:人民出版社,2008.

[41] 郑伟,陈凯,林山君.中国养老保险制度"参量式"改革效应评估及政策应用研究[R].2017.

[42] 周韬.中国基本养老保险制度的改革探索——基于公平的视角[J].西安石油大学学报(社会科学版),2012(1):45—49.

[43] 邹铁钉.养老保险体制改革的公平与效率研究——来自中国的经验证据[D].浙江大学,2015.

第六章 医疗保险体系的公平性

我国医疗保险体系最初包括城镇职工基本医疗保险、城镇居民基本医疗保险和新型农村合作医疗、公费医疗等多种制度,从公平性角度而言,制度的差异性客观存在。近年来,我国致力于制度整合,其中标志性事件是将城镇居民基本医疗保险和新型农村合作医疗合并建立了城乡居民基本医疗保险,在制度设计层面减小了城乡差距。从公平性的角度来说,我国医疗保险体系仍存在一系列问题,需要从制度设计、政策评估方面改进。基于此,本章对医疗保险体系的公平性进行评估和分析,在寻找评估医疗保险体系公平性指标的同时,观察体系本身的公平性以及造成不公平的原因,据此探讨构建公平的医疗保险的路径。本章首先对我国社会基本医疗保险体系的发展历程和现状进行梳理,同时对我国社会医疗保险体系公平性的研究成果进行评述,以明确我国医疗保险体系制度设计的脉络及公平性问题;其次从起点公平、过程公平和结果公平三个维度对我国医疗保险体系公平性展开深入分析;最后为建立健全公平的社会基本医疗保险体系提出思考和建议。

第一节 引 言

一、我国社会基本医疗保险体系的现状

自1998年国务院发布《国务院关于建立城镇职工基本医疗保险制度的决定》(国发〔1998〕44号)以来,我国医疗保险制度历经二十多年的改革、探索与发展,目前已基本建成与社会生产力发展相适应的、覆盖全民的基本医疗保险体系。基本医保筹资和保障水平明显提高,保障范围从住院大病逐渐延伸到门诊小病;基本医保管理体制逐步建立和完善,部分地区已经建立城乡统筹的

医保体系,城乡居民差距逐渐缩小;基本医保管理和经办机构职责被明确界定,经办能力和效率得到显著提高;基本医保实时结算和异地就医结算机制逐步建立和完善,基本实现统筹区域内、省内异地医疗费用实时结算,逐步实现跨省医疗费用异地实时结算。人民群众看病就医的公平性、可及性和便利性在一定程度上得到了改善,看病难、看病贵等突出的问题也在一定程度上得到了缓解。

根据覆盖人群不同,我国基本医疗保险体系大致可分为城镇职工基本医疗保险(以下简称"城职保")和城乡居民基本医疗保险(以下简称"城乡居保")两大类。其中,城乡居保原本包括新型农村合作医疗(以下简称"新农合")和城镇居民基本医疗保险(以下简称"城居保")。近年来,为了促进制度整合,各省开始推进并实现将新农合和城居保合并建立城乡居保制度。以下我们分别对这几种制度的建立与运行概况进行简要介绍和梳理。

(一) 城镇职工基本医疗保险

为加快医疗保险制度改革、保障职工基本医疗,国务院于 1998 年发布了《国务院关于建立城镇职工基本医疗保险制度的决定》,决定在全国范围内进行城镇职工医疗保险制度改革,建立统一的城职保制度。其基本原则是基本医疗保险的水平要与社会主义初级阶段生产力发展水平相适应;城镇所有用人单位及其职工都要参加基本医疗保险,实行属地管理;基本医疗保险费由用人单位和职工双方共同负担;基本医疗保险基金实行社会统筹和个人账户相结合。其中用人单位缴费率为在职工工资总额的 6% 左右,职工缴费率为本人工资收入的 2%。

2003 年,劳动和社会保障部办公厅发布了《关于进一步做好扩大城镇职工基本医疗保险覆盖范围工作的通知》(劳社厅发〔2003〕6 号),要求将城镇符合参保条件的用人单位和职工纳入基本医疗保险范围,大中城市参保率要达到 60% 以上,其中直辖市和省会城市要达到 70% 以上,其他城市也要在上一年参保人数的基础上有所突破,统筹地区的参保人数要达到 50% 以上。

2009 年,国务院发布《中共中央国务院关于深化医药卫生体制改革的意见》(中发〔2009〕6 号),指出要加快推进医疗保障制度建设,并加强城职保信息系统建设,完善政府对基本医疗保障的投入机制,3 年内城职保参保率要达到 90% 以上。

2010 年,第十一届全国人民代表大会常务委员会第十七次会议通过《中华人民共和国社会保险法》,要求职工应当参加基本医疗保险,由用人单位和职工按照国家规定共同缴纳基本医疗保险费。无雇工的个体商户、未在用人单位参加职工基本医疗保险的非全日制从业人员以及其他灵活就业人员可以参加职工基本医疗保险,由个人按照国家规定缴纳基本医疗保险费。参加职工基本医疗保险的个人,达到法定退休年龄时累计缴费达到国家规定年限的,退休后不再缴纳基本医疗保险费,按照国家规定享受基本医疗保险待遇;未达到国家规定年限的,可以缴费至国家规定年限。个人跨统筹地区就业的,其基本医疗保险关系随本人转移,缴费年限累计计算。

截至 2017 年年底,我国城职保参保人数 3.0320 亿人,比 2012 年年底增加约 3 800 万人,五年年均增长率 3.12%(见图 6-1)。

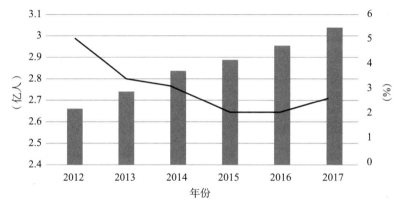

图 6-1　2012—2017 年城职保参保人数及年增长率

资料来源:国家统计局。

城职保基金规模持续扩大,2016 年我国全年城职保基金收入 10 274 亿元,支出 8 287 亿元,年末基金累计结存 12 972 亿元,和 2011 年相比,收入、支出和结存五年年均增长率均超过 21%(见图 6-2)。政策范围内住院费用基金支付比例为 80% 左右;到 2016 年年底,全国有医保定点医疗机构约 14.49 万家,定点零售药店约 24.85 万家,已基本满足了参保人员就医和购药的需求。2017 年印发了新版国家基本医疗保险、工伤保险和生育保险药品目录,西药、中成药部分共收载药品 2 535 个,较上版目录新增 339 个,增幅约 15%,此次调整重点增加了儿童用药和重大疾病用药,以满足参保人的临床用药需求,切实提高参保人的福利水平。

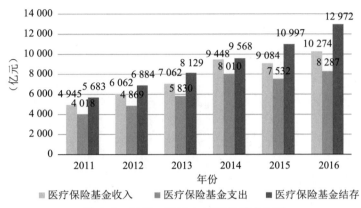

图 6-2　2011—2016 年城职保基金变动

资料来源：国家统计局。

（二）城乡居民基本医疗保险

1. 新型农村合作医疗

2002 年，国务院发布《中共中央 国务院关于进一步加强农村卫生工作的决定》(中发〔2002〕13 号)，要求在 2010 年之前在全国农村基本建立起适应社会主义市场经济体制要求和农村经济社会发展水平的农村卫生服务体系及农村合作医疗制度。2003 年《国务院办公厅转发卫生部等部门关于建立新型农村合作医疗制度意见的通知》(国办发〔2003〕3 号)，要求坚持自愿参加、多方筹资，以收定支、保障适度，先行试点、逐步推广的原则，从 2003 年起，各省、自治区、直辖市要选择 2—3 个县(市)先行试点，取得经验后逐步推开，预计在 2010 年实现在全国建立基本覆盖农村居民的新农合制度的目标，减轻农民因疾病带来的经济负担，提高农民健康水平。2006 年，卫生部等七个部、委、局联合下发《关于加快推进新型农村合作医疗试点工作的通知》(卫农卫发〔2006〕13 号)，在扩大试点和加大中央、地方财政补助等方面做了明确说明。

截至 2015 年年底，全国新农合参合人数 6.7 亿，参合率 98.8%，较 2010 年上升 4%(见图 6-3)。新农合基金规模也逐年扩大，2015 年筹资总额达 3 286.6 亿元，支出 2 993.5 亿元[①]，二者较 2010 年增长均超过 150%。人均筹资从 2010 年的 156 元/年逐年上升到 2015 年的 500 元/年。2016 年住院费用支付比例达到 75%，基金最高支付限额达到当地农民人均可支配收入的 6 倍以上，进一步缩小了与实际住院费用支付比例之间的差距，基本满足了农村人口的就医需求。

---

① 资料来源：原国家卫生和计划生育委员会基层司，《2015 年我国卫生和计划生育事业发展计公报》。

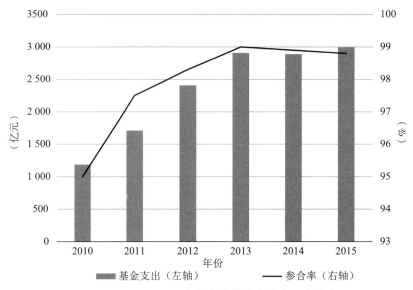

图 6-3　2010—2015 年新农合基金年支出及参合率

资料来源:《中国卫生和计划生育事业发展统计公报(2010—2015 年)》。

2. 城镇居民基本医疗保险

为保障城镇非从业人员的基本医疗需求,国务院于 2007 年发布了《国务院关于开展城镇居民基本医疗保险试点的指导意见》(国发〔2007〕20 号,以下简称《意见》)。《意见》要求当年在有条件的省份选择 2—3 个城市启动试点。这一试点范围逐步扩大,至 2010 年,城居保在全国全面推开,逐步覆盖全体城镇非从业居民,并逐步建立以大病统筹为主的城居保制度。

这一制度的覆盖对象主要包括不属于城职保制度覆盖范围的中小学阶段的学生、少年儿童和其他非从业城镇居民;筹资以家庭缴费为主,政府给予适当补助,医疗保险基金主要用于参保居民住院和门诊大病的医疗支出。

截至 2017 年年底,城居保参保人数达 8.73 亿,比 2012 年增长 6.01 亿,五年年均增长率为 26.27%(见图 6-4)。

如图 6-5 所示,城居保险基金规模持续扩大,2016 年全年城职保基金收入 2 811 亿元,支出 2 480 亿元,年末基金累计结存 1 993 亿元,和 2011 年相比,收入、支出和结存五年年均增长率均超过 60%。大病保险覆盖城乡居民超过 10 亿人,各省大病保险政策规定的支付比例不低于 50%;2016 年,政策范围内住院费用基金支付比例为 80% 左右(中华人民共和国人力资源和社会保障部,2017)。

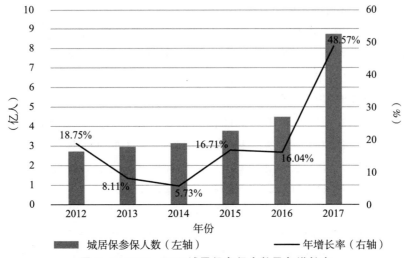

图 6-4　2012—2017 城居保参保人数及年增长率

资料来源：国家统计局。

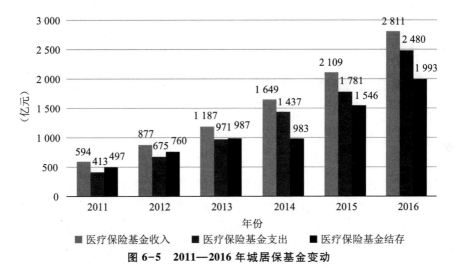

图 6-5　2011—2016 年城居保基金变动

资料来源：国家统计局。

3. 合并后的城乡居民基本医疗保险

随着党的十八大、十八届三中全会和五中全会要求"建立更加公平可持续的社会保障制度"和"健全全民医保体系"，我国城居保和新农合并轨方案逐步推进。截至 2016 年年底，全国已经有 30 个省、区、市，以及新疆生产建设兵团正在推进或已经完成城乡居民医疗保险的并轨工作（中华人民共和国人力资源和社会保障部，2017）。

截至 2017 年年底,我国基本医疗覆盖人数 13.5 亿,基本实现了制度层面的全覆盖目标。[①] 筹资和保障水平方面,我国城居保和新农合人均政府补助标准为 380 元,个人缴费标准达到人均 120 元;2016 年城职保、城居保和新农合政策范围内住院费用支付比例分别为 80%、70% 和 75% 左右[②]。在医疗服务管理方面,全国各地逐步开展按人头、按病种等多种付费方式相结合的复合付费方式改革,以期控制医保费用总额的快速增长。在异地就医结算管理和服务方面,全国医保异地就医结算联网工作于 2016 年年底建成国家异地结算系统,并与所有省区市连通,开通 6 616 家跨省异地就医定点医疗机构,跨省直接结算 2.92 万人,其中通过国家平台直接结算超过 1 万人次。

但需要指出的是,不同体制、不同地域、不同群体之间发展不平衡、不协调的问题仍然存在,我国社会基本医疗保险体系的公平性问题较为突出。具体而言,在可及性方面,不同制度下的参保率和人均受益次数存在较大差异;在筹资水平和保障水平方面,不同制度、不同省份、不同群体以及城乡之间的差异也较为明显;在便利性方面,当参保对象发生身份变换,或需要异地就医服务时,医保服务仍存在较多障碍和不便。这些问题凸显出我国积极推进医疗保险制度改革、力争建立更加公平和可持续的医疗保障制度的紧迫性。

二、社会医疗保险公平性研究评述

伴随我国城职保、新农合和城居保等制度的逐渐建立健全和完善,覆盖全民的基本医保体系逐渐完成。与此同时,学术界关于基本医保制度公平性及公平性定量评价方法等问题的研究也在逐渐深入。

医保制度公平性是一个宽泛的研究领域,厘清研究对象的定义至关重要。在定量分析公平性的方法上,林俊聪等(2013)将其具体分为三类:第一类是计算较为简单的一般评价方法,包括数值法、构成比法、极差法和比率法等;第二类是基于集中曲线和集中系数思想的综合评价指标方法,包括基尼系数、卡瓦尼指数、水平平行系数和差异系数等;第三类是其他综合多种方式的评价方法。

从目前来看,关于我国基本医保项目的实证评价成果十分丰富,针对城职保、城居保、新农合,以及合并后的城乡居保项目,也都有学者展开与公平性相关的一些研究。而鉴于"三农"问题在我国经济社会发展中的特殊地位,新农合的公平性得到了学术界更多的关注。许多学者从参与公平、筹资公平、受

---

① 十一届三中全会报告。
② 资料来源:中华人民共和国人力资源和社会保障部。

益公平以及卫生服务利用公平等角度展开具体分析,基于各地数据的多项研究基本发现了类型不一的不公平性,指出新农合在公平性方面存在改善空间。

在新农合的受益公平方面,汪宏等(2005)使用2002年贵州省的家庭入户调查数据探究农民参加合作医疗的概率、合作医疗参加者对卫生服务的利用,以及农民从合作医疗中获得的净收益问题。研究结果发现虽然新农合的保费自付水平很低,但低收入农民仍会因为需要自付保费而倾向于参与合作医疗,高收入参保者从合作医疗中受益相对较大,特别是高收入者中健康状况好的参保者。在门诊服务方面,新农合"低保费、高共付率"的制度设计对低收入农民会产生受益不公平。

另外,金音子等(2014)使用宁夏的家庭问卷调查数据研究新农合受益公平问题。他们运用比例法、极差法、集中指数和集中曲线法来评价新农合制度对改善疾病经济负担的公平性,并分别从卫生服务需求和利用情况、门诊和住院费用补偿情况以及疾病经济负担情况三个角度展开。这一研究发现,低收入的参合农民的卫生服务需求更多,但因经济困难选择未就诊的人仍集中于低收入人群;而低收入群体还存在次均门诊费用多、补偿费用少,自付比例大于高收入群体等不公平现象。总体而言,新农合的确在一定程度上减轻了家庭因病所造成的经济负担,但各收入组在灾难性卫生支出发生率的降低方面并未集中趋向于低收入群体,这也表明公平性问题未能得到显著改善。

在此基础上,为了修正传统衡量公平性方法在衡量贫富差距方面的不足,王安珏等(2012)提出可以采用泰尔指数方法,并以此分析了安徽省新农合政府补助的受益公平性问题。这一研究发现,从绝对公平角度而言,新农合门诊补助差别不大,而在住院补助方面则是相对富裕的人群的补助水平高于贫困人群;从相对公平角度而言,新农合政府门诊补助集中于贫困人群,在一定程度上减小了贫富差距,但在住院补助方面,最富裕人群实际上获得了最高额度的补助。

此外,也有学者同时检验新农合的筹资公平和受益公平。例如,申曙光等(2009)使用广东省2004—2007年的新农合医疗数据,运用集中曲线和集中指数评价健康公平性,用卡瓦尼指数评价卫生筹资公平。其研究结果发现广东省不同地区间新农合的筹资与补偿普遍存在不公平问题,制度的受益更多地偏向经济发达地区;而在筹资方面,低收入地区的费用负担相对高于高收入地区,这表明新农合筹资机制是累退的。在受益公平方面,低收入地区的门诊补偿受益公平优于高收入地区,而高收入地区的住院补偿受益公平要优于低收入地区。

新农合制度下的公平性问题固然体现了社会医疗保险制度总体公平性之中重要的一面,但随着我国城职保和城居保体系的逐渐建立与完善,以及可得数据的积累,许多学者也将公平性问题研究的范围扩展到城职保、城居保和城乡居保等其他制度上,并对两种或多种医保制度的公平性程度进行了实证比较和评述。

在城职保制度公平性探究方面,刘平等(2006)认为我国城职保公平性问题主要表现三个层面:横向体现为不同人群之间参保机会差异较大,即医保覆盖面窄、弱势群体医疗保障程度低;纵向体现为参保人员的个人医疗负担与其实际承受能力不相适应,即相同的缴费率、起付标准、自付水平以及统账结合运行模式的制度设计不利于在不同收入、健康水平人群之间实现公平;在卫生服务的利用方面体现为高收入人群较多地享受了社会医疗保险提供的卫生服务,尤其是高级卫生服务,而低收入人群却连基本的卫生需求都无法保障,导致健康水平明显低于高收入群体。

在城居保的公平性研究方面,周钦等(2016)发现,我国在医保的筹资和支付方面存在"均等化"这一特征,即在当地医保基金统筹区域内,每位参保者缴纳相同保费,并以同等比例享受报销补偿。这种框架之下的基本医疗保险使得高收入参保人群的收益超过低收入人群,且由于低收入人群健康水平更低,其制度设计的实质将增大不同收入群体健康水平的差异。

而官海静等(2013)同样关注城居保的住院医疗服务利用公平性。他们使用集中指数法同样发现,城居保之下住院服务利用不公平状况依然存在。穷人更容易出现应住院却未住院这一选择。城居保对于改善住院服务利用公平性的作用较为有限。

除了隔离地针对某一种医保制度进行筹资公平或受益公平的评估,还有一类文献旨在比较不同医保制度的公平程度。王欢等(2011)以2009年深圳市医疗保险统筹数据为佐证,从筹资、参保人数、住院服务利用、住院费用补偿等方面对农民工医保、住院医保和综合医保这三种制度的运行绩效进行了差异分析。研究发现深圳市基本医疗保险体系有效地保障了各类人群的参保权利与能力,在制度可及性上实现了底线公平,即一种有差异的公平,也就是说在承认绝对差异存在的前提下,追求基准水平以上的公平;在制度设计上平滑了由筹资水平的差异造成的受益不公平风险,并维护了该制度的底线公平。

周忠良等(2013)则利用卫生服务间接标准化方法和集中指数法探究了城职保和新农合两个制度下,不同收入的参保人群在受益率和受益程度方面的公平性问题。这一研究发现,城职保的受益率和受益程度均高于新农合,而新农合由于补偿比例较低,造成高收入人群的受益率和受益程度高于低收入人群这一不公平现象。

国际上针对我国医保公平性的研究相对有限,而且比较集中于20世纪的医保体系,其总体结论都是发现了医保制度在转轨和变革期间的不公平特征。Liu et al.(1999)研究了我国在经济转轨时期的医疗服务公平性问题。他们使用1985年、1986年和1993年的数据检验发现,在这一段经济转轨时期内,城乡居民的健康水平差异增大,在收入和医疗服务的使用方面也呈现出更大的城乡差距。这与国家减少对于乡村医疗的投入息息相关。作者指出,经济发展并不一定伴随着健康水平的改善,政府应更加重视医保中的不公平因素。

Gao et al.(2001)关注的是20世纪90年代我国推行国有企业改制期间对于医保公平性的冲击,尤其是对于下岗职工的保障。他们使用1993年和1998年两年的调研数据分析医疗服务使用的变化。这期间,最高收入组和最低收入组的收入差距增大,城职保覆盖人群比例下降,且自费负担医疗费用的比例明显增加。低收入组应就医未就医的比例提高,入院率降低。

在一项更近的研究中,Liu et al.(2002)使用1994—1996年间镇江医改前后的数据,分析医保受益公平性的问题。研究发现,改革后低收入群体使用门诊服务的概率大大提高,改善了公平性。但是,低收入群体使用高花费、高科技的检验和治疗的可能性依旧较低。

三、本章采用的评估框架

为更加全面和系统地衡量我国社会医疗保险的公平性问题,本章在现有文献的基础上,按照起点公平、过程公平和结果公平三个模块分别阐释公平性的特点,分别建立宏观和微观两层指标体系,从制度维度、区域维度以及收入维度三个层面对于社会医疗保险的公平性问题进行综合性的探究与比较。

社会医疗保险的起点公平,即底线公平,是指公民都具有享有基本医疗保障的权利,并有机会参与相应的社会医疗保险项目。起点公平是社会医疗保险公平性的基石,其最重要的衡量指标是参保率,即参保人员占全体公民的比例,该指标反映了社会医疗保险体系能否最大程度地覆盖全体公民,属于医疗保险的可及性指标。此外,起点公平中的一个支线还涉及权利的可携带性问题,即当被保险人发生身份、居住地转变,或是异地就医时医疗保险的可携带性水平,这也是促使居民真正享有同等基本医疗权利的重要保障。具体分析见本章第二节。

社会医疗保险的过程公平是指依据现有制度规定进行测算,制度设计是否顺应公平原则,对低收入地区、弱势群体适当倾斜,使得具有同等医疗需求的居民能够获得同等的基本医疗服务。具体而言,本章统计了各省在城职保、城居保、新农合和合并后的城乡居保四种制度之下,其住院起付标准线、统筹基金支付比例和最高支付限额这几个核心变量的差异,将其作为衡量不同群体绝对保障水平的指标。绝对保障水平之外,本章使用社保产出投入比这一指标衡量不同群体相对保障水平的差异性。这也是国内文献首次使用该指标对社会医疗保障公平性进行衡量。基本医疗保险的产出投入比是指基金最高支付限额与参保人个人缴费的比值,它结合了筹资与受益两个方面,综合衡量了不同制度下社会保险相对于投入而言的保障水平。上述绝对和相对保障水平的衡量指标实际上都是从制度规定中可以测算出的静态指标,便于进行制度间、省份间以及区域间的比较。根据公平原则,相应内容主要考察这些指标是否向低收入群体和低收入区域倾斜,以体现制度设计过程的公平性。具体分析见本章第三节。

社会医疗保险的结果公平是指在现有制度的框架下测算实际制度运行的结果所体现出的公民从社会保险中的受益公平情况。具体而言,本章选取了住院率、次均住院费用、医保报销比例、次均自付费用、家庭负担比例五个主要指标,并使用中国家庭追踪调查(Chinese Family Panel Studies,CFPS)的调研数据,CFPS调研数据对于不同制度下的居民受益情况进行测算和回归分析。CFPS于2008年和2009年分别在北京、上海和广东三地展开测试和调查,并于2010年展开正式的访问,本章以2010年基线调查数据库中的个人数据与家庭数据为样本进行分析,样本涵盖14 798户家庭、33 600位个体。此外,本章将不同医保制度下的居民进行收入五等分处理,以便比较不同医保制度和收入水平对于受益结果的影响。具体分析见本章第四节。

在指标的选取方面,本章采用了宏观和微观视角相结合的方式。在宏观方面,本章既比较了城职保、城居保、新农合和合并后的城乡居保多个制度之间的公平性差异,也比较了东、中、西部地区之间的差异,以及省际差异。在微观方面,本章关注微观个体在收入层面的差异性对于医保公平性结果的影响。

第二节 我国社会医疗保险起点公平性度量

一、可及性问题:制度维度比较

社会医疗保险的可及性是指公民能否获得医疗保险制度保障,并在身份、居住地、职业发生转换时获得保障的延续。可及性是社会医疗保险公平性的基石与前提。随着城职保、新农合与城居保三项制度的建立和全面实施,社会医疗保险权已成为公民的一项基本权利,社会医疗保险的参保率也成为衡量医疗保障起点公平的重要指标。最近十多年来,社会医疗保险的参保人数持续增加,社会医疗保险制度的公平性和可及性正在逐步增强。下文将从制度公平层面对这三种针对不同人群的医疗保险制度进行比较和研究。①

(一)城镇职工基本医疗保险

1998年,国务院提出改革社会医疗保险制度,逐步废止劳保医疗制度和公费医疗制度,建立职工基本医疗保险制度,出台了《国务院关于建立城镇职工基本医疗保险制度的决定》((国发〔1998〕44号,以下简称《决定》),《决定》规定,城镇所有用人单位及其职工都要参加基本医疗保险,城镇所有用人单位,包括企业(国有企业、集体企业、外商投资企业、私营企业等)、机关、事业单位、社会团体、民办非企业单位及其职工,都要参加基本医疗保险。乡镇企业及其职工、城镇个体经济组织业主及其从业人员是否参加基本医疗保险,由各省、自治区、直辖市人民政府决定。如图6-6所示,2002—2016年,城职保参保人数逐年增加,截至2016年年底,参加城职保人数29 532万,比上年年底增加638万。在参加职工基本医疗保险人数中,参保在岗职工21 720万人,参保退休职工7 812万人,分别比上年年底增加358万人和280万人。2002—2011年参保人数稳步增长,2011—2016年增速放缓,退休职工占比一直稳定在73%—75%。

---

① 截至2017年,各省、自治区、直辖市都出台了城乡居保并轨的政策文件,但具体统计数据仍有缺失。因此,在本节仍按照新农合和城居保两个项目分别统计。

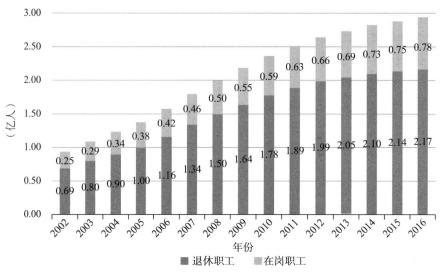

图 6-6 2002—2016 年我国城镇职工参加城职保人数

资料来源：2002—2014 年数据来自 2003—2015 年《中国卫生和计划生育统计年鉴》，2015—2016 年数据来自 2015—2016 年《人力资源和社会保障事业发展统计公报》。

（二）新型农村合作医疗

2002 年 10 月，国务院在《中共中央 国务院关于进一步加强农村卫生工作的决定》中明确提出逐步建立以大病统筹为主的新型农村合作医疗制度。2003 年 1 月，国务院办公厅转发了卫生部、财政部和农业部《关于建立新型农村合作医疗制度的意见》，明确提出了新农合制度是由政府组织、引导和支持，农村居民自愿参加，个人、集体和政府多方筹资，以大病统筹为主的农民医疗互助共济制度。新农合以农村居民为对象，家庭为单位，做到应保尽保。如图 6-7 所示，新农合参合人数在 2004—2008 年间快速稳步上升，从 2009 年开始，参合人数基本保持稳定，且略有下降趋势，这与我国城镇化进度相一致。

表 6-1 统计了 2004—2015 年新农合历年的参合率水平。从表中可以看到，自从 2004 年实施新农合制度以来，开展新农合的县的个数从 333 迅速增长到 2008 年的 2 729。2008 年以后，开展新农合县的数量有所下降，参合人数增速放缓，参合人数自 2010 年达到峰值 8.36 亿后，开始逐年下降，但参合率一直稳步上升。这说明在农村地区，虽然城镇化的高速发展导致总的参合人数呈现下降趋势，但新农合已经基本实现了制度全覆盖，这有利于农村居民享有社会医疗保险的起点公平。

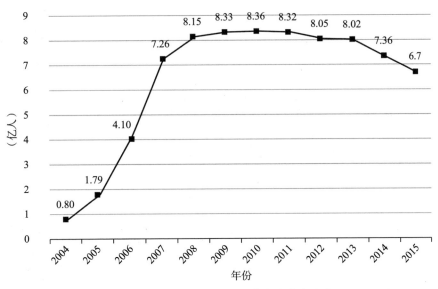

图 6-7　2004—2015 年我国新农合参合人数

资料来源:2007—2016 年《中国卫生和计划生育统计年鉴》。

注:2014 年天津市、山东省、广东省和浙江省部分地区已经实现城居保与新农合的统一,因此 2014 年新型农村合作医疗人数不含这些省市地区的农村参保人数。2016 年由于国务院正式发布《关于整合城乡居民基本医疗保险制度的意见》,新农合参合人数未再公布。

表 6-1　2004—2015 年新农合参合率

年份	开展新农合县(个)	参加新农合人数(亿)	参合率(%)
2004	333	0.80	75.20
2005	678	1.79	75.66
2006	1 451	4.10	80.66
2007	2 451	7.26	86.20
2008	2 729	8.15	91.53
2009	2 716	8.33	94.19
2010	2 678	8.36	96.00
2011	2 637	8.32	97.48
2012	2 566	8.05	98.26
2013	2 489	8.02	98.70

（续表）

年份	开展新农合县（个）	参加新农合人数（亿）	参合率（%）
2014	—	7.36	98.90
2015	—	6.70	98.80

资料来源：2014—2015年《中国卫生和计划生育统计年鉴》。

注：①参合率仅仅是指在开展新农合的县域内，参合人数与所有符合参合条件的人数比率；②2014年开展新农合县数据缺失。

（三）城镇居民基本医疗保险

2007年，《国务院关于开展城镇居民基本医疗保险试点的指导意见》（国发〔2007〕20号）出台，全国各地逐步实施城居保制度。该项制度与新农合制度原理基本相同，由政府组织实施，财政给予补助，解决城镇非从业人员，特别是中小学生、少年儿童、部分老年人、残障人士等群体的社会医疗保障问题。如图6-8所示，城居保自2007年实行以来，参保人数逐年增加，增速逐步放缓。

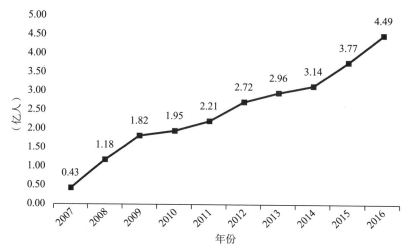

图6-8　2007—2016年我国城镇居民基本医疗保险历年参保人数

资料来源：2016年《中国卫生和计划生育统计年鉴》。

由上述数据及比较分析可以看出，城职保、新农合和城居保三种制度分别为城镇职工、农村居民和城镇非就业居民提供基本医疗保险。截至2016年年底，城职保、城居保参保人数分别为2.95亿和4.48亿，全国基本医疗保险参保人数超过13亿,参保覆盖率稳居5%以上①,基本实现了社会医疗保险全覆盖的目标。平均而言,不同群体的公民都能享有至少一种社会医疗保险。这是实现社会医疗保险起点公平的有力保障。

二、可及性问题:区域和省区维度比较

(一)东、中、西部地区比较

表6-2列出了2013年年底我国各区域三项基本医疗保险制度的参保情况,三项基本医疗保险制度综合参保率(即三项基本医疗保险制度参保总人数与各省人口总数的比值)为101.3%,东、中、西部地区综合参保率分别为87.6%、97.6%、135.3%,综合参保率依次递增,西部地区最高,大大超过了全国综合参保率水平。这可能由多个原因造成的:首先,社会医疗保险制度对于西部地区有所倾斜,在这一区域试图保证全面覆盖;其次,西部地区的农村人口比重高,而新农合政策极高的覆盖率很可能是拉高这一区域综合参保率的重要因素;最后,西部地区多为劳动力输出省份,农村居民外出打工可能会在工作省份投保城职保,故会存在重复投保现象。综合以上因素,西部地区综合参保率远远超过了100%。

表6-2 2013年分地区三项基本医疗保险制度综合参保情况

区域	参保人数(万)			各地区人口总数(万)	综合参保率(三项制度)(%)
	新农合	城居保	城职保		
全国	80 209	29 667	27 447	135 516	101.3
东部	23 127	14 177	16 065	60 927	87.6
中部	30 341	7 519	6 238	45 169	97.6
西部	26 740	7 934	5 141	29 420	135.3

资料来源:根据2014—2015年《中国卫生和计划生育统计年鉴》,2014年《中国人口与就业统计年鉴》整理得出,由于广东、天津在2013年之前实现了新农合与城居保的统一,故2013年统计年鉴中无两省份新农合数据。

(二)省际比较

表6-3列出了各省份的参保相关信息。可以看出,在全国除港澳台地区的31个省份中,综合参保率较高的多是中西部省份(综合参保率最高的是重

---

① 根据《发展权:中国的理念、实践与贡献》白皮书中的数据整理。

庆,达到181.2%),综合参保率最低的五个省份主要是东部省份(天津、上海、黑龙江、北京和广东)。这也印证了上文地区间综合参保率比较的结果。

表6-3 2013年各省份新农合及三项制度综合参保率

省份	参保人数(万)			各省人口总数(万)	年末城镇人口比重(%)	农村人口数(万)	新农合参保率(%)	综合参保率(三项制度)(%)
	新农合	城居保	城职保					
重庆	2 146	2 695	540	2 970	58.34	1 237.30	173.5	181.2
宁夏	357	457	109	654	52.01	313.85	113.7	141.1
浙江	2 228	2 330	1 791	5 498	64.00	1 979.28	112.6	115.5
安徽	5 150	945	716	6 030	47.86	3 144.04	163.8	112.9
贵州	3 214	327	345	3 502	37.83	2 177.19	147.6	111.0
河南	8 120	1 157	1 140	9 413	43.80	5 290.11	153.5	110.7
广西	4 079	564	467	4 719	44.81	2 604.42	156.6	108.3
四川	6 244	1 240	1 282	8 107	44.90	4 466.96	139.8	108.1
江西	3 358	907	570	4 522	48.87	2 312.10	145.2	106.9
湖南	4 730	1 517	799	6 691	47.96	3 482.00	135.8	105.3
山东	6 379	1 838	1 810	9 733	67.76	3 137.92	203.3	103.0
湖北	3 925	1 038	923	5 799	54.51	2 637.97	148.8	101.5
陕西	2 550	673	572	3 764	51.31	1 832.69	139.2	100.8
海南	490	187	220	895	52.74	422.98	115.9	100.3
福建	2 492	581	703	3 774	60.77	1 480.54	168.3	100.1
吉林	1 344	804	575	2 751	54.20	1 259.96	106.7	99.0
甘肃	1 930	326	297	2 582	40.13	1 545.84	124.9	98.9
辽宁	1 977	709	1 625	4 390	66.45	1 472.85	134.2	98.2
西藏	243	24	31	312	23.71	238.02	102.0	95.5
江苏	4 055	1 153	2 275	7 939	64.11	2 849.31	142.3	94.3
青海	363	92	90	578	48.51	297.61	121.9	94.2
云南	3 251	661	458	4 687	40.48	2 789.70	116.5	93.2
河北	5 146	748	926	7 333	48.12	3 804.36	135.3	93.0
山西	2 194	440	647	3 630	52.56	1 722.07	127.4	90.4
内蒙古	1 262	522	465	2 498	58.71	1 031.42	122.3	90.0

(续表)

省份	参保人数（万）			各省人口总数（万）	年末城镇人口比重（%）	农村人口数（万）	新农合参保率（%）	综合参保率（三项制度）（%）
	新农合	城居保	城职保					
新疆	1 103	389	488	2 264	44.47	1 257.20	87.7	87.4
广东	—	5 707	3 473	10 644	67.76	3 431.63	0.0	86.2
北京	254	160	1 355	2 115	86.30	289.76	87.8	83.7
黑龙江	1 521	712	868	3 835	57.40	1 633.71	93.1	80.9
上海	105	256	1 394	2 415	89.60	251.16	41.7	72.7
天津	—	508	493	1 472	82.01	264.81	0.0	68.0
全国	80 209	29 667	27 447	135 516	53.73	62 703.25	127.9	101.3

资料来源：根据 2014 年、2015 年《中国卫生和计划生育统计年鉴》，《中国人口和就业统计年鉴-2014》整理得出。由于广东、天津在 2013 年之前实现了新农合与城居保的统一，故 2013 年统计年鉴中无两省份新农合数据。参保人数按照常住人口统计，而各省人口和农村人口是按照户籍人口统计。

注："—"表示无此项，因为 2013 年广东和天津已经实现新农合与城居保的统一。

综合上述比较分析，我国三项基本医疗保险制度综合参保率较高。在制度层面，各个不同群体都能通过其所属的社会医疗保险项目获得基本的医疗保险保障。其中，新农合的参保率尤其高，说明新农合对于农村居民制度上的倾斜，这符合社会医疗保险的公平原则。在区域和省际比较中，西部欠发达地区的综合参保率较高，而中、东部的综合参保率依次递减。这说明在制度可及性方面，我国的基本医疗保险制度已经基本实现了公民享有社会医疗保险服务这一目标，制度的起点公平获得了较好的保障。

三、社会医疗保险的转移接续

我国社会医疗保险制度表现出制度割裂、管理分散、统筹层次较低的基本现状，其相关转移接续问题也成为影响基本医保公平可及性和城乡发展统筹的重要因素之一，影响着医保制度的可携带性和便利性，具体表现为参保人发生身份变化所致的不同医保制度之间的衔接不畅问题，以及异地就医所致的不同地域之间的结算问题。

为保证城职保、城居保和新农合参保人员流动就业时能够连续参保，基本医疗保障关系能够顺畅接续，人力资源和社会保障部曾于 2009 年发布《流动就业人员基本医疗保障关系转移接续暂行办法》，对流动就业人员跨制度、跨区域的基本医保关系转移衔接问题进行了说明。2015年人力资源和社会保障部、国家发展改革委、财政部、国家卫生和计划生育委员会（现国家卫生健康委员会）又联合发布《关于做好进城落户农民参加基本医疗保险和关系转移接续工作的办法》（人社部发〔2015〕80号），以健全进城落户农民参加基本医疗保险和关系转移接续政策，切实维护各类参保人员合法权益。

但由于不同区域经济发展水平、不同制度之间筹资保障水平等的差异，基本医保转移接续在具体实践中仍存在较多障碍：一是转出地统筹基金的不可转移性严重影响转入地的基金收支平衡；二是缺失缴费年限互认和折算办法；三是关系转移、缴费转移和待遇转移发展不同步，存在重复缴费和等待期等问题；四是经办方式落后，转接成本高、周期较长（仇雨临和梁金刚，2014）。这些问题的存在严重阻碍了基本医保在不同区域、不同制度之间的转移接续，不利于参保人群健康权益和公平待遇的维护与保障。

为妥善解决以异地安置退休人员为重点的基本医保异地就医问题，人力资源和社会保障部、财政部于2009年发布了《关于基本医疗保险异地就医结算服务工作的意见》（人社部发〔2009〕190号），要求以异地安置退休人员为重点，提高参保地的异地就医结算服务水平和效率，加强就医地的医疗服务监控，大力推进区域统筹和建立异地协作机制，方便必须异地就医参保人员的医疗费用结算，减少个人垫付医疗费，并逐步实现参保人员就地就医、持卡结算。其后，经过近五年的努力，我国基本医疗保险市级统筹基本实现，大多数省份建立了省内异地就医结算平台并开展了直接结算。但在异地就医结算工作推进过程中仍存在许多不足之处：一是部分地方尚未实现市级统筹，市域范围内还未做到直接结算；省内异地就医结算尚不规范；跨省异地就医结算缺少顶层设计和协调。二是异地安置退休人员住院费用结算存在手续复杂、垫付压力大等问题。三是异地医疗行为缺乏监管，通过伪造医疗票据和就医材料等行为欺诈骗取医保基金的情况时有发生。为完善市级统筹、规范省内异地就医结算、推进跨省异地就医结算，着眼于城乡统筹，分层次推进异地就医结算服务，人力资源和社会保障部、财政部以及国家卫生和计划生育委员会于2014年发布《关于进一步做好基本医疗保险异地就医医疗费用结算工作的指导意见》（人社部发〔2014〕93号），以不断提高医疗保险管理服务水平，完善医疗服务监控机制，在方便参保人员异地就医结算的同时，严防欺诈骗保行为，维护广大参保人合法权益。

相比二、三线城市，一线城市人口结构更加复杂，流动人口更多，医疗资源更集中,因而医保的转移接续问题更加显著。此外,北京市作为首都的特殊定位及其人口结构特点,使得其在异地就医方面较早制定了规范措施,规定也相对严密,具有一定的借鉴和参考价值。因此,下文以北京市为例,具体梳理相关的政策规定和举措。2001 年 2 月发布的《北京市基本医疗保险规定》中第二十五条规定:"参加基本医疗保险的人员在参保的区、县内流动时,只转移基本医疗保险关系,不转移个人账户存储额,跨区县或者跨统筹区域流动时,转移基本医疗保险关系,同时转移个人账户存储额。"此后,为妥善解决外地务工人员务工期间医疗保险问题,北京市在 2004 年发布了《北京市外地农民工参加基本医疗保险暂行办法》(京劳社办发〔2004〕101 号)(见表 6-4),规定外地农民工参加本市基本医疗保险,由用人单位以本市上一年职工月平均工资的 60% 为基数、按 2% 的比例按月缴纳基本医疗保险费,其中 1.8% 划入基本医疗统筹基金,0.2% 划入大额医疗互助基金,外地农民工个人不缴费。基本医疗统筹基金的起付标准为 1 300 元,一个年度累计最高支付限额不超过 5 万元;超过最高支付限额的部分,由大额互助基金支付 70%,但最高不超过 10 万元。

表 6-4　2004 年北京市规定外地农民工合规医疗费用基本医疗统筹基金支付比例

(单位:%)

	1 万元以下	1 万至 3 万元	3 万至 4 万元	4 万元以上
三级医院	80	85	90	95
二级医院	82	87	92	97
一级医院	85	90	95	97

北京市自推广新农合和城居保试点以来,针对外来务工等流动就业人员,尤其是已经在户籍地或者以前工作地参保的人群,原有规定其在转入地重新参保的政策并不能充分保障这一参保人群的正当权益。为此,2011 年 7 月,北京市又发布了《北京市基本医疗保险关系转移接续有关问题的通知》(京人社医发〔2011〕127 号),其中对流动就业人员基本医疗保障关系转移接续工作进行了说明。

具体而言,对于符合北京市养老保险转移接续认定条件的流动就业人员,可办理基本医疗保险关系的转移接续手续。对于跨统筹地区到北京市的流动就业人员,其自原统筹地区转出后,如果在 3 个月内在北京市办理了基本医疗保险接续手续,视为连续缴费,灵活就业人员不受待遇享受等待期限制,按规定享受基本医疗保险待遇。对于跨统筹地区到北京市流动就业并参加城职保的人员,达到法定退休年龄时符合本市按月领取基本养老金条件,且在本市实际缴纳(或补缴)基本医疗保险费满 10 年以上,并累计缴费年限符合女性缴满 20 年、男性缴满 25 年的,可享受退休人员医疗保险待遇。在缴费年限方面,对于跨统筹地区到北京市的流动就业人员,在办理医疗保险关系转移接续后,其在原就业(参保)地的城镇企业职工基本医疗保险的缴费年限,视同本市基本医疗保险缴费年限。

针对异地就医问题,北京市曾针对城职保、城居保和新农合等分别做出了规定。2001 年 3 月,《关于贯彻实施〈北京市基本医疗保险规定〉有关问题的处理办法》规定,职工因公外出、探亲期间,在本市行政区域外当地县级以上定点医疗机构就诊发生的医疗费用,先由个人垫付,经医疗保险事务经办机构审核批准后,按照规定,由账户和基本医疗统筹基金支付。对于异地安置的退休人员,个人账户资金由社保基金管理机构按照规定的比例将应划入个人账户的数额以现金的形式支付给个人。属于基本医疗统筹基金及大额医疗互助基金支付的医疗费,先由个人垫付,经医疗事务经办机构核准后,由基本医疗保险统筹基金及大额医疗互助基金支付。

2010 年 12 月,《北京市城镇居民基本医疗保险办法实施细则》又规定,城镇老年人在外埠居住一年以上、学生儿童在外省市居住或就读的,应在本人户籍所在地社保所申请办理异地就医登记手续。参保人员在外埠定点医疗机构发生的符合本市基本医疗保险和学生儿童大病医疗保险药品目录、诊疗项目目录、医疗服务设施范围的急诊医疗费用,到本人户籍所在地社保所办理报销。

北京市人力资源和社会保障局 2017 年 6 月 13 日公布了本市跨省异地就医结算各项任务时间表:6 月底前,北京市所有三级定点医院都纳入直接结算定点范围,本市直接结算备案人员的范围从异地安置退休人员扩大到异地长期居住人员、常驻异地工作人员和异地转诊人员,意味着上述四类人群都将享受异地就医直接结算政策,所有已备案人员在 9 月底前全部实现直接结算。

2017 年 6 月 16 日,国务院办公厅印发《关于制定和实施老年人照顾服务项目的意见》(国办发〔2017〕52 号),要求加快推进基本医疗保险异地就医结算工作,2017 年年底前基本实现符合转诊规定的老年人异地就医住院费用直接结算。

综上所述,我国社会医疗保险制度基本实现以参保率或医保覆盖率为标准衡量的起点公平,城职保、城居保和新农合以及合并后的城乡居保分别针对不同身份的群体,相互补充,基本实现医疗保险全覆盖,医疗保险的全民可及性也基本实现。然而,需要指出的是,在考虑人口流动的动态过程时,我国社会医疗保险体系虽经数年发展,统筹层次不断提高,但转移接续问题仍较为突出,造成异地工作的低收入群体重复投保或投保后不能享受医保待遇,并伴随着结算制度不完善,申办手续较为繁杂,异地就医结算诱发诈保、骗保等问题仍需解决。

第三节　我国社会医疗保险过程公平性度量

2007年《国务院关于开展城镇居民基本医疗保险试点的指导意见》(国发〔2007〕20号)的出台,实现了基本医疗保险对城镇非从业居民的覆盖,标志着我国社会医疗保险制度基本建立。党的十八届三中全会审议通过的《中共中央关于全面深化改革若干重大问题的决定》中提到,建立更加公平可持续的社会保障制度,整合城乡居民基本医疗制度。广东、天津等10个省市已将新农合与城居保制度合并,实现了城乡居保制度的整合。因此,我国的社会医疗保险制度是城职保和居民医保(新农合、城居保和并轨后的城乡居保)并行。但是,城职保与居民医保在覆盖范围、缴费方式、统筹基金支付比例和支付限额等方面存在诸多差异。

近年来,我国社会医疗保险正在由制度全覆盖走向人员全覆盖,参保人数超过13亿,已基本实现人人享有社会医疗保险的目标,以参保率衡量的起点公平初步实现。在此基础上,社会医疗保险制度应在全覆盖的基础上进一步追求过程公平,力争达到结果公平。本节将选取衡量过程公平的若干指标,对各个制度进行单独分析,再对不同制度、区域和省份进行对比分析与比较。由于城职保、新农合和城居保都还未实现省级统筹,因此,本节使用各省省会城市三项制度筹资水平和待遇水平作为各省的代表,从而分析和比较各项制度在不同区域之间的公平性[①]。

一、制度维度比较

(一)制度内公平性比较

1. 城镇职工基本医疗保险

1998年发布的《国务院关于建立城镇职工基本医疗保险制度的决定》中

---

① 截至2017年,各省并未都彻底完成城乡居保并轨,因此按照新农合、城居保和城乡居保分别统计。

规定,基本医疗保险费由用人单位和职工共同缴纳,用人单位缴费率应控制在职工工资总额的6%左右,职工缴费率一般为本人工资收入的2%。缴费基数是当地职工本人去年月平均工资,职工本人去年月平均工资低于本市职工月平均工资60%的,以去本市职工月平均工资的60%为缴费工资基数缴纳基本医疗保险费;职工本人去年月平均工资高于上一年本市职工月平均工资300%以上的部分,不作为缴费工资基数;无法确定职工本人上一年月平均工资的,以上一年本市职工月平均工资为缴费工资基数缴纳基本医疗保险费。职工基本医疗保险的报销最高支付限额为当地上一年职工平均工资的6倍。

表6-5列出了截至2017年年底各省份(除港澳台地区)省会城市城职保待遇水平,由于青海、西藏和海南三个省份的数据缺失,我们只统计了28个省会城市。如表6-5所示,各城市三级医院和一级医院的起付线均值分别为964元和429元,变异系数分别为0.3047和0.7231,各城市住院起付线差距较大,而且一级医院的住院起付线相比三级医院的更高,这主要是由于上海、北京和天津三个直辖市的一级医院住院起付线远远高于其他地区所致。经济发达城市起付线相对较高,而经济欠发达城市的起付线水平相对较低,这体现了各省份在设定起付线时结合了地方实际医疗费用水平。

在同一省份中,三级医院和一级医院统筹基金支付比例相差不大,各省份均值分别为86%和88%,而且28个城市的变异系数也较小,分别为0.0386和0.1801,这说明各城市统筹基金支付比例相差不大,市内三级医院和一级医院基金支付比例也很相近。

统筹基金最高支付限额是根据当地上一年平均工资水平确定的,它与各地的经济发展水平高度相关,其变异系数为0.5810,说明28个城市的基金最高支付限额差距较大。其中广州最高(50.10万元),西安、上海、济南紧随其后,分别为40.00万元、34.00万元和25.60万元。从表6-5中可以看出,大部分东部城市的最高支付限额高于中、西部城市。最高支付限额的差异,部分源于各城市的不同计量方式。例如,广州最高支付限额规定为上一年度平均工资的6倍,因而支付限额明显高于其他省份,除此之外,该差异反映了不同的绝对保障水平,相比之下,东部地区绝对保障水平更高,居民能够享受的医疗资源也更多,城职保对中西部地区倾斜不足。

表 6-5 截至 2007 年年底各省份省会城市城职保待遇水平

	住院起付线（元）		统筹基金支付比例（%）		最高支付限额（万元）
	三级医院	一级医院	三级医院	一级医院	
广州	1 600	400	80	90	50.10
西安	800	300	85	90	40.00
上海	1 500	1 500	85	85	34.00
济南	1 200	400	88	85	25.60
合肥	600	200	90	94	25.45
贵阳	900	500	86	97	25.00
石家庄	900	200	83	90	25.00
武汉	800	400	82	8	24.74
成都	800	200	85	92	24.53
杭州	800	300	88	84	24.00
南宁	700	300	90	85	23.15
太原	800	300	82	90	23.00
长春	1 500	700	85	91	20.00
南京	900	300	90	97	18.00
天津	1 700	800	85	85	15.00
郑州	900	300	88	95	15.00
福州	800	600	85	90	12.00
长沙	900	480	88	95	12.00
北京	1 300	1 300	85	90	10.00
哈尔滨	720	240	86	90	10.00
呼和浩特	1 000	500	88	92	10.00
南昌	700	300	90	98	10.00
沈阳	800	300	88	94	10.00
乌鲁木齐	800	200	80	90	8.00
重庆	880	200	85	90	7.10
兰州	700	400	96	88	6.00
昆明	1 200	200	85	91	5.90
银川	800	200	85	95	5.00

（续表）

	住院起付线（元）		统筹基金支付比例（%）		最高支付限额（万元）
	三级医院	一级医院	三级医院	一级医院	
均值	964	429	86	88	18.52
标准差	1 700	1 500	96	98	50.10
最大值	600	200	80	8	5.00
最小值	294	310	3	16	10.76
变异系数	0.3047	0.7231	0.0386	0.1801	0.5810

资料来源：根据各省人力资源和社会保障厅截至2017年年底相关政策搜集整理得出。

注：成都、合肥、济南、南宁、武汉最高支付限额按当地2016年在岗职工平均工资的4倍计算，广州按在岗职工平均工资的6倍计算。

2. 新型农村合作医疗

我国建立新农合制度以来，参合人数快速增长，制度覆盖率逐年提高，筹资标准和待遇水平也逐年调整，反映出国家对提高农民健康水平，缓解农民因病致贫、因病返贫等问题的高度重视。政府通过中央和地方财政补贴逐年提高新农合的筹资标准，仅2011—2014年，新农合筹资标准就从每人每年120元提高到每人每年320元。实际待遇水平由当地政府根据实际情况制定和调整。

表6-6列出了公开数据可查到的2014年部分省份省会城市新农合待遇水平。如表所示，各城市三级医院和一级医院住院起付线均值分别为1 313元和113元，相应的基金支付比例分别为52.75%和85.26%。这两级医院的起付线标准和基金支付比例差距很大，主要是由于新农合制度鼓励参合居民在基层医院就诊。一级医院住院起付线、基金支付比例和最高支付限额的变异系数分别为1.0070、0.0793和0.2999，这说明各省份新农合制度的基层医院统筹基金报销水平相差不大，但各城市在一级医院住院起付线和最高支付限额方面均有较大差异。具体而言，相比长春、沈阳、南昌和海口四市的零起付线，石家庄和北京一级医院住院起付线较高，分别为400元和300元，而且这两市的个人自付比例也比其他城市高，说明制度使得中西部城市在一级医院获得更多的基金赔付，体现了公平原则。在最高支付限额方面，20个城市的差距也较大，西部城市普遍比中部和东部城市低，这与地方经济发展水平有关。

总体而言，新农合制度鼓励农村居民在基层医院看病治疗，且政策向中西部城市的农村居民倾斜，在此方面优于城职保。此外，与地方经济水平挂钩的基金最高支付限额也表明省际新农合制度在过程公平性方面较好。

表 6-6　2014 年部分省份省会城市新农合待遇水平

	住院起付线(元)		基金支付比例(%)		最高支付限额（万元）
	三级医院	一级医院	三级医院	一级医院	
北京	1 300	300	60	70	18.00
石家庄	2 300	400	50	75	10.00
郑州	2 500	100	55	90	15.00
太原	1 500	100	50	90	15.00
西安	1 000	—	50	—	13.00
合肥	—	—	55	90	20.00
武汉	1 200	200	45	85	10.00
南京	500	100	60	85	20.00
上海	—	—	50	80	12.00
福州	800	100	45	80	10.00
南宁	500	150	55	90	10.00
乌鲁木齐	—	—	50	80	8.00
呼和浩特	2 000	100	55	100	12.00
哈尔滨	800	100	45	90	8.00
长春	1 000	0	55	85	16.00
沈阳	1 000	0	50	85	15.00
贵阳	—	—	60	80	15.00
兰州	3 000	50	55	85	8.00
南昌	600	0	55	90	10.00
海口	1 000	0	55	90	10.00
均值	1 313	113	52.75	85.26	12.75
标准差	753	114	0.05	0.07	3.82
最大值	3 000	400	60	100	20.00
最小值	500	0	45	70	8.00
变异系数	0.5735	1.0070	0.0895	0.0793	0.2999

资料来源：根据部分省份公开的相关政策搜集整理得出。

注："—"表示数据缺失。

3. 城镇居民基本医疗保险

城居保制度自 2007 年开始试点，国家逐年扩大试点范围，2010 年已在全国全面推开，逐步全面覆盖城镇非从业居民。各级财政补贴从 2007 年每人每年 40 元大幅上升到 2015 年的每人每年 380 元，医疗费用自付比例也逐年下降，统筹基金最高支付限额根据地方经济发展水平逐年上调。

表 6-7 列出了部分省份省会城市城居保待遇水平。如表中所示，各城市三级医院和一级医院住院起付线均值分别为 729 元和 186 元，基金支付比例均值分别为 62.89% 和 82.06%，变异系数分别为 0.3660、0.3696、0.1252 和 0.1012，两级医院起付线的变异系数都较大，说明省份间住院起付线的差异大，其中上海三级医院和一级医院起付线最低，分别为 300 元和 50 元；北京三级医院起付线最高，达到 1 300 元；西安和南京一级医院起付线最高，均为 300 元。这表明城居保在住院起付线方面虽然省际差异很大，但并没有明显的地区性倾向。在三级医院、一级医院基金支付比例方面，各城市都在这两类医院间拉开了 10%—30% 的报销差距，体现各城市在城居保实施中都积极引导居民在基层医院就诊。在各城市城居保统筹基金最高支付限额方面，兰州最低（3.00 万元），这是因为兰州在《城镇居民基本医保实施细则》中规定城居保统筹基金最高支付限额为 3.00 万元，超过部分由大病保险基金支付。拉萨的基金最高支付限额为 20.00 万元，是西部城市中最高的，三级医院基金支付比例高达 85%，也是各城市中最高的，这一方面体现了西藏特殊的地理环境带来的更高的医疗需求，另一方面也体现了政策向西藏的倾斜。此外，中西部其他城市的支付限额普遍比东部城市低，各城市统筹基金最高支付限额差异主要还是与地方经济发展水平有关。

表 6-7 2014 年部分省份省会城市城居保待遇水平

	住院起付线（元）		基金支付比例（%）		最高支付限额（万元）
	三级医院	一级医院	三级医院	一级医院	
北京	1 300	—	60	—	15.00
石家庄	800	200	60	80	12.00
郑州	900	200	65	75	14.00
太原	800	200	60	85	7.00
西安	500	300	60	85	20.00
合肥	600	200	60	80	20.00

(续表)

	住院起付线(元)		基金支付比例(%)		最高支付限额(万元)
	三级医院	一级医院	三级医院	一级医院	
武汉	800	200	60	80	13.00
南京	900	300	65	95	29.00
上海	300	50	60	80	—
福州	800	150	55	85	10.00
拉萨	400	100	85	—	20.00
乌鲁木齐	—	—	55	85	9.00
呼和浩特	—	—	75	90	13.00
哈尔滨	720	240	50	60	11.00
长春	1 100	200	60	80	16.00
沈阳	600	200	70	90	18.00
贵阳	800	150	—	—	15.00
兰州	—	—	60	70	3.00
南昌	—	—	70	85	12.00
海口	350	100	65	90	15.00
均值	729	186	62.89	82.06	14.32
标准差	267	69	0.08	0.08	5.70
最大值	1 300	300	85	95	29.00
最小值	300	50	50	60	3.00
变异系数	0.3660	0.3696	0.1252	0.1012	0.3979

资料来源:根据部分省份公开的相关政策搜集整理得出。

注:"—"表示数据缺失。

城居保对不同人群的筹资标准和个人缴费有所不同,一般将城镇居民分为三类:学生儿童、城镇老人[①]和无业居民。各省份的筹资标准根据地方财政情况也有所区别,但在个人缴费层面,通常无业居民个人缴纳的医疗保险费用最高,城镇老人次之,学生儿童最低。这表明制度在筹资层面更加倾向于学生儿童和老人这两类弱势群体。

表6-8列出了部分省份省会城市城居保产出投入情况。如表中所示,各城市不同人群个人缴费水平不同,但基金最高支付限额基本一致。其中,学生

---

① 男满60周岁、女满50周岁的居民称为城镇老人。

儿童、城镇老人和无业居民个人平均缴费水平分别为56.50元、212.63元和274.21元,个人缴费水平的变异系数都很大,说明各城市在不同人群中的缴费金额差距较大,这主要由各城市的筹资标准决定,但根本上还是受地方经济发展水平的影响。各城市基金最高支付限额差距也较大,太原最高达到47万元,福州最低,只有6万元,由于最高支付限额数据缺失比较严重,难以看出支付限额是否有地域倾向。基本医疗保险的产出投入比是基金最高支付限额与参保人个人缴费的比值,由于学生儿童和城镇老人个人缴费水平相对无业居民较低,因而城居保产出投入比从学生儿童、城镇老人到无业居民依次降低,这同样表明了制度对弱势群体的保护,也体现了制度的过程公平。

表6-8 2014年部分省份省会城市城居保产出投入情况

	个人缴费(元)			最高支付限额(万元)	产出投入比(学生儿童)	产出投入比(城镇老人)	产出投入比(无业居民)
	学生儿童	城镇老人	无业居民				
北京	160	360	660	15	937.5	416.7	227.3
石家庄	50	230	290	12	2 400.0	521.7	413.8
郑州	30	120	180	14	4 666.7	1 166.7	777.8
太原	40	180	180	47	11 750.0	2 611.1	2 611.1
西安	30	180	180	20	6 666.7	1 111.1	1 111.1
合肥	30	120	120	—	—	—	—
武汉	60	100	500	13	2 166.7	1 300.0	260.0
南京	120	400	480	29	2 416.7	725.0	604.2
上海	90	500	680	—	—	—	—
福州	40	150	150	6	1 500.0	400.0	400.0
西藏	30	60	60	20	6 666.7	3 333.3	3 333.3
乌鲁木齐	60	90	180	9	1 500.0	1 000.0	500.0
呼和浩特	40	170	170	—	—	—	—
哈尔滨	50	290	290	—	—	—	—
长春	40	200	200	16	4 000.0	800.0	800.0
沈阳	80	510	510	18	2 250.0	352.9	352.9
贵阳	40	160	160	—	—	—	—
兰州	40	—	—				
南昌	50	120	120	12	2 400.0	1 000.0	1 000.0

(续表)

	个人缴费(元)			最高支付限额(万元)	产出投入比(学生儿童)	产出投入比(城镇老人)	产出投入比(无业居民)
	学生儿童	城镇老人	无业居民				
海口	50	100	100	15	3 000.0	1 500.0	1 500.0
均值	56.50	212.63	274.21	17.57	3 737.20	1 159.90	992.25
标准差	33.29	136.29	192.51	10.10	2 918.00	856.00	922.57
最大值	160	510	680	47	11 750.0	3 333.3	3 333.3
最小值	30	60	60	6	937.5	352.9	227.3
变异系数	0.5892	0.6410	0.7020	0.5751	0.7808	0.7380	0.9298

资料来源:根据各省人力资源和社会保障厅2014年相关政策搜集整理得出。

注:"—"表示数据缺失。

4.城乡居民基本医疗保险

截至2015年,已陆续有10个省份整合新农合与城居保制度,建立城乡居保制度。到2017年年底,所有省份都出台了城乡居保并轨的执行文件。

如表6-9所示,在个人缴费水平层面,城市间制度差异较大,广州、长沙和昆明不分档次和人群,所有居民个人缴费数额都一样;而天津、西宁则按照人群和档次进行了分类。在人群方面分为两类,即学生儿童和成年居民。其中,学生儿童的个人缴费水平低而且获得的最高支付限额高;而成年居民又按档次分为三类,档次越高,基金支付比例相对越高,自付比例越低。以天津为例,学生儿童个人缴费70元/年,三级医院和一级医院支付比例分别为60%和80%,成年居民个人缴费分为三档,由高到低个人缴费依次为620元/年、320元/年和90元/年,三级医院支付比例依次为60%、55%和50%,一级医院支付比例依次为80%、75%和70%。其他城市也把人群分为学生儿童和成年居民两类,且成年居民按照档次进一步分为两档,分别在最高支付限额和基金支付比例方面有所不同。表6-9计算出了各档次所对应的产出投入比。显然,在任一城市学生儿童的产出投入比都比成年居民高。由于省际制度差异较大,各城市的产出投入情况也有较大的差异;在城乡居民医保各档次之间,产出投入比并没有因个人缴费多而更高,这是因为,基金的最高支付限额与成年居民的个人缴费水平无关,不同档次只是在基金支付比例方面略有不同,而产出投入比是最高支付限额与个人缴费的比值,故个人缴费水平越高,产出投入比越低。这一方面表明,大部分建立城乡居保制度的省份会对学生儿童有所倾斜,这类人群缴费水平低且基金支付比例和最高支付限额都相对更高,体现了制度的过程公平性;另一方面,在分档次的城乡居保制度下,由于不同档次的差异体现在基金支付比例方面而非基金最高支付限额方面,故单纯依靠产出投入比不能完全评价制度的公平性,对其完整评估需要结合下一节对于结果公平性的判断。

表 6-9 2015 年部分省份省会城市城乡居保产出投入情况

城市	个人缴费(元/年)				最高支付限额(万元)		产出投入比			
	学生儿童	成年居民			学生儿童	成年居民	学生儿童	成年居民		
		三档	二档	一档				三档	二档	一档
天津	70	620	320	90	18	18	2 571.4	290.3	562.5	2 000.0
济南	80	—	300	100	20	20	2 500.0	—	666.7	2 000.0
重庆	60	—	200	80	12	8	2 000.0	—	400.0	1 000.0
杭州	200	—	500	300	大学生不设上限	18	—	—	360.0	600.0
广州	152	—	—	152	18.28	18.28	1 202.6	—	—	1 202.6
西宁	80	160	110	80	10	10	1 250.0	625.0	909.1	1 250.0
银川	70	—	440	220	15	11	2 142.9	—	250.0	500.0
长沙	90	—	—	90	10	10	1 111.1	—	—	1 111.1
昆明	110	—	—	110	11.8	11.8	1 072.7	—	—	1 072.7
成都	90	—	190	90	18	18	2 000.0	—	947.4	2 000.0
均值	100.2	—	294.3	131.2	14.8	14.3	1 761.2	—	585.1	1 273.6
标准差	43.72	—	140.22	73.46	3.91	4.51	605.39	—	270.98	556.01
最大值	200	—	500	300	20	20	2 571	—	947	2 000
最小值	60	—	110	80	10	8	1 073	—	250	500
变异系数	0.436	—	0.476	0.560	0.265	0.315	0.344	—	0.463	0.437

注:资料来源:根据各省人力资源和社会保障厅 2015 年相关政策搜集整理得出。

注:"—"表示无此项。已建立城乡居保制度的城市政策差异较大,如除广州、长沙、昆明之外的其他城市城乡居保均有分档次,不同档次住院起付线和基金支付比例略有不同。此外,重庆、杭州和银川学生及儿童个人缴费水平略有不同,在表中均按照儿童缴费水平计算。

表 6-10 列出了部分省份省会城市的城乡居保待遇水平比较。从表中可见,在基金支付比例方面,一级医院比三级医院平均高出 27.7%,有的省份两级医院差异高达 40%,这表明城乡居保制度仍然鼓励居民在基层医院就医,以缓解三级医院的就医拥堵状况;城乡居民在一级医院看病住院更便捷,也表明制度考虑到了居民就医的过程公平性问题。在住院起付线方面,除天津的两级医院住院起付线均为 500 元外,其他城市两级医院起付线差距在 400 元以上。在基金最高支付限额方面,10 个城市均值为 14.31 万元,重庆最低,只有 8.00 万元,其他中西部城市居中,东部城市普遍较高。从变异系数可看出基金最高支付限额和产出投入比差异较大,这表明省际城乡居保过程公平性还有尚待改善。

表 6-10　2015 年部分省份省会城市城乡居保待遇水平比较

城市	住院起付线(元)		基金支付比例(%)		最高支付限额(万元)	个人缴费(元)	产出投入比
	三级医院	一级医院	三级医院	一级医院			
天津	500	500	55	75	18.00	320	562.5
济南	1 200	400	40	80	20.00	300	666.7
重庆	800	100	45	85	8.00	200	400.0
杭州	800	300	40	70	18.00	500	360.0
广州	1 000	300	55	85	18.28	152	1 202.6
西宁	1 500	300	70	90	10.00	110	909.1
银川	700	200	60	90	11.00	220	500.0
长沙	—	—	50	70	10.00	90	1 111.1
昆明	1 200	200	60	85	11.80	110	1 072.7
成都	500	100	65	87	18.00	190	947.4
均值	911	267	54.00	81.70	14.31	219	773
标准差	340.75	132.29	0.10	0.08	4.51	125.53	312.25
最大值	1 500	500	70	90	20.00	500.00	1 202.63
最小值	500	100	40	70	8.00	90.00	360.00
变异系数	0.3740	0.4961	0.1893	0.0930	0.3153	0.5727	0.4038

资料来源:根据各省人力资源与社会保障厅 2015 年相关政策搜集整理得出。

注:"—"表示无此项。已建立城乡居保制度的省份政策差异较大。如广州、长沙和昆明城乡居民个人缴费不分档,所有参保人个人缴费都一样;其他省份城乡居保均有分档次,不同档次基金支付比例和最高支付限额略有不同,将缴费水平分为三档的,按照第二档情况填入表中,缴费水平分为两档的,按照较高档次情况填入表中。

本部分内容主要利用最高支付限额、变异系数等指标比较各省份不同制度在绝对保障水平上的差异。分析表明,新农合在向中西部地区倾斜上表现最优,城职保有待改善,而以产出投入比度量,城乡居保过程公平性有待改善。考虑不同地区经济发展水平不同、医疗花费水平不同,城职保、城居保和城乡居保的过程不公平程度都有所降低。

在一定范围内,绝对保障水平存在差异是合理的,它体现了各地就医成本的差异。为了更好地衡量制度的公平性,下文将主要利用社保产出投入比这一指标,对不同制度之间的相对保障水平进行分析和比较。

(二) 制度间公平性比较

社保产出投入比是指个人从基本医疗保险中所可能获得的最高保障(最高支付限额)与个人缴费之比。在这里,制度的公平性主要体现在产出投入比不应偏向高收入或高社会地位的人群。不同制度在各地区的绝对待遇水平和缴费水平会根据各地实际情况有所不同,而社保产出投入比是一项综合指标,用以衡量不同人群在社会医疗保险方面的投入所能获得的回报程度。

城职保、新农合、城居保和城乡居保制度在筹资水平与统筹基金支付水平上有所差异。表 6-11 比较了四项制度的全国平均待遇水平与个人缴费水平。从中可见,城职保个人缴费水平远高于其他三项制度,全国平均水平高达 1 049.0 元,其他三项制度均有各级财政补贴,而其中又以新农合财政补贴力度最大,新农合全国个人缴费平均水平只有 100.5 元。这充分说明国家在制定基本医疗保险制度时以实现社会医疗保险的全覆盖为目标,并力争维护不同群体国民的健康权益。从统筹基金支付比例看,城职保最高,而且三级医院和一级医院统筹基金支付比例相差不大,分别为 86.11% 和 90.89%,而其他三项制度两级医院基金支付比例相差较大,其中新农合制度相差最大,达到 32.51%。考虑到新农合制度一级医院平均住院起付线只有 113.3 元,是四项制度中最低的,说明基本医疗保险制度更加积极地引导农村居民到基层医院就诊,而城职保较高的统筹基金支付比例则可以看作制度对职工个人较高缴费水平的一种补偿。四项制度统筹基金最高支付限额差异不大,说明制度间比较公平。从四项制度的产出投入比看,新农合产出投入比最高,达 1 268.66,城乡居保和城居保次之,城职保最低,只有 133.23,这也充分体现了国家在制定基本医保政策时"广覆盖"的基本原则,对低收入群体有相对较大的补贴力度,说明医保制度比较优待农村居民,体现了制度的过程公平。

表 6-11 四项制度全国平均待遇水平与个人缴费水平比较

制度类型	住院起付线(元)		统筹基金支付比例(%)		最高支付限额(万元)	个人缴费(元)	产出投入比
	三级医院	一级医院	三级医院	一级医院			
城职保	985.7	411.4	86.11	90.89	13.98	1 049.0	133.23
新农合	1 312.5	113.3	52.75	85.26	12.75	100.5	1 268.66
城居保	729.4	186.0	62.89	82.06	14.32	262.0	546.56
城乡居保	911.1	266.7	53.00	81.70	14.31	219.0	653.33

资料来源：根据各省份人力资源和社会保障厅、卫生和计划生育委员会 2014 年相关政策整理计算得出。

二、区域维度比较

除了在制度层面衡量社保的公平性，本节还选取了区域维度进行比较。表 6-12 总结了各区域城职保的平均待遇水平和产出投入比。如表 6-12 所示，中、西部地区在统筹基金支付比例、最高支付限额、个人缴费水平和社保产出投入比几个指标上都相差不大，只有住院起付线中，中部地区一级医院起付线略高于西部地区，而三级医院起付线略低于西部地区。总体而言，城职保在中、西部地区之间平均而言差距不大。东部地区的个人缴费水平(1 092.5 元)略高于中、西部地区(分别为 1 001.3 元和 977.4 元)，但统筹基金最高支付限额是中、西部地区的近 2 倍，这使得东部地区的平均社保产出投入比远高于中、西部地区。以这一指标衡量，城职保制度实际上更偏向于经济发达地区，东部地区职工的社保投入更加物有所值，这有悖于前文所定义的公平原则。

表 6-12 2014 年各区域城职保平均待遇水平和产出投入比

区域	住院起付线(元)		统筹基金支付比例(%)		最高支付限额(万元)	城镇非私营单位社平工资	个人缴费(元)	产出投入比
	三级医院	一级医院	三级医院	一级医院				
全国	985.7	411.4	86.11	90.89	13.98	51 515	1 030.3	134.6
东部	1 109.1	600.0	85.82	88.64	20.02	54 625	1 092.5	184.4
中部	880.0	357.8	86.67	93.00	10.11	50 067	1 001.3	102.1
西部	935.0	212.5	85.88	91.63	10.01	48 868	977.4	102.5

资料来源：根据 2014 年各省份省会城市城镇职保相关政策整理计算得出。

注：海南、西藏和青海三个省份的数据缺失；区域划分根据国家统计局 2003 年对东、中、西部的划分确定。

表 6-13 总结了各区域新农合的平均待遇水平和产出投入比。如表中所示，中部地区由于个人缴费显著低于东部和西部地区的平均水平，而区域间统筹基金最高支付限额差距不大，因此，中部地区社保产出投入比最高（1 873.2）。西部地区个人缴费处于中游水平，而最高支付限额处于最低水平，从而导致西部地区社保产出投入比最低，只有中部地区的一半左右（980.8）。东部地区由最高的个人缴费水平相应获得了最高的基金最高支付限额，因而其社保产出投入比也处于较高水平。综上表明，新农合制度在区域间差异较大，制度比较优待中部地区农村居民，但对于西部居民的倾斜仍有待提高。从社保投入产出比的角度衡量，从新农合中获益最有效率的依次为中部、东部和西部农村居民，这一排序结果与公平性所倡导的排序相悖。新农合制度在区域间未能达到理想的公平状态。

表 6-13　2014 年各区域新农合平均待遇水平和产出投入比

区域	住院起付线（元）		基金支付比例（%）		最高支付限额（万元）	个人缴费（元）	产出投入比
	三级医院	一级医院	三级医院	一级医院			
全国	1 168.0	170.8	52.83	84.03	13.27	140.1	1 312.1
东部	990.9	231.8	50.42	80.42	14.94	189.3	1 139.6
中部	1 371.4	85.7	51.67	87.78	12.89	80.0	1 873.2
西部	1 242.9	158.3	57.22	85.25	11.42	134.4	980.8

资料来源：根据各省份省会城市 2014 年新农合相关政策整理计算得出。

表 6-14 总结了各区域城居保的平均待遇水平和产出投入比。如表中所示，东、中、西部区域统筹基金支付限额和个人缴费水平都依次递减，得到社保产出投入比分别为 665.3、794.3、1 001.1，而区域之间住院起付线和统筹基金支付比例相差不大。可以看出，城居保制度更加偏向经济欠发达的西部地区，这符合前文对于制度的公平性的预期。

表 6-14　2014 年各区域城居保待遇平均水平和产出投入比

区域	住院起付线（元）		基金支付比例（%）		最高支付限额（万元）	个人缴费（元）	产出投入比
	三级医院	一级医院	三级医院	一级医院			
全国	794.8	216.3	59.48	81.93	14.31	247.4	815.9
东部	777.3	250.0	55.91	83.00	17.33	369.3	665.3

(续表)

区域	住院起付线(元)		基金支付比例(%)		最高支付限额(万元)	个人缴费(元)	产出投入比
	三级医院	一级医院	三级医院	一级医院			
中部	820.0	206.7	61.11	78.33	12.89	205.6	794.3
西部	800.0	181.3	62.22	84.63	12.58	151.0	1 001.1

资料来源：根据各省份省会城市2014年城居保相关政策整理计算得出。

表6-15综合对比了三项基本制度之间分区域的社保产出投入比。如表中所示，全国范围内，三项制度中，城职保社保产出投入比最低(134.6)，新农合社保产出投入比最高(1 312.1)，城居保的产出投入比水平居中(815.9)。这说明在制度维度上，基本医疗保险制度更加偏向于低收入人群，农村居民的社保投入最为物有所值，而城镇居民和城镇职工的社保投入效率依次下降，这符合我们对于基本医疗保险公平性的预期。

表6-15 三项制度分区域社保产出投入比

区域	城职保	新农合	城居保
全国	134.6	1 312.1	815.9
东部	184.4	1 139.6	665.3
中部	102.1	1 873.2	794.3
西部	102.5	980.8	1 001.1

综上所述，城居保制度更偏向于西部地区，与制度公平目标一致；城职保制度更偏向于东部地区，中、西部地区制度差异不大；新农合制度更偏向于中部地区，西部地区社保产出投入比最低。城职保和新农合这两项制度都没有达到理想的公平状态，还存在调整和改善的空间。

第四节 我国社会医疗保险结果公平性度量[①]

一、研究对象和方法

本节结合调研数据研究分析我国社会医疗保险的结果公平性问题。从住

[①] 基于本课题对于结果公平的研究结果，子课题成员在《中国卫生政策研究》发表《我国基本医疗保险住院服务受益公平性研究》一文，特此说明。

院率和住院经济负担两个方面探查不同社会医疗制度之下不同收入群体的医疗服务使用情况以及费用分担结果,以便得出公平性的度量。医疗费用数据属于一类截断数据,即具有非负属性。医疗花费实际的产生过程包括两步决策,即先由患者自行决定是否使用医疗资源,随后由医疗服务提供方决定提供何种类型和价格的医疗服务。传统的一步回归方法在处理医疗花费这一类微观数据时,难以充分使用数据信息区分两步决策中涉及的具体因素。因此,本节采用两部分模型(two-part model)进行回归分析,模型第一部分使用 Logistic 回归,分析不同制度下不同收入群体在住院率方面的差异,模型第二部分进一步分析住院报销金额是否与不同医疗保险制度、收入水平相关。

为契合本研究的需要,下文回归分析在原始数据的基础上进行了数据的清理和提取工作,主要包括以下两个方面:

首先,因为本研究主要针对参与了中国基本医疗保障制度的个体,也即参与了城职保、城居保或新农合三种制度中任一种的个体,所以回归样本删除了并未参与这三种制度的个体。

其次,在进行公平性分析时,个人的收入水平是重点考察的变量。由于 CFPS 的个人数据库中并没有准确的个人收入的数据,因此,本节采用了家庭数据库中的"调整后的人均纯收入"来代表个人的收入水平。通过家庭数据库与个人数据库的匹配,删除收入数据缺失的个体。处理后样本共涵盖 22 840 个个体。

二、数据描述性统计分析结果

在调查所含的 22 840 个数据样本中,投保城职保、城居保和新农合的人数分别为 3 257、2 146 和 17 437。新农合参合人在样本中的占比较高。由于所投保社会医疗保险制度与收入之间的相关性很高(比如,新农合参合人员的人均收入显著低于城职保参保人员),为了更好地进行公平性的分析,本节按照城职保、城居保、新农合三种制度分别对调查样本进行分组,按调整后的人均纯收入由低到高等分为五个组,再将三种制度处在相同组别的人群进行合并,分别形成最低收入组、较低收入组、中等收入组、较高收入组和最高收入组。收入分组是衡量医保结果公平的核心要素,体现了社保提供的医疗服务使用情况、花费情况和健康水平在不同收入组之间的分布。

通过筛选 CFPS 数据库中的相关变量,本节按三种保险制度分类得到了表 6-16 的描述性统计分析结果,反映了数据样本的基本情况。主要控制变量包括性别、年龄、教育水平、婚姻状况等常见人口统计学变量,以及和健康水平相关的健康状况自评、慢性病、住院历史、吸烟饮酒等变量,以便控制不同收入组别在健康水平方面的原有差异。

表 6-16 描述性统计分析结果

变量		全体样本		城职保		城居保		新农合	
		均值	标准差	均值	标准差	均值	标准差	均值	标准差
男性的比例		0.49	0.50	0.56	0.50	0.45	0.50	0.48	0.50
年龄		47.09	15.23	48.30	15.20	49.53	15.34	46.57	15.19
城市人口的比例		0.40	0.49	0.90	0.30	0.86	0.34	0.26	0.44
婚姻状况的分布比例	未婚	0.08	0.26	0.07	0.25	0.08	0.27	0.08	0.26
	已婚或同居	0.85	0.36	0.86	0.35	0.84	0.37	0.85	0.36
	离婚或丧偶	0.07	0.26	0.07	0.26	0.08	0.27	0.07	0.26
教育水平的分布比例	小学及以下	0.55	0.50	0.17	0.38	0.33	0.47	0.65	0.48
	初中	0.28	0.45	0.26	0.44	0.33	0.47	0.28	0.45
	高中	0.11	0.31	0.27	0.44	0.22	0.41	0.07	0.25
	大学及以上	0.06	0.24	0.30	0.46	0.12	0.33	0.01	0.09
工作人口的比例		0.55	0.50	0.59	0.49	0.40	0.49	0.57	0.50
健康状况自评	健康	0.45	0.50	0.44	0.50	0.43	0.49	0.46	0.50
	一般	0.36	0.48	0.44	0.50	0.43	0.49	0.34	0.47
	不健康	0.18	0.39	0.12	0.33	0.15	0.35	0.20	0.40
慢性病患病比例		0.15	0.36	0.18	0.38	0.17	0.37	0.15	0.36
过去一年住院比例		0.08	0.27	0.09	0.29	0.08	0.27	0.08	0.27
吸烟比例		0.32	0.47	0.32	0.47	0.26	0.44	0.32	0.47
饮酒比例		0.17	0.37	0.18	0.39	0.16	0.36	0.17	0.37
收入组别人均年收入(元)	最低	2 003.3	1 781.9	5 454.1	1 779.0	3 102.5	1 318.3	1 207.0	539.9
	较低	4 212.9	2 762.5	10 040.1	1 177.0	7 200.0	1 106.7	2 779.2	439.1
	中等	6 494.6	3 875.3	14 318.7	1 325.3	11 450.5	1 434.3	4 416.9	523.1
	较高	9 798.4	5 642.6	20 562.9	2 446.5	18 053.4	2 462.7	6 786.2	918.4
	最高	22 849.1	28 709.5	45 517.5	33 723.7	43 853.7	56 388.0	16 039.4	16 735.0
样本量		22 840		3 257		2 146		17 437	

城职保参保人员中男性人口的比例较高,居住在城市的人口比例很高,达到90%。其教育水平整体较高,工作人口的比例也是三种制度中最高的。在健康自评方面,认为自己不健康的人数占比与其他制度相比最低,但患有慢性病的比例和过去一年住院的比例都略高于另外两种制度的参保人群。在收入水平上,城职保最高收入组的人均年收入是最低收入组的8.3倍。

城居保参保人员中女性人口的比例较高,平均年龄也相对较大,绝大部分居住在城市。在工作人口比例方面,城居保要大幅低于另外两种制度。这些特征符合城居保参保人员的特点。在慢性病患病比例和过去一年住院比例方面,城居保在三种制度中都位于居中水平。此外,在吸烟比例与饮酒比例方面,城居保都是三种制度中最低的。在收入水平上,最高收入组的人均年收入是最低收入组的14.1倍,这一差异性高于城职保,是三种制度中最高的。

新农合参合人员中,性别差异较小,平均年龄相对最小,大多数居住在农村,教育水平相比于城职保和城居保显著偏低。参合人员工作人口占比高于城居保,与城职保基本持平。在健康状况自评方面,认为健康状况差的比例要高于其他两种制度。收入水平方面,最高收入组的人均年收入是最低收入组的13.3倍,这一比例远高于城职保,略低于城居保。

三、实证分析结果

(一)住院率影响因素分析

表6-17显示的是两部分模型中第一部分的回归结果,即住院率影响因素的 Logistic 回归分析。模型1中对所有样本个体进行了回归分析。在控制了性别、年龄、婚姻状况等因素的影响后,城职保覆盖人口的住院率是新农合覆盖人口住院率的1.156倍,而城居保覆盖人口的住院率是新农合的0.954倍。但是,这两个回归结果在统计意义上并不显著,不能直接说明三种制度分别覆盖的人口是否有明显的住院率上的差异。在收入差异方面,相比收入最低的组别,较高收入组别和最高收入组别的住院率显著偏低,分别为最低收入组别的86%和85%。

模型2、模型3和模型4分别对三种制度所覆盖的人口进行了 Logistic 的回归分析。对于模型2中城职保不同收入水平的住院率差异,从数据上无法看出明显的趋势规律,且在统计意义上不显著,也即并不能说明在城职保覆盖的人口中,不同收入水平的个体对住院服务的利用是否存在差异。

模型 3 中,城居保较低收入 20% 人口的住院率是最低收入 20% 人口的 1.656 倍,且统计意义上显著。此外,除了最低收入组的 20%,其他组别人口的住院率是随着收入的增加而逐渐下降的,但由于统计意义上不显著,是否存在住院服务利用的差异还需进一步验证。

模型 4 中,新农合参合人口呈现出随着收入上升,不同收入组别人口的住院率逐渐下降的特征,而且较高收入组别以及最高收入组别与最低收入组别的差异都具有统计显著性。收入最高的 20% 人口的住院率只有最低收入人口住院率的 0.769 倍,收入较高组别的住院率是最低收入组的 0.807 倍。

以上结果表明住院率与参保人口的收入水平存在一定的关系,在总体样本以及新农合样本中,基本呈现出住院率随收入水平的增加而逐渐降低的特点。这从某种程度上证明,我国社会医疗保险制度中并不存在收入水平越高的人群享受越多住院服务这一不公平的现象。但是,这一结果也并不能完全佐证我国医保制度在住院率这一结果上是完全公平的,因为住院率与健康状况息息相关,而健康水平与个人的收入水平也存在一定的相关性。

为了验证这一点,下文以受访者自评健康情况为因变量进行了回归,结果如表 6-18 所示。在 CFPS 的数据库中,有一组虚拟变量代表个人对自己的健康评价,分别有五个级别,由高到低分别是健康、一般、比较不健康、不健康、非常不健康。回归中将选择了比较不健康、不健康和非常不健康三个选项的个体定义为健康状况较差,将其作为因变量,并通过 Logistic 回归分析影响自评健康状况的因素。

同样对全体样本、城职保、城居保和新农合四个群体分别进行回归,重点关注自评健康状况与收入水平之间的关系。模型 1(全体样本)和模型 4(新农合样本)的结果表明,随着收入水平的增加,其所覆盖人口自评健康状况较差的比例越低,也即收入越高的群体,往往自我评价健康状况越好。而且这一回归结果在统计意义上具有显著性。而在模型 2(城职保样本)中,相比最低收入组别,其他收入组别的自评健康状况较差的比例都显著偏低,较低收入组、中等收入组、较高收入组和最高收入组的比例分别为最低收入组的 56.8%、65.8%、53.5% 和 54.6%。但这四组之间的差异性并不存在明确趋势性。而模型 3(城居保样本)中虽然呈现出健康水平随收入增加而好转的特征,但这一回归结果并不具有统计显著性。

结合以上两组模型的分析结果,健康水平随着收入上升而提高是造成较高收入组别和最高收入组别住院率显著低于最低收入组别的重要原因之一。综上所述,参保人员住院服务的利用率中并未明显体现出与收入水平相关的不公平特征,低收入群体总体而言健康水平较差,相应也使用了更多的住院服务。

表6-17 住院率影响因素Logistic回归模型结果(两部分模型第一部分)

变量		模型1 (全体样本)	模型2 (城职保)	模型3 (城居保)	模型4 (新农合)
男性		0.860***	0.888	0.928	0.829***
		(0.047)	(0.126)	(0.169)	(0.053)
年龄/10		0.730***	0.537**	0.635	0.851
		(0.074)	(0.162)	(0.250)	(0.099)
年龄2/100		1.049***	1.091***	1.071**	1.030***
		(0.0101)	(0.030)	(0.036)	(0.012)
城市人口		1.053	0.8	0.749	1.124*
		(0.0645)	(0.161)	(0.164)	(0.074)
婚姻状况(未婚为对照组)	已婚或同居	1.792***	2.593*	1.677	1.669***
		(0.269)	(1.279)	(0.946)	(0.277)
	离婚或丧偶	1.471**	3.115**	1.422	1.32
		(0.254)	(1.654)	(0.879)	(0.257)
教育水平(小学及以下为对照组)	初中	0.835***	0.870	0.691*	0.869*
		(0.055)	(0.166)	(0.154)	(0.065)
	高中	0.949	0.873	1.042	1.083
		(0.088)	(0.174)	(0.253)	(0.130)
	大学及以上	0.737**	0.95	0.506*	0.981
		(0.104)	(0.212)	(0.200)	(0.365)
	工作人口	0.950***	0.912	0.975	0.949***
		(0.013)	(0.104)	(0.053)	(0.014)
慢性病患病		2.399***	2.842***	3.132***	2.238***
		(0.133)	(0.393)	(0.554)	(0.146)
吸烟		0.910*	1.048	0.826	0.904
		(0.051)	(0.140)	(0.159)	(0.059)
饮酒		0.973	0.993	1.127	0.945
		(0.056)	(0.137)	(0.223)	(0.063)

（续表）

变量		模型 1（全体样本）	模型 2（城职保）	模型 3（城居保）	模型 4（新农合）
收入水平（最低的 20% 为对照组）	较低的 20%	1.002	1.075	1.656*	0.916
		(0.075)	(0.216)	(0.439)	(0.078)
	中等的 20%	0.985	1.145	1.317	0.89
		(0.074)	(0.223)	(0.357)	(0.078)
	较高的 20%	0.855**	0.778	1.126	0.807**
		(0.067)	(0.165)	(0.318)	(0.072)
	最高的 20%	0.845**	0.915	0.972	0.769***
		(0.068)	(0.195)	(0.293)	(0.071)
医疗保障（新农合为对照组）	城职保	1.156			
		(0.102)			
	城居保	0.954			
		(0.091)			

注：*、**和***分别代表在 10%、5%、1%的置信水平显著。

表 6-18　自评健康状况较差的影响因素 Logistic 回归模型结果

变量		模型 1（全体样本）	模型 2（城职保）	模型 3（城居保）	模型 4（新农合）
男性		0.660***	0.796*	0.843	0.635***
		(0.029)	(0.101)	(0.125)	(0.031)
年龄/10		3.658***	1.879**	1.316	4.093***
		(0.337)	(0.556)	(0.428)	(0.422)
年龄 2/100		0.915***	0.96	0.995	0.908***
		(0.008)	(0.026)	(0.029)	(0.009)
城市人口		0.813***	0.677**	0.725*	0.833***
		(0.039)	(0.117)	(0.127)	(0.043)
婚姻状况（未婚为对照组）	已婚或同居	0.715***	1.177	1.140	0.666***
		(0.085)	(0.481)	(0.490)	(0.087)
	离婚或丧偶	0.730**	1.422	1.349	0.651***
		(0.098)	(0.635)	(0.640)	(0.096)

（续表）

变量		模型1（全体样本）	模型2（城职保）	模型3（城居保）	模型4（新农合）
教育水平（小学及以下为对照组）	初中	0.625*** (0.032)	0.856 (0.137)	0.834 (0.137)	0.576*** (0.034)
	高中	0.593*** (0.047)	0.658** (0.115)	0.553*** (0.117)	0.608*** (0.063)
	大学及以上	0.479*** (0.066)	0.474*** (0.100)	0.439*** (0.138)	0.563 (0.228)
工作人口		0.963*** (0.011)	0.808** (0.072)	0.922** (0.037)	0.966*** (0.011)
慢性病患病		4.201*** (0.180)	3.236*** (0.396)	4.092*** (0.583)	4.452*** (0.216)
吸烟		1.151*** (0.050)	1.157 (0.138)	1.231 (0.191)	1.145*** (0.056)
饮酒		0.842*** (0.038)	0.874 (0.108)	0.825 (0.132)	0.828*** (0.042)
收入水平（最低的20%为对照组）	较低的20%	0.809*** (0.045)	0.568*** (0.098)	0.935 (0.186)	0.842*** (0.052)
	中等的20%	0.693*** (0.040)	0.658** (0.109)	0.737 (0.152)	0.716*** (0.046)
	较高的20%	0.619*** (0.036)	0.535*** (0.094)	0.78 (0.163)	0.636*** (0.042)
	最高的20%	0.471*** (0.030)	0.546*** (0.101)	0.696 (0.157)	0.457*** (0.033)
医疗保障（新农合为对照组）	城职保	0.749*** (0.056)			
	城居保	0.762*** (0.058)			

注：*、**和***分别代表在10%、5%、1%的置信水平显著。

(二) 住院经济负担

第(一)部分的分析表明,在住院服务的使用率上,不同收入的群体之间并未发现明显不公平。下文将进一步从住院费用方面探讨社会医疗保险的结果公平性。

本部分的分析在样本中筛选出过去一年有住院记录的群体,并按照不同保险制度和收入组别汇报了对应的次均报销费用及报销费用占总医疗花费的比例。这一结果整理在表6-19中。直观上可以看出,三种保障制度覆盖的人群中,次均报销费用存在明显的差异。城职保的次均报销费用和报销比例都是最高的。城职保次均报销费用的均值约为5 743元,城居保其次,约为3 797元,而新农合最少,平均只有1 474元。报销比例方面也呈现出同样的规律,城职保、城居保和新农合的报销比依次为47.9%、38.2%,和23.8%。从这两组数据可以明显地看出,我国的三种基本医疗保障制度在保障程度方面存在显著区别。城职保的保障程度相对最好,而新农合的保障则相对不足。

表6-19 住院次均报销费用及报销比

	总体样本		城职保		城居保		新农合	
	次均报销费用（元）	报销比（%）	次均报销费用（元）	报销比（%）	次均报销费用（元）	报销比（%）	次均报销费用（元）	报销比（%）
合计	2 365	28.9	5 743	47.9	3 797	38.2	1 474	23.8
最低收入	2 507	26.9	8 399	44.8	1 380	24.4	1 537	23.9
较低收入	2 028	29.0	4 793	50.9	4 133	37.5	1 160	23.3
中等收入	2 257	29.1	3 892	42.1	3 037	42.9	1 720	23.6
较高收入	2 440	27.6	6 465	43.3	4 319	40.1	1 403	22.9
最高收入	2 637	32.6	5 536	59.6	5 937	42.9	1 564	25.2

在总体样本中,收入组别对于次均报销费用和报销比并未呈现出明确的递增或递减趋势,但是最高收入组别的次均报销费用和报销比例都明显高于其他组别,这从一定程度上揭示了不公平现象的存在。考虑不同制度对于不同收入水平的群体是否仍存在保障程度上的差异,城职保的次均报销费用在最低收入组别是最高的,达到8 399元,显著高于其他组别;并且报销比在不同收入组别之间的差异性并不大,说明整体制度内的公平性较好,在保障水平上体现了对于低收入人群的倾斜。城居保的次均报销费用以及报销比都基本呈

现出随着收入的增加而上升的趋势,说明城居保中不公平的现象比较显著。高收入群体有更多资源和能力承担住院所带来的较大额的医疗费用,而收入较低的个体缺乏相应的经济资源。社会医疗保险的公平性体现在对于低收入群体的适当倾斜上。低收入群体可能因为经济能力所限选择更便宜的治疗方案,从而造成次均报销费用偏低,但是报销比例在城居保中也呈现出随收入水平提高而显著上升的趋势,显然是不公平的。最高收入组比获得的次均报销费用达到 5 937 元,报销比为 42.9%,而最低收入组别的次均报销费用仅为 1 380 元,报销比也仅为 24.4%。显然,在本部分城居保的样本数据中,低收入群体获得的次均报销费用和报销比例都远低于高收入群体。在新农合制度下,无论是次均报销费用还是报销比,在不同的收入水平上都基本比较平均,不存在明显的不公平现象。

为了进一步验证上述结论,表 6-20 统计了住院人口的次均自负费用和家庭负担的情况。在次均自付费用方面,城居保平均为 6 451 元,是三种制度中最高的;城职保其次,为 5 253 元;新农合最低,为 4 131 元。虽然新农合的次均自负费用是三种制度中最低的,但可以看出新农合的家庭负担(即个人自付费用占个人年收入的比例)是三种制度中最高的,占到了 290.8%,而城职保的家庭负担最少,仅有 64.9%。这同样体现了三种制度在保障水平方面存在显著的系统性差异。新农合的保障水平显著低于其他两种制度,参合人群的家庭负担水平最高。

表 6-20 住院次均自付费用及占人均年收入比例

	总体样本		城职保		城居保		新农合	
	次均自付(元)	家庭负担(%)	次均自付(元)	家庭负担(%)	次均自付(元)	家庭负担(%)	次均自付(元)	家庭负担(%)
合计	4 528	240.3	5 253	64.9	6 451	133.4	4 131	290.8
最低收入	4 289	746.3	5 440	138.4	3 000	467.4	4 187	877.6
较低收入	4 524	151.6	5 159	86.5	7 753	134.1	3 916	167.3
中等收入	3 690	90.3	3 427	29.1	4 243	54.0	3 674	111.4
较高收入	5 396	70.3	7 410	46.1	7 605	53.2	4 687	77.5
最高收入	4 938	37.0	5 482	23.3	9 398	31.3	4 252	40.8

比较同一制度下不同收入组别的家庭负担可以发现,无论是哪种制度,都出现了随着收入的增加,家庭负担降低的特点,这一趋势是由该指标的构建方式决定的。但具体比对不同制度下不同收入组别在家庭负担方面的差异性,新农合制度下的差异性最高:城职保最低收入组的家庭负担比例是最高收入组的 5.9 倍,这一比例在城居保中是 14.9 倍,在新农合中是 21.5 倍。贫富差距过大是造成这种差异性的原因之一,而医疗保障制度的不公平性也进一步加剧了不同收入组别之间的差异。表 6-16 的描述性统计分析中可见,新农合最高收入组的平均收入是最低收入组的 13.3 倍,而最高收入组的住院费用家庭负担比例是最低收入组的 21.5 倍,由此也可以看出新农合制度的不公平性非常明显。城职保最高收入组的平均收入是最低收入组的 8.3 倍,相应的家庭负担比例的差异为 5.9 倍,说明城职保制度对低收入人群有所倾斜,在一定程度上抵消了收入差异的不公平性。城居保最高收入组的平均收入是最低收入组的 14.1 倍,相应的家庭负担比例的差异为 14.9 倍,医疗保险制度并未进一步加剧不公平性。综合起来,表 6-19 与表 6-20 得到的基本结论是一致的,即在保障水平方面,城职保的制度公平性较好,城居保的制度公平性一般,新农合的制度公平性较差。

以上描述性统计分析表明在住院经济负担方面,基本医疗保险制度中存在一定程度的不公平性。下文进行两部分模型中第二部分回归,针对发生了住院费用的群体进一步分析其次均报销费用的影响因素,并验证不同保险制度和收入水平属于显著的影响因子。回归结果如表 6-21 所示。

表 6-21 次均报销费用影响因素的回归分析(两部分模型第二部分)

变量	(1) 全体样本	(2) 城职保	(3) 城居保	(4) 新农合
男性	0.249***	0.339*	0.170	0.178
	(0.085)	(0.181)	(0.241)	(0.112)
年龄/10	0.110	-0.367	1.286***	0.240
	(0.154)	(0.385)	(0.497)	(0.196)
年龄^2/100	-0.007	0.038	-0.104**	-0.021
	(0.015)	(0.033)	(0.044)	(0.019)
城市人口	0.148	0.530**	0.277	0.096
	(0.090)	(0.235)	(0.309)	(0.107)

（续表）

变量		（1）全体样本	（2）城职保	（3）城居保	（4）新农合
婚姻状况（未婚为对照组）	在婚或同居	0.309	1.622**	0.545	0.040
		(0.255)	(0.766)	(0.654)	(0.305)
	已婚或丧偶	0.433	1.797**	0.658	0.132
		(0.282)	(0.800)	(0.716)	(0.344)
教育状况（小学及以下为对照组）	初中	0.050	−0.230	0.032	0.099
		(0.100)	(0.219)	(0.309)	(0.123)
	高中	0.046	−0.371	0.176	0.232
		(0.136)	(0.241)	(0.341)	(0.199)
	大学及以上	−0.135	−0.474*	0.417	1.195
		(0.193)	(0.257)	(0.604)	(0.732)
工作人口		0.002	0.192	0.250	−0.007
		(0.025)	(0.240)	(0.327)	(0.026)
慢性病患病		0.166**	0.001	0.173	0.175*
		(0.01)	(0.163)	(0.233)	(0.103)
吸烟		0.084	−0.099	−0.158	0.227*
		(0.087)	(0.161)	(0.280)	(0.117)
饮酒		−0.117	0.012	0.012	−0.203
		(0.092)	(0.173)	(0.284)	(0.129)
收入水平（最低的20%为对照组）	较低的20%	0.116	0.044	1.014***	0.009
		(0.115)	(0.241)	(0.367)	(0.143)
	中等的20%	0.150	−0.065	1.062***	0.105
		(0.117)	(0.253)	(0.380)	(0.146)
	较高的20%	0.286**	0.185	1.102***	0.213
		(0.122)	(0.264)	(0.381)	(0.150)
	最高的20%	0.349***	0.128	1.314***	0.276*
		(0.121)	(0.254)	(0.420)	(0.151)

(续表)

变量		(1) 全体样本	(2) 城职保	(3) 城居保	(4) 新农合
医疗保障(以新农合为对照组)	城职保	1.001*** (0.122)			
	城居保	0.927*** (0.136)			
	样本量	1 030	214	112	704

注:*、**和***分别代表在10%、5%、1%的置信水平显著。

在其他因素不变的情况下,全体样本中较高收入的20%人群和最高收入的20%人群相比最低收入的20%人群的差异在统计意义上具有显著性,且较高收入组和最高收入组的次均报销费用分别比最低收入组高出了28.6%和34.9%。以上结果显示,在整体上基本医疗保险制度的受益情况在不同收入的人群间存在较为明显的差异。较低收入的群体支付能力要远弱于高收入群体,但他们获得的次均报销费用大幅低于高收入群体,足以体现不公平性的存在。这一结论与以往研究发现基本相符(周钦等,2016;官海静等,2013)。

具体到每一种制度,回归结果与描述性统计表格中所得的结果具有一致性。在城职保制度下,收入水平变量不具有统计意义上的显著性,不同收入群体之间的次均报销费用不存在显著差异,制度的公平性较好。在城居保制度中,随着收入水平的增加,较低收入组、中等收入组、较高收入组和最高收入组的次均报销费用分别比最低收入组的高出101.4%、106.2%、110.2%和131.4%。这一差异程度随收入水平的增加而上升,且在统计意义上具有显著性。制度的不公平性体现得较为明显。而在新农合制度中,只有最高收入组这一组别的次均报销费用比最低收入组高出27.6%。这一数据在10%的置信水平下具有显著性,其制度公平性优于城居保,但不及城职保。

四、结论

综上所述,城职保、城居保和新农合三种基本保障制度面对的是不同的人群,在筹资方式、管理方式和支付水平方面也都存在差异。微观数据层面,在不同的制度之间,虽然在住院服务的使用率方面没有发现明显的不公平特征,但在住院的报销费用方面仍然存在不公平现象:在次均报销费用和报销比方面,城职保处于三种制度的领先水平,城居保次之,而新农合要大幅低于城职保和城居保;虽然在次均自付费用上,新农合是最低的,这可能反映了农村地区整体医疗成本较低的特征,但在家庭负担方面,新农合仍然远高于城居保和城职保。在更加宏观的制度层面,制度之间的不公平性主要反映在三种制度在设计之初保障水平方面的显著差异上:城职保人群的缴费能力更高,相应的医保提供了较好的保障,而新农合筹资水平低,所能提供的保障程度远远落后于其他两种制度。而投保人群本身有限的经济能力使得新农合制度下低收入的参合家庭面临着住院费用带来的极高经济负担。

两部分模型中针对次均报销费用的回归分析表明,制度内的不公平性在城居保和新农合中都有一定体现,城居保中的不公平性尤为突出。随着收入水平的增加,高收入组的次均报销费用高于低收入组,而收入水平越低的群体,家庭负担越重。据此判断,城职保制度内的公平性最优,而城居保和新农合两种制度中都存在不公平的问题。城居保不公平性体现在保障水平向高收入群体的倾斜比较明显,而新农合的不公平性体现在整体的保障水平相比其他两种制度显著偏低。促进制度之间的整合、适当地提高基本医疗保障制度的公平性是亟待解决的问题。

第五节 建立健全公平社会基本医疗保险体系的政策建议

一、社会基本医疗保险体系的公平性总结

通过政策梳理和实证数据分析,我国的社会基本医疗保险体系在起点公平即制度可及性方面已较为完善,基本执行了公平原则。这体现在以下两个方面:首先,三项基本医疗保险制度综合参保率较高,表明不同群体都能获得基本医疗保险保障;其次,在制度比较中,新农合的参保率是最高的,体现了制度上对于农村居民的倾斜。综上所述,在制度可及性方面,我国的基本医疗保险制度已经基本实现了公民享有社会医疗保险服务这一目标,制度的起点公平获得了较好的保障。

我国的社会基本医疗保险体系在过程公平方面取得了长足进展,许多制度设计过程中体现了对于低收入居民、欠发达地区的政策倾斜,但在不同制度内和制度间仍存在可提升的空间。各省份执行的医保制度在绝对保障水平方面存在客观差异,但这种差异主要反映出各地就医成本的区别,具有其合理性。此外,本章首次提出社会保险投入产出比的概念,用其量化衡量各个制度间,以及制度内各区域之间相对保障水平的差异。分析发现,在制度维度上,

社保产出投入比从高到低依次为新农合、城乡居保、城居保和城职保,这充分说明基本医保政策符合"广覆盖"的基本原则,对低收入群体有相对较大的补贴力度,体现了制度的过程公平。城居保的产出投入比偏向于学生和老人,城乡居民医保的产出投入比偏向于儿童和学生,这都体现了基本的公平原则。针对各个制度内不同区域间社保产出投入比的分析并表明,城居保制度更偏向于西部地区,与制度公平目标一致;城职保制度更偏向于东部地区,中、西部地区制度差异不大;新农合制度更偏向于中部地区,西部地区社保产出投入比最低。城职保和新农合这两项制度在区域公平性方面还存在调整与改善的空间。

我国的社会基本医疗保险体系在结果公平方面取得了一定成效。通过对调研数据的分析,我们没有发现不同收入群体在住院服务的使用率方面存在明显的不公平特征。结果不公平主要体现在实际住院保障水平上存在的巨大制度差异上,例如城职保的次均报销费用和报销比都很高,城居保次之,而新农合的次均报销费用和报销比都要大幅低于其他两种制度。新农合参合家庭在住院医疗花费方面的负担远高于城居保和城职保。此外,制度内部不同收入群体的次均报销费用也存在不公平的特征,即高收入组的次均报销费用高于低收入组。这一不公平特征在城居保和新农合中都存在,在城居保制度中体现得尤为突出。综上所述,城职保制度内的公平性最优,而城居保和新农合两种制度中都体现了不公平问题。城居保主要体现在保障水平向高收入群体的倾斜比较明显,而新农合的不公平性主要体现在整体的保障水平相比其他两种制度显著偏低。

社会基本医疗保障中的公平是指平等地对待每个公民并保障满足其基本医疗需求,不因民族、性别、身份、地域等差异而产生歧视。其核心是通过相应的医疗保障制度安排,创造并保证全体国民健康权与医疗权的起点公平,维护过程公平,同时促进结果公平。从本章分析可以看出,我国基本医疗保险体系已经基本实现全体国民健康权与医疗权的起点公平,而过程公平和结果公平的程度仍有提升空间。

二、医疗保险不公平的产生根源

获得医疗服务是人们生存发展的一种基本权利。维护医疗卫生领域的公平分配是社会正义的本质要素之一。医疗服务具有其双重属性:一方面,它可以被视为一种特殊品,理应为每个有需要的人所享有,而不应按照收入或者贡献而分配；另一方面，它也具有一定的商品属性，也就是说，享受医疗服务应该与缴费挂钩。社会医疗保险作为一种重要的医疗服务融资渠道，关系着人民的就医选择和保障水平，从而深刻影响人民的健康程度和家庭经济负担。享有基本的医疗保障是一种权利，不同身份、地域和收入水平不应构成享有基本医疗保障的壁垒。而在基本医疗保障之外的多样化的医疗需求可以通过市场化手段进行融资（如购买商业医疗保险支付私立医院就诊费用），使服务与缴费水平直接挂钩，从而体现其商品属性。

近些年来，我国持续推进医疗体制改革，但社会医疗保险制度中的不公平现象仍然广受诟病。人们反映强烈的问题主要集中在以下三个方面：首先，不同制度之间在客观上存在巨大差异。公费医疗、城职保、城乡居保针对不同目标人群，在缴费机制、起付线、赔付报销比例、保障上限等具体指标方面的差异十分明显。虽然说这种保障上的差异在一定程度上可以由缴费水平的差异来解释，但是根据前文对于公平的定义，基本医疗服务领域的公平性不应完全与缴费挂钩。碎片化的制度设计造成的不平等在社会医疗保险中十分突出，并引发了争议。其次，不同区域的医保政策在报销比例、起付线和补贴方面也普遍存在较大差异，造成事实上的不平等。最后，制度对于低收入群体的倾斜力度不足，在一些情况下没有发挥社会安全网的作用。

三、相关政策建议

针对上述现象，本章针对制度之间、区域之间和不同收入群体之间的医保公平性问题提出了相应政策建议，以促进社会公平的基本医疗保险体系建设。

第一，制度衔接和统筹管理是改善公平性的有效途径。碎片化的社会医疗保险制度是造成基本医疗保障不平等的根源之一。我国原有的城乡医保差异尤为明显，而城镇职工医保的保障范围和保障水平都远高于居民医保。新农合虽然实现了广覆盖，但其保障水平较低导致了医疗费用尤其是大额住院费用给农村家庭造成的负担较重。在制度层面上进一步推进新农合和城居保整合，建立统一的城乡居民基本医疗保险制度可以在很大程度上消弭这种制度不公平，是改革的主要方向之一。我国各省份在2017年也基本完成了城乡居民医保并轨的工作，向制度公平迈出了重要一步。

第二，积极改进制度内部设计，以减少基本医疗保障的城乡差异。为了减少城职保和居民医保在保障水平方面存在的客观差异，各地的城乡居保可以通过分档次的缴费设计,实现一定程度上的风险共担,引导城乡居民获得较高水平的医疗保障,促进城乡协调发展。

第三,积极发挥包括商业健康保险、企业补充医疗保险、公务员补充医疗保险在内的多层次的医疗保障方式的作用,提高医疗保障水平和质量。基本社会医疗保险应以公平为主导原则,保证人民的基本就医权利,而多种补充医疗保险的共同发展有助于满足人们多样化的医疗需求,通过多渠道融资获得更高水平的保障和高质量的医疗服务,也能够有效地填补基本医保的空白。国家在税收、行业扶持和政策等多方面可以提供相应激励。

第四,在政策设计方面主动向低收入人群、欠发达地区给予更多倾斜和扶助。例如,大病保险在针对较低收入家庭发生的大额医疗费用给付时,可适当考虑降低起付线。各地推行的针对低收入人群的扶贫补充医疗保险也是保证低收入人群有能力获得医疗服务的重要渠道。此外,社会医疗救助体系的建立和完善也是基本医疗保险的必要补充,承担社会安全网守门人的作用,以保障低收入群体的基本利益,维护社会底线公平。可以考虑建立必要专项资金,以支付医院救治贫困病患的急诊费用。

第五,尽力改善医疗机构的配置,提高医疗资源在城乡和区域之间配置的公平性。从政策和执行层面尽力促进医疗服务水平向均等化的方向发展,避免城乡、区域间的医疗机构进一步发生两极分化。一方面,要努力减少基层机构、人员流失,提高基层医护人员待遇,发展社区诊所、乡镇卫生院等基层医疗机构并提高服务质量;另一方面,积极规范和引导就诊行为,推进分级诊疗也有利于资源的有效配置,并改善医疗服务的公平性。

本章参考文献

[1] Gao, J., Tang, S., Tolhurst, R., et al. Changing access to health services in urban China: Implications for equity[J]. Health Policy and Planning, 2001, 16(3): 302-312.

[2] Liu, Y., Hsiao, W., Eggleston, K. Equity in health and health care: The Chinese experience[J]. Social Science & Medicine, 1999, 49(10): 1349-1356.

[3] Liu, G., Zhao, Z., Cai R, et al. Equity in health care access to: Assessing the urban health insurance reform in China[J]. Social Science & Medicine, 2002, 55(10): 1779-1794.

[4] 官海静,刘国恩,熊先军.城镇居民基本医疗保险对住院服务利用公平性的影响[J].中

国卫生经济,2013,32(1):42—44.
[5] 国家统计局人口与就业司.2014年中国人口与就业统计年鉴[M].北京:中国统计出版社,2015.
[6] 国务院办公厅关于深化医药卫生体制改革2014年工作总结和2015年重点工作任务的通知[EB/OL].(2015-05-09)[2015-09-20].http://www.gov.cn/zhengce/content/2015-05/09/content_9716.htm
[7] 金音子,侯志远,岳大海.新型农村合作医疗制度对改善农村居民疾病经济负担的公平性状况的研究[J].中国卫生经济,2014(3):42—44.
[8] 李晓燕,谢长青,杨明洪.新型农村合作医疗制度公平性研究——基于黑龙江省农村新型合作医疗试点县的实证分析[J].华南农业大学学报(社会科学版),2008(3):9—15.
[9] 林俊聪,刘嘉祯,张鹭鹭.基本医疗保险公平性定量评价方法综述[J].卫生经济研究,2013(10):28—31.
[10] 刘平,李跃平,张晓萍.我国城镇职工基本医疗保险公平性存在的问题及原因分析[J].中国全科医学,2006(9):740—742.
[11] 仇雨临,梁金刚.基本医疗保险关系转移接续的现状、问题与出路——基于典型地区试点运行的实证调查[J].海南大学学报(人文社会科学版),2014(5):11—17.
[12] 人力资源和社会保障部社会保险事业管理中心.中国社会保险发展报告2014[M].北京:中国劳动社会保障出版社,2015.
[13] 申曙光,孙健,刘巧,等.新型农村合作医疗制度公平性研究——以广东省为例[J].人口与经济,2009(5):84—90.
[14] 汪宏,Winnie Yip,张里程,等.中国农村合作医疗的受益公平性[J].中国卫生经济,2005(2):16—19.
[15] 王安珏,江启成,吴宁等.基于泰尔指数的安徽省新型农村合作医疗政府补助受益公平性分析[J].中国卫生政策研究,2012(5):50—53.
[16] 卫生部.中国卫生与计划生育统计年鉴[M].北京:中国协和医科大学出版社,2017.
[17] 王欢,黄贵权,沈华亮,等.底线公平视角下深圳基本医疗保险公平性研究[J].中国卫生经济,2011(9):8—10.
[18] 吴成丕.中国医疗保险制度改革中的公平性研究——以威海为例[J].经济研究,2003(6):54—63,95.
[19] 熊吉峰,丁士军.新型农村合作医疗受益公平性影响因素研究[J].中国卫生经济,2010(7):32—35.
[20] 熊吉峰,丁士军.贫困地区新型农村合作医疗补偿水平及影响因素研究[J].开发研究,2010(3):83—87.

[21] 徐玲,简伟研.中国基本医疗保障制度受益公平性的实证研究[J].医学与社会,2010(11):45—47.

[22] 姚奕,陈仪,陈聿良.我国基本医疗保险住院服务受益公平性研究[J].中国卫生政策研究,2017(3):40—46.

[23] 中华人民共和国人力资源和社会保障部.我国社会保险事业改革发展成就举世瞩目[EB/OL].(2017-09-06)[2019-09-20].http://www.mohrss.gov.cn/SYrlzyhshbzb/dongtaixinwen/buneiyaowen/201705/t20170525_271399.html

[24] 周钦,田森,潘杰.均等下的不公——城镇居民基本医疗保险受益公平性的理论与实证研究[J].经济研究,2016(6):172—185.

[25] 周忠良,高建民,张军胜.我国基本医疗保障制度受益公平性分析[J].中国卫生经济,2013(7):21—23.

附表 6-1　全国 31 个省份（除港澳台地区）基本医疗保险政策出台时间表

省份	城镇职工基本医疗保险	新型农村合作医疗	城镇居民基本医疗保险	城乡居民基本医疗保险
北京	2001 年 2 月,《北京市基本医疗保险规定》	2003 年 6 月,《北京市建立新型农村合作医疗制度的实施意见》	2007 年 6 月,《北京市人民政府印发关于建立北京市城镇无医疗保障老年人和学生儿童大病医疗保险制度实施意见的通知》	2017 年 1 月,《北京市人力资源和社会保障局 北京市财政局关于城乡居民医疗保险有关问题的通知》
天津	2001 年 11 月,《天津市城镇职工基本医疗保险规定》	2004 年 3 月,《天津市新型农村合作医疗管理办法》	2007 年 9 月,《天津市城镇居民基本医疗保险暂行规定》	2009 年 7 月,《天津市城乡居民基本医疗保险规定实施细则》
河北	1999 年 5 月,《河北省建立城镇职工基本医疗保险制度总体规划》	2003 年 7 月,《河北省新型农村合作医疗管理办法》	2007 年 9 月,《河北省关于建立城镇居民基本医疗保险制度的实施意见》	2017 年 4 月,《河北省人民政府关于建立统一的城乡居民基本医疗保险制度的意见》
山西	1999 年 8 月,《山西省人民政府贯彻〈国务院关于建立城镇职工基本医疗保险制度的决定〉的实施意见》	2004 年 4 月,《山西省新型农村合作医疗制度管理办法》	2007 年 10 月,《山西省人民政府关于开展城镇居民基本医疗保险试点的实施意见》	2017 年 8 月,《山西省人民政府关于进一步完善城乡居民医疗保险政策的通知》
内蒙古	1999 年 6 月,《内蒙古自治区建立城镇职工基本医疗保险制度实施意见》	2006 年 11 月,《内蒙古自治区人民政府办公厅关于印发自治区新型农村牧区合作医疗工作方案的通知》	2007 年 10 月,《内蒙古自治区人民政府关于做好城镇居民基本医疗保险试点工作的实施意见》	2016 年 11 月,《内蒙古自治区人民政府关于建立统一的城乡居民基本医疗保险制度的实施意见》
辽宁	1999 年 4 月,《辽宁省人民政府关于印发辽宁省城镇职工医疗保险制度改革实施意见的通知》	2004 年 12 月,《辽宁省卫生厅关于进一步做好新型农村合作医疗试点工作的指导意见》	2007 年 10 月,《辽宁省人民政府关于建立城镇居民基本医疗保险制度的意见》	2017 年 8 月,《辽宁省关于完善城乡居民基本医疗保险参保政策和防止重复补助等有关问题的通知》

（续表）

省份	城镇职工基本医疗保险	新型农村合作医疗	城镇居民基本医疗保险	城乡居民基本医疗保险
吉林	2000年11月，《吉林省人民政府关于印发吉林省建立城镇职工基本医疗保险制度总体规划的通知》	2003年9月，《吉林省人民政府关于批转吉林省新型农村合作医疗试点方案的通知》	2008年4月，《吉林省人民政府办公厅转发省劳动保障厅等部门〈关于城镇居民基本医疗保险试点实施意见〉的通知》	2016年12月，《吉林省人民政府办公厅关于整合城乡居民基本医疗保险制度的实施意见》
黑龙江	1999年8月，《黑龙江省建立城镇职工基本医疗保险制度总体规划》	2004年，《黑龙江省新型农村合作医疗基金管理试行办法》	2007年10月，《黑龙江省城镇居民基本医疗保险试点方案》	2017年2月，《黑龙江省人民政府关于整合城乡居民基本医疗保险制度的实施意见》
上海	2000年10月，《上海市城镇职工基本医疗保险办法》	2014年11月，《上海市人民政府办公厅转发市卫生计生委等六部门关于本市新型农村合作医疗市级统筹实施意见的通知》	2012年9月，《上海市人民政府关于印发上海市城镇居民基本医疗保险试行办法的通知》	2015年10月，《上海市城乡居民基本医疗保险办法》
江苏	1999年9月，《关于江苏省城镇职工医疗保险制度改革的实施意见》	2003年7月，《江苏省政府关于在全省建立新型农村合作医疗制度的实施意见》	2007年4月，《江苏省人民政府关于建立城镇居民基本医疗保险制度的意见》	2016年12月，《江苏省人力资源社会保障厅关于实施统一的城乡居民医保制度相关政策的指导意见》
浙江	2000年6月，《浙江省推进城镇职工基本医疗保险制度改革的意见》	2003年8月，《浙江省人民政府关于建立新型农村合作医疗制度的实施意见（试行）》	2006年8月，《浙江省人民政府关于推进城镇居民医疗保障制度建设试点工作的意见》	2016年10月，《浙江省人民政府办公厅关于深入推进城乡居民基本医疗保险制度建设的若干意见》

（续表）

省份	城镇职工基本医疗保险	新型农村合作医疗	城镇居民基本医疗保险	城乡居民基本医疗保险
安徽	1999年7月,《安徽省人民政府关于印发安徽省实施城镇职工医疗保险制度改革若干意见的通知》	2003年5月,《安徽省人民政府办公厅转发省卫生厅省财政厅省农业委员会关于建立新型农村合作医疗制度意见的通知》	2007年10月,《安徽省人民政府关于开展城镇居民基本医疗保险工作的意见》	2017年1月,《安徽省城乡居民基本医疗保险"六统一"分项方案》
福建	1999年9月,《福建省人民政府贯彻国务院关于建立城镇职工基本医疗保险制度的决定的通知》	2004年5月,《福建省人民政府办公厅转发省卫生厅等部门关于2004年新型农村合作医疗试点工作方案的通知》	2007年9月,《福建省人民政府关于推进城镇居民基本医疗保险试点工作的实施意见》	2015年1月,《福建省人民政府办公厅转发省医改办等部门关于城乡居民基本医保政策一体化实施意见的通知》
江西	1999年7月,《江西省建立城镇职工基本医疗保险制度总体规划》	2004年12月,《江西省新型农村合作医疗管理办法（暂行）》	2007年5月,《江西省推进城镇居民基本医疗保险的指导意见》	2016年6月,《江西省人民政府关于整合城乡居民基本医疗保险制度的实施意见》
山东	1999年8月,《山东省人民政府关于印发〈山东省建立城镇职工基本医疗保险制度实施方案〉的通知》	2003年2月,《山东省人民政府办公厅转发省卫生厅等部门关于建立新型农村合作医疗制度的意见的通知》	2007年9月,《山东省人民政府关于贯彻国发〔2007〕20号文件开展城镇居民基本医疗保险试点的意见》	2013年12月,《山东省人民政府关于建立居民基本医疗保险制度的意见》
河南	1999年5月,《河南省建立城镇职工基本医疗保险制度实施意见的通知》	2003年5月,《河南省人民政府办公厅转发省卫生厅等部门关于建立新型农村合作医疗制度实施意见的通知》	2007年10月,《河南省人民政府关于建立城镇居民基本医疗保险制度的实施意见》	2016年11月,《河南省城乡居民基本医疗保险实施办法（试行）》

（续表）

省份	城镇职工基本医疗保险	新型农村合作医疗	城镇居民基本医疗保险	城乡居民基本医疗保险
湖北	1999年7月,《湖北省城镇职工基本医疗保险制度总体规划》	2003年7月,《湖北省新型农村合作医疗试点工作方案》	2008年4月,《湖北省人民政府关于建立城镇居民基本医疗保险制度的意见》	2016年6月,《湖北省整合城乡居民基本医疗保险制度工作方案》
湖南	1999年6月,《湖南省人民政府关于印发〈湖南省建立城镇职工基本医疗保险制度实施意见〉的通知》	2003年,湖南省新型农村合作医疗协调领导小组决定在长沙县、桂阳县、花垣县、涟源市、华容县等5地启动试点工作	2007年9月,《湖南省人民政府关于印发〈湖南省城镇居民基本医疗保险试点实施办法（试行）〉的通知》	2016年12月,《湖南省城乡居民基本医疗保险实施办法》
广东	1999年4月,《广东省城镇职工基本医疗保险制度改革的规划方案》	—	2007年9月,《广东省人民政府办公厅转发省劳动和社会保障厅财政厅关于建立城镇居民基本医疗保险制度实施意见的通知》	2016年10月,《广东省医疗保险城乡一体化改革指导意见（征求意见稿）》
广西	1999年6月,《广西壮族自治区建立城镇职工基本医疗保险制度总体规划》	2004年6月,《广西壮族自治区新型农村合作医疗基金财务管理办法（试行）》	2007年9月,《广西壮族自治区人民政府关于开展城镇居民基本医疗保险试点的指导意见》	2017年3月,《广西城乡居民基本医疗保险暂行办法》
海南	1999年6月,《关于在全省各市县全面实施医疗保险制度改革的指导性意见》	2003年11月,《海南省新型农村合作医疗试点意见》	2007年5月,《海南省人民政府印发关于做好城镇居民基本医疗保险试点工作意见的通知》	2016年12月,《海南省整合城乡居民基本医疗保险制度的实施方案》

（续表）

省份	城镇职工基本医疗保险	新型农村合作医疗	城镇居民基本医疗保险	城乡居民基本医疗保险
重庆	1999年8月,《重庆市城镇职工基本医疗保险制度总体规划》	2004年2月,《重庆市新型农村合作医疗暂行管理办法》	2007年9月,《重庆市人民政府关于开展城乡居民合作医疗保险试点的指导意见》	2012年7月,《重庆市城乡居民合作医疗保险市级统筹实施办法》
四川	1999年5月,《四川省贯彻〈国务院关于建立城镇职工基本医疗保险制度的决定〉的意见》	2003年6月,《四川省人民政府办公厅转发省卫生厅等部门关于四川省新型农村合作医疗制度试点工作意见的通知》	2007年10月,《四川省人民政府关于开展城镇居民基本医疗保险试点的实施意见》	2008年11月,《成都市城乡居民基本医疗保险暂行办法》
贵州	1999年4月,《贵州省建立城镇职工基本医疗保险制度改革实施规划》	2005年1月,《关于加强我省新型农村合作医疗试点工作的意见》	2008年5月,《贵州省人民政府关于推进城镇居民基本医疗保险试点工作的指导意见》	2016年12月,《贵州省整合城乡居民基本医疗保险制度实施方案》
云南	1999年8月,《云南省城镇职工基本医疗保险暂行规定》	2004年5月,《云南省新型农村合作医疗管理办法》	2007年8月,《云南省城镇居民基本医疗保险试点实施办法》	2016年8月,《云南省人民政府关于整合城乡居民基本医疗保险制度的实施意见》
西藏	2001年10月,《西藏自治区人民政府关于建立城镇职工基本医疗保险制度的决定》	2003年5月,《西藏自治区农牧区医疗管理暂行办法》	2007年8月,《西藏自治区城镇居民基本医疗保险暂行办法》	—

（续表）

省份	城镇职工基本医疗保险	新型农村合作医疗	城镇居民基本医疗保险	城乡居民基本医疗保险
陕西	1999年3月,《陕西省城镇职工医疗保险制度改革总体规划》	2007年9月,《陕西省新型农村合作医疗协调小组关于加强全省新型农村合作医疗制度管理的原则意见》	2007年8月,《陕西省人民政府贯彻国务院关于开展城镇居民基本医疗保险试点指导意见的实施意见》	2016年10月,《关于加快实施统一的城乡居民医疗保险政策的通知》
甘肃	1999年5月,《甘肃省人民政府关于建立城镇职工基本医疗保险制度改革总体规划的通知》	2004年12月,《甘肃省人民政府关于进一步做好新型农村合作医疗试点工作的指导意见》	2007年7月,《甘肃省城镇居民基本医疗保险实施方案》	2016年11月,《甘肃省整合城乡居民基本医疗保险制度实施意见》
青海	2000年9月,《青海省城镇职工基本医疗保险制度改革实施方案》	2006年9月,《青海省人民政府办公厅关于印发进一步加强新型农村合作医疗制度建设意见的通知》	2007年6月,《青海省城镇居民基本医疗保险试点工作实施方案》	2016年4月,《青海省城乡居民基本医疗保险省级统筹实施方案》
宁夏	1998年8月,《宁夏回族自治区城镇职工基本医疗保险制度改革实施意见》	2003年9月,确定平罗、隆德两县为试点县,启动了新型农村合作医疗试点工作	2007年10月,《宁夏贯彻国务院关于开展城镇居民基本医疗保险试点工作指导意见的实施意见》	2015年3月,《自治区人民政府关于城乡居民基本医疗保险自治区统筹管理的意见》
新疆	1999年4月,《新疆维吾尔自治区城镇职工基本医疗保险制度改革总体规划(草案)》	—	2007年8月,《新疆维吾尔自治区人民政府办公厅关于开展自治区城镇居民基本医疗保险试点的实施意见》	2016年7月,《新疆维吾尔自治区整合城乡居民基本医疗保险制度实施意见》

资料来源:作者根据人力资源和社会保障部、卫生健康委员会等网站内容整理。

第七章　社会救助体系的公平性研究

改革开放四十多年以来,我国经济持续高速发展,2017年我国GDP达到82.71万亿元,经济总量在全球仅次于美国,公共财政收入17.25万亿元,同比增长7.4%。按照世界银行发布的数据和国别收入分组标准,我国2017年人均GDP达到8 827美元,已经进入中等偏上收入国家行列。然而我国城乡收入差距依然较大,相对贫困问题突出。如何在保持经济快速发展的同时让相对贫困群体衣食无忧是目前迫切需要解决的问题,基于此,本章展开作为兜底性社会福利的社会救助制度公平性的分析。此前我国不断扩充救助形式与内容,已形成了以最低生活保障制度、特困人员供养为核心,医疗、教育、住房、就业等专项救助为辅助,受灾人员救助与临时救助为补充的社会救助制度体系。2014年2月21日,国务院公布《社会救助暂行办法》(国务院令第649号),明确社会救助工作应当遵循公开、公平、公正、及时的原则,然而在社会救助实施过程中,仍有诸如救助标准、救助条件等方面的不公平问题,尤其是公平性问题需要深入分析。本章首先对我国社会救助体系的基本现状进行梳理,对我国最低生活保障制度公平性研究成果进行分析,进而对最低生活保障制度标准确定方法的公平性、最低生活保障制度的公平性开展深入研究,并借鉴最低生活保障制度公平性的国际实践,提出建立健全公平最低生活保障制度的政策建议。

第一节　研究背景与研究现状

一、我国社会救助体系的基本现状

社会救助是保障与改善民生的基础防线,是维护社会安定团结的重要保证。1999年,国务院颁布《城市居民最低生活保障条例》(国务院令第271号),标志着针对城镇贫困人口的社会救助立法的开端。随后在2003年颁布的《城市生活无着的流浪乞讨人员救助管理办法》（国务院令第 381 号），进一步拓宽了社会救助的覆盖范围。2014 年，国务院颁布《社会救助暂行办法》，确立了完整清晰的社会救助制度体系。随着《特困人员认定办法》（民发〔2016〕178 号）及各省份教育救助、城乡医疗救助办法的实施，我国社会救助体系发展日趋完善，逐步形成了以最低生活保障、特困人员供养、受灾人员救助、医疗救助、教育救助、住房救助、就业救助等为内容的社会救助体系（见图 7-1）。临时救助是国家对遭遇突发事件、意外伤害、重大疾病或其他特殊原因导致基本生活陷入困境，其他社会救助制度暂时无法覆盖或救助之后基本生活暂时仍有严重困难的家庭或个人给予的应急性、过渡性的救助。按照救助对象不同划分为针对家庭的救助和针对个人的救助，其中符合生活无着的流浪、乞讨人员救助条件的，由县级人民政府按有关规定提供临时食宿、急病救治、协助返回等救助。

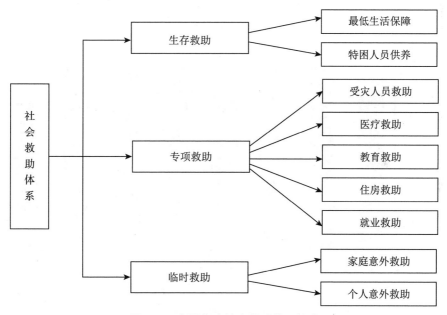

图 7-1　我国内地社会救助体系构成

资料来源：根据 2014 年《社会救助暂行办法》整理。

如图 7-2、图 7-3 所示，在生存救助系统中，2009—2016 年间城市最低生活保障人数不断减少，农村最低生活保障人数经过了由增再减的过程，农村特困人员救助供养人数相对稳定，农村低保人数远远大于城市低保人数，虽然城乡人数比值不断缩小，但人数的差值不断增大。

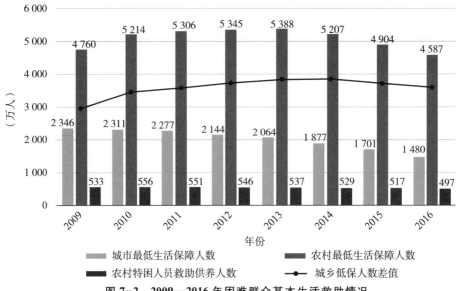

图 7-2 2009—2016 年困难群众基本生活救助情况

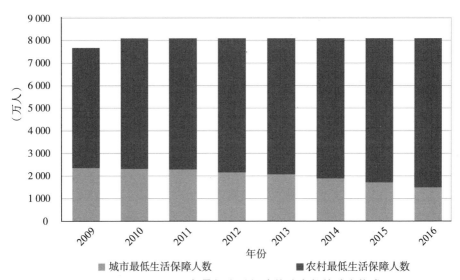

图 7-3 2009—2016 年最低生活保障救助人数的城乡构成

从 2016 年城乡生存救助构成的相关数据来看，全国共有城市低保对象 855.3 万户、1 480.2 万人，全年各级财政支出城市低保资金 687.9 亿元；农村低保对象共有 2 635.3 万户、4 586.5 万人，全年各级财政支出农村低保资金 1 014.5 亿元。在特困人员供养方面，2016 年农村特困人员救助供养 5 496.9 万人，比上年下降 3.9%，全国各级财政支出农村特困人员救助供养资金 228.9 亿元,比上年增长9.0%。① 由此可见,我国基本建成了以最低生活保障制度为基础的社会救助体系,各级财政投入规模不断增长,城乡低保覆盖范围得到进一步扩大。

专项救助系统包括受灾人员救助、医疗救助、教育救助、住房救助和就业救助,其中,受灾人员救助和医疗救助的规模最大、范围最广。受灾人员救助根据不同年份灾害情况开展救灾行动,2008—2016年我国因灾死亡(含失踪)人口逐年递减(见图7-4),显示出灾害救助水平在不断提升。2016年全国各类自然灾害共造成1.9亿人次不同程度受灾,累计支出中央自然灾害生活补助资金79.1亿元及相应实物救灾物资。② 在医疗救助中,2016年资助参加基本医疗保险5 560.4万人,支出资助参加基本医疗保险资金63.4亿元,资助参加基本医疗保险人均补助水平113.9元。2016年直接医疗救助2 696.1万人次,支出资金232.7亿元。住院和门诊人次均救助水平分别为1 709.1元和190.0元。我国社会救助内容呈现多样化发展的趋势,涵盖内容不断增多,重点救助领域的支出规模和救助水平稳步提升。

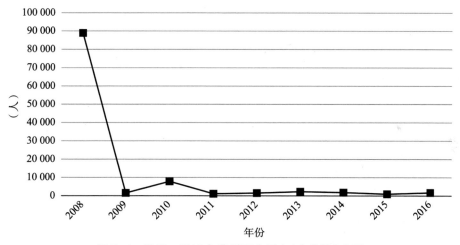

图7-4　2008—2016年我国因灾死亡(含失踪)人口

二、研究对象选择的说明

本章以社会救助体系中的最低生活保障制度为基础展开社会救助的公平性研究,主要考虑如下几个方面的因素:

---

① 数据来源:中华人民共和国民政部,《2016年社会服务发展统计公报》。
② 同上。

（1）涉及人群数量最多。在社会救助体系中，最低生活保障制度涉及城乡居民的数量最多，2008年以来一直在6 000万以上，保障对象救助具有连续性，受助群体也是公众舆论最为关注的对象。

（2）制度相对成熟稳定。最低生活保障制度是社会保障制度中的兜底制度，也是国际社会普遍采用的一种救助制度。我国自1993年5月7日上海市民政局等六个部门联合发布《关于本市城镇居民最低生活保障线的通知》（沪民救〔1993〕17号）开始进行城镇最低生活保障制度的探索，经历了30年发展，城乡最低生活保障制度已经相对成熟稳定，但其中还有很多公平问题需要进一步探讨和解决。

（3）资金安排分量最重。最低生活保障制度涉及人群数量最多，制度稳定，资金支出纳入财政统一预算，以2016年为例，城乡最低生活保障制度安排资金支出1 702.4亿元，在整个社会救助体系中分量最重，也最能体现社会救助体系的公平性状态。

（4）数据可得性相对较强。本章研究数据的获得主要源于《中国统计年鉴》《中国民政统计年鉴》，最低生活保障制度数据的连续性、可得性比较完备。

三、我国最低生活保障制度公平性研究述评

中国最低生活保障制度的发展，得到了国外学界的广泛关注。许多学者对社会救助与最低生活保障的相关政策展开了评估。Hammond（2011）认为中国最低生活保障制度的发展与政府政策联系紧密，中央政府的放权为最低生活保障制度在各地的建立提供了空间，但同时给实施效果带来了挑战。Solinger（2014）通过微观数据展示了不同经济发展水平城市中最低生活保障政策效果，地方政府所制定政策参差不齐，地区财政能力对救助对象所享受补贴多寡的影响较深。在发展问题的原因分析方面，部分学者做出以下阐释。Ngok（2010）认为，阻碍中国最低生活保障制度发展的根本原因在于财政责任的地方化，以广东省为例予以说明，统一的政策体制与地方财政责任制之间的矛盾，导致最低生活保障制度并不能完全发挥应有的社会作用。在中国最低生活保障制度的未来发展方面，Adema（2006）在经济合作与发展组织年度报告中提出，中国未来在最低生活保障制度中的投入与其支出模式紧密相关，未来应考虑预算标准与方法的科学化，以及人口老龄化的趋势。Lindqvist et al.（2013）通过对比中国和瑞典的社会救助制度发现，瑞典重视对救助对象的家计调查，而中国最低生活保障制度的实施涉及行政体制的干涉，中国面临

的挑战是建立社会救助法和规范管理程序,并引入社会工作的相关资源。Kuhn et al.(2016)认为在中国农村中,经济状况评估工作较为复杂,欠发达地区的财政拨款无统一标准,未来应不断完善财政拨款制度、财务管理过程和监管制度,才能进一步提升反贫困的效果。

在我国,对城乡最低生活保障的研究始于20世纪90年代中后期。在最低生活保障标准的适度性方面,一些学者展开了一系列的测算。例如,洪大用(2003)的测算结果显示:部分年份的全国平均最低生活保障标准与实际贫困线的比例在54%—79%。王留豹和董栓成(2006)通过实证调查发现,最低生活保障标准仅能满足基本需求的一半。柳清瑞和翁钱威(2011)通过扩展性支出模型计算得到的最低生活保障标准同样证实了这一观点。在财政支撑能力方面,吴碧英(2001)认为目前受财政约束,大部分地区的保障标准过低,保障效果不良。蔡昉和都阳(2004)认为,为提升财政支撑能力,应对扶持农村脆弱群体的公共资源进行结构调整,将扶贫资金转作低保基金。毕红霞等(2012)运用恩格尔系数法分析表明,现行农村低保仅是低水平的保障,财政支持表现出了非适度性,需要进一步加大补助力度。在城乡最低生活保障制度统筹的创新途径方面,杨立雄(2011)提出未来应统一城乡最低生活保障标准的计算方法,提高最低生活保障标准的管理层次,建立中央、省市与区县的三级财政分担机制。关信平和黄晓燕(2006)认为,中央政府应对农村低保给予适当的财政支持,中央财政和省级财政转移支付能够减轻基层经济与社会发展的负担。左停等(2017)提出,农村最低生活保障制度与扶贫开发制度的衔接和整合是农村反贫困工作的重要内容,尤其要注重社会转型过程中的常态化、制度化的分工与协作。白晨和顾昕(2018)在阐释社会安全网筹资水平空间不平等这一问题时指出,未来要进一步提高县级政府城镇低保的筹资水平,缩小区县差距,规范市级财政的补贴机制,降低区政府筹资的横向不平等性。刘丽娟(2018)建议建立和完善"收入+消费"结合的收入核查机制、"救助+赋能"并重的救助制度、"激励+分类"的就业导向机制和智能监控管理平台。

国内学术界的上述研究成果,形成了我国最低生活保障制度的几点共识:一是城乡最低生活保障作为一种贫困救助制度需要统筹,城乡统筹是一种必然趋势和结果;二是城乡统筹的最低社会保障制度本质是一种资源配置统筹;三是城乡统筹的资源配置关键点在于城乡最低生活保障标准的制定科学合理。但已有的研究成果在推动和促进我国低保制度发展的同时,还存在一些明显的不足:①研究角度稍显单一,更多地关注城乡最低生活保障制度实践操作层面上的问题,对数理模型的实证研究缺乏,严密的推理和公平的准确量化不足;②研究内容深入程度不够,大多集中于城乡最低生活保障制度的构造方法上,对实践的指导作用不足,一些关键指标的论证还缺少相应的理论基础;③在研究方法上,定性分析、经验描述居多,定量的模型分析和与中国现实的结合不够;④缺乏对最低生活保障标准的保障能力评价。基于前期研究的基础和不足,本章接下来将以公平性理论为基础,运用最新统计数据及数理模型对假设问题进行验证,并力求与当前中国社会救助体系建设中的现实问题相结合,对当前最低生活保障制度在城乡间、区域间的公平性进行论述。

第二节 最低生活保障制度标准确定方法的公平性研究

一、最低生活保障标准确定的方法一览

国际社会对最低生活保障标准的统称为"贫困线",我国将其称为"低保线"。国外学界对贫困线的测算,可归纳为以下九种方法:

（一）食品能量摄入法

食品能量摄入法(food-energy intake, FEI)最早由世界银行提出,主要以目标人群每天基本食品能量摄入情况为计算依据。这种方法需要充分考虑个体特征,尤其是在不同居住环境中的人群,比如考虑到粮食价格问题,城市的 FEI 要高于农村,消费水平高的地区 FEI 的水平高。有较多的国家采用这种方法作为贫困线指标。

（二）恩格尔系数法

恩格尔系数法由德国统计学家恩斯特·恩格尔(Ernst Engel)于 1857 年提出。一般设定恩格尔系数为 60% 是贫困线,然后结合最低营养标准确定,如美国、联合国粮农组织等确定的贫困线。这种方法的优点是简单易操作,但要求恩格尔系数比较稳定。受价格、地域等因素的影响,我国恩格尔系数变化较大,易受主观判断影响,且反映的贫困过于绝对,因此不宜用此种方法测算最低生活保障标准。[①]

（三）国际贫困线

世界银行 1993 年确定国际贫困线为每人每天 1.08 美元,由世界银行在

[①] 有学者认为恩格尔系数在我国城市贫困测量中是失效的,如:骆祚炎(2006)、尹海洁和唐雨(2009)。

1993 年按照购买力平价理论(purchasing power parity, PPP)进行的国际比较项目(international comparison program, ICP)中提出,是世界银行经济学家 Chen and Ravallion(1994)对 33 个贫困国家贫困线取的中间值,此后又有了 1 美元、1.25 美元、2 美元和 3 美元等标准。这种方法被专家学者广泛应用,是研究贫困问题的重要参照。

(四)基本需求成本法

基本需求成本法(cost-of-basic-needs, CBN),由世界银行专家 Quentin(1997)等人提出。以"最低营养需求"(minimum nutrition requirement, MNR)成本作为参照组确定食品贫困线,并通过构造贫困家庭获得的非食品消费成本确定总贫困线(瑞沃林,2005)。一般做法是首先规定一个满足基本消费需求的食物组合,然后分别估计各食物组合子群的成本,再对被认为可能是贫困家庭组(如每个子群最穷的 20% 的家庭)的总支出中食物份额除以上面所得的成本,就可以推算出贫困线。

(五)市场菜篮法

市场菜篮法亦称必需品法,最早由英国经济学家西博姆·朗特里(Seebohm Rowntree)于 19 世纪末提出(Townsend, 2010)。这一方法通过确定一张社会公认能够维持起码生活水准的必需品清单,根据市场价格和数量计算贫困线。该方法首先依据家计调查,由居民参与决定生活必需品,并统计出来,以当地当时的市场价格计算出的金额作为贫困线。

(六)马丁法

马丁法是由世界银行经济学家马丁·拉瓦雷(Martin Ravallion)提出的,分为高、低两条贫困线,低贫困线是食物贫困线加上刚好有能力达到食物贫困线的住户的非食物必需支出,高贫困线是指食物支出达到食物贫困线的住户的总支出。我国国家统计局在 1997 年曾用此法计算较低的贫困线,1998 年尝试计算较高的贫困线。

(七)收入比例法

收入比例法也称国际贫困标准线,1976 年由经济合作与发展组织在对其成员国的一次大规模调查后提出,它以一个国家或地区社会中位收入或平均收入的 50% 或 60% 作为贫困线,其最大优点是简单易行,并且反映了一定的相对贫困与地区差异,缺点是只考虑到收入水平而没有考虑到个人的具体需求,所以只是粗略地估计贫困状态,计算的贫困线不准确。

(八) 扩展线性支出法

扩展线性支出法运用数学模型研究消费定量测定贫困线,最常用的模型是扩展线性支出系统(extend linear expenditure system, ELES),是经济学家 C. 朗茨(C. Liuch)于1973年在线性支出系统基础上推出的一种需求函数——扩展线性支出系统,函数形式为:

$$P_i q_i = P_i r_i + \beta_i (I - \sum_{j=1}^{n} P_j r_j) \tag{7.1}$$

其中,P_i、P_j 指第 i、j 种商品消费价格;q_i 指第 i 种商品的需求量,商品需求由基本需求量和非基本需求量两部分组成;r_i、r_j 指第 i、j 种商品的基本需求量;I 是收入;β_i 指第 i 种商品占预算约束中的份额,经济意义是指消费者除基本需求以外,还会用可支配收入中的多大比例购买该商品,表示一种超额的消费量。若消费者不存在储蓄,则 $\sum_{j=1}^{n} \beta_i = 1$;若消费者存在储蓄,则 $\sum_{i=1}^{n} \beta_i < 1$,由此贫困线($P_M$)计算过程如下:

对式(7.1)变形得:

$$P_i q_i = P_i r_i - \beta_i \sum_{j=1}^{n} P_j r_j + \beta_i I + \mu_i \tag{7.2}$$

令

$$\alpha_i = P_i r_i - \beta_i \sum_{j=1}^{n} P_j r_j \tag{7.3}$$

则式(7.2)变形为:

$$Y_i = \alpha_i + \beta_i I + \mu_i \tag{7.4}$$

利用式(7.4)回归求解,即对每一类别消费品,根据消费额(Y_i)和可支配收入(I)使用 OLS 估计参数 $\widehat{\alpha_i}$ 和 $\widehat{\beta_i}$,然后对式(7.3)两边求和变形得:

$$\sum_{i=1}^{n} P_i r_i = \sum_{i=1}^{n} \widehat{\alpha_i} / (1 - \sum_{i=1}^{n} \widehat{\beta_i}) = P_M \tag{7.5}$$

江华和杨雪(2012,2014)将 ELES 结合马斯洛的需求层次理论改进了测算方法,降低了测算偏差,但仍存在样本量不足问题。

(九) 收入分布函数法

该方法由方卫东等(2001)提出,是利用收入分布函数计算贫困线和贫困率的一种方法。其核心步骤是第一步搜集居民收入分组数据;第二步对收入分组数据用 $F(t) = \dfrac{1}{1 + ae^{-bt^{1/20}}}$ 进行拟合,得到参数 a、b 之值;第三步是根据给定的相对贫困率 α 计算相对贫困线 t_α,公式为 $t_\alpha = F^{-1}(\alpha)$,或根据已知的绝对

贫困线 t_β 计算绝对贫困率 β，公式为 $\beta = F(t_\beta)$。该方法计算复杂，且需要事前确定贫困率或者绝对贫困线，确定时并没有较强的理论依据，因此自提出该方法后，一直未再有学者讨论应用。

二、最低生活保障标准确定方法评价

（一）测算方法的选择未能体现公平原则

从以上比较中可以得到，几种贫困线测算方法各有优劣，有时计算过程存在交叉。加上市场菜篮法、恩格尔系数法均是对基本生活需求的计算。因此各种测算方法无所谓孰优孰劣，只是选择问题和资金问题，即使选择一种测算方法后计算结果数值较小，但并不是必须执行该方法，各地实际工作中可以根据具体情况调整，很少顾及群体和区域之间是否公平的问题，因而测算方法的选择归结到资金是否充裕的问题上，体现不出公平原则。

（二）多数贫困线测算方法的依据指向为消费支出水平

如表 7-1 所示，除国际贫困线是直接给定的标准，其他八种方法的测算依据指向消费支出的有五种（基本需求成本法以恩格尔系数为依据确定非食品支出，恩格尔系数的含义是食品支出占消费支出的比值，因此，以食品支出为依据的最终指向仍然是消费支出），测算依据指向收入水平的有两种，测算依据同时指向消费和收入的有一种。而最低生活保障的基本功能是保障贫困居民的基本生活，同时考虑高低收入群体消费倾向的差异、收入分配的左偏分布，贫困线测算指向以消费水平为依据比较能客观满足贫困群体的基本生活需求。

表 7-1　各贫困线测算方法的计算依据

测算方法	测算依据	测算方法	测算依据
食品能量摄入法	食品能量支出	马丁法	消费支出
恩格尔系数法	食品支出	收入比例法	收入
基本需求成本法	消费支出	扩展线性支出法	消费支出、收入
市场菜篮法	消费支出	收入分布函数法	收入

（三）锚定人均消费水平的浮动比例作为简化低保线标准

根据最低生活保障的基本功能要求和各贫困线测算方法对消费支出的依赖，为简化操作，我们以人均消费水平的浮动比例作为简化低保线标准。按照上年最低5%收入群体的五大类支出占人均消费支出的比重值作为低限低保线,以上年最低10%收入群体的五大类支出占人均消费支出的比重值作为较高低保线,结果如表7-2所示。我国2006—2012年最低5%收入群体的食品、衣着、居住、教育和医疗等五大类支出占人均消费支出的比重值一直稳定在30%左右,最低10%收入群体的五大类支出占人均消费支出的比重值一直稳定在35%左右。根据保障要求,我们分别设置人均消费支出的30%—35%水平作为城镇低保线浮动区间,具体比例由各地方政府根据资金安排选择,农村低保线则按照小于城乡人均消费比的值推算,目的是实现程序简化,让低保水平具有缩小城乡差距的一定功能,同时留出一定的低保线制定权限余地给地方政府。比较计算结果与现行低保线我们可以发现,城镇低保线偏低,农村低保线完全在区间内。

表7-2 2006—2012年我国五大类消费支出为依据测算的低保线水平

年份	五大类/消费		城镇低保线			城乡消费比	农村低保线		
	5%低收入户	10%低收入户	低标准(元)	高标准(元)	现行线(元)		低标准(元)	高标准(元)	现行线(元)
2006	0.293	0.338	212.5	245.0	169.6	3.074	69.1	79.7	70.9
2007	0.299	0.346	249.4	288.4	182.4	3.101	80.4	93.0	70.0
2008	0.299	0.346	280.0	323.7	205.3	3.071	91.2	105.4	82.3
2009	0.299	0.338	305.7	345.0	227.8	3.071	99.5	112.6	100.8
2010	0.299	0.342	335.4	383.6	251.2	3.074	109.1	124.8	117.0
2011	0.315	0.358	398.0	452.7	287.6	2.904	137.0	155.9	143.2
2012	0.324	0.367	450.8	510.1	330.1	2.822	159.7	180.7	172.3

资料来源:根据《中国统计年鉴》数据计算。

注:①五大类消费支出是指,从最低社会保障保障制度的基本功能出发,保障贫困群体的基本生活包括食品、衣着、居住、教育和医疗等五大类支出;②2013年之后,《中国统计年鉴》中不再区分5%最低收入群体,因此表中数据仅至2012年。

三、最低生活保障测算方法与公平的关系

社会保障制度的重要目标之一是公平,最低生活保障制度作为整个体系中托底的福利服务,目标人群是社会中最为弱势的各类群体,因此,要更加注重公平正义的实现。而公平正义的实现体现在最低生活保障制度的运行系统中,整个运行过程的不同节点则反映了不同的公平性(见图7-5)。

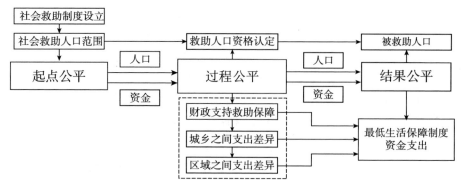

图 7-5 最低生活保障制度的公平评估模型

当最低生活保障制度设立后,人口开始进入系统递转:准备按照某种标准划定的贫困线下人口被框进制度内(即按照事先确立的救助标准实施),其公共属性确保这部分人不需要承担个人责任(付费),但公共财政会根据框进制度的人口安排预算资金;制度在政府部门的推动下开始正式实施,则准备进入的人口逐步进入制度内:政府按照标准对救助人口的资格进行认定,财政资金对社会救助项目拨付资金;最终,社会救助人口得到必要的物资帮扶,最低社会保障制度实现了对困难贫困群体救助的基本目标。

最低社会保障系统运行的过程反映了最低生活保障标准确定是制度起点公平的基础,标准的确定关系到收入多少的人属于生活贫困群体,也关系到有多大人口规模处于相对贫困状态,而最低生活保障标准由测算方法决定。因此,在不同区域的不同经济发展水平条件下,只有选择一个适当的测算方法,确保城乡、区域之间各保障对象的起点公平,才能实现过程公平和结果公平,保证最低生活保障制度的公平正义。同时需要兼顾政府财政承担能力、按照经济发展水平的调整机制、物价水平波动等因素。

第三节 最低生活保障制度公平性评估

2014年5月1日起施行的《社会救助暂行办法》第九条为:"国家对共同生活的家庭成员人均收入低于当地最低生活保障标准,且符合当地最低生活保障家庭财产状况规定的家庭,给予最低生活保障。"因此,最低生活保障标准采取某个方法确定后,保障能力即成为检验体现方法科学性进而体现制度公平的关键点。基于此,本部分首先构建最低生活保障制度公平评估指标体系,然后根据构建指标体系分别从城乡之间、区域之间两个维度进行实证分析。

一、评估指标体系

根据本章第二节中对最低生活保障标准的测算方法我们发现,所有的低保标准计算方法在测算低保线时都会围绕着食品支出、消费支出和收入水平三个方面展开,因此,我们也从这三个方面入手构建指标体系,以对最低生活保障制度的公平性进行评估,如表7-3所示。

表7-3 最低社会保障制度公平性评估指标

序号	指标名称	指标定义
1	食品保障能力	低保标准/人均食品支出
2	消费保障能力	低保标准/人均消费支出
3	收入保障能力	低保标准/人均可支配收入(人均纯收入)
4	城乡低保标准比	城镇低保标准/农村低保标准
5	城乡低保-食品差异指数	城镇低保标准/农村低保标准÷(城镇人均食品支出/农村人均食品支出)
6	城乡低保-消费差异指数	城镇低保标准/农村低保标准÷(城镇人均消费支出/农村人均消费支出)
7	城乡低保-收入差异指数	城镇低保标准/农村低保标准÷(城镇人均可支配收入/农村人均纯收入)

表7-3中指标5、6、7的设定主要是为了比较城乡最低生活保障标准的比值是否符合城乡人均食品支出、人均消费支出和人均可支配收入的比值,以指标5"城乡低保-食品差异指数"为例说明指标设定过程如下:

分别以 x_1、x_2 表示城乡最低生活保障标准,y_1、y_2 表示城乡人均食品支出,从最低生活保障制度保障城乡之间居民的公平视角,则应该有:

$$\frac{x_1}{y_1} = \frac{x_2}{y_2} \Rightarrow \frac{x_1}{y_2} = \frac{x_1}{y_2}$$

从而得到

$$\frac{x_1/x_2}{y_1/y_2} = 1$$

则令 $\eta = \frac{x_1/x_2}{y_1/y_2}$,则对于 $\forall \delta \succ 0, \eta[1-\delta], [1+\delta]$,且 $\delta \to 0$ 时,$\eta \approx 1$,表示城乡之间最低生活保障标准比值与城乡之间居民的人均食品支出比值接近,

反映出最低生活保障标准在保障城乡居民食品支出方面是相对公平的。同理,如果 y_1、y_2 分别表示城乡人均消费支出,则表示城乡最低生活保障标准比值与城乡居民的人均消费支出比值接近,此时,我们可以大致认为,城乡最低生活保障标准从消费水平的视角来看是相对公平的。如果 y_1、y_2 分别表示城镇居民人均可支配收入和农村居民人均纯收入,则表示城乡之间最低生活保障标准制度比值与城乡之间居民的人均收入比值接近,反映出最低生活保障标准在保障城乡居民收入方面是相对公平的,此时我们可以大致认为,城乡最低生活保障标准从收入水平视角来看,是相对公平的。

结合数据的可得性,评估从我国城乡之间、分城乡的区域之间、分区域的城乡之间代入数据进行分析。

二、城乡之间最低生活保障制度公平性评估

根据表 7-3 的评估指标,整理并计算 2007—2016 年我国城乡现行低保标准的保障能力,如表 7-4 所示。

表 7-4 2007—2016 年我国城乡低保标准保障能力

年份	城镇				农村			
	低保线①(元)	①/人均食品支出(%)	①/人均消费支出(%)	①/人均可支配收入(%)	低保线②(元)	②/人均食品支出(%)	②/人均消费支出(%)	②/人均纯收入(%)
2007	182.4	60.3	21.9	15.9	70.0	60.5	26.1	20.3
2008	205.3	57.8	21.9	15.6	82.3	61.8	27.0	20.7
2009	227.8	61.0	22.3	15.9	100.8	74.0	30.3	23.5
2010	251.2	62.7	22.4	15.8	117.0	78.0	32.0	23.7
2011	287.6	62.7	22.8	15.8	143.2	81.5	32.9	24.6
2012	330.1	65.3	23.8	16.1	172.3	89.0	35.0	26.1
2013	373.0	80.3	24.2	16.6	202.8	95.3	32.5	27.4
2014	411.0	82.2	24.7	16.8	231.4	98.7	33.1	28.1
2015	450.1	84.9	25.2	17.3	264.9	104.3	34.5	29.5
2016	494.6	87.8	25.7	17.7	312.0	114.6	37.0	—

资料来源:根据《中国统计年鉴》数据计算而得。

注:①相关年鉴对农村人均纯收入自 2016 年起不再推算,"—"表示年鉴中没有对应年份的数据;②百分比保留一位小数。

按照我国扶贫与脱贫工作惯例,贫困人口识别标准的确立分城乡进行,但最低生活保障制度作为一项公共政策,在保障城乡居民生活能力方面之间应该以公平原则为先。从最低生活保障线的绝对数值看,2007—2016 年,城镇低保线年均增长 15.3%,高于居民人均食品支出 9.3% 的年均增长速度;同期农村低保线年均增长 23.8%,高于农村居民人均食品支出 13.0% 的年均增长速度。① 也正是由于农村低保标准提高的速度较快,才缩小了城乡低保标准的相对比值(见图 7-6)。

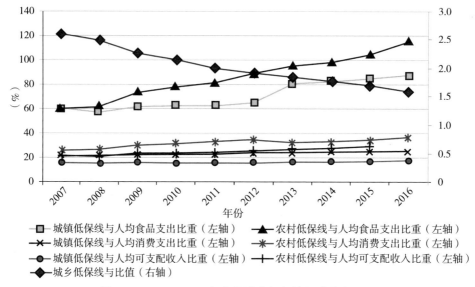

图 7-6　2007—2016 年我国城乡低保线保障能力差异

从低保线分别与人均食品支出比重、人均消费支出比重和人均可支配收入比重的数据看(见图 7-6),农村居民的这三项比重值均大于城镇居民,低保标准已超过居民食品的平均支出水平,而城镇现行线的提高也未产生与消费支出比值的提高,显现出城镇低保标准保障能力的下降。相比而言,自 2003 年农村实施低保制度后,农村的保障能力在一直提高且提高速度较快,反映了在低保制度逐渐成为城乡经济社会贫困救助的稳定制度后,低保标准随着农村生活水平变化得到提高,为农村贫困人口基本生活提供了有力支持。因此,城乡低保线绝对差距已经显著缩小,看似逐渐趋于公平,但从各比重值看农村最低生活保障制度的保障能力显然好于城镇,一定程度上显示了最低生活保

---

①　数据来源:《中国统计年鉴》。

障制度对城镇居民保障的不公平。因为农村居民无论有无收入,在土地保障之上总有一定的食物保障,对于无任何保障的无收入城镇居民来说,城镇低保标准保障能力的下降则会造成生活更加困难,由此可见,城镇低保标准的调整空间较大。

从城乡低保标准的差异指数分析(见表7-5),低保标准与城乡人均食品支出比、人均消费支出可支配收入比水平均没有表现出一致性,且这种一致性越来越弱。原因一方面是城乡最低生活保障标准的确定方法本身就不一致,从起点上就缺少一个公平的基础,进而会导致结果的不公平;另一方面,数据显示出城乡低保线比值均小于城乡人均食品支出比,说明城乡低保标准线的相对差距较小,差距缩小的速度较快。这也反映出城乡最低生活保障标准在确定时并未充分考虑城乡居民的食品支出、消费支出和人均可支配收入,最终导致这种保障能力的一致性越来越弱。

表7-5　2007—2016年我国城乡低保差异指数

年份	城乡低保线比值	城乡人均食品支出比	城乡人均消费支出比	城乡人均可支配收入比	城乡低保-食品差异指数	城乡低保-消费差异指数	城乡低保-收入差异指数
2007	2.61	2.61	3.10	3.33	1.00	0.84	0.78
2008	2.49	2.66	3.07	3.31	0.94	0.81	0.75
2009	2.26	2.74	3.07	3.33	0.83	0.74	0.68
2010	2.15	2.67	3.07	3.23	0.80	0.70	0.67
2011	2.01	2.61	2.90	3.13	0.77	0.69	0.64
2012	1.92	2.61	2.82	3.10	0.73	0.68	0.62
2013	1.84	2.18	2.47	3.03	0.84	0.74	0.61
2014	1.78	2.13	2.38	2.97	0.83	0.75	0.60
2015	1.70	2.09	2.32	2.90	0.81	0.73	0.59
2016	1.59	2.07	2.28	—	0.77	0.70	—

资料来源:根据《中国统计年鉴》数据计算。

三、区域之间最低生活保障制度公平性评估

下面我们将从我国城镇区域、农村区域、城乡之间三个维度分析低保线的救助保障能力。

（一）城镇区域低保线能力评估

1. 城镇低保线与居民人均食品支出比值的评估

最低生活保障标准随着生活水平动态适时调整是一种客观需要，因为生活水平的提高对应生存成本增加，如果最低生活保障标准不进行适应性变化，将造成最低生活保障标准衡量的货币绝对购买力和相对购买力下降，导致相对贫困者的贫困程度加深。从最低生活保障制度设立的目标出发，制度应首先保证生存需要，即满足食品要求，通过对各省份最低生活保障标准与人均食品支出比值计算可以发现（见表7-6），2016年该比值大于100%的有14个省，最低的四川只有70.0%，最高的山西为137.0%，比值在90%—100%的有8个省份，80%—89.9%的有4个省份，70%—79.9%的有5个省份，显现了区域之间的低保制度在保障困难群体的最低生活能力上的不足和差异性相对较大的特征。因此，低保标准在满足人们生存需要的最低费用功能上需要进一步加强。如果维持食品支出都难以保障，则更难从根本上改变贫困者的弱势地位，更不要说对发展权和健康权需要的保障。

表7-6　2016年我国城镇区域低保线保障能力比较

省份	城镇低保线（元）	城镇低保线/人均食品支出(%)	城镇低保线/人均消费支出(%)	城镇低保线/人均可支配收入(%)
全国	494.6	87.8	25.7	17.7
北京	800.0	119.0	25.1	16.8
天津	780.0	107.8	33.0	25.2
河北	501.2	120.5	31.5	21.3
山西	441.1	137.0	31.1	19.4
内蒙古	540.2	100.6	28.5	19.7
辽宁	522.8	90.9	25.1	19.1
吉林	446.9	107.8	28.0	20.2
黑龙江	535.9	128.1	35.4	25.0
上海	880.0	105.4	26.5	18.3
江苏	610.8	99.2	27.7	18.3
浙江	673.7	95.5	26.9	17.1
安徽	497.1	93.5	30.4	20.5
福建	514.8	74.4	24.7	17.2

（续表）

省份	城镇低保线（元）	城镇低保线/人均食品支出（%）	城镇低保线/人均消费支出（%）	城镇低保线/人均可支配收入（%）
江西	480.8	101.8	32.6	20.1
山东	494.9	100.2	27.6	17.5
河南	425.1	100.7	28.2	18.7
湖北	487.9	93.0	29.2	19.9
湖南	431.3	80.8	24.2	16.5
广东	576.2	73.4	24.2	18.3
广西	457.6	92.5	31.8	19.4
海南	467.0	75.5	29.5	19.7
重庆	459.6	80.1	26.2	18.6
四川	419.5	70.0	24.4	17.8
贵州	507.3	101.3	31.7	22.8
云南	442.2	96.0	28.5	18.5
西藏	693.5	95.4	42.8	29.9
陕西	479.5	106.1	29.7	20.2
甘肃	410.9	85.3	25.2	19.2
青海	400.8	80.5	23.1	18.0
宁夏	416.4	102.2	24.5	18.4
新疆	383.9	74.6	21.7	16.2

资料来源：根据《中国统计年鉴》数据计算，数据均以当年价格计算。

2. 城镇低保线与居民人均消费支出比值的评估

从历年《中国民政统计年鉴》的数据看，贫困群体的身份构成除无收入、低收入的未成年人和老年人以外，主要集中在失业人员和灵活就业人员。由于人的生存本能，该部分群体收入低、平均消费倾向高，其平均消费倾向甚至会大于1。而最低生活保障除保障生活困难群体的食物等生存需要以外，还应对其其他的基本生活需求给予保障，由此最低生活保障标准与基本生活的消费需求匹配更能显示制度的公平性。我们计算2016年省级低保标准与居民人均消费支出的比值后发现（见表7-6），在31个省份中，城镇中该比值最低的新疆只有21.7%，最高的西藏为42.8%，排名第二的黑龙江为35.4%，比值在

30%以上的有9个省份,25%—29.9%的有15个省份,20%—24.9%的有7个省份,数据显示了该指标区域之间较大的差异性,与本书第七章第二节中提出的收入最低5%和10%的五大类消费支出占人均消费支出比重值30%—35%的比较适当数值区间(见表7-2)比较,当时的最低生活保障标准对贫困群体消费的保障能力显然不足。

3. 城镇低保线与城乡居民可支配收入比值的评估

根据2016年各省份城镇低保线与人均可支配收入比值的数据(见表7-6),最高的西藏为29.9%,最低的新疆只有16.2%,第二高的天津为25.2%,比值在20%以上的有9个省份,在19.9%(不包括19.9%)以下的有22个省份。而郑功成(2008)测算低保线适度值为人均可支配收入的30%—35%,现实值与其差距较大。考虑到收入水平的变化会产生消费倾向的较大差异,将低保标准与人均可支配收入水平的比值作为依据的适当性需要进一步论证,但该比值的较低值和差异较大起码反映了最低生活保障线过低。

(二)农村区域低保线保障能力评估

1. 农村低保线与农民人均食品支出比值的评估

从表7-7的数据看,2016年农村低保线与人均食品支出比值最低和第二低的省份分别是福建(79.7%)和四川(81.2%),最高和第二高的省份分别是北京(205.7%)和上海(182.1%);总体分布为:该比值大于100%的有26个省份,比值在90%—99.9%的有2个省份,80%—89.9%的有2个省份,70%—79.9%的有1个省份。数据值的高低及分布均显示农村低保线的保障能力较城镇高。考虑到农村居民还具有土地保障食物供应的自给能力,当时的低保线在满足城镇贫困者维持生存的能力上还需加强。

表7-7 2016年我国农村区域低保线保障能力比较

地区	农村低保线（元）	农村低保线/人均食品支出(%)	农村低保线/人均消费支出(%)	农村低保线/人均可支配收入(%)
全国	312.0	114.6	37.0	30.3
北京	800.0	205.7	55.4	43.0
天津	755.0	181.9	56.9	45.1
河北	279.9	122.3	34.3	28.2
山西	270.6	142.9	40.4	32.2

（续表）

地区	农村低保线（元）	农村低保线/人均食品支出（%）	农村低保线/人均消费支出（%）	农村低保线/人均可支配收入（%）
内蒙古	351.0	125.2	36.7	36.3
辽宁	326.2	146.1	39.3	30.4
吉林	287.1	126.6	36.2	28.4
黑龙江	315.6	145.2	40.2	32.0
上海	870.0	182.1	61.2	40.9
江苏	540.1	152.3	44.9	36.8
浙江	607.7	132.1	42.0	31.9
安徽	320.0	109.0	37.3	32.8
福建	320.1	79.7	29.8	25.6
江西	276.2	102.9	36.3	27.3
山东	314.8	133.4	39.7	27.1
河南	257.0	126.0	35.9	26.4
湖北	319.1	116.2	35.0	30.1
湖南	256.8	91.4	29.0	25.8
广东	445.2	106.6	43.0	36.8
广西	248.8	103.7	35.8	28.8
海南	347.0	108.0	46.7	35.2
重庆	307.9	96.0	37.1	32.0
四川	262.9	81.2	31.0	28.2
贵州	266.8	138.2	42.5	39.6
云南	225.9	104.8	37.0	30.1
西藏	218.5	82.4	43.2	28.8
陕西	266.9	138.8	37.4	34.1
甘肃	244.4	125.2	39.2	39.3
青海	247.5	109.4	32.2	34.3
宁夏	282.4	140.1	37.1	34.4
新疆	249.5	114.1	36.2	29.4

资料来源：根据《中国统计年鉴》数据计算，数据均以当年价格计算。

2. 农村低保线与居民人均消费支出比值的评估

表7-7的数据显示,2016年农村低保线与人均消费支出的比值最低和第二低的省份分别是湖南(29.0%)和福建(29.8%),最高和第二高的省份分别是上海(61.2%)和天津(56.9%),总体分布为:该比值在50%—59.9%的有3个省份,40%—49.9%的有8个省份,30%—39.9%的有18个省份,25%—29.9%的有2个省份。对比城镇低保标准的保障能力,显现出两个基本特征:一是农村低保线对基本生活的保障能力比城镇高,二是农村最低生活保障制度的保障能力较好。比照收入最低5%和10%的五大类消费支出占人均消费支出比重值30%—35%的适当数值区间(见表7-2)可见,农村低保线有29个省份处于合理区间或高于合理区间,而城镇只有14个省份处于合理区间或高于合理区间。

3. 农村低保线与农民人均可支配收入比值的评估

表7-7的数据显示,2016年农村低保线与人均可支配收入的比值最低和第二低的省份分别是福建(25.6%)和湖南(25.8%),最高和第二高的省份分别是天津(45.1%)和北京(43.0%);总体分布为:该比重值在35%以上的有9个省份,30%—34.9%的有11个省份,25%—29.9%的有11个省份。对比城镇该比重值高于20%的只有9个省份的现实,农村最低生活保障制度的保障能力不言而喻。但我国农村收入水平偏低、恩格尔系数较大,收入分配对农村不公平也是学界共识。而就最低生活保障制度而言,在保障贫困者的基本生活方面对城镇居民是有失公平的。

(三)城乡区域最低生活保障能力差异分析

根据表7-3中对指标的定义,计算分区域的城乡低保线匹配食品、消费和收入水平的差异指数,计算结果如表7-8所示。

表7-8 2016年我国城乡区域低保线救助能力差异比较

地区	城乡低保线比值	城乡人均食品支出比	城乡人均消费支出比	城乡人均可支配收入比	城乡低保-食品差异指数	城乡低保-消费差异指数	城乡低保-收入差异指数
全国	1.59	2.07	2.28	2.72	0.77	0.70	0.58
北京	1.00	1.73	2.21	2.57	0.58	0.45	0.39
天津	1.03	1.74	1.78	1.85	0.59	0.58	0.56
河北	1.79	1.82	1.95	2.37	0.98	0.92	0.76

（续表）

地区	城乡低保线比值	城乡人均食品支出比	城乡人均消费支出比	城乡人均可支配收入比	城乡低保-食品差异指数	城乡低保-消费差异指数	城乡低保-收入差异指数
山西	1.63	1.70	2.12	2.71	0.96	0.77	0.60
内蒙古	1.54	1.92	1.98	2.84	0.80	0.78	0.54
辽宁	1.60	2.58	2.51	2.55	0.62	0.64	0.63
吉林	1.56	1.83	2.01	2.19	0.85	0.77	0.71
黑龙江	1.70	1.92	1.93	2.18	0.88	0.88	0.78
上海	1.01	1.75	2.33	2.26	0.58	0.43	0.45
江苏	1.13	1.74	1.83	2.28	0.65	0.62	0.50
浙江	1.11	1.53	1.73	2.07	0.72	0.64	0.54
安徽	1.55	1.81	1.91	2.49	0.86	0.82	0.62
福建	1.61	1.72	1.94	2.40	0.93	0.83	0.67
江西	1.74	1.76	1.94	2.36	0.99	0.90	0.74
山东	1.57	2.09	2.26	2.44	0.75	0.70	0.64
河南	1.65	2.07	2.11	2.33	0.80	0.79	0.71
湖北	1.53	1.91	1.83	2.31	0.80	0.83	0.66
湖南	1.68	1.90	2.02	2.62	0.88	0.83	0.64
广东	1.29	1.88	2.30	2.60	0.69	0.56	0.50
广西	1.84	2.06	2.07	2.73	0.89	0.89	0.67
海南	1.35	1.93	2.13	2.40	0.70	0.63	0.56
重庆	1.49	1.79	2.11	2.56	0.83	0.71	0.58
四川	1.60	1.85	2.03	2.53	0.86	0.79	0.63
贵州	1.90	2.59	2.55	3.31	0.73	0.75	0.58
云南	1.96	2.14	2.54	3.17	0.92	0.77	0.62
西藏	3.17	2.74	3.20	3.06	1.16	0.99	1.04
陕西	1.80	2.35	2.26	3.03	0.76	0.79	0.59
甘肃	1.68	2.47	2.61	3.45	0.68	0.64	0.49
青海	1.62	2.20	2.26	3.09	0.74	0.72	0.52
宁夏	1.47	2.02	2.23	2.76	0.73	0.66	0.53
新疆	1.54	2.35	2.56	2.80	0.65	0.60	0.55

注：数据均以当年价格计算。

从表 7-8 的数据可以看出:①城乡低保-食品差异指数高于全国平均水平 0.77 的有 16 个省份,高于 0.80(不包括 0.80)的有 13 个省份,反映出半数省份的城乡低保标准比与城乡食品支出一致性较高;②城乡低保-消费差异指数高于全国平均水平 0.70(不包括 0.70)的有 19 个省份,高于 0.80 的有 9 个省份,反映出少数省份城乡低保标准比与消费支出水平呈现出一定的一致性;③城乡低保-收入差异指数高于全国平均水平 0.58(不包括 0.58)的有 17 个省份,高于 0.80 的有 1 个省份,反映出多数省份城乡低保标准比与城乡人均收入水平的一致性较弱;④三项差异指数全部在 0.80 以上的省份为西藏,说明该地区的城乡低保线较好地兼顾了城乡居民的生活水平,也反映出城乡低保线比值并不是越低越好,而是保障水平与食品支出、消费支出水平比值相当为好,这样才能较为公平地保障城乡低保群体的基本生活。

为进一步检验城乡低保线的差距与各省份经济发展水平的关系,我们对城乡低保线比值与各省人均 GDP 做相关分析,结果如图 7-7 所示。分析结果显示,从整体上来看,城乡低保线比值与经济发展水平有一定的负相关关系,说明经济发展水平高的省份城乡低保线的差距较小。从东、中、西部的区域分布看,东部区域城乡低保线差距较小,中、西部城乡低保线差距较大。

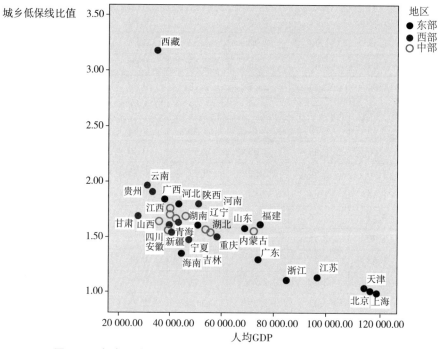

图 7-7 各省份城乡最低生活保障标准比值与人均 GDP 的关系

第四节 最低生活保障制度公平性的国际实践

最低生活保障制度是社会保障制度中的兜底制度,也是国际社会普遍采用的一种社会救助制度。研究、比较各国的实践可以带给我们有益的启示,促使我国最低生活保障制度更加完善。

一般而言,西方发达国家不存在二元性质的社会结构,城市与农村的社会救助内容所适用的法律或相关政策是统一的,具有高度的一致性与公平性。尽管部分国家在不同地区间的救助水平有所差别,但标准制定方法较为统一。本节将从最低生活保障制度公平性特征的角度,重点研究和分析同为"投保-资助型"社会保障制度模式的几个国家。

一、美国最低生活保障制度的公平性

美国历史上第一个贫困线由 20 世纪 60 年代的肯尼迪政府制定,其颁布的《公共福利修正案》明确了贫困救助方式从实物援助、现金资助向技能训练、服务提供方向转变,以提高受助者的能力为目标。贫困线依据家庭规模和家庭总收入两个因素确定,并且每年都要重新测算、核定。全国统一贫困线的设定,保障了大部分低收入群体进入救助系统。1963 年,经济学家莫莉·奥桑斯基(Mollie Orshansky)计算出,一个普通四口之家当年需要花费 1 033 美元购买食物,占家庭收入的 1/3。因此,她将收入 3 100 美元(1 033 美元的 3 倍)作为当年一个四口之家的贫困线。这个数字根据家庭人数而变动,也根据年份而变动。目前,美国贫困线不同标准的划分为家庭人口数 1 人、2 人、3 人、4 人、5 人、6 人、7 人、8 人、9 人及以上 9 个档次。标准制定后统一面向全体国民,这种制度规定确保了制度的起点公平,且以食品支出为基准确定标准线的方法充分考虑了最低生活保障制度是满足生存需求的基本目标。表 7-9 列示了 1980—2016 年美国的贫困标准线。

表 7-9 1980—2016 年美国不同家庭规模人口的贫困标准线

(单位:美元)

家庭规模	年份									
	1980	1990	2000	2010	2011	2012	2013	2014	2015	2016
1 人	4 190	6 652	8 791	—	—	—	—	—	12 082	—
65 岁以下	4 290	6 800	8 959	11 344	11 702	11 702	12 119	12 316	12 331	12 486

（单位：美元）（续表）

家庭规模	年份									
	1980	1990	2000	2010	2011	2012	2013	2014	2015	2016
65 岁及以上	3 949	6 268	8 259	10 458	10 788	10 788	11 173	11 354	11 367	11 511
2 人	5 363	8 509	11 235	—	—	—	—	—	15 391	—
户主 65 岁以下	5 537	8 794	11 589	14 602	15 603	15 063	15 600	15 853	15 952	16 072
户主 65 岁及以上	4 983	7 905	10 418	13 180	13 596	13 596	14 081	14 309	14 342	14 507
3 人	6 565	10 419	13 740	17 057	17 595	17 595	18 222	18 518	18 871	18 774
4 人	8 414	13 359	17 604	22 491	23 201	23 201	24 028	24 418	24 257	24 755
5 人	9 966	15 792	20 815	27 123	27 979	27 979	28 977	29 447	28 741	29 854
6 人	11 269	17 839	23 533	31 197	32 181	32 181	33 329	33 869	32 542	34 337
7 人	12 761	20 241	26 750	35 896	37 029	37 029	38 349	38 971	36 998	39 509
8 人	14 199	22 582	29 701	40 146	41 414	41 414	42 890	43 586	41 029	44 188
9 人及以上	16 896	26 848	35 150	48 293	4 988	49 818	51 594	52 430	49 177	53 155

资料来源：美国统计年鉴 2016（U.S. Census Bureau，Statistical Abstract of the United States：2016）。

二、德国最低生活保障制度的公平性

德国执行欧盟的贫困线标准，其确定贫困线的方法为收入比例法。欧盟委员会对贫困线的定义是：收入为一个国家中等收入者的 60% 或者 50%。与此同时，根据家庭的人口规模和人口类型划定不同的贫困线，主要分类为：一口之家、无子女夫妇、一个孩子的夫妇、两个孩子的夫妇、三个孩子的夫妇、一个孩子单亲父亲（母亲）、两个孩子单亲父亲（母亲）等七个家庭类别。标准制定后统一面向全体国民。虽然德国的最低生活保障标准较高，但与美国类似，考虑了不同家庭的人口特征，即也是以起点公平为基本出发点的。

德国社会救助制度分为一般社会救助和特殊社会救助，一般社会救助的主要救助对象是贫困个人及家庭；特殊社会救助是针对一些特殊情况的救助，如无医疗保险人群的医疗救助等。此外，德国社会救助制度还救助大量的失业者。虽然其失业保险也对失业群体进行救助，但由于德国失业率长期上升，社会保险中的失业保险无法承接如此大量的失业者，因此，社会救助的申请者中不乏失业者。德国的社会救助制度中,与我国最低生活保障制度相对应的为一般社会救助项目制度。

三、日本最低生活保障制度的公平性

日本社会救助体系尽管主要针对贫困人口,但涵盖内容极为丰富,几乎包括社会保障的一切内容,但在日本社会救助制度中,与我国最低生活保障制度相对应的为生活保护制度,这是依据《生活保护法》建立起来的、覆盖全民的一种最低生活救助体系。

(一) 贫困线标准

1950年,伴随着日本政府明确提出生存权的国家宪法的诞生,日本又制定了新的《生活保护法》。在该法制定实施后的第一个10年里,采用的是市场菜篮法,即按照购买维持最低生活需要所必备的生活用品在市场上需要花费的金额进行换算得出贫困线;1960—1965年采用的是恩格尔系数法,即计算出维持最低生活费用的食品费用,并用从"家计调查"结果中得出的恩格尔系数相除后得到的生活费用作为贫困线;之后到1983年,日本还采用过旨在缩小普通家庭与被保护家庭之间差距的方式确定贫困线;现在所使用的是消费水准比例方法,即以民间最终消费支出的增长率为依据进行测算的基准计算贫困线,基准每年修订一次。

(二) 救助内容

日本实施生活保护制度的目的是维持被保护人的最低生活需求,因此,生活保护费的支付需要按厚生劳动大臣规定的基准计算出最低生活费,并与申请人的家庭收入相比较。如果收入低于最低生活费的标准,将两者之间的差额作为保护费进行支付。具体生活保护费支付的内容如表7-10所示。

表7-10 日本生活保护费支付的内容

生活中对应的费用类别	扶助种类	支付内容
日常生活中必需的费用(伙食费、被服费、水电煤等)	生活扶助	基准金额=伙食费等各种费用+水电煤等家庭共用费用,对特定的家庭还有另外的支付(如单亲家庭补贴等)
公寓等的房租	住宅扶助	在规定的范围内支付实际费用

（续表）

生活中对应的费用类别	扶助种类	支付内容
接受义务教育时必需的学习用品费	教育扶助	支付规定的基准额
医疗服务费	医疗扶助	费用直接向医疗机构支付（没有本人负担）
护理服务费	护理扶助	费用直接向提供护理的从业者支付（没有本人负担）
分娩费用	生育扶助	在规定的范围内支付实际费用
接受就业培训所需费用	就业扶助	在规定的范围内支付实际费用
丧葬费用	丧葬扶助	在规定的范围内支付实际费用

生活补助金额的确定根据地区不同而不同。厚生劳动省将全国分为3级6类地区，按照大城市（1类地区的1类和2类）、县政府所在地等地方城市（2类地区的1类和2类）、其他地区（3类地区的1类和2类）共6个分类，每类地区的最低生活费用标准按不同年龄和家庭成员构成而有所差异，表7-11是厚生劳动省公布的各类地区生活扶助以及最低生活标准的计算方法，其中最低生活费=①+②+③+④。

表7-11　2017年日本生活保护制度中支付标准额的计算方法

①生活扶助基准（第1类费用）

（单位：日元）

年龄	1级地		2级地		3级地	
	1级地-1	1级地-2	2级地-1	2级地-2	3级地-1	3级地-2
0—2	21 510	20 540	19 570	18 600	17 640	16 670
3—5	27 110	25 890	24 680	23 450	22 240	21 010
6—11	35 060	33 480	31 900	30 320	28 750	27 170
12—19	43 300	41 360	39 400	37 460	35 510	33 560
20—40	41 440	39 580	37 710	35 840	33 980	32 120
41—59	39 290	37 520	35 750	33 990	32 220	30 450
60—69	37 150	35 480	33 800	32 140	30 460	28 790
70—	33 280	32 020	30 280	29 120	27 290	26 250

②生活扶助基准（第 2 类费用）

（单位：日元）

家庭规模	1 级地		2 级地		3 级地	
	1 级地-1	1 级地-2	2 级地-1	2 级地-2	3 级地-1	3 级地-2
1 人	44 690	42 680	40 670	38 660	36 640	34 640
2 人	49 460	47 240	45 010	42 790	40 560	38 330
3 人	54 840	52 370	49 900	47 440	44 970	42 500
4 人	56 760	54 210	51 660	49 090	46 540	43 990
5 人	57 210	54 660	52 070	49 510	46 910	44 360

③附加额

（单位：日元）

附加对象		附加额		
		1 级地	2 级地	3 级地
残障人士	残障程度 1、2 级	26 310	24 470	22 630
	残障程度 3 级	17 530	16 310	15 090
单亲家庭等	1 个儿童	22 790	21 200	19 620
	2 个儿童	24 590	22 890	21 200
	3 个及以上儿童每增加 1 人增加金额	920	850	780
	养育中学未毕业的儿童	15 000	—	—

④根据需要支付住宅扶助、教育辅助、护理辅助、医疗辅助等

资料来源：根据厚生省官方网站整理，网址 http://www.mhlw.go.jp。

通过以上四个步骤计算出的最低生活费用，便构成了生活保护费用的支付总金额。

四、启示与借鉴

从对以上三个国家最低生活保障制度标准的保障内容的分析研究中，我们得到如下启示和借鉴：

第一，统一的贫困线计算方法确保起点与过程的公平性。虽然三个国家在低保标准统一上并不一致，但在制度上均面向城乡居民使用统一的制度，计算低保标准的方法相同，保证了起点的公平性。而测算方法的透明和统一也可以让人明明白白地了解该制度内涵，给人以公平的感受。在大多西方发达

国家中,社会救助的资格条件由中央政府决定,而地方政府仅负责解释权和社会救助金的发放等工作,这在一定程度上保证了救助起点的公平性。一般情况下,在全国范围内,根据生活成本的不同设定多个地理区域类别,地方政府被给予更大的自行决定权。尽管救助与保障水平不同,但在救助实施过程中充分满足被救助对象需求这一层面,充分保证了全国范围的公平性。

第二,以救助促进脱贫。发达国家最低生活保障改革的一个主要趋势是将该项制度与增强就业联系起来,强化救助对劳动力供给和就业的激励作用。因此,最低生活保障群体与就业促进制度的衔接非常重要,只有这样,才能达到以救助实现就业进而促进脱贫的目的。社会救助与劳动力市场政策的有机结合是西方国家保证社会救助制度公平性的重要内容,通过各地区之间保障能力的公平性来保持社会救助对象的流动性。例如,在德国,各地区实行统一的积极劳动力市场政策,为25岁以下的成年人和无劳动能力者提供培训。除健康、年龄等原因外,社会救助的申领者都被要求接受工作。目前正在讨论建立统一的社会救助制度与失业保险制度相结合的双重制度体系。

第三,基本生活的范围主要包括食品、穿着、住房、医疗。发达国家对贫困群体的救助内容的共性包括食品、穿着、住房、医疗等基本生活救助,确保能够维持正常的生活,由此可见,最低生活保障制度只是兜底作用的一项制度安排。从社会救助发展的历史视野来看,社会救助的目标在于为遭遇各类自然和社会打击而陷入生存危机的人们提供救助,以保证其基本生存条件。多层次、全方位的救助内容,能够调剂不同需求人群之间的异质性,因而从结果上保证救助目标的公平性,即消除贫困。

第四,虽不存在城乡差异问题,但国情存在差异。发达国家在处理社会保障体系的城乡关系上主要有三种较为典型的模式:一是城乡制度形式不同但实质并没有太大差别的专门模式,二是城乡统分结合的整合模式,三是制度内容城乡全部统一的模式。对比中国来看,我国农村的个体式经营与发达国家雇员式经营存在本质上的差异,因此,我国的最低生活保障制度比较适合城乡保障标准有别的相对统一模式,比较接近日本模式。鉴于此,建立中央统一的制度、统一的最低生活保障标准测算方法,有利于建立起保证城乡公平、区域公平的贫困救助体系。

第五节　建立健全公平最低生活保障制度的政策建议

我国最低生活保障制度城乡、区域相对不公平问题的根源,在于最低生活保障制度城乡和区域统筹发展的原则不够明确,如低保待遇标准的测定方法不一致、不公开、相对复杂;中央与地方政府的财政责任分担不明晰,系统配套措施不够完整。基于此,本节提出建立健全公平最低生活保障制度的原则和政策建议。

一、建立公平最低生活保障制度的原则

(一)方法一致原则

我国的最低生活保障制度目前还处于"城乡分割"和区域不协调的状态,这种现状既不利于整合社会资源,也不利于实现社会公平。在城乡和区域统筹发展的背景下,最低生活保障制度的公平性仍然要以满足居民基本生活需求为前提,然而,目前各地区、城乡之间不同的计算方法导致低保标准保障能力差异过大,因此,要以保障水平差异化待遇为基本出发点,确保起点公平,即做到最低生活保障标准测算方法一致,并公开测算的方法,让全体公民都能了解到低保标准的计算方法;同时,按照同一种方法计算低保标准,消除由于方法问题带来的起点不公平。

(二)方法简化原则

目前,各地对低保标准的计算方法比较混乱,多数省份公布的计算方法比较复杂,有些城市还采取财政、人社、统计、物价等多部门协商的方法,对居民基本需求的确定主观性强,且缺乏动态调整机制。从国际经验来看,简化的计算方法与调整标准能够使贫困救助工作更加高效。就我国而言,在城乡统筹与区域协调发展的大背景下,简化的方法更利于实现过程与结果公平。因此,根据最低生活保障制度的救助目标和居民的消费数据,建议以上年食品、衣着、居住、教育和医疗等五大类支出占人均消费支出的比重值为基础,以最低5%收入群体的该比值为下限,以最低10%收入群体的该比值为上限设定浮动区间,具体比例由各地方政府根据财政负担能力选择确定。农村低保线则按照小于城乡人均消费比的值进行推算,目的是实现程序简化、城乡协调,同时,考虑区域财政负担水平给地方政府留出一定的低保线制定权限。

二、建立公平最低生活保障制度的建议与措施

(一)明确人群的分类标准

合理划分社会救助目标人群,是选取低保标准测算方法、实施救助的基础。将救助对象的收入、日常支出、生理状况等基本特征作为人群分类的标

准,按照这一标准确定不同的保障待遇,而非以地区、户籍定论。这样不仅可以提高统筹层次,提高制度运行的效率,还能够从一定意义上调节收入再分配,实现过程公平与结果公平的目标。同时,建立城乡低保的退出机制,对被保障对象实施动态管理,在监测隐性就业与隐性收入的基础上评估低保申请对象家庭收入情况,建立分类管理的收入豁免和救助渐退激励机制。

（二）完善政府财政的分担机制

在短期内,由于中央可用于最低生活保障制度的资金无法迅速增加至制度资金全部需求的程度,仍需依靠地方财政为制度支持主体,中央财政承担适度责任。但贫困救助的社会效益是全国性的,中央和地方政府均应承担责任。结合国际经验做法,在低保救助上可采取"分类转移支付"的方法:第一,按照经济发展水平和消费水平设置权重,将除港澳台地区之外的31个省份划分为三类,第一、二类各10个省份,第三类11个省份。第二,探索不同类别区域中央与地方财政负担比例不同的财政责任划分方法,实施分类转移支付。然后,由各省按照此方法对辖区内的县级划分为三类,确定财政支持力度。也就是说,在发达地区及地方财力充足的省市县,由省级财政和市县级财政承担主要责任;在中等经济水平的地区,可由中央财政、省级财政、市县财政按比例负担;在经济欠发达或不发达地区由中央财政和省级财政全部负担,取消市县级财政的匹配资金。无论在东部地区还是中西部地区,都应逐步突出中央政府财政支出的主导地位。

（三）统一公布低保标准

我国最低生活保障制度自建立以来,一直秉持地方政府责任制,加上各地财政状况不同,各地低保标准测算方法与低保调整周期不同,导致低保救助的保障能力存在较大差异。为确保社会救助制度的长效性与权威性,最低生活保障标准的制定与发布应有章可循,按照统计数据的资料,按照简化的方法,由民政部门统一公布低保标准。由于统一资料公布有一定的时间要求,可以在每年7月,按照上年统计数据资料计算低保标准统一公布的方法实行。未来民政部门应对最低生活保障标准的制定与部门经费、编制、人员和设施等做出统一规定,建立城乡统一的公示程序与发布规则,确保最低生活保障信息的公开公正。

（四）改变"家计调查"为"家计比较调查"

传统的"家计调查"是指通过入户调查、邻里访问以及信函索证等方式对申请人的家庭经济状况和实际生活水平进行调查核实。鉴于家计调查面临着收入调查取证难、单位提供的工资收入证明的证明力弱、城市社区邻里关系淡漠,以及农村居民的家庭收入计算较为复杂,难以取得真实家庭收入状况数据等现实,建议改"家计调查"为"家计比较调查",即只对一定范围内的低保户进行家计状况排序,重点核查排序前位家庭。结合当前我国尚未建立比较安全的收入监测系统以及居民储蓄形式多元化的背景,家计比较调查需要强化消费比较调查,尤其是家庭用水、用电、通信费用以及贵重物品消费的比较。未来还应探索建立包括最低生活保障申请对象收入在内的涉及生活质量和生活形态复合的工具测量方法,即综合考虑收入、消费、财产、子女的生活形态等。

(五)建立与其他相关制度的衔接机制

建立最低生活保障制度与社会保险制度的衔接机制。例如,将低保家庭按照家庭成员特征分类,对于健康公民,与城镇登记失业制度相衔接,加强就业技能培训,建立促进就业的机制;对于非健康公民,与残联管理的残障人士就业促进制度相衔接。在实施社会救助的同时,辅之以积极的劳动力市场政策,社会救助金的发放水平要实现低水平的覆盖,应与现实的劳动力市场工资水平相契合,重视社会救助制度的流动性。探索社会救助对象的就业途径,着力加强就业培训,发展与社会救助政策实施的公益性就业岗位。建立和完善"救助+赋能"并重的社会救助制度,避免低保户返贫。可以采取的措施包括以下几点:首先,提高低保户的资产性收入,通过资产收益扶持等政策提高其抵御疾病等风险的能力;其次,加强低保户人力资本积累,促进其稳定就业;最后,通过个案工作,提高低保户的理财能力。

(六)建立数据库,进行低保对象规律研究

建立低保家庭特征数据信息库。家庭特征主要包括性别、年龄、身体健康状况等,将低保户的家庭特征与救助年限(是否一直为低保户)、脱贫状态、就业状态等进行关联分析,找出能够脱离低保家庭的规律性特征,增强未来救助针对性。加强精细化监控,建立和完善智能监控管理平台。运用大数据技术,动态监测和分析低保户退出的影响因素,及时采取相应的解决措施。同时,建立被救助对象的利益表达机制,通过实地调查,了解其真实生活与社会参与状况,将低保户的主观认识作为考量标准之一,以体现社会救助工作的人性化,从而更好地推进公平社会救助制度在不同人群之间的实施。

本章参考文献

[1] Adema, W. Social assistance policy development and the provision of a decent level of income in selected OECD countries[D]. OECD Social, Employment and Migration Working Papers, 2006.

[2] Chen, S., G. Datt, M. Ravallion. Is poverty increasing in the developing world?[J]. Review of Income and Wealth, 1994, 40:359-376.

[3] Hammond, D. R. Social assistance in China, 1993-2002: Institutions, feedback, and policy actors in the Chinese policy process[J]. Asian Politics & Policy, 2011, 3(1): 69-93.

[4] Kuhn, L., Brosig, S., Zhang, L. The brink of poverty: Implementation of a social assistance programme in rural China[J]. Econstor Open Access Articles, 2016, 45(1): 75-108.

[5] Lindqvist, R., Tang, J., Li, J. Social assistance in China and Sweden: How policy intentions are translated into local practices[J]. China Journal of Social Work, 2013, 6(3): 311-326.

[6] Martin, R., Poverty Comparisons[M]. Harwood, Chur, 1994.

[7] Ngok, K. Social assistance policy and its impact on social development in China: The case of the minimum living standard scheme (MLSS)[J]. China Journal of Social Work, 2010, 3(1): 35-52.

[8] Quentin, T. W. Food energy intake and cost of basic needs: Measuring poverty in Bangladesh[J]. Journal of Development Studies, 1997, 34(2): 66-101.

[9] Solinger, D. J. Social assistance under capitalist authoritarian rule: Two management models in Chinese municipalities[J]. Journal of Contemporary Asia, 2014, 44(3): 500-520.

[10] Townsend, P. The meaning of poverty[J]. British Journal of Sociology, 2010, 61(Supplement s1): 85-102.

[11] 白晨,顾昕.中国社会安全网的横向不平等——以城镇最低生活保障为例[J].中国行政管理,2018(1):109—115.

[12] 毕红霞,薛兴利,李升.论农村最低生活保障财政支持的适度性与政策优化[J].农业经济问题,2012,33(1):29—36,110—111.

[13] 蔡昉,都阳.建立农村"低保"制度的条件已经成熟[J].中国党政干部论坛,2004(9):17—18,27.

[14] 方卫东,廉仲春,程永宏.社会保障制度中贫困线和贫困率的测算[J].上海经济研究,2001(2):63—66.

[15] 关信平,黄晓燕.中国农村居民最低生活保障制度及运行机制[J].社会保障研究(北

京),2006(1):195—208.
[16] 洪大用.如何规范城市居民最低生活保障标准的测算[J].学海,2003(2):122—127.
[17] 江华,杨雪.低保线评估:基于需求层次与扩展线性支出法的测算[J].西北人口,2012(6):79—83,88.
[18] 江华,杨雪.农村低保线评估:基于需求层次与扩展线性支出法测算[J].人口与经济,2014(1):116—123.
[19] 刘丽娟.精准扶贫视域下的城乡低保瞄准机制研究[J].社会保障研究,2018(1):70—79.
[20] 柳清瑞,翁钱威.城镇低保线:实际给付与理论标准的差距与对策[J].人口与经济,2011(4):77—84,89.
[21] 骆祚炎.利用线性支出系统 ELES 测定贫困线——兼比较几种贫困线的测定方法[J].统计与决策,2006(18):25—28.
[22] 瑞沃林.贫困的比较[M].赵俊超,译.北京:北京大学出版社,2005.
[23] 世界银行.1994 年世界发展报告[M].毛晓威,译.北京:中国财政经济出版社,1994.
[24] 王留豹,董栓成.城镇最低生活保障标准核算的经济计量[J].统计与决策,2006(7):81—82.
[25] 吴碧英.中国 36 个城市最低生活保障标准实证分析[J].数量经济技术经济研究,2001(4):36—39.
[26] 杨立雄.最低生活保障制度存在的问题及改革建议[J].中国软科学,2011(8):72—84.
[27] 姚金海.基于 ELES 方法的贫困线测量[J].统计与决策,2007(1):115—117.
[28] 尹海洁,唐雨.贫困测量中恩格尔系数的失效及分析[J].统计研究,2009,26(5):54—58.
[29] 郑功成.中国社会保障改革与发展战略——理念、目标与行动方案[M].北京:人民出版社,2008.
[30] 祝梅娟.贫困线测算方法的最优选择[J].经济问题探索,2003(6):39—44.
[31] 左停,贺莉,赵梦媛.脱贫攻坚战略中低保兜底保障问题研究[J].南京农业大学学报(社会科学版),2017,17(4):28—36,156—157.

第四篇

社会公平保障体系与社会公平正义：
国际比较研究

第八章 公平正义程度的国际比较：基于公平正义综合指数的研究

古往今来，无论文明兴衰还是朝代更迭，公平始终是一个焦点话题，它既是人类社会追求的理想目标，也是真实世界中敏感的现实问题；既涉及机会、权利、利益的分配过程，也涉及人们对这些过程的结果的评判。但是，由于公平本身具有历史性、合法性、具体性和相对性，人们不仅在客观上很难给出确定的参照标准，在主观上也表现出多角度、多层次的思维趋向，在理论上和实践中都充满争议与矛盾。公平正义应该如何评价？本章希望在吸收前人研究成果思想精华的基础上，通过量化评分和赋权排序的方法，构建系统的综合性评价指数，对世界上一些代表性国家/地区的公平正义状况进行评估排名，然后对比探讨中国的公平正义状况及其在世界上所处的相对水平，借此寻找中国公平正义保障体系建设的优势与不足，从而为明确未来的建设方向和重点目标提供支持。

第一节 研究背景与现状

公平与正义是在人类不断的生产实践中形成的重要价值取向，作为人类基本的行为规范以及永恒的价值追求已有数千年的历史。从历史角度看，各国学者都对公平正义问题有深入的思考和讨论，关于如何衡量、评价社会公平正义状况的研究历史也十分久远，最早可以追溯至两千多年前的古希腊。亚里士多德细致地将公平正义准则以及准则的应用规范划分为两类（亚里士多德，2007）：一类体现在对于财富、权利、社会地位以及其他相关社会资源的分配状况公平正义与否，即分析每个个体所获得的资源是否均等；另一类则反映在私人交易过程中社会的矫正作用，用以保证交易环节的公平正义。随着社会的进步与人类认知的拓展，学者们不断提出各种思路，譬如从社会能否保护人类正当的权益出发、从权利与义务的分配是否恰当进行考量、从个体满意程度的视角进行研究。

进入21世纪,一些国家逐渐形成了较为先进的社会形态,诸如美国、英国、德国、法国等发达国家,因为经济实力强、基础设施和公共设施投入高,所以教育水平出众、公共医疗卫生条件先进、社会福利水准较高,国际社会普遍认为发达国家的社会公平正义状况显著提高。以中国、印度、智利等为代表的发展中国家和地区,也在致力于通过制度改革改善社会公平正义状况。但同时,人们也越来越清醒地认识到,公平正义命题具有很强的主观性、时代性、阶级性和地域性,涉及的领域众多,研究范围非常宽泛,所以对社会公平正义性进行综合评价将是一个综合而宏大的理论难题。

目前来看,评价社会公平正义程度的理论视角主要有三类:一是从时序的角度出发,对事件的开始、发展、结局三个阶段分别进行考察,从而判断事件的起点、过程和结果是否公平,最终得出一个综合的公平正义状况评估;二是从公平要素的角度出发,从权利公平、机会公平、规则公平"三位一体"的视角去探讨公平正义的水平;三是从目的出发考量,关注保障对象的获得感、幸福感和安全感,以其主观感受作为核心评价指标,例如是否幼有所育、学有所教、劳有所得、病有所医、老有所养、住有所居、弱有所扶等。

可以说,这三种视角各有其合理性,但是都难以形成对应的量化指标:时序法囊括了事件发展的全部阶段,可以非常全面地对个体行为进行解读,但各个环节的数据不易收集整理,所以更适合在微观层面进行研究,在社会范围内难以应用;"三位一体"的视角往往给予社会保障层面更多的关注,其中心在于讨论个体能否获得应有的保障。如果将社会制度、经济分配等领域都纳入考察,也难以形成一个整合的判断;主观评判法以社会公平正义的终极目标为准,评价结果更为可信,但收集全球范围内的相关数据来进行国际比较,难度非常大。

近些年来,有不少国际组织从可得、可行的角度出发,制定并发布了一些可以从个别角度体现公平正义水平的指标,如人类发展指数、卫生筹资公平指数等,为学者们的进一步探索提供了有益的参考。

人类发展指数。联合国开发计划署(The United Nations Development Program,UNDP)为了全面评估人类社会发展情况,改变过去的唯国民收入评价导向,从1990年开始每年发布《人类发展报告》,公布各个国家/地区的人类发展指数(Human Development Index,HDI)情况。HDI是用以衡量联合国各成员国经济社会发展水平的综合指标。该指标是人类发展的三个基本维度指标的几何平均数:健康长寿水平(用出生时预期寿命衡量)、知识拥有度(用25岁以上人口平均受教育年限和学龄儿童预期受教育年限衡量)、过上体面生活的能力(用人均国民总收入的对数值衡量)。当然,HDI 并不足以全面反映人类发展情况,因为该指标并没有包括关于贫困、人身保障、贫富差距、性别歧视等信息。因此,为了更全面地衡量人类发展,《人类发展报告》同时提出其他四个综合指数:不平等系数调整后的人类发展指数(Inequality-adjusted Human Development Index, IHDI),根据不平等程度对人类发展指数进行调整;性别发展指数(Gender-related Development Index, GDI),用于对比女性和男性的人类发展指数;性别不平等指数(Gender Inequality Index, GII),旨在强调女性赋权;多维贫困指数(Multidimensional Poverty Index, MPI),用于衡量贫困的非收入维度[1]。其中,IHDI 根据 HDI 所衡量的三个基本维度中的公平程度,对每个维度的指标均值进行了调整,平等状况越差,两个数值的差别越大。

$$IHDI^* = (1-A_{Health})(1-A_{Education})(1-A_{Income})^{1/3} \times HDI \quad (8.1)$$

其中,A_{Health}、$A_{Education}$、A_{Income} 分别代表健康、教育、收入等的不平等情况,用各维度指标的几何平均值 g 与算术平均值 μ 的比值来衡量,$A = 1 - \dfrac{g}{\mu}$。根据 UNDP 的计算结果,1985—2015 年挪威和澳大利亚一直稳居全球 HDI 前两名,北欧国家、美国、加拿大、新西兰、德国、瑞士、荷兰、韩国、日本及中国香港地区近年来的排名都长期位居前列,属于极高人类发展水平国家/地区;中国内地 2015 年度的 HDI 为 0.738,排名全球第 90,属于高人类发展水平国家/地区;而中低人类发展水平国家/地区多集中在南亚和撒哈拉以南非洲[2]。如表 8-1 所示,在经过不平等调整之后,中低人类发展水平国家/地区的人类发展指数水平普遍损失更多。

---

[1] 2007 年 5 月,由经济学家阿玛蒂亚·森发起,在牛津大学国际发展系创立了牛津贫困与人类发展中心(Oxford Poverty and Human Development Initiative, OPHI)。中心建立了研究团队,致力于多维贫困的测量。MPI 是对人类贫困指数(HPI)和人类发展指数(HDI)的进一步完善,可以反映多维贫困发生率和多维贫困发生的强度,能反映个人或家庭的被剥夺量。MPI 指数选取了三个维度、十个指标测量贫困,包括健康(营养状况、儿童死亡率)、教育(儿童入学率、受教育程度)、生活水平(饮用水、电、日常生活用燃料、室内空间面积、环境卫生和耐用消费品)等。

[2] 根据《2015 年人类发展报告》的定义,HDI 高于 0.800(含)即被定义为极高人类发展水平国家/地区,HDI 介于 0.700—0.799 为高人类发展水平国家/地区,HDI 介于 0.550—0.699 为中等人类发展水平国家/地区,HDI 不足 0.550 为低人类发展水平国家/地区。数据来源:UNDP 数据库。

表 8-1 2015 年世界人类发展指数简况

	人类发展指数	不平等调整后人类发展指数	不平等带来的发展指数损失(%)
人类发展指数组别			
极高人类发展水平国家/地区	0.892	0.793	11.1
高人类发展水平国家/地区	0.746	0.597	20.0
中等人类发展水平国家/地区	0.631	0.469	25.7
低人类发展水平国家/地区	0.497	0.337	32.3
发展中国家	0.668	0.499	25.2
区域			
阿拉伯国家	0.687	0.498	27.5
东亚和太平洋地区	0.720	0.581	19.3
欧洲和中亚	0.756	0.660	12.7
拉丁美洲和加勒比地区	0.751	0.575	23.4
南亚	0.621	0.449	27.7
撒哈拉以南非洲	0.523	0.355	32.3
最不发达国家	0.508	0.356	30.0
小岛屿发展中国家	0.667	0.500	25.1
经济合作与发展组织	0.887	0.776	12.6
世界	0.717	0.557	22.3

资料来源:联合国开发计划署(UNDP),《2016 年人类发展报告》。

卫生筹资公平指数。为了全面衡量世界各国/地区卫生体系的运行绩效,WHO 在《2000 年世界卫生报告》中分别对健康水平、卫生体系对居民要求的反应性及卫生筹资的公平性进行了评估。该报告指出,如果不同收入、不同健康状况的家庭,其非食物支出中用于医疗卫生的费用比例都一致,就可以认为卫生融资制度是公平的。基于这一理念,WHO 构建了卫生筹资公平指数(Fairness of Finance Contribution,FFC)。

$$FFC = 1 - 4 \times \frac{\sum_{i=1}^{n} |HFC_i - \overline{HFC}|^3}{0.125n} \qquad (8.2)$$

其中,HFC_i 表示第 i 个家庭的卫生费用,$\overline{HFC}$ 为 n 个家庭卫生费用的均值。WHO 利用 1997 年各成员国/地区的数据进行了测算,结果显示,欧洲地区特别是一些采取福利国家政策的国家和地区,其卫生筹资公平性优秀,美国排名第54,中国内地则排名第188。

以上研究为了指标计算的可行性,牺牲了衡量范围的全面性,只用少数指标来评价一国或某一制度的发展及公平正义水平,有信息漏损的问题。但因为指数衡量的结果比较直观,在国际范围内的可比性较强,结论具有较强的政策指导意义,所以接受程度较高。

这些努力和尝试也给公平正义程度的国际比较研究提供了有益的启示:其一,综合性评价的目标往往是多元的,构建评价指数时需要在多元目标中权衡取舍,并以研究的主要目的为取舍标准;其二,对于人类发展水平、社会公平正义水平和制度公平性这种多维概念而言,构建综合指数可以遵循这样一种思路,即在技术限制的条件下,综合指数的构建应该从指标最基本的内涵出发,寻找关键性变量,并将关键变量的数目控制在合理的范围内;其三,为了构建能够用于国际比较研究的综合指数,必须考虑不同国家处于不同发展阶段这一现实,所以在指标选择时,应该兼顾不同国家的特征,把握社会进步、公平正义水平的完整范围。

第二节 公平正义综合指数的构建[①]

为了构建可以衡量公平正义水平并用于国际比较的综合指数,本节将在分析公平正义内涵的基础上,借鉴已有的理论成果,提出一套新的公平正义衡量思路,尝试构建一套可以较为全面、综合地说明问题,且具有普适性的指标体系,以此为依据对世界范围内一些具有代表性的国家的公平正义状况客观地进行对比评价。

一、指数构建的原则和框架

如本书第一章所述,因为公平正义具有历史性、合法性、具体性和相对性,讨论公平正义这个命题往往无法回避主观性、时代性、阶级性和地域性等难题。为了化繁就简,本节试图从公平正义的本质出发,秉持兼顾有效性、可行性和可靠性的原则,选取认知度高、接受度高的度量指标,构建能够反映公平正义性质和概念的综合性指数。

基于前文对公平正义特性的讨论与研究目的,本节从社会的基本结构和

---

① 本节的中间成果发表于赵昊东和赵景涛(2016)。

社会的资源分配视角出发进行思考,提出了研究公平正义综合指数的两个维度:第一个维度是初始状态公平正义,也就是要求社会基础制度公平正义。这里的社会基础制度是一个广义的概念,它包括国家的社会制度、经济制度、法律制度、文化制度等各种制度,体现了一个社会公平的氛围和基础。第二个维度是对公平正义原则的具体应用,即对"基本品"①等指标进行分析,进行公平正义的社会分配。由于现实生活中社会分配种类繁多,包括个人收入分配、社会财富分配、社会教育资源分配、社会医疗资源分配等因素,因此,我们在研究公平正义综合指数时,又把公平正义原则的应用这一层次细分为两部分:一是以个人收入分配、社会财富分配为代表的初次分配环节;二是包括医疗、卫生、教育等在内的社会保护性支出部分,即再分配环节。由此,本节建立了一个"二维三层"的分析框架结构,如图8-1所示。

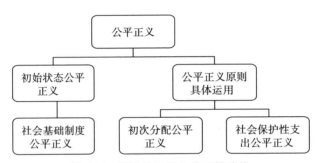

图8-1 衡量公平正义的逻辑路线

(一)初始状态公平正义维度

讨论社会公平正义的第一个维度,就是讨论社会基础制度的公平正义状况。出于对历史性和合法性的考虑,本节衡量公平正义的第一维度,从初始状态即社会基础制度的角度对公平正义问题进行思考。初始状态指的是一种最原始的平等状态,在这一状态下,社会中每个独立个体都不了解自己在社会中的身份以及所能获得的权利与利益,也就是生活在"无知之幕"②下,这时的社会是中性的,个体的决策避免了对他人的偏见,生活工作中不考虑其他人的利益和关注点,保证自己和他人的既得利益、习惯、偏好、意见等不受到干扰,因此,初始状态代表了一种原始的、公平的制度。当然,由于社会制度是社会价

---

① 罗尔斯的"基本品"理论,在其著作中全部都进行了论证,被学界广泛认可和接受,具有很强的代表性,本节同样赞同其指导意义,因此运用他的思路进行指标构建。

② 在罗尔斯的理论中,无知之幕是实现公平正义的必要条件,当所有人都在不了解自身偏好以及外界信息的情况下做出了一致性选择,这个社会是公平的。

值认知的载体，体现了社会全体成员共同的价值理念，但是个体不可能都处于"无知"状态，所以，现实生活中并不存在真正中性的制度和初始状态，但该理念对研究探讨制度仍然具有重大价值。

对于一个社会来说，初始的平等状态并不等同于每个人都获得相同的资源禀赋、智力、技能水平、社会地位，而是意味着所有人都处于一个绝对公平正义的社会环境之下，也就是制度的公平正义。社会基础制度应当是公平正义理念的载体。在社会成员的交往和互动中，随着价值观达成共识，制度逐渐形成、发展、进化，因此，制度本身必然蕴含了社会整体的价值规范，是社会共同的文化习惯、伦理精神、价值取向具体化和规范化的体现。社会制度一旦确立，就具备了影响和约束人类的思想与行动的力量。同时，社会制度是人类活动的产物，人类的核心价值观会影响和制约社会制度的产生、发展与消亡，不同核心价值观必然导致不同类型的制度产生。例如，辛亥革命在中国建立了新的社会制度，随着民主共和的观念逐步深入人心，人民群众对于公平正义有了新的认知，与之不相匹配的旧制度难以延续是历史的必然选择，封建制度的复辟注定失败。社会基础制度能否存在，关键在于它能否得到社会成员的共同认可，价值取向是否符合社会的核心价值观。因此，如果要对公平正义进行讨论，就需要判断一个社会是否具备公平正义的核心价值观，其本质就是判断制度设计的问题。

从初始状态公平正义维度来看，衡量公平正义，就是要看是否在社会中对公平正义原则达成共识，进而建立起与之匹配的经济制度、法律制度和文化制度，形成公平正义的社会基础制度。作为建构社会基本秩序和规范社会公共行为的体系，社会基础制度所有追求的最高目标，首先且最终必须具备的属性是自身的公平正义，只有这样，社会基础制度的运作实践和人类生活秩序的公正稳定才是可以期待的（万俊人，2009）。

公平正义的第一个维度包含了经济制度公平、法律制度公平以及其他基础制度公平等属性。本节主要从以下几个层面进行研究：

1. 经济制度

经济制度与公平正义联系紧密。社会的经济制度不仅仅是社会中所有个体统一的经济生活规则和行为准则，更是人类在这种统一的规则、规范下的生活实践过程，是一个社会中所有参与者的价值观的综合体现，与公平正义有千丝万缕的联系。经济生活过程包括生产、分配、交换、消费等多个环节，而经济制度主要解决经济生活过程中两个方面的重大问题：第一，从属或服务的主体究竟是哪些阶层的社会成员,比如是服务于全体社会成员,还是部分甚至极少数个体成员;第二,所指向、所追求的主要价值究竟是什么性质的,例如,是片面追求整体的经济增长,还是追求社会成员的全面发展和幸福等。

经济制度的公平正义,可以从价值观上推动个体在日常生活劳作中可以获得平等的机会与权利,进而获得物质、精神、文化甚至社会范围内整体的幸福。平等自由主义理论的旗帜性人物罗尔斯明确把权利、自由和机会、物质的收入与财富、精神自尊作为基本的社会善或社会价值,认为经济制度是社会制度的一个重要方面,对物质的收入与财富以及其他基本的社会善的实现和调节具有不可替代的作用(沃伯顿,2010)。

总之,经济制度包含了经济维度与价值伦理维度,制度是否致力于推动公平正义、最后的结果是否公平正义,直接关系到经济社会的和谐发展。一切具有存在合理性的经济制度不仅应该是公平和效率有机结合、相互统一的载体,还要成为促进两者进入更高层次的动力和保障。因此,在社会环境公平义的研究中,本节首先将经济纳入体系进行讨论。

2. 法律制度

法律制度往往可以在很大程度上影响一个社会的运行状态。不同的法律制度蕴含着不同的道德、价值标准,保护不同阶级的利益。因此,法律制度的公平正义直接关系着一个政体、一个社会的公平正义水平。

法律制度的公平正义具有以下特点:①明确性。法律制度针对谁享有权利、承担义务,如何履行职责、实施行为以及法律关系的形成与变更等问题都有明确规定。②规范性。法律意义上的公平正义必须由国家的宪法、法律、行政法规以及地方性法规进行抽象概括、具体表述和明确规定。③统一性。法律意义上的公平正义要求坚持法治统一、法律面前人人平等的基本原则,除了法律许可的特例,不允许任何特权阶级和特殊利益的存在。④可诉性。法律的关系主体在权利受到侵害时,应当依法通过司法诉讼程序寻求帮助,保护自己的合法权益。正如英国哲学家洛克所说,政府"应当按照正式公布的既定的法律来进行统治,这些法律不论贫富、不论权贵和庄稼人都一视同仁,并不因特殊情况而存在出入"(洛克,2005)。

法律制度对社会基础制度公平正义的影响力主要体现在以下三个方面:

其一,法律制度指导分配正义。立法的实质就是对初始财富的分配,只有依据法律法规对财富进行分配,社会生活秩序才可能长期公平稳定。从表面上看,财富、资源、机会的分配是一个专业的经济学问题,但它实质上是一个典型的法学、法治问题,因为无论是在法律法规的制定环节,还是在具体的实施环节,几乎都是围绕着财富分配这根轴心运转的。正是因为立法对于经济、社会生活秩序具有巨大的塑造作用,所以,在立法过程中,强调分配正义是实现整个社会公平正义的前提与基础。

其二,法律制度引导公平正义。首先,法律制度可以摒除不正义的法律规定。体现公平正义的法律必须强调法律面前人人平等,保证每个人都可以享受到与其他人同等的、广泛的、平等的基本自由,进而保障所有公民的人身权利。其次,法律制度可以通过法律手段,间接引导社会各个领域去追求公平正义。再次,公平正义理念也可以反作用于法律制度,促使法律机构不拘泥于生硬的法律规则,可以在遵循公平正义原则的基础上合理运用规则制度,从而更理智、更综合地评估各种社会状况,灵活地解决争端。最后,具备公平正义理念的法律,通常可以更有效地对社会成员进行指引和教育,进而引导整个社会沿着公平正义的方向前进。

其三,法律制度具有制约作用。首先,法律制度可以制约立法,杜绝不合理、不正义的法律法规,减少规范制定及运用过程中的恣意性;其次,法律制度制约行政机关和司法机关的权力,保证程序正义,杜绝越权滥权、枉法裁判、徇私舞弊、贪污腐败等非正义现象。由于每个社会成员的行为都必须受到公平正义原则的制约,事实上也有助于消除不公平。

由于法律制度与公平正义有着相辅相成的联系,本节将其作为"第一个维度"的重要解释部分进行讨论。本节对法制状况进行讨论时,将从正反两个方面出发:正面直接考查法治的正义程度;反面则是通过观察一个社会的腐败程度,根据腐败状况来确定正义水平。值得特别说明的是,腐败可以直接破坏社会公平正义。实质上,腐败就是公共权力的滥用以及公共资源被私人或者少数部门占有。在现代社会,随着国家管理社会经济职能的增强,公共权力逐步渗透到社会经济生活中的各个领域,通过各种方式干预人类活动。如果不能有效地制约如此强大的公共权力,腐败就会滋生,进而对公平正义产生以下四点危害:第一,腐败造成机会和起点的不公平。公平的机会和平等的起点是社会公正的底线,个别人或群体利用公共权力破坏社会竞争的基本规则,通过侵吞公共资源获得竞争优势,在初始状态就形成了差距。第二,腐败也造成了分配的不公平,尤其体现在公共资源的使用和分配方面。第三,腐败诱发了社会道德的失范,这是由腐败分子的身份决定的。一般来说,有能力进行腐败活动的都是官员,"以公权谋私利"的行为对于社会行政管理极为有害。第四,腐败会不断侵蚀社会信任。只有相互信任才能把社会不平等控制在一个较为合理的范围内,减少群体之间以及国家之间的矛盾。丧失信任会造成两个严重后果:一是社会个体对公共权力的不服从,二是政府政令执行的不通畅。正因为如此,反腐成为维持社会公平正义的重要一环。

3. 其他基础制度相关因素

除经济制度、法律制度之外,所有制、政治制度、文化都是可以影响社会基础制度公平正义状况的重要因素。

所有制的不同通常意味着不同的政治制度。政治制度与经济制度互为表里,相互作用。除此之外,国家还可以通过政策来影响法律的制定和实施。政治制度也面临着与所有制类似的问题——设计理念与实际执行之间存在相当大的差距。在现实中,设计优秀、目标正义的制度有时可能并没有产生足够好的效果。我们往往是根据执行结果而不是制度本身来衡量其效果,故未将所有制与政治制度纳入指数体系。

在不同的文化环境中,大家对公平正义的解读也不一样。例如,日本文化更注重群体,强调个体对群体的归属,这一文化传统直接决定了日本人在意识形态上更多地强调群体利益,要求个体应当以集体利益为先,出现利益冲突时,个体应当服从群体的利益选择,甚至认为个人为集体做出牺牲就可以获得最大的荣誉。个体归属群体与群体的内部和谐,这两者的统一是日本人民生活的最高准则,这种集体精神在历史中产生并不断发展,最终形成了日本人民独有的公平正义理念。西方人的"自由至上"原则与之恰恰相反,在西方人看来,个体被限制某些权利是对公平正义的亵渎。由此可见,正是因为不同地区、不同民族在数千年来的生活劳作中产生了不同的习惯和文化,人们对于正义的内涵都有不同的解读,因此,拿一套统一的标准来生搬硬套所有文化进而进行打分判断,既是对不同文化的亵渎,也是一种不负责任的态度。鉴于此,本节尽量回避不同文化环境可能对公平正义产生的理解偏差问题,而仅从世界上普遍可以接受的角度进行研究,故也未将文化纳入指数体系。

(二) 公平正义原则具体运用维度

保证初始状态的公平正义,就是确立一个以公平正义为原则的社会基础制度,实现社会制度的公平正义。这里的基础制度只在社会框架层次进行研究,包括经济制度、法律制度,而尚未涉及更为细致的收入分配、社会保障等环节。随着研究的深入,更多的学者发现,公平正义的状况并不仅仅是由最基础的制度环节决定的,它还要求制度运用环节公平正义,即分配的过程和结果公平正义。因此,衡量公平正义的第二个维度就是考察在公平正义的社会基础制度下,社会资源是否进行了公平合理的配置,是否在分配环节实现了公平正义。①

在分配正义领域,罗尔斯的观点颇有影响。罗尔斯对于分配正义的主要贡献在于把"如何分配"的问题转化成"如何保持分配的程序和背景正义",并提出通过社会基本结构的设计实现这一设想。在罗尔斯看来,只要保持好程序的正义,无论最终的分配结果如何,都是符合要求的。罗尔斯的分配正义观在实质上更多地考虑了二次分配环节,关注弱势群体,从社会保护的层面开展研究,但是没有给予初次分配环节足够的重视。可以说,对初次分配的关注不够是罗尔斯分配正义理论的不足之处。实际上,如何运用公平正义原则进行初次分配同样非常重要,甚至可以说是决定社会整体分配公平与否的首要因素。② 初次分配与再分配是"源"与"流"的关系,再分配从数量到范围都受初次分配的制约,一旦初次分配环节出现非常严重的不公现象,仅通过再分配环节对其进行纠正是非常困难的。只有消除初次分配不公才可能从根本上实现分配公平。

就第二维度具体衡量而言,本节坚持总分配公平和总效率公平的差异原则,强调对弱势群体的保护,但这并不是一味追求数字上的平等。这也就是说,在某些情况下,收入差距变大也是可以接受的。一方面,由于自然属性的因素,人与人与生俱来存在差别,某些不平等难以避免;另一方面,为了产生更大的社会效益,从有利于社会进步的角度出发,也不能允许人与人收入分配完全均等③。资源匮乏是分配正义面临的一个客观的物质前提条件,人类追求在正义平等的基础制度结构下生活,通过与他人合作的方式进行有意的工作。如果社会总体财富超过了某一限度,每个人都可以获得足够的收益,收入分配公平也就失去了其存在的意义。而正是因为人们在许多方面的需求无法得到满足,公平正义才成为人们必然追求的价值。这种分配的不平等,实质上是一种激励问题,因为即使处于公平的初始状态下,也没有人可以保证,在没有足

---

① 分配正义的概念早见于古希腊时代,亚里士多德的分配思想中就包含财富分配的"遵循正义原则",有学者评价罗尔斯的公平正义理论实质上就是分配的正义,是对亚里士多德的分配正义思想的继承和延续。

② 初次分配是收入分配中最重要的环节。数据显示,在大多数国家,初次分配在收入分配中比重超过80%。

③ 罗尔斯在《正义论》提出正义的第二个原则分为两个部分:一个部分被称为"公平的机会平等原则",它适用于机会和权力的分配;另一个部分被称为"差别原则",即允许在合理的逻辑下存在差异化的公平。

够激励的情况下,每个人都会认真努力地工作。

考虑到公平正义的具体性和相对性,本节进一步将第二个维度划分为两个层次进行讨论。第一个层次即初次分配环节的公平正义。初次分配公平要求国民收入的三部分(政府财政收入、企业收入和个人可支配收入)保持适当的比例,并且,国民收入三部分的增长保持均衡与协调,这要求具体的生产企业对生产参与者进行收入分配时必须公正合理。第二个层次强调再分配环节公平正义。再分配环节是矫正环节,其作用是直接修补社会中的不公正现象。国家可以通过转移支付、提供社会保障、提供社会公共品等手段,把通过税收收集到的财富转移支付给国民,从而可以把保护的范围从市场内各主体扩展到全体社会成员,把老人、残障人士、失业者、低收入者等弱势群体纳入保护体系。

总体而言,本节研究的第二个维度——公正原则的具体运用,实质上就是讨论如何公正合理地在某一经济水平状况下,对社会资源进行分配的格局。更具体地说,为了衡量第二维度的第一层次——初次分配,本节选择从以下角度做出评估:

(1)经济发展水平[①]。

经济活动是人类最基本的物质性实践活动,而经济发展与公平正义是紧密相关的。二者之间的内在联系主要体现在以下三个方面:第一,经济和公平正义都以利益作为共同基础与最终导向。经济是物质性实践活动,公平正义是精神性实践活动,只有二者和谐共存才能实现物质与精神的统一。第二,经济与公平正义都具有规则属性。经济既是活动,也是规则,注重现实的操作性,与利益直接关联。公平正义在作为一种精神的同时,同样是一种交往的规则,更注重思想观念上的反馈,对利益追逐行为具有一定的前瞻性和指导性意义。经济规则与公平正义原则虽然千差万别,但二者又是互为基础、互相融合的。经济规则离开伦理的人文支撑将难以维系,公平正义原则没有经济作为后盾则无法实施,二者统一于经济实践活动中。第三,经济与公平正义都体现了人类的理性原则,是人类活动合规律性与合目的性的统一。总而言之,在人类历史上,经济与公平正义总是相互依存的。

经济增长、收入增加对于人类获得更好的生活品质、更加公平正义的实践体验的作用不可忽视。早在17世纪,著名的经济学家威廉·佩第(William

---

① 确切地说,经济发展水平不属于初次分配环节,但是它往往可以直接影响初次分配,因此放在这里讨论。

Petty)在提出国民收入核算方法之后,又以此为基础对当时英国居民收入分配公平状况进行研究。他探索了影响居民生活状况的因素,初步论述了"每个人的幸福"与经济增长、收入分配的关系。虽然一个社会整体的经济富裕程度与公平正义程度并非完全正相关关系,但是历史表明,两者在很大程度上相互依存。在一些生产力发达、人民生活富庶的国家中,弱势群体遭受剥夺的程度与经济水平落后国家中相应人群受到剥夺的程度相类似(从比例上看),但富裕国家中的贫困群体依然能够获得相对充足的收入并处于较好的生活状况。例如,以反映人群社会经济状况的重要指标[①]预期寿命为例,曼哈顿是美国最富裕的区域,其居民平均寿命达到85.4岁,是纽约人均寿命最长的城区之一,而相邻的布鲁克林区居民平均寿命则只有74.1岁;如果将一些经济水平相对较差的国家与之相比,后者的整体平均预期寿命远低于美国的贫困群体,如印度整体平均寿命为68.6岁,而一些更为贫困的非洲国家,如刚果(布)平均寿命仅为59.6岁[②]。从世界范围来看,具有较长预期寿命的国家基本普遍属于发达国家行列,这些国家普遍具备较高的经济发展程度。

较高的预期寿命在很大程度上得益于整体经济水平富裕以及个人收入充足,因为更好的经济状况直接意味着更好的公共卫生、医疗保障、教育机会,更健康的食物以及更多的社会关怀,而这些内容通常也被人们看作公平正义的组成部分。

经济与公平正义大多数情况下都是同向的,但这并不否定两者之间存在一些差异和冲突。从本质上看,这种冲突是由社会分工导致的,随着社会分工的产生,不同工作天然属性的差异必然引发收入分配的差异。随着经济活动在社会政治生活中的支配地位的确立,资本对经济发展和收入分配的主导作用越发明显,人类劳动的报酬比例逐渐降低,经济与正义之间的冲突也日渐凸显,逐渐成为人们关注的热点问题。

需要指出的是,经济状况可以影响人们对待公平正义的态度。如果跨越时空进行纵向观察,与物质极大丰富的现代社会对比,恐怕没有人会愿意生活在2 000年前收入分配差距相对较小却食不果腹的年代,也不会有人认为原始社会比现在更加公平正义。可见,经济发展状况应该成为探讨社会公平正义

[①] 阿玛蒂亚·森在《正义的理念》中认为,这种现象的原因有三点:①整体较为先进的社会对于疾病的控制;②相对较高的收入可以充分满足弱势人群的日常生活支出;③富裕的社会通常都会配套相对出色的社会保障体系。

[②] 资料来源:Word Bank, World Development Indicators。

状况的必要一环,即使收入分配差距扩大等问题确实存在,仍然不能忽视经济增长对人类社会进步的重要作用。

(2)收入分配。

这里所说的收入分配特指初次分配。初次分配是基础性分配,是国民收入除去税收、企业年金等必要扣除之后在生产参与者内部进行的分配。从国家层面出发,初次分配是国民收入分配的基础环节,也是主体部分,因此,保证初次分配的公平正义是维护社会公平正义的关键一环。以中国为例,我国城镇居民的初次分配收入占全部收入的77.2%;对于农村居民来说,初次分配甚至占据了总收入的95%(陈文通,2007)。可以肯定地说,初次分配决定了收入分配的基本状况。只有在初次分配环节实现基本公平正义,然后通过再分配环节的补充调节,才能在整体上保证国民收入分配公平;反之,如果初次分配极度不均,仅靠再分配的调节作用依然无力扭转公平正义失衡的格局。

法国经济学家托马斯·皮凯蒂(Thomas Piketty)在其著作《21世纪资本论》(*Capital in the Twenty-First Century*)中,对初次分配公平进行了探讨。他通过收集许多国家的收入分配数据(主要是初次分配),对过去300年来的工资水准进行分析。他发现,虽然经济总量大幅增加,但近几十年来不平等的现象变得越发显著,并且存在加速恶化的趋势。皮凯蒂指出,投资回报率长期维持在每年4%—5%,说明资本大约只需要14年就能翻番。但是,GDP增长率仅仅保持在每年1%—2.5%,这意味着社会总体财富翻番需要35年。在过去100年里,拥有大量财富的群体资产总量翻了7番,达到了之前的128倍,而整体经济规模仅仅比100年前扩大8倍。虽然资本家和无产阶级都变得更加富有,但是贫富差距已经变得非常严重(Piketty,2014)。皮凯蒂的研究表明,即使人类整体的生活状况在不断地改善,但是当今社会初次分配不公平的现象越发严重,如果不能扭转这种贫富差距持续扩大的局面,在不久的将来,社会公平正义体系或许将面临崩溃。

由以上分析可见,探讨分配公平不可能回避初次分配问题。鉴于此,在第二个维度的研究中,本节加入了对初次分配的讨论,以便更加全面、客观地对社会公平正义状况进行分析。

第二个维度的第二层次——再分配环节包括以下内容:

(1)基础教育。

教育公平的观念源远流长,孔子早在两千多年前就提出了"有教无类"的朴素教育公平思想。近现代人们对教育公平提出了更高的标准,要求国家对教育资源进行合理的配置,以满足社会总体发展的要求和个人进步的需要。

我国的教育不平等主要体现在以下几个方面:第一,城乡之间获得教育和培训机会的不平等。总体来看,由于城乡经济水平存在差距,城市的教育水平、师资力量和办学条件都远远好于农村。除此之外,城市里的培训机构数量种类众多,而农村则几乎没有,导致城乡人口技能培训的水平差异巨大。第二,区域之间的不平等。以我国为例,东、中、西部地区经济发展水平差异较大,东部地区经济活跃、师资力量雄厚,中、西部地区经济水平总体较东部落后,教育经费投入总量偏少,这样的差异造成了东、中、西部区域性教育机会的不平等。联合国教科文组织(UNESCO)发布的2022年全球教育监测报告《她的教育,我们的未来》指出,1995—2019年间,全球范围内小学阶段女性入学率只从79%上升到90%,每年增长不足0.5个百分点;未能入学的小学年龄儿童中,有3/4为女童(约900万人)。第三,学校之间的教育不公平。现在社会上存在差别教育,一些重点学校或者精英学校只对能负担高昂费用的个体开放,这样的学校往往综合实力比较雄厚,占有了大量优质教育资源。这就导致了不同学校的受教育者获得的教育资源不平等。第四,不同群体间受教育机会的不平等。在当今社会,优势群体和弱势群体的受教育机会往往被区别对待,优势群体凭借良好的经济条件和社会地位,更容易获得优质的教育机会,而数量众多却只占较少经济份额的弱势群体则很难得到同等待遇。

教育不平等产生的不良后果不仅仅局限在教育范畴。美国著名经济学家、1979年诺贝尔经济学奖获得者西奥多·舒尔茨(Theodore Schultz)认为,教育是提升人力资本最有效的途径,各级教育投资的平均收益率超过了17%,教育投资增长的收益占劳动收入增长的比重达到了70%,教育投资增长的收益占国民收入增长的比重超过了1/3(舒尔茨,2016)。与其他类型的投资相比,人力资本投资回报率极高。

公平的教育体系主要体现在基础教育上。相对于高等教育和职业教育来说,基础教育更注重改善机会公平,即在一个包容的、公正的教育体系下,不同区域、阶级、种族和性别的公民享有接受相同层次初等教育的同一起点。从代际传递的角度而言,教育对代际公平的促进作用较医疗和社保体系更为明显。根据经济合作与发展组织(OECD)在2014年对教育和不平等程度的调查,根据算数能力口径测算的受教育程度与人均GDP之间的正向关联在大多数国家中得到验证,而平均算数能力越高的国家,如芬兰、瑞典、挪威等,基尼系数越低(Damme,2014)。如图8-2所示,收入不平等程度越高(以基尼系数衡量)的社会,如美国、意大利等,其代际收入弹性越小,即人们的收入与父辈收入高度相关,低收入群体很难有机会获得高于父辈的预期工资,而高收入父母的子女更有可能获得高收入。从某种意义上讲,教育是打破这种"贫穷固化"的主要途径,可以为低收入群体打开一扇改变处境的窗口。因此,教育公平是社会公平正义的重要环节,也是社会再分配公平正义的重要组成部分。

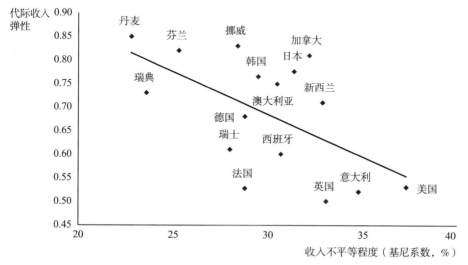

图 8-2 收入不平等程度和代际收入弹性的关联

资料来源:OECD, OECD Education at a Glance 2014, 2014。

(2) 公共卫生医疗。

公平正义概念在卫生保健领域主要体现在卫生医疗服务领域。WHO 和瑞典国际开发合作署(Swedish International Development Cooperation Agency, SIDA)在 1996 年发表的报告《健康与卫生服务的公平性》(Equity in Health and Health Care)中指出,人类生存机会的分配不应取决于个体社会地位或收入,而应当以需求为导向。公平正义要求社会集体共享进步成果,不允许少数群体霸占健康权利。要体现卫生医疗服务的公平性,就必须降低在健康和卫生服务方面存在的不公平的待遇差距,力求每个社会成员均能得到基本的生存保障。卫生医疗服务的公平正义,在某种意义上,就是指每一个社会成员都能获得相同的机会享受卫生医疗服务,而不因个体的社会特权不同出现差别对待。

卫生医疗服务把维护人类生命健康作为首要任务,公平正义是保证社会成员基本医疗权利能够实现的首要原则。卫生医疗服务公平正义属性主要包括以下四点：一是保护每个人的健康权利平等。健康权利是人类的基本权利，与其他基本权利一样，具有普适性和平等性，应当受到国家法律保障。二是基本医疗和公共卫生服务公平。这是实现人类健康发展的必要条件。三是非基本卫生医疗服务可以适当地追求效益。在保证社会成员健康权利的前提下，非基本医疗卫生服务分配可以将功利主义理论作为指导思想，从而促进医疗卫生资源被更加合理高效率利用，实现公平与效率的统一，最大限度满足人类的需求。四是社会需要对贫困群体进行医疗救助。这可以从底线保障的意义上提高弱势群体的生存能力，是保障所有社会成员健康发展的必要资源。

公共卫生资源配置的公平性主要体现在公共卫生服务筹资的公平性和公共卫生服务供给的公平性两个方面。公共卫生服务筹资环节要求资金来源公平正义，需要充分考虑社会成员的支付能力。筹资公平正义要求具备支付能力的人，无论其实际使用程度如何，都应当为卫生服务支付同等比例的费用，而经济困难的个体可以减少或者免除费用。公共卫生服务提供公平体现在公正、平等地分配各种卫生资源。所有社会成员所接受的公共卫生服务应当是同质的，即每个对公共卫生服务产生需求的个体，都应该拥有相同的选择项。

（3）社会保障。

公平正义原则与社会保障制度有着天然的联系，是促进社会和谐、实现公平正义的重要保证。社会保障制度本身就具备正义属性，是维护和促进社会公平正义的载体，将价值理念、制度规则与实施机制和公平正义的精神紧密地联系在一起。从古至今，社会保障制度的发展历程和人类对公平正义价值理念追求过程是同步进行的，社会保障制度的建立和完善过程就是实现公平正义的过程，社会保障制度所提倡的公平正义理念也成为人们判断社会公益程度的重要标尺。因此，公平正义价值理念的实现需要以完善的社会保障制度为载体。在当今社会，人们普遍认为，享有社会保障①是人们的一项基本权利，社会保障制度的目标和宗旨就是保证社会成员共享社会发展成果。在第二个维度中，社会保障制度是可以主动修正社会偏差、矫正非正义现象的重要环

---

① 对于社会保障还有很多不同的解读，郑功成（2008）认为社会保障是国家或社会依法建立的、具有经济福利性的、社会化的国民生活保障系统。在中国，社会保障则是各种社会保险、社会救助、社会福利、军人福利、医疗保障、福利服务以及各种政府或企业补助、社会互助等社会措施的总称。在罗尔斯的理论中，社会保障制度是其公平正义原则运用的主要体现，它的价值理念、制度规则、政策制定、规划统筹及实施机制都与公平正义的精神密不可分。

节,是社会发展的"安全网"和"稳定器",是经济发展的"助推器"。完善的社会保障制度是经济发展和社会进步的重要保证,它的设计水平将直接左右整个社会再分配环节的正义水平。

二、指数构建的思路

为了找到一个可以综合、直接地体现社会公平正义程度的指标,本节从公平正义的内在规定性出发,建立了社会公平正义的"二维三层"分析框架。这一框架从处于不同发展阶段、不同背景的社会形态中抽象出一些共性。这样,即便不能确定某一社会公平正义的绝对程度,也可以将现实中各个国家/地区按综合指标进行公平正义水平的排序。具体的思路如图8-3所示。

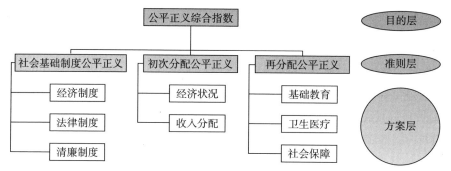

图 8-3 公平正义综合指数的构建思路

在确定指标与权重的过程中,本节采用专家调查法,征求了十余位专家的意见并达成共识,结果通过检验,具备较强的说服力;在综合指数构建环节,采用了层次分析法(The Analytic Hierarchy Process,AHP)。层次分析法是一种定性和定量相结合的系统化、层次化的分析方法,在处理指标复杂的决策问题上具有实用性和有效性。权重计算采用构建两两判断矩阵法[①],通过对所列指标进行两两比较重要程度而逐层判断评分,利用计算判断矩阵的特征向量确定下层指标对上层的贡献程度,从而得到基层指标对总目标而言的重要性排列结果。这种方法有利于保证所得结果的稳健性和可靠性。运用层次分析法构建模型主要有以下四个步骤:

第一,构建递阶层次结构模型。运用层次分析法分析公平正义问题时进行层次化处理,将目标分为三层。最高层为目的层,即公平正义综合指数;中

---

① 两两判断矩阵法是一种经验评分法,先将所有指标列出来,组成一个 $N×N$ 的方阵,然后对各指标进行两两比较,按其相对重要性打分,最后对各指标的得分求和,并做规范化处理。

间层是准则层,是通过这"两个维度"来实现讨论公平正义的目的;最底层是方案层,描述"两个维度"中所蕴含的各种细节项目。递阶层次结构中的层数与问题的复杂程度以及所需要分析的精度有关。通常来说,层次数量不受限制,每一个层次中的元素数量不超过九个。

第二,构造各层次中的所有判断矩阵。准则层中的各项指标在衡量目标过程中所占的比重通常是不同的,所以在决策中心中对它们的预期价值也是不同的。在层次分析法中,通常用数字1到9及其倒数作为标度,进而定义判断矩阵

$$A = (a_{ij}) n \times n \tag{8.3}$$

判断矩阵标度含义如表8-2所示。

表8-2 判断矩阵标度含义

标度	含义
1	进行比较的两个因素,重要性相同
3	进行比较的两个因素,前者稍微重要
5	进行比较的两个因素,前者明显重要
7	进行比较的两个因素,前者强烈重要
9	进行比较的两个因素,前者极端重要
2、4、6、8	上述相邻判断的中间值

注:若因素 i 与因素 j 重要性之比为 a_{ij},那么因素 j、i 之间的重要性之比为 $1/a_{ij}$。

第三,层次单排序和一致性检验。首先,通过公式

$$CI = \frac{\lambda_{\max} - n}{n - 1} \tag{8.4}$$

计算一致性指标,其中 $\lambda_{\max}$ 是判断矩阵的最大特征值。随后,查找一致性指标 RI,如表8-3所示。

表8-3 平均随机一致性指标

N	1	2	3	4	5	6	7	8	9	…
RI	0	0	0.52	0.89	1.12	1.24	1.36	1.41	1.46	…

然后计算一致性比例 CR,

$$CR = \frac{CI}{RI} \tag{8.5}$$

通常认为当 CR<0.1 时,判断矩阵的一致性检验可以通过,否则矩阵应该进行重新修正。

第四,对层次总排序进行一致性检验。由于要计算最底层因素对总目标的影响权重,本节对层次总排序也要进行一致性检验,计算个层次的要素对总目标的合成权重,然后对个因素进行排序。

三、指标选择

为了构建可以量化的综合指数,本节针对方案层的具体内涵,选择合适的代理变量来度量各种要素。

(一)经济自由度指数

经济制度是一个多维度的问题,不同国家的经济发展阶段、支柱产业类型、资源禀赋状况等因素千差万别,仅仅从经济总量、增长速度或收入水平来探讨一个经济制度是否公平正义,有时会显得过于片面,且对于发展中国家的此项评分很可能不合理。美国传统基金会(Heritage Foundation)[1]和《华尔街日报》、加拿大弗雷泽研究所(Fraser Institute)从 20 世纪 90 年代就致力于编制综合指数,研究各经济体中的贸易自由程度、投资自由和劳动自由等的发展水平。由于美国传统基金会的数据较新、种类更加全面,本节选用了该组织公布的经济自由度指数(Index of Economic Freedom)[2]来衡量经济制度。

经济自由度指数不仅与经济市场化程度呈正相关关系,也与经济发展程度有很强的相关关系[3],因此可以综合地反映社会经济制度的运行状况。按照美国传统基金会的观点,一个国家的经济自由度(近似为市场化程度)与一国的经济增长率以及国民财富的创造能力成正比。新古典经济学理论支持者认

---

[1] 成立于 1973 年的美国保守派的"公共政策智库",其政治主张提倡捍卫自由与传统价值。

[2] 美国传统基金会连续在 1995—2015 年公布的经济自由度指数。经济自由度指数报告涵盖全球 155 个国家/地区,是全球权威的经济自由度评价指标之一。一个指标分数越高,政府对经济的干涉水平越高,经济自由度越低。各个指标累加后的平均值可以计算出总体系数。美国传统基金会的观点是,具有较高经济自由度的国家/地区与那些具有较低经济自由度的国家/地区相比,会拥有较高的长期经济增长速度和更繁荣的经济状况。报告研究内容包括了十项大指标,包括银行业和金融业状况、资本流动和外国投资、货币政策、政府财政负担、贸易政策、工资和物价、政府对经济的干预程度、产权、行业监管及黑市交易,而这十大指标又蕴含了近百子指标。后来美国传统基金会对指标评分模式进行了调整。

[3] 根据美国传统基金会对 18 个国家人均资本和自由度指标的回归分析,经济自由和人均资本有很强的正相关关系,因此理论界一致认为,经济自由能够促进经济增长。

为，贸易可以带来规模效应，自由贸易可以促进国民收入提高，因此是值得提倡的；克鲁格曼认为，贸易开放对宏观经济政策的影响是促使经济自由度提高，进而促进经济增长（克鲁格曼等，2011）；新增长理论认为，经济自由化加快了技术进步，提高了各行业吸收新技术的能力；内生增长模型则从资源优化配置的角度论述了自由度与经济建设之间的关系。

虽然经济自由度指数的作用并不是直接反映经济制度的公平正义水平，但是它所包括的众多指标本身就蕴含着对经济制度公平正义的要求。

（二）法治指数

法治指数（Rule of Law Index）是国际上比较流行的一种用于判断、衡量各国法治状况程度的量化标准和评估体系。法治指数从2008年开始发布，如今已经被100多个国家/地区使用[①]，具有较强的代表性，因此，本节选用法治指数来衡量社会法律制度的公平正义状况[②]。

该指数体系共分为4组，共计16个一级指数和68个二级指数。第一组指数衡量法治的宪法化和制度化水平，以此来保证执政权力受到约束；第二组指数的重点是法治是以明确、公正、公开和稳定的立法体系为依托的；第三组指数重点是法治在不偏不倚的司法过程中的公开、公平与高效性；第四组指数则突出了法治需以独立自主、德才兼备的法律人群体为保障。因此，法治指数综合了基本权利、社会秩序、社会安全、法规执行、民事司法、刑事司法、政府权力约束、廉洁程度、政府开放程度等多个视角，综合分析一个国家/地区的法治程度，是一个可以通过衡量社会法治状况，进而综合、全面地反映社会法律制度公平正义程度的指数，对于"社会基础制度"的正义水平评价具有指导意义。抛开阶级意识形态的束缚，当一个国家/地区获得了较高的法治指数评分时，可以认为该国/地区的法律制度具备较高的公平正义水平。

（三）全球清廉指数

全球清廉指数（Corruption Perceptions Index，CPI）可以直接体现一个国家的腐败程度，在学界受到普遍认可，因此，本节选取这项指标来描述"社会基础

---

① 美国律师协会联合国际律师协会、泛美律师协会、泛太平洋律师协会等律师组织，于2006年创立了一个名为"世界正义工程"（World Justice Project）的非营利组织。该组织在2008年采用普通人口抽查（GPP）的方式，对每个国家中3个城市的1 000名受访者进行抽样调查后，对数据进行加权处理，进而得到法治指数。

② 数据来源：世界银行数据库，http://data.worldbank.org/。

制度"中的腐败状况。该指数由国际组织"透明国际"（Transparency International）①针对全球100多个国家/地区，把各种各样独立的、有公信力的研究机构针对专家或商业领导人所做的有关腐败的民意调查数据综合起来，形成综合的"清廉指数"。指数评级从0到100，其中0表示最腐败，100代表最清廉。从图8-4中可以了解到世界各国/地区的腐败状况。以丹麦、芬兰、瑞典、新西兰为代表的发达国家通常腐败程度较低，政府较为廉洁。整体经济水平较为落后的拉丁美洲地区和非洲大部分区域都存在不同程度的腐败现象。特别是地中海东岸、红海附近中东地区，从政府到民间组织都存在较为严重的腐败问题。②

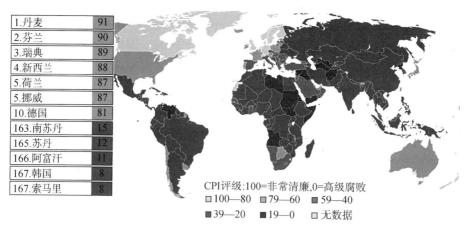

图8-4　世界腐败状况分布示意图（2015年）

资料来源：透明国际，http://www.transparency.org/。

（四）贫困人口比例

本节选用贫困人口比例来衡量经济发展程度。虽然能够反映一个国家经济发展状况的指标很多，如国内生产总值（GDP）、国民生产总值（GNP）、人均国民总收入（GNI）等，但是用这些指标考察公平正义通常存在一些缺陷。例如，选用经济总量指标不能反映出人均状况，而人均收入指标则往往无法回避历史性问题。③ 贫困人口比例不仅可以从一个侧面体现经济发展状况，还可以

---

① 由世界银行前区域总监彼得·艾根（Peter Eigen）倡议，于1993年5月成立的非政府组织。
② 中东地区的人们主要信仰伊斯兰教、犹太教和基督教，东西方文化在这里频繁交流，文化上的差异也是导致中东不安定的重要原因之一，从古至今流血冲突不断。
③ 在不同的发展阶段，人类对经济发展状况的期望是不同的。比如说，当今社会即使是非常贫困国家的生产力，也足以让几百年前的强国羡慕不已。

在一定程度上反映出收入分配是否均衡。贫困人口比例也是全球范围内普遍接受的、为了更好地惠及贫困弱势人群所采用的诸多跟踪度量标准之一。通常来说,每个国家/地区在不同时期都会有不同的贫困标准,本节选用的是来自世界银行的数据。①

（五）基尼系数

基尼系数是国际公认的评价初次收入分配差距的指标。根据国际惯例,基尼系数低于 0.2 表示收入分配高度平均,而 0.4 是社会分配不平均的警戒线。一般认为,基尼系数低有助于社会稳定,但过于平均的分配结果又会导致社会活力和创新力不足;而基尼系数过高,虽然有助于提升社会活力和创新力,却会招致社会的割裂和碎片化,应该引起高度警惕。由于基尼系数给出了反映居民之间贫富差异程度的数量界线,可以较客观、直观地反映和监测居民之间的贫富差距,预报、预警和防止居民出现贫富两极分化,因此得到世界各国的广泛认同和普遍采用。对于本节的指数体系来说,基尼系数具有较为充分的解释力。

（六）教育综合指数

出于对数据可得性原因以及运算方便的考虑,本节参考经济自由度指数的计算方法,构建了教育综合指数,用来反映教育方面的公平正义程度。即使人们对教育公平的内涵意见并不一致,但其中最基本的两层含义并没有争议:一是保证每个公民都可以接受一定年限的基础教育,使其获得基本知识和工作能力,进而保证其基本的生存权利;二是保证采用公平有效的入学标准,使每个公民都享有平等的入学机会,不受社会经济状况、阶层、民族、地理位置、身体条件等因素的影响。

本节选用了高中入学率、大学入学率、公用教育支出占 GDP 比重这三个指标,对其进行指数化处理,进行几何平均,构成教育综合指数。其中,高中入学率用来描述基础教育水平②;大学入学率则可以用来描述高等教育的普及程度;公共教育支出占 GDP 比重可以用来评价教育财政公平水平。教育资源配置公平和教育机会均等问题,在很大程度上就是教育财政公平问题。现代财政不仅要满足预算的平衡,更应当关注社会公平和谐发展,教育财政的公平公

---

① 世界银行确定的国际贫困线标准是每人每天消费 1.25 美元,2015 年 10 月起上调至 1.9 美元。
② 虽然以中国为代表的一些国家采用的是九年制义务教育,但考虑到世界大量国家的义务教育持续到高中,如果仅考虑到初中阶段入学率几乎都是 100%,评价意义很低。

正是教育公平的最好体现。

本节认为,公共教育支出占 GDP 比重越大,基础教育、高等教育的普及程度越高,则代表着低收入群体越容易获得教育资源,该国的教育就更加公平正义,第二个维度表现更佳。

（七）公共卫生医疗综合指数

卫生医疗服务公平要求对人类健康权进行平等保护,通过合理高效率资源利用,促进基本医疗和公共卫生服务均等分配,并帮助弱势群体,从而满足需要医疗服务群体的最大利益。公共医疗卫生资源配置状况往往可以体现一个社会的卫生资源分配是否公平正义,其公平性主要体现在筹资公平和服务提供公平这两个方面。

基于数据可得性原因以及运算方便的考虑,本节选取婴儿死亡率、孕产妇死亡率来考察对弱势群体的保护水平,选取平均预期寿命和每千人平均床位数来评价政府对基础医疗设施的投入水平。本节同样采用了与经济自由度类似的计算方法,对各项指标进行指数化处理,然后进行几何平均,构成教育综合指数。

（八）社会保障综合指数

出于数据可得性原因和运算方便的考虑,本节选择了三项保障指标来描述一个社会整体的社会保障状况：一是社会保障支出占 GDP 比重,可以衡量政府对社会保障的关注程度和保障水平。通常来说,假定其他条件不变,政府支出比重越高,居民就可能获得越高的保障程度,社会也相对更加公平正义。二是个人医疗费用支出占社会总医疗费用的比重,当个人支付的比例较低时,一般情况意味着这个社会有较好的医疗保障制度,居民负担较轻。三是养老金替代率,指劳动者退休时的养老金领取水平与退休前工资收入水平之间的比率,它是衡量养老金充足率的基本指标之一。当养老金替代率较高时,通常可以认为国家更加关怀老年人的生活状况,这种对待老年群体的方式更为公平正义。对各项指标进行指数化处理,然后进行几何平均,构成社会保障综合指数。

四、指数构建的过程

在衡量公平正义水平的过程中,我们首先需要对指标进行无量纲化处理,本节按照各个指标对于公平正义的影响程度,将其划分为四个等级,等级越高风险越大,定义为Ⅰ、Ⅱ、Ⅲ和Ⅳ,每个等级代表公平正义水平的含义为:V = {差,中,良好,好}。各指标的等级划分标准如表 8-4 所示。

表 8-4 指标的等级划分标准

指标(等级)	指标	v1(Ⅰ)	v2(Ⅱ)	v3(Ⅲ)	v4(Ⅳ)	划分依据
公平正义评价	RI	1	2	3	4	等分
经济自由度指数	C1	0	50	70	80	国际标准
法治指数	C2	0	0.4	0.6	0.8	等分
全球清廉指数	C3	0	25	50	80	国际标准
贫困人口比例	C4	30%	20%	10%	5%	国际标准
基尼系数	C5	0.6	0.5	0.4	0.3	国际标准
教育综合指数	C10	20	40	60	80	等分
公共卫生医疗综合指数	C11	20	40	60	80	等分
社会保障综合指数	C11	20	40	60	80	等分

隶属度函数用来定量的计算每个指标的实测值属于某个等级的程度,隶属度计算基于以下公式:

$$y = \begin{cases} 1 & x \leq f_{i1} \\ \dfrac{f_{i2}-x}{f_{i2}-f_{i1}} & f_{i2} > x > f_{i1} \\ 0 & x \geq f_{i2} \end{cases} \tag{8.6}$$

$$y = \begin{cases} \dfrac{x-f_{i(j-1)}}{f_{ij}-f_{i(j-1)}} & f_{i(j-1)} < x < f_{ij} \\ 0 & f_{i(j-1)} \geq x, x \geq f_{i(j+1)} \\ \dfrac{f_{i(j+1)}-x}{f_{i(j+1)}-f_{ij}} & f_{i(j+1)} > x > f_{ij} \end{cases} \tag{8.7}$$

$$y = \begin{cases} 1 & x \leq f_{i4} \\ \dfrac{x-f_{i3}}{f_{i4}-f_{i3}} & f_{i4} > x > f_{i3} \\ 0 & x \geq f_{i3} \end{cases} \tag{8.8}$$

其中,f_i 为指标对应在 V 中的等级值;x 为该指标的实测值。将每个指标的各等级的隶属度构建成隶属度矩阵 R。根据公式，可以计算出模糊综合评价值 B，代表了每个指标体系评价结果相对于各个等级的隶属度：$B=A\times R$，矩阵 A 为权重矩阵，R 为隶属度矩阵。根据专家法进行打分，本节获得了准则层与各方案层指标重要程度矩阵，见表 8-5 至表 8-8。

表 8-5 准则层重要性

	社会基础制度	初次分配	再次分配
社会基础制度	1	2	3
初次分配	0.5	1	2
再次分配	0.33	0.5	1

表 8-6 社会基础制度层指标重要程度矩阵

	经济自由度指数	法治指数	全球清廉指数
经济自由度指数	1	2	2
法治指数	0.5	1	0.5
全球清廉指数	0.5	2	1

表 8-7 初次分配层指标重要程度矩阵

	贫困人口比例	基尼系数
贫困人口比例	1	0.5
基尼系数	2	1

表 8-8 再分配层指标重要程度矩阵

	教育综合指数	公共卫生医疗综合指数	社会保障综合指数
教育综合指数	1	1	1
公共卫生医疗综合指数	1	1	1
社会保障综合指数	1	1	1

根据模糊综合评价结果 B，可以分别计算社会基础制度层、初次分配层和再次分配层的级别特征指数 H，计算公式如下：$H=\sum_{j}^{m}b_j\times j$，其中 b_j 是 j 等级的隶属度，j 为等级。计算可得各层次权重如表 8-9 所示。

表 8-9 公平正义各层次权重表

目的层(O)	权重	准则层(C)	权重	指标层(I)
综合评价(O)	0.5393	社会基础制度 C1	0.2645	经济自由度指数
			0.1066	法治指数
			0.1682	全球清廉指数
	0.2974	初次分配 C2	0.1041	贫困人口比例
			0.1933	基尼系数
	0.1633	再分配 C3	0.0544	教育综合指数
			0.0544	公共卫生医疗综合指数
			0.0544	社会保障综合指数

根据权重计算结果，准则层 C1 的一致性比率检测结果为 CR＝0.0027，准则层 C2 的一致性比率检测结果为 CR＝0，C3 的一致性比率检测结果为 CR＝0，目的层 O 的一致性比率检测结果为 CR＝0.0048，CR 均小于 0.1，因此通过检验，结果具备较强说服力和可信度。

基于专家意见，本节使用两两判断矩阵验证了所得公平正义综合评价指数的合理性，并确定了各级指标的权重。如表 8-9 所示，社会基础制度公平正义性指数权重为 0.5393，超过 50%，说明它在保证社会公平正义过程中足以起到主体作用；初次分配公平正义性指数权重为 0.2974，约占三成，提示收入分配制度是维护社会公平正义的支撑力量；再分配公平正义性指数权重为 0.1633，表明社会保护制度主要起补充、修正作用。这三个层次的作用各不相同但又相辅相成，构成了公平正义保障体系的三大支柱。加权所得的综合指数即可用来衡量一国/地区的公平正义水平。根据国际惯例和实际情况，本节将社会公平正义综合指数达到 3 以上的国家评价为公平正义水平优秀，2—3 为公平正义水平良好，1—2 为公平正义水平较差，1 以下为公平正义水平极差。

五、数据

为了对国际公平正义水平进行量化评估，本节在前述二维三层分析框架的指引下收集了各国数据，详情如表 8-10 所示。因为涉及多个国家/地区，数据收集困难；为了保证数据的可靠性和可得性，本部分主要使用重要国际组织的相关数据，并依据"短板原则"，只取各指标数据完备的国家/地区计算综合公平正义指数，并以时间最近的数据作为指数计算依据。

表 8-10　综合公平正义指数构建时使用的指标与数据来源

指标名称	指标类型	指标数据来源机构	数据年份	包含国家/地区数
经济自由度指数	已有的综合指数	美国传统基金会	2014年（实际衡量区间是2012年下半年到2013年上半年）	186个国家/经济体
法治指数	已有的综合指数	世界正义工程	2014年	99个国家/法律体系
全球清廉指数	已有的综合指数	透明国际	2013年	177个国家/地区
贫困人口比例	已有数据做调整	世界银行	1976—2013年	213个国家/地区（实际上只有109个有此项的最近数据）
基尼系数	已有数据做调整	主要选用世界银行公布的相关数据，缺失部分以欧盟、美、日等国家/地区公布的数据以及一些经济研究机构或经济学家发布的数据作为补充	1978—2012年	213个国家/地区（实际上只有116个有此项的最近数据）
教育综合指数	课题组计算	根据世界银行、WTO的相关数据计算所得	1970—2013年	213个国家/地区
公共卫生医疗综合指数	课题组计算	根据世界银行、WTO的相关数据计算所得	1970—2013年	213个国家/地区
社会保障综合指数	课题组计算	根据世界银行、WTO的相关数据计算所得	1970—2013年	213个国家/地区

第三节　公平正义的国际比较

本节将依据公平正义综合指数提供的思路和结果，同样从两个维度出发，对指数所包含的代表性国家/地区的公平正义状况进行比较分析，以期给出一个总体评价。

一、公平正义综合指数总体测算结果

根据"短板原则",我们只获得了计算公平正义综合指数所需的67个国家的完整数据,其中包括经济合作与发展组织国家、新兴的"金砖五国"[①]以及一些东欧和拉美国家。虽然国家数量有限,但从经济、人文、地理位置等方面来说,这些国家都较具代表性;从影响力方面来看,综合实力较强、世界范围内影响力较大的国家基本都被纳入研究范围,而一些发展阶段相对滞后、影响力较弱的国家也被纳入对比研究。

数据显示,公平正义水平达到优秀(评价值3以上)的国家共38个,主要为高收入国家。其中澳大利亚评价值3.95,排名第1;德国、英国、法国、日本等国评价值都超过3.5,分别列第6、13、18和20位;美国因为贫富差距水平较大、养老金替代率相对偏低,评价值为3.42,排名第24;智利作为拉丁美洲地区社会保障制度的标杆国家,评价值为3.20,排名第33。一些小型经济体如塞浦路斯等,依靠其得天独厚的资源禀赋在公平正义水平上实现了优秀水平,但其成果与经验并不具有普遍性。

评价值达到优秀的国家如表8-11所示。

表8-11 公平正义综合指数评价优秀国家

排名	国家	评价值	排名	国家	评价值	排名	国家	评价值
1	澳大利亚	3.95	14	比利时	3.66	27	葡萄牙	3.28
2	瑞士	3.93	15	爱尔兰	3.65	28	斯洛伐克	3.27
3	加拿大	3.89	16	爱沙尼亚	3.59	29	立陶宛	3.26
4	丹麦	3.87	17	韩国	3.56	30	意大利	3.24
5	芬兰	3.83	18	法国	3.55	30	斯洛文尼亚	3.24
6	荷兰	3.81	19	卢森堡	3.53	32	波兰	3.23
6	德国	3.81	20	日本	3.51	33	智利	3.20
8	新西兰	3.80	21	捷克	3.47	34	以色列	3.19
9	瑞典	3.78	22	马耳他	3.45	35	希腊	3.09

---

① 2001年,美国高盛公司首席经济师吉姆·奥尼尔(Jim O'Neill)首次提出"金砖四国"这一概念,特指世界新兴市场。2008—2009年,相关国家举行系列会谈和建立峰会机制,拓展为国际政治实体。2010年南非加入。"金砖国家"的英文BRICS引用了巴西(Brazil)、俄罗斯(Russia)、印度(India)、中国(China)和南非(South Africa)的英文首字母,因此这五个国家被称为"金砖五国"。

（续表）

排名	国家	评价值	排名	国家	评价值	排名	国家	评价值
10	冰岛	3.75	23	西班牙	3.44	36	拉脱维亚	3.08
11	奥地利	3.74	24	美国	3.42	37	乌拉圭	3.07
12	挪威	3.72	25	塞浦路斯	3.32	38	土耳其	3.01
13	英国	3.71	26	匈牙利	3.30			

总的来说，公平正义水平达到优秀的国家，基本具备较为自由先进的经济环境、完备的法治制度、较高的政府廉洁程度以及较为合理的财富分配比例和社会保护水平。还有个别规模较小的国家依靠相对比较优越的人均资源禀赋水平，实现了社会整体公平正义。

如表8-12所示，社会公平正义综合评价结果中达到良好水平（评价值2—3）的国家共28个，包括中国、阿根廷、印度、俄罗斯、巴西、墨西哥、南非等一些在世界上具有较强影响力的国家。其中中国评价值为2.57，总体排名第45，高于其他"金砖五国"成员。

表8-12　公平正义综合指数评价良好国家

排名	国家	评价值	排名	国家	评价值	排名	国家	评价值
39	巴巴多斯	2.89	49	巴西	2.51	59	多米尼加	2.29
40	罗马尼亚	2.85	50	秘鲁	2.49	60	委内瑞拉	2.25
41	保加利亚	2.74	51	圭亚那	2.46	61	厄瓜多尔	2.22
42	巴哈马	2.73	52	墨西哥	2.42	61	巴拉圭	2.22
43	牙买加	2.70	53	萨尔瓦多	2.41	63	南非	2.12
44	哥斯达黎加	2.68	53	伯利兹	2.41	63	危地马拉	2.12
45	中国	2.57	55	哥伦比亚	2.39	65	玻利维亚	2.11
46	阿根廷	2.56	56	尼加拉瓜	2.34	66	洪都拉斯	2.03
47	印度	2.52	57	特立尼达和多巴哥	2.32			
47	俄罗斯	2.52	58	巴拿马	2.30			

公平正义综合指数评价良好的基本处于发展中国家行列。比较合理的解释是，政府在发展战略选择中普遍侧重于经济发展，难以兼顾全方位的公平正义；如果政府维护公平正义的意识极其缺失，甚至可能出现类似南非这种经济条件相对出色、社会公平正义程度却较为低下的情况。

需要说明的是,因为一些在世界影响力较小、发展较为滞后或者政治局势混乱的国家数据难以获得、样本有限,所以公平正义综合评价中,评分为差的国家只有海地一个,评价值为1.56,位居所列出国家的末位;但许多没有被本次评价包含在内的国家的社会环境可能都处于较为不公的状态之下。

为了进一步深入认识各国公平正义情况并了解其缘由,本节将在二维三层分析框架的指引下,分层次对各国的公平正义水平进行比较。

二、公平正义综合指数国际比较的分层次解读

(一)社会基础制度

社会基础制度决定了社会基本经济秩序和社会基本行为准则的基本状态,社会基础制度公平正义是人类实现公平正义的先决条件,应该是以公平正义为目标的所有行为的最高追求。只有拥有一个正义的初始环境,后续的一切环节才不至于在出发点就在大方向上产生偏离,在此基础上的公平正义的相关政策措施在社会范围通常都可以获得足够的支持,执行实施起来事半功倍;如果社会环境整体不公正,后续的初次分配、再分配环节的相关政策效果通常就会遭到削弱。依据专家意见,社会基础制度公平正义性指标权重高达0.5393,超过了整体权重的一半,由此体现出基础制度在公平正义中的支配作用,其足以主导公平正义的整体发展方向,是社会公平正义的第一大支柱。根据计算结果,各国社会基础制度公平正义程度得分状况如表8-13所示。在社会基础制度方面,达到优秀水平(得分3以上)的共31个国家。其中,澳大利亚、加拿大、新西兰和瑞士四国人均资源十分丰富,社会负担较轻,在经济制度、法律制度等方面表现出色,公平正义水平排名前四,并且大幅领先于第五名丹麦。[①] 如表8-14所示,在经济制度方面,澳大利亚、瑞士、新西兰和加拿大同样位居前四,得分分别为82.03、81.57、81.19、80.17,均超过80,其余国家在该项得分最高水平为78左右,与这四国存在一定差距,充分体现了这四国的经济制度基础相对出众,蕴含了先进的公平正义理念。澳大利亚、加拿大、新西兰和瑞士在法律制度上同样表现出色,得分分别为0.80、0.78、0.83、0.73,分列该项目第9、11、7和20位,仍然位居该项指标前列,都达到了优秀水

---

① 在计算指数分值的过程中,我们发现一些国家在某些方面遥遥领先于其他国家。考虑到边际效用递减原理,我们经过与专家讨论,没有选择一味放大它们的得分差距,而是设置了一个上限,超过某一标准都为4分(满分)。如此处理既考虑到公平正义的实际情况,又足以显示大幅领先者的优势地位以及与其他国家的差距。

平。在政府廉洁程度方面,四国同样表现出色,新西兰得分91,排名高居第2;瑞士得分85,排名第6;澳大利亚得分81,排名第8;加拿大紧随其后,排名第9。

表8-13 世界各国社会基础制度公平正义程度评价

排名	国家	基础制度得分	排名	国家	基础制度得分	排名	国家	基础制度得分
1	澳大利亚	4.00	24	立陶宛	3.21	47	墨西哥	2.57
1	加拿大	4.00	25	法国	3.20	47	南非	2.57
1	新西兰	4.00	26	波兰	3.10	49	巴拿马	2.55
1	瑞士	4.00	27	西班牙	3.09	50	巴西	2.52
5	丹麦	3.81	28	巴巴多斯	3.05	51	希腊	2.51
6	智利	3.72	28	巴哈马	3.05	52	特立尼达和多巴哥	2.47
6	荷兰	3.72	30	葡萄牙	3.02	53	伯利兹	2.45
8	英国	3.69	30	马耳他	3.02	54	多米尼加共和国	2.40
9	芬兰	3.68	32	匈牙利	2.98	55	巴拉圭	2.39
10	爱沙尼亚	3.67	33	拉脱维亚	2.97	56	中国	2.37
11	瑞典	3.66	34	斯洛伐克	2.95	57	危地马拉	2.36
11	爱尔兰	3.66	35	斯洛文尼亚	2.94	57	印度	2.36
13	德国	3.65	36	以色列	2.83	59	尼加拉瓜	2.27
14	美国	3.62	37	塞浦路斯	2.82	59	圭亚那	2.27
15	冰岛	3.61	37	哥斯达黎加	2.82	61	洪都拉斯	2.24
16	日本	3.56	39	罗马尼亚	2.79	62	厄瓜多尔	2.15
17	挪威	3.55	40	土耳其	2.78	63	俄罗斯	2.14
18	奥地利	3.51	41	哥伦比亚	2.75	64	阿根廷	2.13
19	卢森堡	3.45	42	意大利	2.72	65	玻利维亚	2.09
20	比利时	3.38	43	保加利亚	2.71	66	海地	1.98
21	乌拉圭	3.33	44	牙买加	2.70	67	委内瑞拉	1.86
22	韩国	3.31	45	萨尔瓦多	2.68			
23	捷克	3.24	45	秘鲁	2.68			

智利的成功案例令人鼓舞。20世纪后期,智利通过较为成功的制度改革,构建了优秀的社会经济制度,得分78.73,排名高居第5。经济制度上的成功促

使该国经济发生了翻天覆地的变化,成功跨越中等收入陷阱。在法律制度方面,智利同样取得了巨大成就,法律制度得分为 0.68,排名第 25,实现了良好水平。同时,智利政府也具备较高的廉洁程度,单项排名第 20(见表 8-14)。由于各种基础制度的改革与提高,智利的社会基础制度公平正义水平获得了 3.72 的高分,居世界第 6 位(见表 8-13)。

表 8-14 第一层次单项指标前二十国家和金砖五国一览

排名	国家	经济制度得分	国家	法律制度得分	国家	政府廉洁程度得分
1	澳大利亚	82.03	丹麦	0.88	丹麦	91
2	瑞士	81.57	挪威	0.88	新西兰	91
3	新西兰	81.19	瑞典	0.85	芬兰	89
4	加拿大	80.17	芬兰	0.84	瑞典	89
5	智利	78.73	冰岛	0.83	挪威	86
6	爱尔兰	76.19	荷兰	0.83	瑞士	85
7	丹麦	76.06	新西兰	0.83	荷兰	83
8	爱沙尼亚	75.88	奥地利	0.82	澳大利亚	81
9	美国	75.45	澳大利亚	0.80	加拿大	81
10	英国	74.90	德国	0.80	德国	78
11	荷兰	74.23	加拿大	0.78	冰岛	78
12	卢森堡	74.20	日本	0.78	英国	76
13	德国	73.42	英国	0.78	巴巴多斯	75
14	芬兰	73.42	韩国	0.77	比利时	75
15	瑞典	73.07	卢森堡	0.77	日本	74
16	立陶宛	73.00	比利时	0.76	美国	73
17	冰岛	72.42	爱沙尼亚	0.76	乌拉圭	73
18	奥地利	72.41	法国	0.74	爱尔兰	72
19	日本	72.37	爱尔兰	0.73	巴哈马	71
20	捷克	72.21	瑞士	0.73	智利	71
	金砖五国		金砖五国		金砖五国	
	南非	62.48	南非	0.55	巴西	42

(续表)

排名	国家	经济制度得分	国家	法律制度得分	国家	政府廉洁程度得分
	巴西	56.86	巴西	0.54	南非	42
	印度	55.66	印度	0.48	中国	40
	中国	52.46	中国	0.45	印度	36
	俄罗斯	51.90	俄罗斯	0.45	俄罗斯	28

亚洲国家在社会基础制度方面整体来说都不算出色，日本和韩国是仅有的达到优秀水平（3分以上）的两个亚洲国家。① 日本在社会基础制度中得分为3.56，整体排名第16，达到了优秀水平，高居亚洲第一（见表8-13）。日本在经济制度、法律制度以及政府廉洁程度表现均衡且优秀，分别列第19、12、15位（见表8-14），与该国的整体状况较为一致，体现了其社会制度整体的先进性和发展的稳健性。韩国整体状况与日本类似，在某种程度上可以解释为接近的文化和历史因素导致两国形成了相似的社会基础制度。韩国的社会基础制度公平正义得分为3.31，排名第22，属于优秀水平（见表8-13）。韩国的经济制度、法律制度排名与日本非常接近，但政府廉洁程度相对较差，排名世界第33，极大地影响了其社会基础制度公平正义的整体状况。不过，即使存在些许瑕疵，日本和韩国的社会制度仍然值得亚洲其他国家借鉴学习。

美国作为世界第一大经济体，是发达程度最高的资本主义超级大国，其社会基础制度公平正义水平同样比较出色，但是相较于该国的综合实力来说不算非常匹配。美国社会公平正义第一层次的总体评价值为3.62，排名世界第14（见表8-13），其中经济制度和政府廉洁程度方面表现良好，分别为世界第9和第16位（见表8-14）。相对经济制度和腐败控制能力来说，美国的法律制度发展相对滞后，单项排名第23，说明美国社会中仍然存在一定程度的法制与民主问题，甚至有学者认为美国的法律更多偏向于为统治阶级和富豪服务②。美国的高排名主要源于其超强的经济实力和经济制度的贡献。当然，这并不意味着美国的法律制度和政府运行状态就存在非常严重的问题，美国作为人

---

① 由于新加坡的多项数据无法获得，因此没有被纳入评估。
② 迈克尔·帕伦蒂（Michael Parenti）在《少数人的民主》（*Democracy for The Few*）中认为，在现实生活中，政治大多数（当然不是全部）都是更宽泛的权力、财富、阶级、占主导地位的政治组织制度、经济、社会自身构造的产物。

口大国，多民族多文化交融于此，法律制度必然存在一定的复杂性。这种现象不仅发生在美国，在日本、印度等人口大国也有不同程度的体现。通常来说，人口较少的国家其政策实施难度相对较低，因此，法律制度得分整体水平普遍偏高。

如表8-13所示，"金砖五国"的社会基础制度公平正义状况相对于发达国家来说存在较大差距，南非、巴西、中国、印度、俄罗斯分别排名并列第47、50、56、57、63位，整体属于一般水平，得分分别为2.57、2.52、2.37、2.36和2.14，需要在现有基础上提高30%—40%，能达到优秀等级。在经济制度方面，"金砖五国"的公平正义状况得分都处于一般水准，其中排名最高的南非仅为第49位，其余几国处于榜单靠后位置，徘徊于第60位左右，该项指标体现出"金砖五国"虽然在经济总量方面取得了巨大进步，但在其经济制度层面仍然存在较为严重的不公正现象。需要指出的是，中国和俄罗斯得分偏低，主要原因是其市场经济体制不被所选评价体系认可。相比经济制度而言，"金砖五国"在法律制度方面整体表现较好。南非和巴西分列第38、39位；中国法律制度得分为0.45，排名第54，与印度、俄罗斯水平接近。在政府廉洁程度方面，巴西、南非、中国分别排名第43、44、46，俄罗斯位居第60名以后，导致社会基础制度公平正义得分在67国中普遍排名靠后，仅为良好偏下水平。总体来看，实现社会基础制度公平正义，并非一朝一夕之功，需要人们为之长期努力。

（二）初次分配

初次分配是分配正义的关键一环，权重在指数中达到0.2974，接近1/3，体现了初次分配在收入分配环节的主体地位和基础作用，同时体现了初次分配对于保证社会公平正义的支撑性作用，它是维护社会公平正义的第二支柱。只有实现初次分配正义才有可能从根本上实现分配公平正义。在初次分配环节中，贫困人口比例体现一个国家的经济发展状况以及对待弱势群体的态度，在整体指标中得到了0.1041的权重，重要性超过了10%。基尼系数在这里被认为可以直接体现收入分配的差异状况，反映了劳动报酬分配的公平正义状况，因此得到了0.1933的权重，接近全部公平正义影响因素1/5的比重。正是由于初次分配可以决定一个国家居民的生活收入状况，与居民的衣食住行息息相关，直接关系到基础民生问题，所以至关重要。

各国初次分配公平正义状况如表8-15所示。

表 8-15　初次分配公平正义状况优秀国家

排名	国家	初次分配得分	排名	国家	初次分配得分	排名	国家	初次分配得分
1	奥地利	4.00	12	塞浦路斯	3.94	25	斯洛文尼亚	3.53
1	比利时	4.00	12	瑞士	3.94	26	匈牙利	3.51
1	丹麦	4.00	15	韩国	3.93	26	日本	3.51
1	芬兰	4.00	16	意大利	3.88	26	卢森堡	3.51
1	德国	4.00	17	西班牙	3.87	26	以色列	3.51
1	冰岛	4.00	18	加拿大	3.86	30	葡萄牙	3.45
1	马耳他	4.00	19	英国	3.85	31	土耳其	3.34
1	挪威	4.00	20	希腊	3.72	32	爱沙尼亚	3.30
1	瑞典	4.00	21	捷克	3.68	33	波兰	3.14
10	澳大利亚	3.98	22	爱尔兰	3.60	34	美国	3.03
11	法国	3.96	22	新西兰	3.60			
12	荷兰	3.94	24	斯洛伐克	3.54			

相对整体较为均匀分布的社会基础制度的公平正义状况来说,世界各国初次分配公平正义状况非常不均匀,两极分化严重。达到优秀水平(3 分以上)的国家数量为 34 个,超过样本总量的一半(见表 8-15),这还不包括距离优秀仅仅一步之遥的立陶宛和拉脱维亚,二者分别得到 2.99 分和 2.97 分。实现初次分配优秀的国家,收入分配相对公平,其中奥地利、比利时、丹麦、芬兰、德国、冰岛、马耳他、挪威、瑞典等 9 国政府非常有效地引导了收入分配环节,成功地将基尼系数控制在 0.30 以下,实现了社会整体收入分配公平,得到了满分 4.00 分的最高评价。从国家发展程度来看,初次分配优秀的国家都是经济发达国家或者资源极其丰富的小型国家,人均经济实力很强,这也有力地体现出经济基础对于收入分配公平的重要作用。值得关注的是,虽然美国已经消除了贫困,但在社会初次分配公平正义方面的得分为 3.03,排名第 34,只是刚刚达到优秀。① 20 世纪七八十年代,美国的基尼系数保持在 0.3—0.4,处于合理的水平。但从 90 年代以来,基尼系数不断增大,从 1994 年起一直在警戒水平之上。②

---

① 斯蒂格利茨甚至指出,美国已经到了最危险的时刻,在收入差距不断扩大的情况下,继续将社会经济总量增长作为发展的首要目标而忽略社会公平的后果将是非常可怕的,试图依靠富裕群体带动贫困群体实现共同富裕更是无稽之谈。参见 Stiglitz(2011)。

② 数据来源:世界银行,Development Research Group。

初次分配得分达到良好水平的国家有 16 个（见表 8-16），除了智利都属于发展中国家。中国此项得分为 2.88，距离优秀的得分并不远。其余 15 个国家初次分配公平正义状况较差，其中洪都拉斯和海地距离极差（1 分以下）的得分仅有一步之遥。总体来说，这些国家经济基础薄弱，存在大量贫困人口，且政府能力较差。"金砖五国"的初次分配公平正义状况差异很大。从初次分配公平正义排名看，中国、印度、俄罗斯分别排名第 37、38、39，处于评价良好国家的上游位置。

表 8-16　初次分配公平正义状况良好、一般国家

排名	国家	初次分配得分	排名	国家	初次分配得分	排名	国家	初次分配得分
35	立陶宛	2.99	46	尼加拉瓜	2.27	57	伯利兹	1.82
36	拉脱维亚	2.97	47	保加利亚	2.26	58	厄瓜多尔	1.80
37	中国	2.88	48	巴西	2.19	59	墨西哥	1.76
38	印度	2.79	49	巴巴多斯	2.11	60	特立尼达和多巴哥	1.65
39	俄罗斯	2.78	50	智利	2.07	61	巴拿马	1.61
40	阿根廷	2.73	51	哥斯达黎加	1.92	62	巴拉圭	1.44
41	罗马尼亚	2.73	52	巴哈马	1.88	63	危地马拉	1.32
42	乌拉圭	2.53	53	萨尔瓦多	1.85	64	哥伦比亚	1.27
43	圭亚那	2.39	54	伯利兹	1.85	65	南非	1.25
44	牙买加	2.38	55	玻利维亚	1.85	66	洪都拉斯	1.15
45	委内瑞拉	2.37	56	多米尼加	1.83	67	海地	1.05

巴西由于长期以来没能很好地解决贫困问题，基尼系数超过了 0.51，社会两极分化严重，仅得分 2.19，排名第 48。南非的初次分配公平正义状况较差，得分 1.25，在全部样本中排名倒数第三，仅略好于贫困的海地和洪都拉斯。智利虽然国力较强，但其得分仅为 2.07，排名第 50，勉强达到良好水平的最低标准，其国内存在大量贫困人口，比例高达 14.4%，这在高收入国家中极为罕见。出现这种状况，与智利的文化和历史国情有着很大关系。1970—1973 年，智利"人民团结"政府大力实施土地改革，控制物价，并利用财政收入为中下层民众提供高额补贴和福利，居民劳动收入和公共社会支出均大幅提高，这一系列政策导致其基尼系数下降到 0.44，创造了当时的历史低位。"人民团结"政府随

后被军政府推翻,其实施的政策对于收入分配而言基本都是累退性的,从而不平等收入分配开始显著恶化,1982年基尼系数达到了0.57(苏振兴和徐文渊,2007)。直到20世纪90年代之后,军政府还政于民,减少贫困和改善收入分配重新被作为改革的重要目标,收入分配状况才开始出现轻微改善趋势。智利的例子充分体现出社会基础制度的公平正义程度对初次分配、再分配环节的支配力。智利在收入分配环节付出的惨痛代价,可以说是该国乃至世界在探索公平正义实现路径过程中所不得不付出的学费。

2011年,南非人均GDP已经超过了8 000美元,整体来说拥有不俗的经济实力,但其贫困人口比率超过了23%,基尼系数超过了0.63,其状况之恶劣已经很难用简单的"贫富差距过大"来形容。在2014年世界银行的报告中,世界范围内也只有3个国家的基尼系数超过了0.6。根据瑞士信贷研究所发布的第5次年度全球财富报告,南非2/3的国家资产掌握在仅占国家人口10%的富人手里,超过6.3万人位居全球财富持有者排行榜的前列。南非初次分配环节的恶劣状况可能是由公平正义的"历史性"特征所造成的。1948—1991年,南非实行了种族区分隔离,对白人、黑人、印度人和其他有色人种加以区分,然后依照法律将各族群从地理上进行强制分离,其中黑人群体遭受了最为不公平的待遇(马雷,2007)。几十年来,南非的政治经济权力基本由白人掌控,有色人种成为廉价劳动力的主要来源;大多数黑人在白人的农场工作,但是通常只能拿到白人1/10的工资,而且非常容易失业。由于这种不公平的状况近半个世纪不断积累,导致南非收入分配极度不均且难以获得根本改善。

(三)再分配

社会再分配公平正义是在社会完成初次收入分配之后进行社会财富的调整,通过在医疗卫生、教育、社会保障领域进行转移支付,特别强调了对弱势群体进行保护,对社会中存在的不公平正义的现象进行纠正,起补充、修正作用,因此担当了公平正义的第三支柱。社会再分配公平正义层次在综合指数的权重为0.1633,其中基础教育、公共卫生医疗、社会保障在再分配环节都能起到重要作用,难分高下,因此各自获得相同的权重。

随着技术的发展和社会的整体进步,人类对再分配环节越来越重视,指标体系内包含的大多数国家都可以满足国民对基础教育、卫生医疗、社会保障这三个方面的基本需求。① 本节测算的国际再分配公平正义水平如表8-17所

---

① 由于本节讨论的是基本医疗、教育和社会保障状况,因此指标考察的标准较低。如果选择更高的标准进行考察,发达国家和发展中国家的差距会进一步扩大。

示。根据测算,再分配公平正义得分达到 3 以上,达到优秀水准的国家有 55 个。奥地利、芬兰、比利时、德国、荷兰等发达国家依然名列前茅,俄罗斯、巴西也分别获得 3.27 分和 3.02 分,达到优秀水平。

值得一提的是,匈牙利在这方面的表现极为突出,获得了 3.94 分,高居第 4 位。早在 1989 年制度转变之前,匈牙利青年人口中接受基础教育和大学教育的比例已经排名世界前列,常年保持在世界前五。该国还拥有人均最高的医生比例以及医疗设备,同时,该国政府财政在社会保障领域的支出比重、养老金替代率等指标甚至可以在世界上高居榜首。匈牙利从 1990 年起,传统性质的社会公共福利支出已经占到 GDP 的 28%以上,相当于国家财政预算的一半。该国对农村居民与城镇居民的养老保障和医疗保障、妇女的特殊保障政策以及老年人护理人员的工资补偿规定等都十分出色,因而显著提高了社会公平正义程度。①

在再分配维度获得 2—3 的得分,达到良好标准的国家有 11 个,其中包括中国和印度。中国得分为 2.90,排名第 57,这可能表明中国的"保基础"工作成效显著,在基础教育、基础卫生医疗和基础社会保障等方面取得一定成绩,但是,与世界先进国家相比,中国主要的问题是只能实现较低程度的、相对有限的保障。数据显示,在卫生医疗方面,中国农村的基础卫生设施投入严重不足,普遍缺乏先进的卫生设施和医疗服务,导致单项排名较为靠后;由于资源有限,中国政府的教育支出总体偏少,常年维持在 GDP 的 3%左右,比例不到美、日等发达国家的一半;高中入学率虽然已经超过了 80%,单项达到了优秀水平,但是高等教育入学率仅为 25%②,刚刚达到澳大利亚、美国、法国等发达国家的 1/3,体现出我国高等教育资源仍然十分有限;在社会保障方面,与世界发达国家相比,中国虽然实现了高覆盖率,但是保险额度普遍偏小,养老金替代率水平较低③。总而言之,虽然中国在再分配环节"保基础"方面已取得重大进展,但在"促优秀"环节依然存在较大不足,尚无法充分满足居民对公平正

---

① 当然,我们也还需要意识到该国的独特性,匈牙利的人口经过连续多年负增长,已经不足千万,并且,其城市化水平在 20 世纪 80 年代就超过了 80%,因此,该国人均资源水平以及公共设施均匀分布的状况都是大多数国家所不具备的。无论这种模式在匈牙利能否持续,但是短期内,这种模式在世界范围是无法普遍实现的。也有学者认为,该国经济或许正是因为高福利的拖累才难以真正复苏。

② 为了可比性,本节尽量统一各国的数据年份,因此这里也选用了 2012 年的数据。根据《2017 年全国教育事业发展统计公报》,中国大学毛入学率已经达到了 45.7%。这也显示了中国在社会建设方面的快速发展。

③ 此外,由于各国对养老金替代率的计算方式存在差异,在本节采用的数据中,中国指标还存在被高估的可能,真实状况或许更加严峻。

义更高层次的需求,未来仍需不断进步和完善。

在本节的测算数据集中,再分配环节获得较差评价的国家只有海地一个,得分仅为1.09,距离极差只有一步之遥。

表8-17 世界各国再分配公平正义状况

排名	国家	再分配得分	排名	国家	再分配得分	排名	国家	再分配得分
1	奥地利	4.00	24	巴巴多斯	3.75	46	厄瓜多尔	3.20
1	芬兰	4.00	24	挪威	3.75	46	巴哈马	3.20
3	法国	3.94	26	冰岛	3.73	49	圭亚那	3.18
3	匈牙利	3.94	27	韩国	3.71	49	土耳其	3.18
5	比利时	3.93	28	澳大利亚	3.70	49	乌拉圭	3.18
6	德国	3.91	29	爱尔兰	3.68	52	墨西哥	3.10
7	立陶宛	3.86	29	斯洛文尼亚	3.68	53	特立尼达和多巴哥	3.05
8	荷兰	3.84	31	阿根廷	3.65	54	巴拉圭	3.04
9	捷克	3.83	31	保加利亚	3.65	55	巴西	3.02
9	马耳他	3.83	33	拉脱维亚	3.63	56	秘鲁	2.99
11	希腊	3.81	34	加拿大	3.55	57	中国	2.90
11	卢森堡	3.81	34	哥斯达黎加	3.55	57	洪都拉斯	2.90
11	波兰	3.81	36	智利	3.51	59	危地马拉	2.72
11	葡萄牙	3.81	36	英国	3.51	60	多米尼加	2.71
15	塞浦路斯	3.80	38	新西兰	3.47	60	巴拿马	2.71
15	丹麦	3.80	38	美国	3.47	62	尼加拉瓜	2.69
15	意大利	3.80	40	伯利兹	3.32	63	玻利维亚	2.61
15	斯洛伐克	3.80	40	日本	3.32	64	印度	2.54
19	爱沙尼亚	3.78	42	牙买加	3.28	65	萨尔瓦多	2.52
19	以色列	3.78	42	委内瑞拉	3.28	66	南非	2.19
21	西班牙	3.76	44	俄罗斯	3.27	67	海地	1.09
21	瑞典	3.76	45	罗马尼亚	3.22			
21	瑞士	3.76	46	哥伦比亚	3.20			

（四）小结

本节依据前文构建的公平正义综合指数，测算了 67 个国家的公平正义总体水平，从"三个层次"的作用对各国社会公平正义状况做出了整体评价。从各层次权重来看，基础制度权重过半，在保证社会公平正义过程中足以起到主体作用；初次分配权重大约为 1/3，是维护社会公平正义的支撑力量；再分配权重起补充、修正作用。"三个层次"共同构成公平正义保障体系的"三大支柱"。

从测算结果看，总体公平正义水平达到优秀的国家，基本具备较为自由先进的经济环境、完备的法治制度、较高的政府廉洁程度以及较为合理的财富分配比例和社会保护水平；社会公平综合评价良好的基本都是发展中国家。比较合理的解释是，发展中国家的政府在发展战略选择中普遍侧重于经济发展，难以兼顾全方面的公平正义，如果政府维护公平正义意识缺失，甚至可能出现类似南非这种经济条件相对出色、社会公平正义程度却较为落后的情况。由于一些世界影响力较小、发展较为滞后或者政治局势混乱的国家数据难以获得，在本节的研究中，公平正义综合评价指标体系中获得较差评价的国家只有海地一个。

三、对我国的主要启示

在对各国公平正义水平进行综合评价的基础上，本章从"三个层次"的视角出发进行社会公平正义的分层次解读，对世界公平正义主要特征进行了深层次的分析，从而可以得出一些重要的启示。

首先，中国的基础制度公平正义程度得分为 2.37，排名第 56，低于总体排名水平。其中经济制度得分位列第 62，是排名第一的澳大利亚的 64%；法律制度得分位列第 55，是排名第一的丹麦的 51%；政府廉洁程度得分位列第 47，是排名第一的丹麦的 44%。如前文所述，虽然这些指标有其局限性，但也反映出我国的基础制度现状仍然与发达国家存在相当的差距；中国依然在转型之中，法治环境还未完善，改革开放还有待进一步深化。

其次，中国在初次分配公平正义指标上表现得较为出色，得分达到 2.88，排名第 37。这主要得益于中国对贫困人群的保护与帮助工作。但同时需要关注的是，中国的贫富差距问题仍然较为突出。虽然我们较好地解决了收入分配公平正义方面十分重要的贫困问题，从而奠定了比较基础的分配公平正义基础，但发展过程中的贫富分化问题仍必须予以密切关注并加以切实解决。

最后，从再分配指标来看，中国的得分为 2.90，排名第 57。不可否认，相对于突出的经济建设成就,中国在教育、卫生等社会事业的发展和社会保障体制改革完善方面相对滞后,就业难、上学难、看病难、住房难等问题仍然突出。基本公共服务体系不健全,卫生资源相对短缺,公共卫生医疗综合指数单项排名第54;总体教育投入仍然偏少,教育综合指数单项排名第48;因为个人卫生支出比重过高、养老金替代率较低、政府社会保障总体投入比例偏低,社会保障综合指数单项排名第60。国际经验特别是拉丁美洲国家的经验表明,在经济发展的过程中,如果社会保护体系未能协同发展,就会加剧两极分化、加剧社会不公,进而危及社会稳定和经济的健康可持续发展;一旦陷入"中等收入陷阱",纠偏的社会成本就会极高(孙祁祥等,2014)。

总体来说,虽然受发展阶段和一些主客观因素的影响,我国的社会公平正义指数尚处于落后位置,但追求公平正义是中国特色社会主义的内在要求,是党和政府既定的战略目标。为了提升全体人民的公平感、幸福感,提升中国的国际形象,我们要在经济社会发展的基础上,加快体制改革的全面深化,加紧完善收入分配制度,加快完善基本公共服务及社会保障等对保障社会公平正义具有重大作用的制度体系。

社会公平正义水平的国际比较研究结果也进一步说明,在公平正义方面表现优秀的国家有很多,但它们所选择的路径往往是存在差异的。各国的历史、文化、政治及资源禀赋各异,其社会公平保障体系建设也各有特色,简单地照搬他国经验不可能是追求公平正义的最佳选择。

本章参考文献

[1] Alexander, S., Ruderman, A. The role of procedural and distributive justice in organizational behavior[J]. Social Justice Research, 1986 (1):177-198.

[2] Arthur, P. How transitions reshaped human rights:A conceptual history of transitional justice[J]. Human Rights Quarterly. 2009, 31 (2):321-367.

[3] Lewicki,R. J. Sheppard, B. M., Bazerman, H. M. Research on Negotiations in Organizations[C]. Greenwich, 1986 (1):43-55.

[4] Blader, S. L., Tyler, T. R. A four component model of procedural justice:Defining the meaning of a "fair" process [J]. Personality & Social Psychology Bulletin. 2003, 29 (6):747-758.

[5] Boraine, A. Transitional justice:A holistic interpretation [J]. Journal of International Affairs, 2006, 60 (1):17-27.

[6] Brockner, J., Tyler, T. R., Cooper-Schneider, R. The influence of prior commitment to an institution on reactions to perceived unfairness: The higher they are, the harder they fall [J]. Administrative Science Quarterly, 1992, 37 (2): 241-261.

[7] Carranza, R. Plunder and pain: Should transitional justice engage with corruption and economic crimes [J]. International Journal of Transitional Justice, 2008, 2(3): 310-330.

[8] McEvoy, K. McGregor, L. Transitional Justice from Below: Grassroots Activism and the Struggle for Change[C]. Oxford: Hart, 2008.

[9] Collins, C. Post-Transitional Justice: Human Rights Trials in Chile and El Salvador [M]. University Park: The Pennsylvania State University Press, 2010.

[10] Colvin, C.J. Purity and planning: Shared logics of transitional justice and development[J]. Journal of Transitional Justice, 2008 (2): 412-425.

[11] Crosby, F. A model of egoistical relative deprivation [J]. Psychological Review, 1976(83): 85-113.

[12] Damme, D. V. How Closely Is the Distribution of Skills Related to Countries' Overall Level of Social Inequality and Economic Prosperity? [R]. OECD Education Working Papers, Paris: OECD Publishing, 2014.

[13] Deveaux, M. The global poor as agents of justice [J]. Journal of Moral Philosophy, 2013, 12 (2): 125-150.

[14] Feldstein, M. The missing piece in policy analysis: Social security reform [J]. American Economic Review, 1996, 86 (2): 1-14.

[15] Feldstein, M. The optimal level of social security benefits [J]. Quarterly Journal of Economics. 1985, 100 (2): 303-320.

[16] Harring, N. Corruption, inequalities and the perceived effectiveness of economic pro-environmental policy instruments: A European cross-national study [J]. Environmental Science & Policy, 201, 39 (5): 119-128.

[17] Holzmann, R., Hinz, R. Old-age Income Support in the 21st Century: An International Perspective on Pension Systems and Reform [R], Washington, D. C.: World Bank, 2005.

[18] Knight, J., Song L. The Rural-Urban Divide: Economic Disparities in China [M]. Oxford: Oxford University Press, 1999.

[19] Miller, Z. Effects of invisibility: In search of the "economic" in transitional justice [J]. International Journal of Transitional Justice, 2008 (2): 266-291.

[20] Piketty, T. Capital in the Twenty-First Century [M]. Cambridge: The Belknap Press, 2014.

[21] Stiglitz, J. E. Of the 1%, by the 1%, for the 1% [J]. Vanity Fair, 2011(5).

[22] Sundrum, R. M. Income Distribution in Less Development Countries [M]. London and New York: Routledge Press, 2013.

[23] Svensson, L. G. Large indivisibles: An analysis with respect to price equilibrium and fairness [J]. Econometrica, 1983(51): 939-954.

[24] Tyler, T. R. Social justice: Outcome and procedure [J]. International Journal of Psychology, 2000, 35 (2): 117-125.

[25] 蔡昉,杨涛.城乡收入差距的政治经济学[J].中国社会科学,2000(4):11—22.

[26] 陈江生,李珠峰,杨国斌.西方经济学视域中的公平与效率[J].科学社会主义,2005(5):81—83.

[27] 陈文通.初次分配强调公平是否会导致低效率[N].解放日报,2007-11-15.

[28] 马雷.南非变革的局限性——过渡的政治经济学[M].葛佶,屠尔康,译.北京:社会科学文献出版社,2007.

[29] 柏拉图.理想国[M].郭斌,张竹明,译.北京:商务印书馆,2015.

[30] 罗尔斯.正义论[M].何怀宏,等,译.北京:中国社会科学出版社,2001.

[31] 克鲁格曼,等.国际经济学:理论与政策[M].黄卫平,等,译.北京:中国人民大学出版社,2011.

[32] 吉尔,等.东亚复兴:关于经济增长的观点[M].黄志强,译.北京:中信出版社,2008.

[33] 景天魁,等.社会公正理论与政策[M].北京:社科文献出版社,2004.

[34] 赖德胜.教育、劳动力市场与收入分配[J].经济研究,1998(5):42—49.

[35] 舒尔茨.报酬递增的源泉[M].李海明,等,译.北京:中国人民大学出版社,2016.

[36] 李健,兰莹.新加坡社会保障制度[M].上海:上海人民出版社,2011.

[37] 厉以宁.论"中等收入陷阱"[J].经济学动态,2012(12):4—6.

[38] 陆铭,陈钊.城市化、城市倾向的经济政策与城乡收入差距[J].经济研究.2004(6):50—58.

[39] 亚里士多德.尼各马可伦理学[M].苗力田,译.北京:中国社会科学出版社,2007.

[40] 苏振兴,徐文渊,主编.拉丁美洲国家经济发展战略研究[M].北京:经济管理出版社,2007.

[41] 孙祁祥,锁凌燕,郑伟.城镇化背景下社会公平保障体系建设的国际经验及其启示[J].中共中央党校学报,2014(2):46—53.

[42] 万俊人.论正义之为社会制度的第一美德[J].哲学研究,2009(2):83—93.

[43] 沃伯顿.从《理想国》到《正义论》[M].林克,译.北京:新华出版社,2010.

[44] 森.正义的理念[M].王磊,李航,译.北京:中国人民大学出版社,2012.

[45] 徐现祥,王海港.我国初次分配中的两极分化及成因[J].经济研究,2008(2):106—118.

[46] 严辰松.定量型社会科学研究方法[M].西安:西安交通大学出版社,2000.

[47] 杨汝岱,朱诗娥.公平与效率不可兼得吗?——基于居民边际消费倾向的研究[J].经

济研究,2007(12):46—58.

[48] 张宏生,谷春德.西方法律思想史[M].北京:北京大学出版社,1993.

[49] 帕伦蒂.少数人的民主[M].张萌,译.北京:北京大学出版社,2009.

[50] 洛克.政府论两篇[M].赵伯英,译.西安:陕西人民出版社,2005.

[51] 赵昊东,赵景涛.公平正义综合指数对国家审计的启示[J].审计研究,2016(3):71—76.

[52] 邹铁钉,叶航.形式公平与运行效率的替代效应——基于实质公平的养老改革[J].经济研究,2014(3):115—129.

第九章　国际公平正义保障体系的演进、模式与经验

如第八章所述,各个国家都不同程度地面临着如何在发展进程中通过系统的制度建设来维护社会公平正义的问题。在尊重民族性及文化传统的前提下,各国通过经济制度、法律制度、政治制度、收入分配制度及再分配等社会保障制度的不断发展与完善,维护社会公平正义,对于舒缓社会张力、减少社会冲突等,都具有十分特殊的意义;而它们的经验,也可以为我们提供有益的启示和恰当的警示。现有对社会公平正义保障体系的研究比较少见,可见到的研究基本集中在具体的某类子制度本身,例如社会保障制度、基础教育制度等,并未在系统性的层面上提出整体性、互相协调的改革建议。本章将对国际公平正义保障体系的演进逻辑和主要模式进行较为系统的考察,以便为理解和解决中国问题提供参考。考虑到各国的社会基础制度相对稳定,初次分配制度受经济体制影响,而社会保护性支出维度的政策可控性更强,本章对国际公平正义保障体系的历史考察,主要集中在包括基础教育、公共卫生[①]和社会保障等制度安排在内的带有再分配性质的公平正义保障制度上。

第一节　国际公平正义保障体系的演进与逻辑[②]

各国/地区在公平正义保障体系建设过程中对公平与效率的权衡取舍各有侧重,以至于不同国家/地区的公平正义保障体系存在广泛的差异。同是市场经济体,有主张政府借助再分配制度全面介入个人保障的福利国家,例如北欧一些国家;有主张政府牵头、各方共同出资建立安全网的社会保险型国家,

---

[①] 在很多国家,公共卫生服务和社会保障中的医疗保险有交叉,故都并入医疗保障制度研究。
[②] 本节的中期成果发表在孙祁祥等(2015)。

例如德国;也有主张政府只是为特定弱势群体组织安排保障的市场导向型国家,例如美国。国际公平保障体系的发展与完善,需要综合一国所处的结构性历史环境进行具体分析。但毋庸置疑,在各国公平正义保障体系建立和改革的进程中也会呈现出一些共同特点和基本规律。以基本经济制度是市场导向安排为前提,仔细梳理各国的社会公平正义保障政策,可以为我们的观察提供一个历史的研究视角。

一、国际公平正义保障体系的演进阶段

公平正义保障体系经历了一个漫长的演化过程。从人类起源开始,在漫长的与自然环境的抗争中,人类首先形成了氏族内部的劳动分工制度、原始的平均分配制度和财产共有制度,以实现最大限度的生存目标,这也是当时人类所理解的"公平正义"。伴随农业文明的到来,私有制确立的客观基础出现;而家庭与个人的劳动效率和勤劳程度不同,导致了贫富差距的出现和氏族成员的分化,为了提升经济效率、保障个人或家庭的私人财产权益,对人类社会生产和生活影响最为深远的两项基本制度——私有制和交易制度初步形成,而法律以及为法律的强制执行力提供后盾的国家也逐步发展起来;同时,为了应对贫富分化给社会安定带来的威胁,各类旨在维护社会公平的安排也开始出现。早在三千多年前的西周时期,中国就有"慈幼、养老、赈穷、恤贫、宽疾、安富"等六项社会救济政策;西汉初的"休养生息"政策中规定了赈穷和养老之政。伴随以国家救济、社会互助、家庭保障为主要内容的风险管理体系逐步完善,人们开始越来越多地利用相互影响的各类制度实现社会干预目标。例如在西方社会,在教会主导的早期自由主义时期,虔诚信徒们捐助的资金,会被转移支付给贫困阶层以降低贫富差距,但需要注意的是,在这种安排中,教会作为中介,实际是利用了"施恩"和"感恩"的心理模式,加强了对底层民众的思想控制,这不仅无助于底层民众的能力提升,还偏向于向权贵阶级提供教育,结果反而固化了社会阶层,只能实现浅表层次的"公平"目标。

工业革命再一次引发了社会结构的彻底变革。一方面,轰轰烈烈的资产阶级革命大大削弱甚至颠覆了封建君主的权力,劳动力和生产资料被分离,城镇化成为人类社会发展的重要趋势,人口流动加快,人与人之间的关系利益化,行会制度瓦解,氏族结构瓦解,家庭小型化,家庭自身的风险保障功能日益弱化。另一方面,随着资本主义的发展,劳资矛盾日益激化,工人运动高涨,民主诉求空前。为了维持社会稳定并促进经济发展,政府开始越来越多地考虑

通过积极干预降低剥夺感,将社会公平正义调整到适度水平。保护产权、鼓励公平竞争的经济法律制度得以确立,一些带有再分配性质的政策也开始实施。政府开始通过强制性的企业所得税、营业税等调节利润,通过最低工资标准等调节员工收入,通过累进式的个人所得税等措施调节资源和收入分配,通过建立社会保险制度来为民众提供以收入为基础的基本人身保障。社会公平正义保障体系进入现代化发展阶段。

在现代化发展阶段,政府在社会公平正义保障体系中的作用日益突出。排除各国公平保障体系具体模式的差异,以政府在公平正义保障体系中扮演的角色和提供的保障水平为划分依据,本节将现代公平正义保障体系的发展划分为四个阶段:自由放任阶段、政府干预阶段、政府主导阶段和新自由主义阶段,如表9-1所示。

表9-1 国际社会公平正义保障体系的演进阶段

历史阶段	时期与标志性事件	特征
自由放任阶段	● 工业革命至19世纪80年代资本主义国家工人运动高涨,最早可以上溯至1601年英国颁布《济贫法》 ● 由教会等社会团体组织面向贵族的精英教育	● "守夜型"政府 ● 立法单一,救济同时伴随着权利剥夺,贫困阶层享受教会提供的保障需要牺牲选举权 ● 教育是私人物品,加剧阶层固化
政府干预阶段	● 1883年德国俾斯麦政府颁布《疾病社会保险法》至20世纪40年代第二次世界大战 ● 社会保障进入社会保险为主体的阶段 ● 政府主导的义务教育开始普及	● 政府建立并提供社保和基础教育 ● 立法广泛,涵盖养老金、医疗健康、生育和教育、营养等
政府主导阶段	● 1945年英国颁布《贝弗里奇报告》至20世纪七八十年代滞胀和东欧剧变 ● 福利国家阶段	● 政府充当管理者,市场化萌芽 ● 立法上施行国家责任原则、全面保障原则、高福利和无差异的支付原则 ● 教育越来越具有对底层民众的补偿性
新自由主义阶段	● 20世纪七八十年代滞胀至今 ● 撒切尔政府推进社会保障制度改革 ● 社会保障与基础教育等制度开始强调"底线思维" ● 基础教育市场化趋势显现	● 政府和社会资本合作(PPP),高度市场化,形成了政府、社会、家庭和个人的多支柱模式 ● 立法上强调"补救型"保障,提倡机会公平,强调"输血式"保障

（一）自由放任阶段

在封建社会"组织化国家统治"的思想驱使下，西方国家统治阶级一直希望能够化解社会矛盾，以维护统治。英国政府 1601 年颁布的《济贫法》，规定以教区为主体开展济贫活动，针对不同人群采取不同济贫手段：年老者及丧失劳动能力者在家中接受救济；流浪人群送入教养院或监狱；贫困儿童在特定家庭寄养，成年后送去工厂做学徒。贯穿其中的原则是鳏寡孤独各有所养，为有劳动能力的提供谋生手段，为丧失劳动能力的直接提供救济。从这时起，济贫管理工作逐步正式化，但是由于对贫困认识并不清晰，对贫困的救助只是出于情感直觉和人道主义的善举，并没有考虑到相应人群发展能力的问题，执行管理也不够规范，救助工作还处于初级阶段。

伴随工业革命的推进，封建君主的权力被大大削弱，自由主义的思潮得以发展，出于资本主义发展的需要，政府主要职责被认为应该是为市场的发展保驾护航。斯密和李嘉图等学者对 17 世纪初颁布的《济贫法》持否定态度，主张通过市场自由调节工资和劳动力转移，建议通过"看不见的手"自由配置市场资源，由劳动者成立并加入行业协会以保障自身权益，政府仅提供基础救济，重归"守夜者"角色。在英国，"圈地运动"导致大量失地农民涌入城市，加之劳动力市场高度不稳定，贫困问题开始凸显。政府开始以立法形式引导教会和社会团体对贫民进行救助，将救济的权利交付给社团和以"普施仁慈"为己任的教会。随着法国大革命和日本明治维新等资本主义革命的爆发，法国、日本两国分别颁布《谢普利法》（Le Chapelier Law，1791）和《恤救原则》（太政官通達 162 号《恤救規則》，1874），正式介入社会救助。

在这一阶段，整体而言，社会救助覆盖狭窄且保障水平较低，仅为社会保障开了一个窗口，伴随着对接受救济者权利的精巧剥夺：如法国、日本的受救助人群会丧失选举权和被选举权，甚至被限制人身自由；英国 1834 年颁布的《新济贫法修正案》（New Poor Law）[①]更是以济贫的名义对穷人进行剥削，教养院被称为"劳动者的巴士底狱"。

该时期的教育是教会、寺庙等社会团体主导的，阶级分化明显的私人物品。英国 1870 年《初等教育法》采取双轨制对贵族和贫民分别提供中级教育和初级教育，美国建国前的初等教育也是由教会、私人团体提供的，德国起初由教会对初级教育进行垄断，日本在明治维新之前以寺庙和公塾为依托，专为

[①] 别名为 Poor Law Amendment Act 1834（PLAA），为英国政府在 1834 年颁布的济贫改革法案，也是 1601 年《济贫法》的修正法案。

贵族提供教育。这些国家的种种举措目的即维护贵族和既得利益者的权势，限制社会阶层的流动。

（二）政府干预阶段

19世纪末期欧洲资本主义工业化发展达到辉煌阶段，机器大工业生产对劳动力的剥离使家庭风险保障体系变得越来越脆弱。德国经济远远落后于英、法两国，无产阶级出现引起尖锐的社会矛盾，社会主义思潮盛行、工人运动此起彼伏。德国历史学派兴起后与输入型的古典经济学形成对立，倡导政府干预，主张采取社会保险等形式缓解劳资矛盾。内忧外患下，铁血宰相俾斯麦率先建立起社保制度作为社会的"稳定器"。在俾斯麦看来，实现一些"看来合理的"、与其专制制度并不冲突的社会主义要求，即建立社会保险制度，保证工人病有所医、老有所养，可以维护其统治地位、破坏日益得到大众拥护的社会主义，为工人运动釜底抽薪，可谓一举多得。也正因为如此，德皇威廉一世于1881年发布"皇帝诏书"首次提出建立"社会保险制度"的构想，并相继通过疾病、工伤、养老保险等立法，率先建立了社保制度。这种做法在资本主义国家形成了重要的示范效应。特别是在1929—1933年大萧条中，市场的缺陷集中式地爆发，社会保护的重要性凸显，无产阶级和社会主义思想对民众思想的洗礼倒逼资产阶级改善民众福利状况。

可以说，社会保险是资本主义发展辉煌阶段的产物。工业化和科技进步背景下，风险也变得多元化，1820—1950年间世界人口增加了142%（麦迪森，2003），人口剧增后，各国政府维稳情绪高涨。欧洲其他国家迫于国内压力也纷纷建立社保制度，旨在安抚民心、维护统治。俾斯麦的社保制度本意是安抚工人阶级，但也在事实上赋予了工人阶级较多权利，其保障制度一度被冠以"社会主义性质"。因为资本主义发展不平衡，新兴资本主义国家谋求政治经济地位不仅在经济和军备上竞争，社保也开展竞争，以安抚国民，这在一定程度上促进了社保体系的发展。而第二次世界大战开始后，各国社会保险政策的制定带有明显的战时色彩，部分国家社保制度被扭曲。

在这一时期，政府也充分意识到了义务教育的重要性，基础教育"公共品"的性质浮出水面。德国是最早推行义务教育的国家，早在1717年，德皇威廉一世就签署了《普通义务教育敕令》，规定所有适龄儿童（5—12岁）必须接受教育，否则父母会受罚，而困难家庭的教育经费由地方政府代缴。日本以明治维新为契机，政府成为基础教育的主导者并正式取代社会团体提供公共教育，1947年颁布的《教育基本法》规定，以财政支付的方式提供一定年限的义务教育。由此,基础教育兼具普及性和义务性,由私人物品转化为公共品。在普及义务教育的政策上,大多数国家遵从普惠原则,唯有英国更强调效率:英国《1944 年教育法》提出了基于智力理论划分的教育制度,儿童通过"11 岁选拔考试"进入三类中等学校,分别是文法中学、现代中学和技术中学;虽然英国政府希望能够削减区间校际差别,赋予所有人接受教育的平等权利,强化政府和教学的分离,但在中学教育以智力为依据分流的前提下,各个阶级只能接受相应程度的教育,剥夺了教育的机会公平,是一种注重效率和等级却忽视公平的选拔方式。

在公共卫生体系方面,政府也由自由放任态度转向干预,很大程度上源于城镇化刺激,以美国和德国为代表。1940 年前后,美国自由主义盛行,杰克逊总统当政期间主张减少干预,生活垃圾处理、疾病预防等脱离公共卫生范畴,被有关当局认作公民私事。随着工业革命和城市化进程的深化改革,以及大量东欧、南欧的移民涌入,环境迅速恶化;部分社会流动人群将流行病带到城市,引致霍乱、黄热病和天花等流行病肆虐,逐渐演化为整个社会的顽疾,针对城市公共卫生的改善被提上日程。城市公共卫生改革涵盖如下三方面:其一,传染病的肆虐给城市治安造成威胁,"城市居民健康"卫生机构和志愿组织出现;其二,学校卫生教育的普及和推广;其三,19 世纪后半期开始采取隔离检疫手段。和美国情形类似,德国公共卫生体系改革也是城镇化推进的,工业化引发大量农村剩余劳动力涌入城市,城镇赤贫问题加重了社会公共医疗体系变革的诉求并逼迫市政部门拿出解决方案。公共卫生服务机构在五个主要城市中广泛建立,涵盖学校卫生保健、城市婴幼儿保健、结核保健、产妇保健、精神病保健和牙科保健等,较为广泛地覆盖率社会居民尤其是手工业者,最终形成了公共卫生服务、国家卫生监督、公众保健管理共同构成的公共卫生体系(Labisch 和包克光,1983)。

(三)政府主导阶段

第二次世界大战之后,各国经济一片衰败,共产主义在贫困的西欧各国一度崛起,工会也日益壮大。以英国为例,艾德礼政府国有化企业后工会规模一路攀升,到 1979 年工会成员已经占到全部社会工人总数的 57%。为维护资本主义制度的统治地位,英、美各国奉行凯恩斯主义,采用扩张型政策刺激经济,将大型企业国有化,并刺激需求。经济增长的成果促进了福利改善,各国保障层次和覆盖范围均有明显提升,社会矛盾得以缓和。随着战后经济复兴和人口剧增,传统社保体系已无法支撑各国养老体系,1942 年,贝弗里奇在英国政府委派下出台了《贝弗里奇报告》。这部以公平公正、充分就业和公平分配为目标,以"普享性"(universality)、"均等性"(uniformity)和"统一性"(unity)等3U 原则为指导的报告是社会保障发展史上具有划时代意义的经典之作,对整个世界的社会保障制度建设产生了重大影响。在英国示范效应下,瑞典和挪威等北欧国家逐渐建立了政府主导的福利国家政策。在这一阶段,庇古的福利经济学思想和瑞典学派分别对英国和瑞典的社保体系变革影响深远。

在基础教育方面,各国高度关注教育政策与不同阶层或群体间流动的关系。教育是阶层向上流动的重要渠道和阶层再生产的重要机制,而基础教育在教育体系中处于基础性地位,如果能够调动弱势群体学生"努力读书改变命运"的积极性,就可以给予家庭以阶层向上流动的期待。相应政策的核心思想是对贫困学生教育进行必要补助,提携一部分贫困阶层的精英成长为顶层精英,但这并不改变社会分层的垂直结构。这种补偿性教育政策旨在消除不同优劣地位儿童间的学业差距,其本质是从平均主义的普适性转化为突出本质的补偿性,以提升补助的效果。为了支撑这些政策的实施,政府也强化了相应的财政安排。德国和美国的教育权限由各州负责,通过教育拨款、转移支付等解决州际教育差距,注重区域公平;同时对贫困的地区、学生和学校给予差异化待遇。英国 1965 年《中等教育的结构》第 10 号通告的出台打破了政府干预阶段教育"三分法"格局,在教育机会公平方面取得显著进展。

(四) 新自由主义阶段

20 世纪七八十年代后,各国的政策背景发生了明显的变化。于外,国际政治环境急剧变化,东欧剧变为资本主义阵营缓解重压,使其丧失了安抚居民和稳定国家形势的外部激励;于内,因为长期奉行福利国家政策,虽然为政府赢得了声誉和拥护,但也造成了福利的向下刚性,财政开支巨大引发福利危机。在供给学派的思想框架下,以撒切尔保守主义为代表的英国政府率先缩减福利开支,发挥市场机制的作用;里根政府上任后迅速通过《1981 经济复苏税法》[①],将税率降低 25% 左右,同时辅以货币政策刺激经济。联邦政府社会保障支出 1951 年同比增速为 90%,1990 年仅为 7.34%;政府经常性支出中用于教育的部分在 1975 年为 17.06%,而在 1990 年已经回落至 8.45%[②]。德国的科

---

① Economic Recovery Tax Act of 1981,又称 Kemp-Roth Tax Cut,是里根政府于 1981 年颁布的一项税收法案,旨在通过降低边际税率促进经济复苏。

② 数据来源:Wind 资讯、美国经济分析局。

尔政府 1982 年上台后也提出"多市场、少国家"政策,削减社会福利并削减税收。

　　自由主义私有化改革经历了阵痛期后,大都取得了明显成效,这些国家逐渐走出福利危机。但这种改革信奉的"涓滴效应"①,虽有一定理论基础,却进一步加大了社会不平等。在不同学派的争论中,政治哲学和经济思潮互相影响,无论是新古典综合派对政府理论的折中还是新剑桥学派提出的收入分配公平观点,大多都主张政府应该有所作为,只不过其倡导的政府作为,在边界和方式上都有所不同,能够相对取得合意的就是"补偿性"的底线思想。如新自由主义思想中保罗·克鲁格曼提出的负所得税,即为底线救助思维的典型产物——强调政府托底和避免资源浪费。在底线思维阶段,多支柱的社保体系已建立完毕,政府更为明确地承担底层救助责任,市场化的保障体系逐步完备,社会、家庭和个人承担补充责任。但这并不意味着政府承担责任的减少。如图 9-1 所示,20 世纪 80 年代以来,英国、美国、日本、德国、法国等国的公共社会支出占 GDP 的比重虽有波动,但总体呈缓慢上升趋势,现代社会公平正义保障体系开始进入包容性强、覆盖面大、机制新和结构合理的底线救助时期(景天魁,2007)。

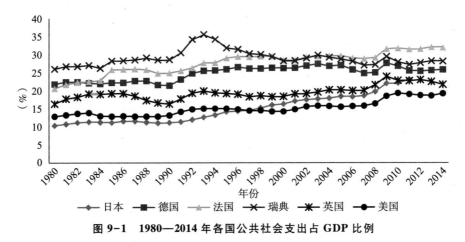

图 9-1　1980—2014 年各国公共社会支出占 GDP 比例

资料来源:OECD, Social spending (indicator), 2016。

---

①　涓滴效应又译作渗漏效应、滴漏效应、滴入论、垂滴说,也称作"涓滴理论"(又译作利益均沾论、渗漏理论、滴漏理论),指在经济发展过程中并不给予贫困阶层、弱势群体或贫困地区特别优待,而是由优先发展起来的群体或地区通过消费、就业等方面惠及贫困阶层或地区,带动其发展和富裕,或认为政府财政津贴可经过大企业再陆续流入小企业和消费者之手,从而更好地促进经济增长的理论。

受新自由主义思潮影响,这一阶段的教育政策也显露出较为明显的市场化特征。1970年,作为保守党教育大臣的撒切尔夫人颁布了1970年第10号通告,取消了政府对中等教育综合化的支持,重新将中等教育分为职业高中和普通高中;1980年之后,撒切尔政府颁布了《1988年教育改革法》,推行"择校",倡导"教育消费权"主义和教育的自由市场化,意图停止工党的教育平等化目标。英国教育平等的内涵从共性平等向更加符合个体差异性的平等中曲折向前。日本推进的教育改革则是"由规制改为自由""由保护改为竞争""由计划改为多样""由僵硬改为柔软",政府的作用被逐渐削弱,政府、私营部门和家庭共同成为教育主体,基础教育普及程度迅速提高。美国《1964年民权法》中即提及了教育机会均等的概念,后续又出台了《1965年初等和中等教育法》,国家在基础教育中的地位逐渐削弱,教育市场化进程平稳起步,私营教育开始长足发展。此阶段教育市场化逐渐深化,教育由公共品变为准公共品,私营教育成为传统公立教育的良好补充。另外,20世纪90年代后期,威斯康星州、佛罗里达州、俄亥俄州等十多个州的政府开启了教育券(education voucher)试点。这种尝试遵循弗里德曼的教育券理论,政府将原计划直接投入公立学校的教育经费进行折算,然后以教育券这一有价证券形式发放给即将入学的新生,学生可突破学区限制择校入学,凭教育券抵扣学费,学校收到教育券后向地方政府兑换教育经费。

值得注意的是,并非所有发达国家公平正义社保体系的建立都遍历了上述四个阶段。如美国建国较晚,最初即奉行资本主义模式且并未出现新思潮和工业化冲击,直接建立了以社会保险为依托的社会保障体系;而由于高福利与以权责对等为核心的美国文化相悖,其福利国家制度的建设晚于欧洲各国数十年。德国、瑞典也并未经历传统救济阶段,而是在工业化进程中因为劳资矛盾激化,直接确立了社会保险制度。日本虽遍历了四个阶段,但多为外部环境倒逼,如社会保险时期法律的颁布是为战争服务,保障范围扩展到全民是被美国占领时期盟军司令部施压所致等。

二、国际公平正义保障体系的演进趋势

在经济、政治、社会思潮等力量的综合作用下,国际公平正义保障体系一直处在持续的变革过程中。2008年爆发的金融危机及后续欧债危机后,主要发达国家经济下行,新兴市场复苏之路也存在很多不确定性,世界范围内出现"新常态",在相当长一段时期内,经济增速可能会维持在一个较低的水平上,

这对于各国改善各种社会公平保障政策是相对不利的。基于各种现实的问题和挑战,各国纷纷开始讨论诸如延迟退休等修正制度参量的改革方案,希望借此缓解财务压力;与此同时,整个国际社会也都在重新思考社会公平保障体系的设计、政府在其中的角色与定位。一个基本共识是,政府应该更专注于自己能有效解决的问题,包括用强制性规避逆选择、将公共资源向贫弱群体倾斜等问题,兜好民生的"底"。

目前来看,各国对社会公平正义的追求至少包括三重含义:①权利公平,这是公平的内在要求,它体现的是全体社会成员在参与各项社会活动方面享有平等的资格;②机会公平,它是公平的前提和基础,要求社会提供的生存、发展、享受的机会对于每一个社会成员都是均等的;③规则公平,即过程公平、程序公平,它是实现公平的必要条件和保障,要求经济、政治和社会等各项活动的过程公开透明,不允许某些人通过对过程的控制而牟取不正当利益。

在这样的诉求下,社会公平保障体系被赋予三项基本功能,同时也是其价值取向:第一,预防和减少贫穷。第二,减少不平等,特别是改变在基本公共服务权利等方面的不均等,确保所有人享有均等机会;同时还必须注重加强对服务提供者的问责,确保服务的数量和质量。第三,增进社会包容,在社会意识和社会政策等层面上,要关注边缘化的弱势群体,避免政治排斥、人格排斥、设施排斥和制度排斥。

因此,社会公平保障体系的发展与改革取向更明显地呈现出"底线思维"的特点,各国的政策呈现出从突出社会保障到突出社会保护的转变。如果说社会保障强调保障的普遍性和基本性,那么,社会保护则更强调底线公平,即确保公民在自我发展和自我保障能力不足时,也能有最起码的生存和发展条件。当经济水平比较低时,政府要守住底线,保障水平不过低;经济水平提高以后,政府仍要守住这条底线,防止过度福利,并注重调节贫富差距。

从社会保障制度来看,早年间发达国家的社会保障水平都是从底线起步的,第二次世界大战后因为经济增长"水涨船高",政党之间对选民的竞争也助推了社会保障水平的上涨。而最近三十多年来,面临人口老龄化和国际竞争加剧的压力,加之金融危机和经济衰退的冲击,各国财政不堪重负,先后实施福利政策改革,使得社会公平保障体系复又朝着底线方向回返。两个主要的改革趋势是:第一,以低收入者(包括贫困家庭)为目标群体的社会救助制度,以及与社会保护接榫的救助环节依然不可或缺,只不过对受援者的审查和监督更加严格;第二,在追求广泛覆盖的社会保险制度下,维持较低的保险税/费率并提供恰当的保障水平,扩大社会参与和责任分担,将个性化保障需求留给自愿选择的补充私人保险。也只有这样,方可保证大多数个人和企业有能力支付,以保持宽广的保险覆盖面,增加风险汇聚容量,在规模足够大的人口中分散风险。

从其他保障制度来看,鉴于社会排斥即为造成贫穷和固化不平等的原因之一,联合国与国际劳工组织《社会保护底线建议》(Social Protection Floor Initiatives)把强化健康服务和能力投资,例如卫生、教育、培训和就业促进等措施,既看作保障社会成员患病、失能和失业风险的工具,又认为是有效减少和消除社会歧视的政策,以保障民众"在经济福利和保障权利中分享社会发展成果,享有社会普遍生活标准的文明生活权利"(Marshall,1963)。正如亚当·斯密所言,"每一个人,在他不触犯正义的法律时,应任其自由发展,让他采用自己的方法,追求自己的利益,以其自身的劳动和资本与其他人和阶级竞争"(斯密,2015)。人们越来越认识到,每个社会中人的起点不同,父母积累的财富、家庭经济条件、社会关系网络和先天智力条件各有所异,从某种程度上而言,起点公平是一个伪命题。"授人以渔"而非"授人以鱼",才是真正能扭转代际固化格局的机会。各国在社会公平保障体系建设中,也高度强调强化发展能力方面的投资。

三、国际公平正义保障体系的演进动力[①]

从前述的制度演化发展历史中可以看到,现代国际公平正义保障体系的演进受到这样几种力量的推动:

(一) 经济水平是社会公平正义保障体系演进的基础

毫无疑问,各类公平保障制度的建设与一个国家的经济发展程度息息相关。综合图 9-2 和表 9-2 可以看出,自由放任时期(1500—1820)和新自由主义时期(1820—1870),经济稳健增长为公平性社会政策的出台奠定了物质基础;随后全球经济下滑(1913—1950),政府为维护社会稳定、安抚人心,适时建立了社会保险制度;第二次世界大战后经济复苏,全球经济步入黄金时期,为社会保障进入福利国家时期提供了可能,福利开始快速上升,到 20 世纪 80 年

[①] 本部分主要引自课题中间成果:孙祁祥等(2015)。

代,经济合作与发展组织国家社会开支①占 GDP 比重的中位数,已经从 20 世纪初的 0.55%上升到 21.36%。直至新自由秩序时期(1973 年之后),财政压力和社会思潮双重挤压下保障重归"输血式",社会开支的增速开始放缓。一言以蔽之,恶化的经济环境倒逼保障体系出现以维持社会治安的稳定,雄厚的经济基础又是公平正义保障体系得以建立和深化的根基。

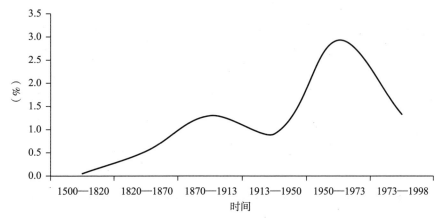

图 9-2 世界人均 GDP 年均复合增长率

资料来源:麦迪森著,伍晓鹰,许宪春,译:《世界经济千年史》,北京:北京大学出版社,2003 年版。

表 9-2 经济合作与发展组织国家历年社会开支占 GDP 比重

(单位:%)

国家	年份										
	1880	1890	1900	1910	1920	1930	1960	1970	1980	1990	1995
澳大利亚	—	—	—	1.12	1.66	2.11	7.39	7.37	10.90	13.57	14.84
奥地利	—	—	—	—	—	1.20	15.88	18.90	23.43	24.54	21.39
比利时	0.17	0.22	0.26	0.43	0.52	0.56	13.14	19.26	22.45	23.11	27.13
加拿大	—	—	—	—	0.06	0.31	9.12	11.80	12.91	17.38	18.09
丹麦	0.96	1.11	1.41	1.75	2.71	3.11	12.26	19.13	26.44	26.97	30.86
芬兰	0.66	0.76	0.78	0.9	0.85	2.97	8.81	13.56	18.32	24.66	31.65
法国	0.46	0.54	0.57	0.81	0.64	1.05	13.42	16.68	22.95	23.70	26.93

---

① 社会开支(social expenditure)主要包括为了满足社会目标、通过强制参与的制度安排所提供的现金补贴、实物/服务补贴及税收优待,目标群体主要是老弱病残幼、低收入群体及失业者。从定义上讲,社会开支包括但不限于社会保障。该指标可以近似地衡量社会在公平正义保障体系中的投入。

(单位:%)(续表)

国家	年份										
	1880	1890	1900	1910	1920	1930	1960	1970	1980	1990	1995
德国	0.50	0.53	0.59	—	—	4.82	18.1	19.53	20.42	19.85	24.92
希腊	—	—	—	—	—	0.07	10.44	9.03	8.67	13.95	14.43
爱尔兰	—	—	—	—	—	3.74	8.70	11.89	16.20	18.05	18.30
意大利	—	—	—	—	—	0.08	13.1	16.94	17.10	21.34	23.71
日本	0.05	0.11	0.17	0.18	0.18	0.21	4.05	5.72	10.48	11.57	12.24
荷兰	0.29	0.3	0.39	0.39	0.99	1.03	11.70	22.45	26.94	27.59	25.70
新西兰	0.17	0.39	1.09	1.35	1.84	2.43	10.37	9.22	16.22	22.12	18.64
挪威	1.07	0.95	1.24	1.18	1.09	2.39	7.85	16.13	18.5	26.44	27.55
葡萄牙	—	—	—	—	—	—	—	—	10.1	12.62	15.23
西班牙	—	—	—	0.02	0.04	0.07	—	—	12.97	17.01	19.01
瑞典	0.72	0.85	0.85	1.03	1.14	2.59	10.83	16.76	29.78	32.18	33.01
瑞士	—	—	—	—	—	1.17	4.92	8.49	—	—	18.87
英国	0.86	0.83	1.00	1.38	1.39	2.24	10.21	13.20	16.94	18.05	22.52
美国	0.29	0.45	0.55	0.56	0.70	0.56	7.26	10.38	11.43	11.68	13.67
中位数	0.29	0.39	0.55	0.69	0.78	1.66	10.41	14.84	21.36	24.00	22.52

资料来源:Peter Lindert, Growing Public. The Story: Social Spending and Economic Growth Since the Eighteenth Century: Vol. 1. Cambridge: Cambridge University Press, 2004, Table 1.2: p.12。

(二)政府是公平正义保障体系建立发展的关键角色

因为社会公平正义保障制度大多具有公共品的特征或明显的外部性,所以,在各国社会公平保障体系的建立发展过程中,政府一直都扮演责任主体和财政后盾的角色;同时,政府的地位还有"自我强化"机制,一旦政府将公平正义保障体系的提供视为其职责所在,就会以制度的覆盖面、保障力度等作为量化的执政目标,而把目标的实现作为"政绩"又会进一步激励政府继续为这些目标而努力,以使选民满意。可以说,在建立完善公平正义保障体系的过程中,政府天然是"强政府"。

当然,政府也面临着政治与经济的二维约束:从政治约束来看,作为转型主导者的政府必须巩固其政治威信,使自己获得最大限度的社会支持;经济约束的核心是要最大限度地降低所选择政策将可能导致的交易费用,例如监督成本。输血式的底线救助恰好迎合了这两种思维,政府在"救济贫穷"、获得社会声誉的同时,也节约了成本、提升了效率,从而使得"输血式"救助渐成趋势。

因此,虽然政府是公平正义保障体系建立发展中的关键角色,但其职能的内涵也是与时俱进的。在某一发展时期,面对特殊的发展环境、特有的发展任务和特定的资源约束,政府的具体目标和经济约束也都是在变化的。在经济上升期,人们对市场的期待往往会上升;在衰退期,人们对政府的期待又会上升。为了适应社会偏好的变化,政府的角色定位实际上也在不断调整当中。

(三)社会思潮是社会公平正义保障体系改革的必要条件

在社会公平保障体系的演进过程中,经济发展提供物质基础,政府为了实现自身目标,成为这个过程的推动者。而伴随社会进步和基础制度的变迁,社会思潮即当时对社会生活有广泛影响的思想趋势或倾向也会相应发展,从而为公平正义保障体系的改革提供理论准备和政治氛围,借其传播不断修正传统的意识形态和偏好结构,从而强化改革的必要条件。例如,第二次世界大战后面对日益扩张的社会主义思潮,资本主义国家展开了福利国家计划、马歇尔援助计划等,这在一定程度上也是遏制新势力的"断腕之举"。从时间角度看,福利国家制度确立时,西方国家尚未迎来黄金发展时期,故思潮和舆论可能突破经济防线影响保障体系;但显而易见的是,无论是"自发"还是"倒逼",这种改良绝不是"情愿"的,而是政府苦涩的选择。

社会思潮也会受到宗教思想的影响,进而对保障体系变革产生深远的影响。如18世纪30年代北美洲的公共卫生体系改革正值"大觉醒"的宗教复兴运动,"至善论"强调的虔诚与洁净之间的关系,为公共卫生改革提供了强大的支柱。1850年美国颁布的被誉为"公共卫生史上最杰出的预言书"的《促进公共和个人卫生的总体规划报告》中也涵盖宗教因素,该报告认为公共健康是上帝给予的,是每个公民都应享有的基本权益,由此倡导以国家卫生局和城镇健康部门为依托建立健全医疗卫生组织。1866年,美国纽约市首次建立公共卫生组织——纽约市大都会卫生局。

(四)重大事件是公平正义保障体系演进的"触发器"

正如前文所述,为了适应变化中的社会偏好,社保制度中政府与市场的关系组合实际也在不断调整;而且,政府和市场本身都是不完美的,也在不断地发展,仅从各展所长的角度来看,二者之间的关系必定有一个动态调整的过程,不可能维持不变。只是,公平正义保障体系的重大发展与变革,往往是由重大的经济社会历史事件触发的。纵观历史,政府往往会在根据社会经济发展的具体条件和政治方面的考虑,主动引导、推动社会公平正义保障体系改革,但这往往是修正性的;只有发生重大的经济社会事件,才足以撼动既有的利益格局、引发社会偏好的重大转变,因此也才能够构成政府与市场定位组合转型的"触发器"(trigger)。

总体来看,社会公平正义保障体系的演进,是历史变迁洪流中政策制定者在维持社会稳定、掌握控制权、控制保障成本等多重目标的抉择过程。从长期来看,每一次结构性改革都可以划分为改革促动期、结构改革期、改革执行期、效应沉淀期、稳态期等,如图9-3所示。在改革促动期,因为风险的集聚和社会关注度的上升,改革的必要性凸显,推动改革的力量开始积蓄,社会思潮也开始向改革方向调整;而只有足够分量的历史事件,例如严重的经济危机或者战争,才足以撼动既有的利益格局,由此引导新的社会思潮和舆论氛围到达促成改变的高度,奠定改革的"民意基础",促成结构性改革;在接下来的改革执行期,改革全面铺开,问题逐步得到缓解,社会关注度慢慢下降;但随着改革效应的沉淀以及社会、经济环境的变化,各种问题又开始暴露,社会关注度再次进入上升通道;如果辅以恰当的参量式改革,制度得到优化,它将在相对成熟的状态下较为平稳地运行。伴随着制度运行基础的缓慢变化,矛盾会继续积聚,有可能进入下一个改革促动期。

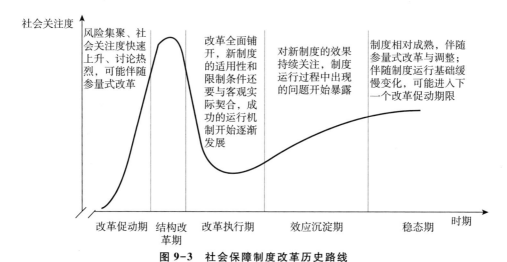

图 9-3 社会保障制度改革历史路线

第二节　国际公平正义保障体系的模式与代表性经验研究

一、国际公平正义保障体系的模式划分

在第八章中,通过构建社会公平正义综合指数,我们明晰了公平正义的"三大支柱",并且对一些国家的公平正义状况有了直观的认识。实现优秀水平的国家有很多,但是它们所选择的路径往往是存在差异的。我们也希望能够通过选择一些具有代表意义的国家进行讨论,分析实现公平正义的多种可能。

（一）纵向视角[①]

纵向来看,以欧美为代表的发达国家的现代化,是在工业化的发展过程中同步推进的,一般均在第二次世界大战前后建立起了较为完善的社会公平保障体系,社会公平保障体系的建设具有原生型制度的特征。而发展中国家的工业化、现代化进程,可能是殖民者引入的,也可能是在传统制度承受来自发达国家的压力和挑战时开始的。在这些国家,现代社会公平保障体系往往是在借鉴并吸收了国际经验的基础上建立的。从这个意义上说,我们可以将世界范围内的社会公平保障体系划分为"原生型"和"非原生型"两种。

原生型的典型代表是欧美发达国家。从其历史来看,在这些国家,工业革命发生之前便已基本确立了市场经济制度,具备了保护财产和合同的法律体系,对政府行为做出了较为清晰的界定,工业化、城镇化及农业现代化的进程主要是通过市场化手段"自下而上"进行的;同时,在政策支持和法律保护之下,还逐步形成了比较完整的指导社会发展的法律体系[②]。原生型国家在我们的公平正义综合评估中,往往表现出色,公平正义水平达到优秀,特别是基础制度和初次分配层面表现出色。

非原生型国家的典型代表是拉丁美洲国家。拉丁美洲国家曾经是殖民地,因此,从西方发源的近代工业文明、西方式的市民生活方式与文化价值模

[①]　本部分主要引自课题中间成果:孙祁祥等(2014)。

[②]　在西欧国家和美国,城镇化的进度相对较为缓慢,城镇人口比重从20%提高到50%,大约用了100年的时间,其大、中、小城市发展相对较为协调,城乡差距较小,社会公平保障体系也在同步建立完善。数据显示,到2011年,欧元区国家城镇人口比例为76%(高收入国家该比例为80%),在百万人口以上城市聚集的人口比重为18%(1990年也是18%),2010年城乡先进卫生设施的覆盖率均高达100%(1990年该指标城乡值分别为100%和99%)。

式,在不同程度地、长期地、直接地渗透到其社会经济生活的内部,并构成这些社会文化中不可分割的基本组成部分。但是,由于殖民主义传统,人们对发展社会保护体系的社会认同十分薄弱,对政府应该在社会公平保障体系中扮演的角色和职能并没有达成社会共识,政府没有明确的、引导社会公平保障体系发展的制度目标。第二次世界大战后,拉丁美洲国家实施"进口替代"战略,资本密集型企业在政府保护下迅速发展,而农业现代化则相对滞后,以至于城乡二元分化态势明显,城市更为优越的社会经济条件吸引农村人口向城市特别是大城市大量转移[1];同时,由于拉丁美洲国家的城镇人口比重在短时期内快速提高,社会公平保障体系未能与城镇化同步推进,许多人生活在贫困线下,这些都构成了威胁社会稳定的重要风险源,致使拉丁美洲城镇化进程充满"无序"和"混乱",进入了社会问题突出、经济发展缓慢的城镇化陷阱[2]。毫无疑问,这类国家的社会公平保障体系建设受到其本身的文化、历史与社会内部因素的制约与影响,公平正义水平总体呈现良好或一般水平。

(二) 横向视角

横向来看,参照哥斯塔·艾斯平-安德森(Esping-Andersen,1990)对福利国家的分类方法,我们可以将世界上主要的发达国家的社会公平保障体系划分为三种模式。

(1) 自由主义模式,其基本价值观是个体的自由,个人的社会经济地位主要通过自由竞争获得,政府只是承担"补缺"的角色,即在人们出于某种自身难以控制的原因、难以实现社会阶层向上流动时,或者在市场失灵时才会介入,典型的代表国家如美国。这类发达国家往往在社会基础制度公平正义方面表现得更为出色,但在初次分配或再分配方面,可能会因为效率而在一定程度上牺牲公平。例如美国,在总体社会公平正义水平排名中排名第24;社会基础制度公平正义水平排名第14,初次分配公平正义水平排名第34,再分配公平正义水平排名第38。

(2) 法团主义(corporatism)模式,以社会团结为基本价值取向,强调利益分化基础上的合作,政府扮演授权者和监管者的角色,将公民社会中的组织化

---

[1] 据统计,截至1990年,拉丁美洲及加勒比海地区城镇人口占比为70%,百万人口以上城市居住的人口比重为32%,均显著高于同期世界平均水平43%和17%;而当年高收入国家的城镇化水平也只是74%(欧元区为71%)。

[2] 联合国发布的《拉美2013—2014人类发展报告》显示,2000—2010年间,拉丁美洲地区的谋杀率增长了11%。

利益联合到国家的决策结构当中,这些基于职业或其他社会身份特征的利益代表系统,在授权范围内表达需求、安排制度,政府居于协调统筹地位,典型的代表国家如德国。这类发达国家在初次分配和再分配方面可能会略胜一筹。例如,德国在总体社会公平正义水平排名中,排名并列第6;社会基础制度公平正义水平排名第13,初次分配公平正义水平排名并列第1,再分配维度公平正义水平排名第6。

(3)普世主义(universalism)模式,主张要平等地对待不同的人和不同的民族,国家有义务捍卫国民与生俱来的权利,如生存的权利、免于恐惧的权利、生育的权利、知的权利、免于匮乏的权利等,政府往往会积极介入各类再分配政策,典型的代表国家如英、法及北欧国家。这类发达国家在社会公平正义各个层面上表现不一,但在再分配方面可能会更出色一些。例如,法国在总体社会公平正义水平排名中,位列第18;社会基础制度公平正义水平排名第25,初次分配公平正义水平排名并列第11,再分配公平正义水平排名第3。

总体来看,各国的社会公平正义保障体系一般都具有上述某一种模式的关键特征。我们对国际经验的考察,将围绕这几类模式中具有代表性的国家展开。

二、代表性国家的选取

综合考虑第八章公平正义综合指数的排名和国家的代表性、可借鉴性,本节选取部分代表性国家进行深入研究,通过梳理其公平正义保障体系建立的过程和现状,旨在发现规律并为中国提供借鉴。

在原生型国家中,本节主要选取德国、英国、法国、日本和美国等国家,这些国家的公平正义综合水平排名分别为并列第6、第13、第18、第20、第24,评级优秀,公平正义指数均在3.4以上,且都具备较为自由先进的经济环境、完备的法治制度、较高的政府廉洁程度以及较为合理的财富分配比例和社会保护水平;而且,这些代表性国家基本上覆盖了自由主义、法团主义和普世主义等三类模式。其中,作为现代社会保险制度的发源地,德国被美国学者科佩尔·平森(Koppel Pinson)视为"第一次世界大战前标准的福利国家"(平森,1987),第二次世界大战后既要求团结互助、又要求个人负责的社会福利国家等基本原则理念被写入了宪法,法团主义色彩和合作共济思想为市场化的教育、医疗和保障提供了沃土。英国深受普世主义影响,最初建立的社保体系甚至是无偿养老原则,在福利国家时期转变为广覆盖、强综合体系,后来因为财政负担难以为继,才开始推行相关改革。法国的中央-地方模式根深蒂固,制度以碎片化为主要特征,虽饱受争议,但强调从收入分配环节入手修正社会公平正义,也取得了明显的效果。日本表现出突出的多元共存性格,在东西外来文化的影响下也十分注意保存固有文化,并将它们互相融合,形成了有特色的制度安排。美国推行福利国家制度晚于欧洲各国,约翰逊当政时期(1963—1969 年)在第二次世界大战后的萧条和民权运动兴起语境下才被迫启动福利国家制度,被学者称为"不情愿的福利制度"(杨立雄,2015)。

此外,本节还将希腊纳入研究范围。得益于收入分配与再分配环节的出色表现,希腊的公平正义综合指数评价值为 3.09,勉强达到优秀水准,整体排名第 35;在社会基础制度层面,希腊仅得分 2.51,排名第 51;初次分配得分 3.72,排名第 20;再分配得分 3.81,排名并列第 11。总体看,希腊并不具备出众的社会基础制度,却因为慷慨的再分配制度体系提高了整体公平正义水平,也因此陷入债务危机,其个体经验非常值得关注。

在非原生型国家中,本节主要选取智利为例。智利通过几十年对公平正义目标的不倦追求,成功通过基础制度改良的途径实现了公平正义,公平正义总体评价值达到了 3.20,为优秀。具体来看,智利的基础制度公平正义程度高,排名并列第 6,领先于前述各同步型代表国家;但是,智利在初次分配方面存在重大缺陷,仅得到 2.07 分,排名第 50,显著落后于中国(排名第 37);再分配环节智利获得 3.51 的高分,排名并列第 36。如果能够深入探索智利近几十年来在"三个层次"的具体政策措施,对于我们探讨如何克服不利因素、实现公平正义的路径也非常有意义。

三、代表性国家社会公平保障体系建设的经验

(一)德国

早在 1883 年,德国就建立了世界上第一套社会医疗保险制度并运作顺畅,这距德国统一(1871 年)只不过十多年的时间;而当时德国的工业化水平还远远落后于英国等工业化革命的先驱国家。不过,当时的德国当政者是容克地主阶级,他们为了保持自己的统治地位、压制资产阶级的参政欲望,力图利用自己掌握的国家政权推行有利于扩大自己政治声望的政策,以削弱和打击资产阶级在政治上的要求;而推行社会保险制度可以说是容克地主阶级争

取对劳动阶级影响力的重要政治手段之一①。也正因为如此,奉行自由竞争的市场经济与构建社会保障网这两个目标在德国兼顾效率与公平的"社会市场经济"中和谐共生。政府在经济领域中的作用,一是制定市场竞争规则,监督经济主体遵守法律;二是通过调整政策影响企业和个人的经济行为;三是直接投资于公共基础设施建设。从运行看,德国的基础制度公平正义水平位列世界第13。

德国虽然也存在贫富分化的问题,但总体而言,初次分配结果比较理想,这与其法团主义传统有深厚的关系。在德国,工会是雇员重要的利益维护机构,雇员和雇主被看作社会伙伴,而不是对立者。雇主和雇员分别通过行业工会和雇主协会签订劳资协议,就劳资双方的权利和义务、劳动关系、缔约、解约以及企业和企业组织等方面形成相应的规定,以平衡和保护双方的利益,对于缩小收入差距有重要作用。

德国也是世界上最早普及中等教育的国家。早在1717年,当时的普鲁士帝国国王弗里德里希·威廉一世就颁布了法令,规定所有未成年人,不分男女和贵贱,都必须接受教育。德国的义务教育法规各邦不同,由各邦的学校法或宪法规范。通常来说,一般义务教育从年满6岁开始,各邦对时限的要求不同:柏林、勃兰登堡和不来梅的全时制义务教育(又称一般义务教育)为10年;北莱茵-西法伦的情况则较为特殊,学生若就读文理高中,其义务教育为9年,其他种类的学校则为10年。在高级中学阶段,凡是没有在普通高级中学或普通职业学校就读的青少年都必须接受半时义务教育,也就是所谓的技职义务教育。此时,他们通常有一半的时间在学校里上课,而另一半的时间则在职场接受职业训练。依照规定,半时义务教育通常为期3年,学生必须选择一个受到认证的职业技术来进修。根据德国法律,凡年满6周岁的儿童必须入学接受教育,残障儿童须进入专门开设的特殊学校,否则家长要承担法律责任。从1960年起,德国的公立中小学开始不收学费(非义务教育阶段的公立大学也是免费的),还免费提供部分课本、文具等;对于私立中小学,在允许学校收费的同时,国家也给予一定的资金援助。

德国的社会保障体系采取社会平衡原则,低收入群体在缴费环节可以得到雇主和政府更高的补贴。例如,高收入员工的失业保险、护理保险、医疗保

---

① 同时,德国新历史学派认为当时德国面临的最重要的社会经济问题是劳资问题,并因此提出推动劳资合作和社会改良,这些主张无疑为俾斯麦政府推动社会保险制度的建立提供了理论支持。

险由雇主和雇员各分担一半,而低收入员工的保险则全部由雇主承担,这显著提高了低收入群体参与社会保险的制度回报率。另外,养老金改革法案将子女教育期计入养老保险缴费期,意味着家庭劳动被看作与社会劳动具有同等地位。

目前,德国的公共卫生体系和医疗保险由各州分别负责,老龄化压力加剧下,政府承担预防接种、心理治疗、医疗救治等事前防控和事后处置,而护理保险和辅助治疗则由公民自行承担。社会医疗保险(Gesetzliche Kranken-Versicherung, GKV)的保费由雇主和雇员分摊,自愿参保 GKV 的雇员可获得雇主的缴费补助,雇主也会覆盖月薪低于一定限额的培训生的全部保费。其缴费基数设定为个人应税收入,实现社会的横向公平和再分配,低收入者、家庭成员较多者和老年人的经费多由高收入者、单身者和年轻人负担,社会团结的思想得到彰显。

此外,德国的疾病宣传和预防工作走在世界前列,国家卫生和社会保障部下辖的卫生防控中心负责全国范围内卫生状况的监测、宣传和指导。公共卫生由医师协会、牙医协会成员和医院共同构成,医疗组织为病人提供服务并直接从保险公司获得医疗费。值得关注的是,德国医疗卫生从业人员的工资较高,吸引了大量人才进入医疗卫生领域工作,家庭医生和在医院工作的医生比例相当(于保荣等,2007)。但城乡医生数目和医疗器械水平相差较大,引发了德国公共卫生体系的城乡不公。也有观点认为,德国在公共卫生和全球卫生方面贡献还不够完善,如知名医学杂志《柳叶刀》2015 年刊登的《德国公共卫生和全球卫生改革》(Reforming public and global health in Germany)一文认为,德国的公共卫生和全球卫生教育跨学科研究不足,需要推进综合性改革。

(二)英国

作为率先完成工业革命的国家,资本主义生产方式的弊端在英国暴露得更早、更集中,特别是在少数资本家财富急剧增加的同时,广大工人群众的社会经济地位每况愈下。因此,尽管英国是自由主义发源地,高度崇尚个人的自由发展,但统治阶层对"秩序"的强烈渴望以及民众的要求,也促使政府伸出"扶持之手",著名的《贝弗里奇报告》更是开创了福利国家传统。在各种思潮和政治势力交织影响下,英国的社会公平保障体系建设也呈现独特的色彩。

从社会基础制度层面看,英国是世界上第一个市场经济国家,其市场经济制度是在没有任何样板和没有受到任何外来影响的情况下,从传统经济中孕育出来的。17世纪和18世纪上半期,英国政府在制度建设方面做了很多努力,如颁布法案保护财产和合同;实行商品检验监督制度,保护消费者;颁布近代第一个专利法案,保护发明者和投资者;颁布工厂法案规范劳动时间、劳动条件以及女工和童工的使用,保护劳动者,由此为一个自由市场的诞生奠定了基础。第二次世界大战后,工党主政期间大力发展国有经济,之后撒切尔夫人主政时期又进行大规模私有化运动,大大缩小了国有经济范围,但并没有动摇自由企业制度这一市场经济体制的微观基础。根据本书第八章计算的社会基础制度公平性,英国排名高居全世界第8。

当然,自由竞争导向的经济体制,往往会导致收入分配的差距扩大。在英国,不同阶层在劳动所得(如工资)和资本投资收益(如股息、红利、房租、资本市场投资所得等)两个主要收入来源上,均存在较大差异,所以,初次分配公平正义程度得分排名仅为第19。为了改善初次分配不公的状况,除了利用税收制度进行收入调节,英国的再分配制度也在不断改革和完善。

在教育方面,为了促进机会公平,英国教育大臣尼基·摩根(Nicky Morgan)在2015年对今后英国的基础教育改革做出明确构想,即着力促进基础教育的机会公平,增加青少年选择权并赋予其机会,鼓励扩大文凭课程的覆盖面;为填补不同地区小学教育水准不同的沟壑,对落后地区中学推行第一年补考制度,促使小学成绩较差的学生第一年即能获得支持;推行"国家教学服务机会",对教学质量差的学校提供支持,采取派遣优秀教师到教学力量薄弱学校任教等方式缩小不同地区的教学差异。随后,英国推行了"卓越教育"(Educational Excellence Everywhere)理念、"教育优先"(Teach First)方案和"国家教学服务"(National Teaching Service)计划三个法案贯彻实施上述构想(匡建江和沈阳,2016)。

普惠型是英国社会保障制度的重要特色。第二次世界大战后,依据《贝弗里奇报告》的建议,英国逐步形成了一套"从摇篮到坟墓"的社会保障制度体系,成为现代福利国家的典型代表。英国的社会保障体系主要由国民保险计划、国民医疗保健服务、社会救助和社会福利等制度组成。其中,国民保险计划是一种综合性的社会保险制度,其主体是养老保险制度,提供与就业状态无关的国民养老金和就业关联养老金,还包括伤残补助、失业津贴、生育津贴等。同时,英国还是一个全民免费医疗的高福利国家,设有国民保健服务制度(National Health Service, NHS)。随着国内国际环境的变化,英国的社会保障制度也经历了不断调整改革的过程。20世纪70年代,撒切尔政府颁布了新的养老保险法案,主旨是适当减少政府责任,鼓励私营部门提供养老保险服务;同时在 NHS 中引入竞争元素,提升系统运行效率[①]。布莱尔政府上台后,提出"福利应只是国家公民在这不断变化的世界的机会和基本的安全""不承担义务就没有权利",强调推行"积极福利",用促进就业的政策替代消极给付安排,强调国家、社会组织和个人都应该积极参与社会福利的供给,加强对高龄老人、残障人士等社会弱势群体的服务和保护等。

当然,普惠型的保障制度一方面会带来巨大的财务压力,另一方面也容易引发对效率的质疑。英国 1948 年通过《国家卫生服务法》所建立的国家医疗服务体系,一直饱受低效率的争议,如候诊时间过长、排号遥遥无期、财政不堪重负等(郑晓曼和王小丽,2011)。但不可否认的是,在总额预算控制下,NHS 更注重预防,从而有利于控制费用快速上涨的趋势。方便快捷的社区卫生服务和家庭医生有效抑制了流行病和传染病的扩散;以社区为单位的按人头付费策略激励全科医生提供高质量的医疗服务——一方面,医师尽力促使在社区范围内治愈病人以获取"人头费";另一方面,家庭可定期评价并更换私人医生促使医生提高服务水平和医疗效率。除此之外,医疗服务咨询的电话服务系统(NHS Direct)节省了公共医疗的"皮鞋成本"。如前所述,市场竞争机制的引入,也在促进医疗服务的差异化和竞争,英国医疗服务的效率在提升之中。

(三)法国

1789 年爆发的法国大革命,使得自由民主、公平正义逐渐成为法国的主流思想,当时颁布的《人权宣言》甚至被马克思称为"新社会的出生证明"。20 世纪,法国发生了两次重大社会转折:第一次社会转折发生在 60—70 年代,法国产业结构变动促使农业、工业、商业转型,城镇化率大幅提高,从而导致人口结构大为改变,就业、社保压力与日俱增;第二次社会转折发生在 20 世纪 90 年代,新科技革命、经济全球化以及知识经济的迅猛发展导致生产结构和经济结构再次发生变化,推动法国社会再次转型。两次社会大转折给法国带来发展机遇的同时也加深了法国固有的社会矛盾,结构性失业使得法国社会不同阶层的贫富差距不断扩大,短期内社会公平正义状况曾经出现了一定程度的恶

[①] 根据《1990 年全国健康服务与社区护理法案》(National Health Service & Community Care Act 1990),卫生当局将服务购买权让渡给了独立的国民保健信托基金(PCTs),由其通过"内部市场"向其所属医院及其他医疗机构购买医疗服务;部分成为"基金持有人"(fund holders)的家庭医生也可以直接为其病人购买医疗服务。2012 年通过的《健康与社会医疗服务法案》(Health and Social Care Act 2012)进一步将购买权让渡给了临床委员会工作组(Clinical Commissioning Groups,CCGs),让临床医生参与服务购买;同时允许病人在 NHS 的成本要求内从社会卫生服务机构中购买更适合自己需求的服务。

化，因此，法国在基础制度的公平正义排名中只位列第25。

长期以来，法国在初次收入分配环节始终保持较高的投入与关注度。20世纪90年代，法国政府基于罗尔斯的公平正义理论提出了"现代社会主义"理论，要求实施积极的就业政策，分配政策必须向低收入者和社会底层人群倾斜，加快完善社会保障制度，从而缩小贫富差距，实现社会公平正义。法国政府在继承国家历史传统的基础上，以新的财富分配方式作为实现政府职能的重要原则和主要手段，进而加速对社会多方利益的整合，最终实现"维系社会的大致和谐"的目标（不要求绝对公正），提高了社会整体发展水平，法国的基尼系数近些年一直位于警戒线之下，初次分配公平正义得分高达3.96，位列第11。

在再分配方面，法国的社会保障制度也很有特点。法国拥有6 000多万人口，在欧洲属于人口大国，人均资源不像北欧那么富足，因此无法实行北欧诸国的高福利政策；历史上，法国遭受过多次大战的洗礼，人们心理上对公平正义的诉求更为强烈；性格上，法国人不像北欧国家的人那么严谨；制度上更加灵活，人情味也更浓。这些因素共同塑造了法国社保制度的特征：一是普遍性，要求使尽可能多的社会成员得到社会制度的保护；二是福利性，是指这一保障制度的目的不但在于维持人民的最低生活标准，而且在于提高全社会普遍福利水平；三是复杂性，是指法国社会保障制度模式复杂且名目繁多。法国社会保障制度的发展，是从单独群体的保障项目逐步拓展开来的，各项目待遇水平参差不齐，导致部门之间的要素流动性较低；而每次以统一制度为导向的改革都会导致不同群体不同程度的反对，路径依赖难以破除。因此，改革的结果是，法国形成了以普通制度、农业制度、特殊制度和自由职业制度为主的社会保障体系，但每套制度内仍然保留了众多的子项目，碎片化十分严重。子项目间缺乏协同性和协调性，使得法国的社会保障体系饱受争议，但也正是因为碎片化项目之间保障水平的"竞争"和"攀比"，使得其提供的待遇水平相对较高。所以，以覆盖面和保障水平为衡量标准时，法国的社会保障制度是表现出色的。在本书的研究中，其再分配公平正义状况位于并列第3。

总体看来，从社会基础制度、初次分配和再分配三个层次考察法国社会公平保障体系，可以发现，法国人并不太追求制度完美，而是从务实的角度出发，以经济发展为依托，实现了较高水准的社会公平正义。但是，这种碎片化的发展思路，也带来了劳动力市场扭曲、保障水平向上刚性等一系列效率问题。

（四）日本

作为后起的资本主义国家，日本的社会公平正义保障体系既体现了日本的国情和传统文化的独特性,也体现了东西方文化融合的兼容性。一方面,日本重视政府经济职能,强调国家经济作用;另一方面,政府的政治决策多具有实用主义色彩,倾向于推行社会改良政策,保障穷人的最低需要,以避免两极分化,以至于最终形成了在发达资本主义国家中独具特色的"政府主导型"经济模式。"日本模式"的本质内涵就在于,政府不但积极实现了有利于经济增长和缓解随之产生的各种社会、政治、经济压力的制度创新和制度供给,而且是以较高的质量实现的,因而有效确保了各种制度安排的顺利实施,推动了经济增长和工业化进程。根据本书第八章的测算结果,日本社会基础制度公平性排名第 16,位列第一梯队,在亚洲排名第 1。经济制度、法律制度、政府清廉程度分列世界第 19、12、15 位,其社会制度整体具有先进性和发展的稳健性,在亚洲国家中名列前茅。

在第二次世界大战后的经济高速增长过程中,日本政府越来越意识到,外部环境变化对经济发展的影响日益增大,要实现经济持续增长,必须改变以往过度依赖海外市场的局面,促进内需、扩大国内消费市场。面对这些问题,日本政府采取了一系列政策,以促进经济转型,包括 20 世纪 60 年代的"国民收入倍增计划"及《农业基本法》《农业现代化资金助成法》《十年土地改良长期计划》等一系列向农村、农业、农民倾斜的法规以及减税政策;日本通过"国民健康保险"实现了普惠的全民保险制度,并特别重视老年人和儿童的保障,儿童基础设施建设、福利政策和老年人的养老、医疗保障等均走在世界前列。这种均衡性的富民政策,对于缩小收入分配差距、提升社会公平正义水平大有裨益,日本成为全球社会安定和谐的代表性国家。当然,不可否认的是,终身雇用制、年功序列制以及企业内工会等安排,是日本式经营的三大支柱,对缩小收入差距也起着重要的作用。

日本对教育的重视,也是非常值得称道的。早在明治维新时,日本就提出了"邑无不学之户,家无不学之人"的要求。在教育立国的思想指引下,到 20 世纪中叶,日本政府实现了以中央经费为主体负担国民公共教育费用的模式,这使日本的普及义务教育得到了稳步而迅速的发展。日本政府特别强调,要想实现普及教育,就需要培养足够数量和质量的师资,所以根据普及教育的需要,积极发展师范学校的数量,确保各县师范学校的招生数量尽可能同该管区内学龄儿童入学所需要的师资数量相适应。在大力提高教师政治、业务水平的同时,进一步提升他们的社会地位和工资待遇,以建设一支稳定的优质的教师队伍。2007 年日本政府推出了《偏远地区教育振兴法》,规定各级单位和文部大臣有义务振兴偏远地区的学校教育,赋予中小学教师国家公务员身份待遇,旨在提升偏远地区教育水准、促进教育机会均等。《义务教育诸学校设施费国库负担法》提升了政府在基础教育经费中的投入比例,发挥了政府在教育资源配置中的作用。

但是,随着老龄少子化问题的加重,其社会保障制度的可持续性问题也日益凸显。早在20世纪70年代滞胀时期,日本政府为了避免出现部分发达国家经历过的"高福利病",就开始对社会保障制度做出修正,提出要摒弃福利国家式的社会保障制度,转而建设"福利社会",即推动社会保障制度的社会化。《昭和50年代前期经济计划》中指出,经济展望和福利标准的增进,并不应该完全靠政府来实现,不能忽视个人、家庭、企业等力量。但即便如此,因为老龄化程度不断加深,社会负担越来越重,在年金制度改革中,增加保险费负担、降低发放标准等改革措施拉大了代际给付与负担的差距,损害了年轻缴费群体的利益,年轻一代深感社会保障给付水平比重过度偏重老年人,对社会保障今后的给付水准产生了怀疑和不信任。

(五)美国

美国是由一批逃避欧洲旧秩序束缚和压迫的移民建立的,他们自然地继承了源自欧洲的自由主义特征,即信仰个体的自由和平等,将个人的成败看作自身努力的结果,而他们对自由的渴望则被理解为美国精神的自然流露;同时,他们也深刻地体会过集权主义带来的种种压迫,因此,他们非常"反对权力之残忍与延伸"(哈茨,2003),进而形成了反集权主义的价值观,认为政府的权力必须受到限制,并高度崇尚分权。法治和民主精神的渗透,对于美国经济发展的贡献有目共睹,但其基础制度排名公平正义程度只排在世界第14位。主要问题在于,其一,两党之间的对抗和高度组织化的立法系统,导致治理成本高昂;其二,因为主张言论自由,政治献金受到法律保护,以至于政治体制被利益集团俘获的现象普遍。其结果是,美国社会公平正义第一层次评分排名第24,其中经济制度和政府廉洁程度分别排名第10和第16,法律制度排名第23。

初次分配不公是美国当今保障体系最饱受诟病之处。虽然美国社会已经消除了贫困,但是学界普遍认为美国的初次分配环节仍然存在较大问题。20世纪30年代起,美国工会力量不断强化,政府也确立了联邦最低工资,建立了社会保险和失业保险体系,并提高了对公司和富裕阶层的征税。这些政策在随后的40年内比较有效地抑制了收入不均等的扩大。但是到70年代末期进入"大分流"(The Great Divergence)之后,因为产业结构的调整和全球化的逐步推进,美国产业结构转型,受教育水平对未来收入日益产生更具决定性的影响,加之政府在最低工资等政策方面没有做出积极的调整,美国收入的不均等开始急速扩大。根据美国国会预算办公室(US Congressional Budget Office)估计,2014 年收入最高的 1% 人群年均收入占据了全国总收入的 21%,基尼系数为 0.44。[①] 美国在社会初次分配正义方面评价值为 3.03,排名第 34,刚刚达到优秀水平。

在公平正义第三层次,美国仍然高度关注政策的效率导向,该维度的公平正义水平仅排名第 38。仅从美国政府在教育过程中的角色看,政府首先强调的是机会平等。如 1964 年《民权法案》的第六条及附属条款规定,任何人不得因种族、肤色或原国籍而在任何受到政府财政资助的教育计划中受到歧视。进入 21 世纪以来,受到自由主义公平观的影响,美国开始追求尊重差异性和补偿性原则下的"结果公平"。2001 年《不让一个孩子掉队法案》(The No Child Left Behind Act,NCLB),强调通过测试及问责让学校和不同群体学生达到政府规定的学术标准,并基于教育成果惩罚差学校、奖励好学校,给学生更多的择校机会。2009 年的《力争上游法案》,更是通过财政诱导和教育券、特许学校计划等力求"人人成功",专门补贴处于不利地位的人群。但是,此类法案虽然强调教育结果的平等,却在某种程度上进一步固化了不平等的原因——低收入地区的学校因为资源所限,更难以获得新制度下的奖励和支持,加剧了优秀生源和教师的流失。根据经济合作与发展组织 2012 年"国际学生评价项目"的调查结果,美国学生数学学科达到优秀等级的仅有 8.8%,远低于经济合作与发展组织国家 12.6% 的平均数,其结果与美国《2000 年教育法案》中的预期相去甚远。因此,美国政府也希望更好地改善教育体系。例如,奥巴马政府执政后,颁布《改革蓝图》计划,着力解决上述问题,希望每年投入 10 亿美元覆盖师范类学生的全部学费,同时设立"教师服务奖学金"鼓励高校中优秀大学生选择教师为职业,旨在吸引优秀大学生从事基础教育领域工作,以解决机会不平等问题。

(六)希腊

希腊的经济制度状况一向不被世界认可,20 世纪 90 年代至今,希腊的经济自由度指数始终维持在 55 上下,被美国传统基金会划入"较为不自由的经

---

① 此为考虑了政府转移支付和税收调节之后的数据;若不考虑政府转移支付和所得税,收入最高的 1% 年收入为总收入的 30%,基尼系数为 0.60。数据来源:CBO's March 2018 Report The Distribution of Household Income, 2014。

济体"行列,而这种经济制度状况在北约乃至欧盟几乎是独此一家。历史因素是造成这种现象的主要原因。第二次世界大战后希腊军人集团的独裁统治掌控了希腊的经济走向,即使在 1974 年民主政权确立后,政府仍然保持对经济的强势干预,强行持续实施扩张性的财政政策;又因为政策及法律变动较为频繁,不利于企业制定投资和发展战略,影响企业投资回报率;工会势力比较强大,有时会影响到企业的正常运营。这种状况直接导致希腊的民营企业无法享受公平的经济制度,以至于其规模普遍较小、利润低、国际化水平差,难以形成竞争力,背负了大量债务。难以升级的劳动密集型加工业最终无法成为经济增长的源泉,旅游业、造船业、船运业成为经济增长的主要支柱。资源能源不够丰富、工业基础相对薄弱、经济结构偏畸,导致该国抵御风险能力极差。2009 年欧洲次贷危机爆发,引爆了希腊的经济隐患。在本书第八章测算的社会基础制度公平正义指数中,希腊仅得分 2.51,排名第 51。

也是因为工会势力强大,政府为了争取选票,做出了非常慷慨的福利承诺,近二十多年来,希腊在分配层面表现得较为出色。由于希腊已经消除了贫困,且初次收入分配较为公平,基尼系数仅为 0.34,社会收入差距较小,因此,在初次分配公平正义层次得到 3.72 分,位居第 20,排名甚至高于美国和日本。在再分配环节,希腊受益于长期的高福利政策,在医疗、教育、养老方面都有较好表现,最终获得 3.81 的高分,单项排名并列第 11。

但是,从长期来看,希腊的公平正义状况呈现出一种非常明显的下滑趋势,在没有优秀的经济制度和法律制度作为基础的情况下,高福利政策难以持续,如果不能进行有效的调整,希腊的整体公平正义水平甚至将持续加速恶化。统计数据显示,希腊的人均 GDP 已经从 2008 年的 2.4 万美元下降到 2017 年的 1.86 万美元,不到 10 年降低了 22.5%;债务危机引发的脱欧风险,进一步降低了希腊对资本的吸引力,使其经济和财政状况更趋恶化。同时,社会保障对经济发展的消极影响越来越突出,补贴名目繁多的高福利制度一方面导致福利攀比和福利刚性,另一方面在老龄化背景下又导致政府财政支出压力与日俱增;福利制度也影响了劳动创造的积极性,客观上形成"养懒罚勤"的逆向激励效果。支撑高福利政策的经济基础弱化,导致希腊的收入分配状况也开始恶化。自 2008 年金融危机起,希腊的基尼系数开始逐年攀升,从 2008 年的 0.336 快速攀升到 2012 年的 0.363;直到 2016 年起债务危机逐步得到化解,基尼系数才开始有明显下降。

(七)智利

作为非原生型国家的代表,智利曾经有过一段非常混乱的历史,经历过经济制度环境极为糟糕的时代。1973—1989年,智利经历了长达16年的军政府掌权时期,直到1990年军政府才还政于民。1973年之前,智利政府比较关注低收入群体的生活状况,努力尝试提高社会公平正义水平,但因为当时极为糟糕的经济状况,政府负担沉重,难以长久持续。最终,智利选择了目标明确的改革。军政府掌权阶段,在经济方面,智利改变了拉丁美洲和加勒比经济委员会主流的进口替代模式,积极参与全球竞争,主动选择了开放模式,强调了私人产权和个人自由的神圣地位。这种自上而下的剧烈变革,一方面迅速确立了市场经济体制;另一方面却造成大量中小企业破产,GDP下降幅度超过了5%,政府财政赤字不断上升。同时,这种社会环境对于人力资本、社会资本、文化资本等占有量较少的群体也极度不公,因为他们无法平等地获得新的市场机会,从而进一步引发人民生活水平不断下降、社会动荡不安、犯罪率快速上升等恶果,公平正义水平在一段时期内大幅下滑。

20世纪90年代后军政府还政于民,历届政府持续强化市场经济体系,促进国际贸易和自由竞争,维持宏观经济稳定,培育了居民良好的经济习惯,最终智利成功加入经济合作与发展组织,获得了世界的肯定。智利之所以取得不俗的成绩,很重要的一个原因就是没有对新自由主义"药方"照单全收,而是坚持从本国实际出发,走自己的经济社会发展道路。智利坚持市场对资源的配置起决定性作用,政府的主要职责是保持国民经济的活力与稳定,主要关注几个领域的工作:一是实施积极的产业政策,通过提供补贴、投资政策优惠等扶持某些部门发展;二是实施稳健、负责任的财政政策,通过适度限制公共开支、建立稳定基金和保持公共财政结构性盈余等多种手段,完善财政政策;三是构建了比较完整的支持中小企业政策体系和与之配套的体制架构;四是坚持"多边主义的贸易伙伴"战略,在单边自由化、双边自贸协定(弱化地缘因素)以及多边体制等多个方面寻求合作。总而言之,其经济制度状况持续改良,为经济发展和社会公平正义提供了良好基础。

得益于经济的快速发展,智利的社会公平正义水平也随之获得较大提升。1990—2010年间智利经济发展迅猛,年均GDP增速接近5.5%,人均收入累计增加超过100%,在2012年达到了高收入国家的标准。除此以外,智利的贫困人口比例也从1987年的38.7%下降到2010年的14.6%,在拉丁美洲主要国家中处于最低水平。但是,智利虽然提高了居民的整体收入水平,在缩小贫富差距这一领域却没有出色的表现。初次分配差距较大是智利长期以来在实现公平正义过程中所面对的最大难题。智利政府曾试图采用增加公共开支、创造就业岗位、扩大就业①等政策减小贫富差距,但是一直收效甚微。数据显示,智利此前的私有化改革所造成的影响是严重的,之前几十年的历史积累导致社会贫富差距极大,如今仅通过市场调节已经不足以对其进行修正,而随着政府在市场中的影响力不断下降(苏振兴,2000),政府干预也显得越发无力,因此同样难以奏效。不过,因为该国人均收入水平大幅提高,居民整体生活状况明显改善,即使贫富差距没有缩小,仍然算是某种意义上的帕累托改善。

由于初次分配环节较难改善,因此,智利近些年转变思路,更加注重再分配环节,希望能从再分配的角度调整国民收入状况,进而实现公平正义。智利主要采取了以下措施来改善社会公平正义状况:一是增加公共开支,加大政府的投资力度,对失业者进行就业培训,不断扩大就业的范围;二是建立失业保险的基金,颁布了失业保险法②;三是实施扶贫计划,加大扶贫力度,源源不断地为社会弱势群体提供津贴,投入大量的社会救助资金,特别是针对幼儿、孕妇、老人提供各种专项补贴(江时学,2003);四是加大教育投资,提高人力资本的质量;五是提高社会公共设施投入;六是通过政府投入直接改善了贫困人口的居住条件和医疗状况。概括来说,智利政府通过实施向低收入群体倾斜的政策,缓解了自由经济发展过程中产生的贫富差距过大的问题,较10年之前公共支出增幅超过200%,与经济增长保持步调一致。

第三节 对我国的主要启示③

在审视国际经验的基础上我们可以发现,社会公平保障体系对于减轻社会张力、缓解社会冲突、纾解贫困、合理引导劳动力流动等,都具有十分特殊的意义。各国不同类型的实践对中国也极富启示意义。

第一,社会基础制度的公平正义,对促进社会公平正义水平具有基础性作用。社会公平保障体系要运行有效,一方面要促进有限经济资源的有效利用,避免经济主体行为的扭曲;另一方面,整套体系还应该能够针对人口结构、经济发展水平、经济结构和社会结构等变化做出相应的调整,从而实现动态效

---

① 2000年拉戈斯政府上台之后,向公共部门投资了7 000万美元的资金,创造了2万多个就业岗位。智利政府又通过实施多项建筑的工程,投资64亿美元,通过吸引外资的形式,创造了更多的就业机会。2002年,智利在政府报告中表示"在未来的几年里,我们的经济形势将会是艰难的,虽然政府的收入不多,但我们是不会减少社会公共开支的"。

② 由于智利失业率长期高居不下,有超过100万失业者领取保险。

③ 本部分是在中间成果基础上完善而成。中间成果发表在孙祁祥等(2014)。

率。因此，如果一国的社会基础制度能够有效保护私人产权，降低个体参与社会经济活动面临的不确定性，保护个人使其免于遭受他人或政府的胁迫，或者说，市场运行能够得到有效的法律保障，政府行为可以受到法律管辖和约束，这个国家的社会公平保障体系就首先是审慎的，是对国民负责的。一方面，政府、企业、社会组织与个人都能享有自己的发言权甚至选择权，各方的意志都得到合理的体现，并承担相应责任，社会公平保障体系才能沿着公平的、法治化的轨道正常发展；另一方面，社会公平保障体系的重要性、特征和内容可以形成社会认同，从而能够保证连续性，并防止特权主义的滋生。虽然政府可以通过在分配环节的大量投入，在某种程度上降低或者消除基础制度不公对社会公平正义所造成的影响，在一定程度上提高社会整体公平正义水平，从长期来看却难以持续。希腊的经验就是佐证。再如，智利政府面对国内社会公平正义水平极差的现状，从社会基础制度建设入手，通过对经济制度和政治体制大刀阔斧的改革，配合一系列再分配环节的政策调节，充分体现国家和社会对低收入群体的关怀和帮助，经过 30 年的努力，实现了社会公平正义状况的大幅改善，扭转了之前社会经济发展与社会公平正义不协调的被动局面。由此可见，建立优秀的社会基础制度是实现公平正义政策有效执行的有力保障。

第二，收入分配格局的改善不是朝夕之功，"唯增长论"对社会公平正义乃至经济社会健康发展的负面影响不可小视。从各国经验来看，基尼系数在短期内大幅上升的情况比较常见，但几乎没有哪个国家可以使该指标在短期内大幅下降。究其原因，一旦收入格局形成，就会形成既得利益群体，从而很难实现利益的重新分配。所以，社会各阶层收入分配差距一旦拉大，再要消除收入分配环节违背公平正义的现象、回归公平，就需要付出极长时间和很大代价。事实上，虽然"涓滴理论"认为，在经济增长的过程中，财富会自上而下地流向普通百姓；换言之，优先追求经济整体上的快速增长，可以为持续减少贫困、提高人民福利创造条件。也正是基于这一理念，很多发展中国家施行"高积累、低消费"政策，进行快速资本积累与投资，希望在尽可能短的时间内缩小与先发国家的差距。但是，这种导向往往难以产生我们所希望看到的结果：首先，经济增长的成果向下"滴流"的渠道并不畅通，难以惠及绝大多数普通百姓；其次，国家生产能力增长快于民众消费能力的增长，长期内必然会导致总需求不足的问题，进而导致投资和消费长期失衡，消费率偏低，从而固化收入差距格局，导致劳动报酬在初次分配中比重偏低。日本就是因为注意到这些问题，及时调整收入分配政策，所以才较好地维护了分配正义。从长远来看，一味强调帕累托效率原则,追求社会总产出的增长,极有可能导致社会经济资源更多地向精英阶层流动,从而加剧社会结构的分化和阶层间的对立,这种制度不仅在政治上是不得人心的,还会危及长期的经济效率,导致不可持续。由此可见,发展主义和"唯增长论"对社会公平正义乃至经济社会健康发展的危害不可小视。如果社会公平保障体系未能协同发展,就会造成两极分化、社会不公,进而危害社会稳定和经济健康可持续发展;一旦陷入"中等收入陷阱",纠偏的社会成本就会极高。从这个角度来讲,维护社会公平正义的关键是厘清责任,政府不能推卸责任,但也要避免陷入"泛福利化"的陷阱。

第三,要强调不同层次、不同类型制度安排与经济的协调发展。从国际历史经验来看,一国/地区的社会公平正义水平与其经济发展水平高度相关,也深受其经济发展路径的影响。原生型的公平正义保障体系,与经济发展基本保持同步完善的步伐,大多从基本制度层面的建设与完善开始,逐步扩展到再分配层面;经济发展水平提高后,再分配层面的保障范围随之进一步扩大,水平也会相应提高。而非原生型的公平正义保障体系则因为其发展路径的特殊性,基础制度相对不完善,为了维持合意的公平正义水平,再分配层面就面临更大的压力。此外,社会基础制度的变革往往发生在长期内,且深受一国文化影响,具有制度惯性;相对而言,再分配层次的制度较容易被政策影响,且容易观测其结果,进而有利于争取民意。正因为如此,近些年来,各个国家都高度关注基本公共服务和社会保障制度的改革与发展。但需要注意的是,此类制度应协调发展,不能失于偏颇。例如,从国际经验来看,社会保险制度是社会保障制度的核心部分,从而也是社会公平保障体系的重要支柱,很多国家都借助慷慨的社保政策,快速改善了收入分配的不平等格局,但也给财政系统造成了巨大压力;在一些特殊情况下,以社保为中心反而会加剧社会不公。特别是,社保体系的覆盖对象往往是正规就业群体,但如果一个国家特别是发展中国家的大量人口是非正规就业的,反而会导致制度歧视。所以,不管外部条件如何变化,社会公平正义保障的核心目标不能动摇,即要致力于解决发展中的底线问题,增进社会包容,预防和减少贫穷,促进公平并防止不平等固化造成未来的不公。这种思维实际上是希望保证不同人群享受的待遇水平与收入和承受能力相适应。一方面,要致力于保障低收入弱势群体获得整个生命周期所必需的物品和服务,帮助儿童及其家庭突破生活中的恶性循环并切断贫穷的代际传递,增加卫生、教育、培训和就业促进等健康服务水平和能力的投资,以降低社会风险,有效减少甚至消除社会歧视,保持制度的自适应性;另一方面,在基本社会保障上,要强调"普惠"待遇,实现制度上的更广覆盖,更要强调公共资源部分倾斜,差异化地提高对老人、儿童、残障人士等弱势群体的保障水平,要在社会保险制度中内嵌对低收入弱势群体的保护机制,包括提升低收入群体的基本养老保险替代率、降低其医疗保险年度自付费用限额、降低共付比例等,不断完善家计调查式的社会救助制度,履行政府不可推卸的责任。换言之,要有效地给予所有具有相关潜质的人以平等参与竞争的机会(孙祁祥等,2016)。

第四,社会公平正义保障体系的建设,要处理好市场和政府的关系。在社会公平保障体系建设过程中,一方面,要坚持使市场在资源配置中起决定性作用,不能靠行政命令拔苗助长。原生型国家的经验表明,市场发挥资源配置的决定性作用,既有利于现代化和工业化同步推进,也有利于社会公平保障体系建设的同步推进。另一方面,要更好地发挥政府作用,加强政府在建立社会公平保障体系等方面的职能。社会公平保障体系作为社会保护带的重要内容,是政府发挥其积极干预作用的关键媒介,而政府所持的立场,则直接影响社会公平保障体系的建设进程和模式,包括财权事权的分配、供给主体选择等。非原生型国家的实践表明,由于经济体制的改革往往有"自上而下"推进的成分,其社会力量发育有限,更需要政府采取积极的态度、主动筹划和推进社会公平保障体系的建设,将发展的社会成本降到最低限度。当然,也没有足够的证据表明,一种政府与市场因素的组合一定会优于另外一种组合,某些在一个国家被证明十分有效的制度组合,未必会在另一个国家同样有效;换言之,任何国家的改革都应该依据它本身的制度可能性去评价,而不是依据那些基于完美的政府和市场的理想化尺度(Djankov et al.,2003)。这意味着,在构建社会公平保障体系时,若要参照国际经验,也必须深刻理解自身所处经济发展水平和制度基础特征,不能轻易地推进一项模仿或移植的措施,否则就可能东施效颦。

第五,公平与效率既对立又统一。毫无疑问,社会公平保障体系建设的首要目标是维护社会公平正义,而如前所述,只有符合社会公平正义要求的机制才真正有利于提高和维护资源的配置效率及劳动效率。但这并不意味着社会公平保障体系的建设不需要关注效率问题。在资源有限的条件下,任何一国的基本公共服务和社会保障待遇水平势必都不能超越经济发展水平,所以,社会公平保障体系的建设改革不能一味地给政府责任"做加法",而是要合理限定政府的财政责任。各国的历史经验也表明,要保证社会公平保障体系长期可持续发展,必须确立"底线思维"。要将有限的公共资源向弱势群体倾斜,并通过市场来满足具有相应支付能力群体的保障需要。可以说,未来的社会公平保障体系一定是政府、社会、市场和个人共同负担的多元保障模式。值得一提的是,从各国经验中可以看到,高福利往往会在客观上形成"养懒罚勤"的逆向激励效果,这主要是由信息不对称造成的。家计调查能力越弱,越容易出现转移支付错位的情况,如哥伦比亚政府补助的人群中只有不足一半是目标人群,有25%以上是本不应该享受补助的人(Gaviria et al., 2006)。伴随大数据科技和社会征信体系的发展,这种困境也许能够更有效地得以破解,精准扶助将会显著提高社会公平保障体系的运行效率;另外,互联网教育和医疗技术对于改进优质教育卫生资源分布区域不均衡的局面也有很大帮助。

需要说明的是,"社会公平保障体系"的范围十分广泛,从最广义的理解来看,它涉及公民的政治、经济、社会、文化等各个领域的公平保障体系。从本章对国际经验的梳理来看,社会基础制度对于一国公平正义水平具有至关重要的作用,但受一国传统的影响非常大。对于非原生型国家而言,社会公平保障体系的完善与发展,除了需要不断改进社会基础制度,中短期内更重要的内容应是社会保护层面的工作:一是基本公共服务体系(主要包括公共教育、劳动就业服务、医疗卫生、住房保障等),二是社会保障体系(主要包括社会保险、社会救助、社会福利等)。这两个体系的建设和完善,有助于消除民众特别是弱势群体精神层面的"剥夺感",提升公平正义感,从而有利于提升国家维护社会公平正义的能力。

本章参考文献

[1] Acemoglu, D., Johnson, S., Robinson, J. A. The colonial origins of comparative development: An empirical investigation [J]. American Economic Review, 2001 (91): 1369-1401.

[2] Alesina, A., Ferrara, E. Ethnic Diversity and Economic Performance [R]. NBER Working Paper, No. 10313, 2004.

[3] Arrow, K. Uncertainty and the welfare economics of medical care [J]. American Economic Review, 1963, 53 (5): 941-973.

[4] Bachelet, M. Social Protection Floor for a Fair and Inclusive Globalization [R]. Geneva: Global Labor Office, 2011.

[5] Damme, D. V. How Closely is the Distribution of Skills Related to Countries' Overall Level of Social Inequality and Economic Prosperity? [R]. OECD Education Working Papers, No.

105,2014.

[6] Djankov, S., Glaeser, E., La Porta, R., et al. The new comparative economics [J], Journal of Comparative Economics, 2003, 31(4): 595-619.

[7] Esping-Anderson, G. The Three Worlds of Welfare Capitalism [M]. Cambridge: Polity Press, 1990.

[8] Esping-Anderson, G. Welfare States in Transition: National Adaptations in Global Economies [M]. London, Thousand Oaks, New Delhi: Sage Publications, 1996.

[9] Feldstein, M. S. Social security and the distribution of wealth [J]. Journal of American Statistical Association, 1976, 71 (356): 800-807.

[10] Francisco, R. The Political Economy of Latin American Economic Growth [R]. World Bank's Global Development Network Research Project, Latin American and Caribbean Economic Association (LACEA), 2001.

[11] Friedman, M. Capitalism and Freedom [M]. Chicago: The University of Chicago Press, 1962.

[12] Gaviria, A., Medina, C., Mejía C. Evaluating the Impact of Health Care Reform in Colombia: From Theory to Practice [M]. CEDE, 2006.

[13] International Labor Force. Social Protection Global Policy Trends: 2010-2015 [R]. Geneva: Global Labor Office, 2014.

[14] International Labor Force. World Social Protection Report 2014/15: Building Economic Recovery, Inclusive Development and Social Justice [R]. Geneva: Global Labor Office, 2014.

[15] Jahn, A., Bozorgmehr, K., Müller, O. Reforming public and global health research in Germany [J], The Lancet, 2015, 386(9996): 851-852.

[16] Marshall, T. H. Citizenship and Social Class. In Sociology at the Crossroads and Other Essays[M].London: Heinemann Educational Books Ltd, 1963.

[17] OECD. Pensions at a Glance 2017: OECD and G20 Indicators [R]. OECD Publishing, Paris, 2017.

[18] OECD. Education at a Glance 2017: OECD Indicators [R]. OECD Publishing, Paris, 2017.

[19] Sen, A. Development as Freedom [M]. Oxford: Oxford University Press, 1999.

[20] 曹桂全.政府再分配调节的国际经验及其对我国的启示[J].华东经济管理,2013(7): 85—90.

[21] 樊纲,张晓晶."福利赶超"与"增长陷阱":拉美的教训[J].管理世界,2008(9):12—24,187.

[22] 哈茨.美国的自由主义传统:独立革命以来美国政治思想阐释[M].张敏谦,译.北京:中国社会科学出版社,2003.

[23] 平森.德国近代史:它的历史与文化:上册[M].范德一,等,译.北京:商务印书馆,1987.

[24] 各国社会党重要文件汇编(第一辑)[M].北京:世界知识出版社,1965.
[25] 古賀,昭典.日本社会保障立法の形成と展開——明治七年恤救規則から国民皆保険政策にいたる[J].産業労働研究所報,1967,43(10):11—23.
[26] 江时学.拉丁美洲和加勒比发展报告(2002—2003)[M].北京:社会科学文献出版社,2003.
[27] 景天魁.大力推进与国情相适应的社会保障制度建设——构建底线公平的福利模式[J].理论前沿,2007(18):5—9.
[28] 匡建江,沈阳.提高质量标准提升教育公平——英国教育大臣尼基·摩根谈基础教育改革[J].世界教育信息,2016(3):47—49.
[29] Labisch,包克光.德国公共卫生服务的发展道路[J].中国社会医学杂志,1983(1):42—45.
[30] 李晋中.对制约公共服务均等化因素的分析[J].财政研究,2008(1):56—58.
[31] 林卡.收入差距和社会公正:拉美国家社会保障体系的发展及其经验[J].社会科学,2011(10):62—68.
[32] 刘伟.突破"中等收入陷阱"的关键在于转变发展方式[J].上海行政学院学报,2011(1):4—11.
[33] 苏振兴.拉丁美洲的经济发展[M].北京:北京经济管理出版社,2000.
[34] 孙鸿志.拉美城镇化及其对我国的启示[J].财贸经济,2007(12):135—138.
[35] 孙祁祥,锁凌燕,郑伟.城镇化背景下社会公平保障体系建设的国际经验及其启示[J].中共中央党校学报,2014(2):46—53.
[36] 孙祁祥,锁凌燕,郑伟.社保制度中的政府与市场——兼论中国PPP导向的改革[J].北京大学学报(哲学社会科学版),2015(3):28—35.
[37] 孙祁祥,锁凌燕,郑伟.论新形势下社会保障的协调发展[J].中共中央党校学报,2016(4):98—104.
[38] 唐钧.从社会保障到社会保护:社会政策理念的演进[J].社会科学,2014(10):56—62.
[39] 斯密.道德情操论[M].王秀莉,译.北京:译林出版社,2015.
[40] 麦迪森.世界经济千年史[M].伍晓鹰,许宪春,译.北京:北京大学出版社,2003.
[41] 杨立雄."不情愿的福利国家"与金融危机——美国福利模式解析[J].当代世界与社会主义,2015(5):17—25.
[42] 于保荣,等.英国、澳大利亚和德国的基本卫生服务提供及管理体制研究[J].中国卫生事业管理,2007,23(9):641—644.
[43] 张占斌.新型城镇化的战略意义和改革难题[J].国家行政学院学报,2013(1):48—54.
[44] 郑秉文."中等收入陷阱"与中国发展道路——基于国际经验教训的视角[J].中国人口科学,2011(1):2—15,111.
[45] 郑秉文.法国高度"碎片化"的社保制度及对我国的启示[J].天津社会保险,2008(5):41—44.

[46] 郑功成.社会保障学[M].北京:商务印书馆,2000.
[47] 郑功成.智利模式告诉了我们什么[J].中国社会保障,2000(10):26—28.
[48] 郑功成.中国社会公平状况分析——价值判断、权益失衡与制度保障[J].中国人民大学学报,2009(2):2—11.
[49] 郑晓曼,王小丽.英国国民医疗保健体制(NHS)探析[J].中国卫生事业管理,2011(12):919—921.
[50] 周弘,彭姝祎.国际金融危机后世界社会保障发展趋势[J].中国人民大学学报,2015(3):26—34.
[51] 周学.经济大循环理论——破解中等收入陷阱和内需不足的对策[J].经济学动态,2010(3):48—57.

第五篇

建立社会公平保障体系与维护社会公平正义：战略构想及实施步骤

在前文对中国基本公共服务体系和社会保障体系的公平正义性进行系统性评价的基础上，本篇借鉴社会公平保障体系建设的国际经验，结合中国的具体国情，设定我国未来建立社会公平保障体系维护社会公平正义的基本原则，根据总体思路，利用系统论的方法，拟定2017—2035年间中国社会公平保障体系建设的战略构想，并分析战略实施过程中的战略重点、约束条件和实施路径，提出"总体设计，分步实施"的三阶段战略步骤，以期为中国建设社会公平保障体系维护社会公平正义的系统工程提供借鉴。

第十章　基本原则与总体思路

建立社会公平保障体系、维护社会公平正义,是现代国家公民的基本向往,也应该是现代社会执政者的执政理想,但如何实现,不同国家有不同的战略选择,并由此建立起了迥异的社会系统,当然,其结果也大相径庭。弗里德里希·荷尔德林(Friedrich Hölderlin)说:"常常使一个国家变成地狱的,正好是人们试图把国家变成天堂的东西。"①理想和现实往往有着巨大的差距,为了防止现实和理想之间的畸变与偏移,建立公平保障体系、维护社会公平正义,必须遵循一些基本原则,否则,播下公平正义的理想种子,却可能收获既不公平,也没有正义的黑暗果实。

第一节　建立社会公平保障体系的基本原则

基于前文对公平正义的界定和讨论,对67个国家和地区的公平正义总体水平的测算,以及对中国公共服务和社会保障领域公平性的研究可以发现:较为自由先进的经济环境、完备的法治制度、较高的政府廉洁程度以及较为合理的财富分配比例和社会保护水平是社会公平保障体系建立的基础,因此,我国社会公平保障体系建立的基本原则至少应包含以下几个方面。

一、以公平为核心,兼顾效率,以效率促公平

关于公平与效率的论述,本书前面各章已经多有提及,此处不再赘述。基于中国当前基尼系数偏高的国情,建立社会公平保障体系应以公平为核心,兼顾效率,以效率促进公平。而在建立社会公平保障体系的过程中,人的实质自由是发展的最终目的和重要手段。自利假设下的机制设计,通过产权配置和

---

① 德国诗人弗里德里希·荷尔德林的《塔楼之诗》里面的哲理诗句,转引自哈耶克(2000)。

激励相容等制度安排,可以提高人们的合作效率。但是机制运行中的交易成本和信息的不对称限制了交易的完成,使机制发生作用的边界变得狭窄。超出边界,则更多地需要社会规范、文化道德对人们行为的指引与约束。将"以公平为核心,兼顾效率,以效率促公平"作为社会公平保障体系建立的基本原则,基于以下几个原因:

第一,社会分化导致利益诉求不同。从不同富裕程度的群体利益追求来看,先富裕群体期望国家对其财产的认可和产权保护,而尚未富裕的群体,则更加偏重社会的公平与正义,以期尽快实现富裕,从而产生了先富群体与尚未富裕群体不同的利益诉求的矛盾。另外,社会上一部分人通过不正当手段实现"一夜暴富"的现象,客观上加剧了人们的心理失衡,少部分人甚至产生了一定程度的仇富心理,由此导致了不同群体利益矛盾的复杂化,不同阶层的个人利益和群体利益得失的相对平衡被一步步打破。美国学者斯托夫(Stouffer)提出了相对剥夺范式,即当人们在社会生活中实际获得的生活条件和机会低于或远远低于他们所渴望得到的生活条件和机会时,他们就会产生被剥夺的感受。从心理学上讲,相对剥夺感这种心态的产生是由于人们将自己的状况与那些和自己的地位相近的人或群体做反向比较后所产生的一种比较矛盾的心理状态,一旦人们将所对比的群体变成了自己的潜在对手,这种心态就会变得更加强烈。当前,中国处于社会变迁和分化过程中,在这种特定的社会分化阶段,一旦利益诉求得不到实现,一些群体可能会产生相对剥夺感的心态。而一旦这种心态变得强烈,将可能成为社会不满和社会动荡的重要根源。

第二,社会分化带来弱势化心态。改革开放四十多年来,随着我国经济的快速发展,人们的生活水平有了普遍而显著的提升。但是,尽管物质生活水平提升了,人们的精神方面并没有实现同步的富足,相反,越来越多的人把自己归类为"弱势群体",从心理学上看,这是一种典型的"弱势心态"。同时,随着经济分化的加剧,社会分层有越来越大的趋势,部分人的相对社会地位下降,进而引发比较严重的相对剥夺感,这又加剧了处于社会相对弱势地位的群体的弱势化心理。另外,除了收入贫困造成的弱势群体,在就业、受教育、就医、购房等方面的机会不平等,也造成了不同的弱势群体。这些群体在利益表达、上访诉求、伸张正义等方面缺乏机会,由此存在焦躁疑惧、迷茫失落、金钱至上、权力崇拜等失衡的社会情绪,这部分人也把自己称为"弱势群体",进而产生对社会的不满。其他一些在社会中看起来相对"强势"的群体,如医生、教师甚至基层公务员,由于"殴打医生""围殴教师""基层公务员困境"等现象的频发,也存在忧虑、抑郁、压抑等弱势化心态。剖析"弱势心态"现象背后的原因,制度的不完善是造成"弱势心态"逐渐蔓延开来的重要因素。弱势化的本质在于现有社会公平保障制度上的不完善,如医疗制度、药品流通制度、教育制度、户籍制度、住房制度、社会保障制度、收入分配制度等。

第三,社会分化凸显公民权益保障不充分。毋庸讳言,我国的法治化水平还有待进一步提高,在从计划经济向社会主义市场经济的转型过程中,市场机制、公共政策与法律法规的不完善,使得机会、规则和程序等方面的不平等现象大量存在,现实中人们的权益还得不到充分的法律保障。尤其是处于社会相对弱势地位的群体,无论是物质财富的获得,还是社会地位的保障,都不尽如人意。当自身利益被侵犯时,因为无法采取有效的手段维护和保障权益,这些群体的社会公平感会不断下降。当这种状况长期无法得到改变时,就会出现强者越强、弱者越弱的"马太效应"(Matthew Effect)。这种长期存在的两极分化现象如果得不到扭转,也会造成社会弱势群体成员的心理压力不断加重,产生悲观、抑郁,甚至"仇富""仇官"等消极心理,从而导致道德扭曲。

解决以上问题的根本出路在于经济发展和社会进步,在经济发展和社会进步的过程中构建公平与效率内在统一的社会公平保障体系,并最终实现人的全面自由发展。当前,我国经济发展进入以"L"形经济为特征的新常态,必须更加注重考虑和解决社会公平正义的问题。在发展中实现经济水平不断提升和公平合理的社会体系的构建,关键在于正确处理公平与效率的关系。一方面,效率是公平的前提,没有效率就谈不上发展,就只能是计划经济下那种低水平的平均主义式的公平;另一方面,公平可以激发效率,没有基本的公平就难以保持持久的效率,最终也会失去效率,使经济社会发展出现悲剧性的逆转。唯有在经济社会的发展中适当把握二者的动态平衡,以公平为核心,以效率促进公平,以实现长期可持续发展,才能实现两者具体的历史的统一。根据我国四十多年改革开放的基本经验,邓小平提出的坚持效率优先、兼顾公平的非均衡发展政策,曾极大地推动了我国社会经济的发展、大大地提高了人民的生活水平、增强了国家的综合实力。然而,与经济迅猛发展相伴随的是社会利益的分化,不同的利益群体和新的社会阶层逐渐形成,改革发展面临的主要矛盾也在发生重大变化。当前,我国的社会主义现代化建设进入了一个新的阶段,社会公平公正问题变得前所未有地突出,中国迫切需要以更大的精力来建立和完善社会公平保障体系,以系统地解决社会公平正义问题。

基于以上分析,社会公平保障体系的建设必须以实现公平与效率的动态均衡为价值目标。尽管合理适度的收入差距是保持效率的必要条件，但超过合理的限度，则不仅公平会受到损害，效率也将无以维系。公平与效率相辅相成，互相促进。一般认为，市场促进效率，政府保障公平，在社会公平保障体系的建设中，政府与市场需要各司其职，把市场在提高效率方面的潜力发挥出来，把政府在实现公平方面的优势发挥出来，政府和市场利用各自的资源配置优势，使公平与效率有机结合，良性循环。在关注市场发展的同时，把维护社会公平放在更加突出的位置，逐步建立健全符合社会和谐目标的社会公平保障体系，使全体人民在基本公平的基础上共享改革发展的成果。

二、以权利公平为基础，以机会公平为关键，以规则公平为保证

如前所述，权利公平表现为公民的基本权利的享有不能因为出身、职业、财富等不同而被区别对待；机会公平意味着具有类似天赋和才干又有相同意愿、付出同样努力的个体，有着大致相同的竞争机会；规则公平则主要体现为规则的同一性与平等性。

"以权利公平为基础，以机会公平为关键，以规则公平为保证"的原则基于坚实的社会心理学基础。社会比较（social comparison）又称"人际比较"，是指在现实生活中，人们往往是通过与他人进行比较来定义自己的社会特征的，比如在与他人的比较中判断自己的体力、智力、能力、形象、信念、态度和社会地位等指标，并在某种比较性的社会环境中获得这些指标的意义，而非根据某种纯粹的客观标准做出判断。社会比较是一种普遍存在的社会心理现象，在社会比较的过程中，背景因素至关重要，以不同的背景因素进行比较，结果会大相径庭，也会引发大不相同的社会心理动机。比如，在现实生活中，人们出于自尊或自卑的心理而选择与背景相同或不同的人做比较，得出的结论也许合乎己意，却会有相当大的心理偏差。

Scitovsky(1992)与Diener et al.(1996)的研究显示，在社会分配中，人们对自己待遇的评价结果取决于背景大致相同的人的待遇，并以此判断分配的公平性，这就是社会分配中所谓的"对称原则"和"差异原则"，即处于相同背景下的人应被给予类似的待遇，处于不同背景下的人应被给予差异性的待遇。这一理论的政策含义相当明显：社会分配政策的制定要充分考虑社会背景的差异。然而问题在于，我们需要明确，哪些差异所造成的机会或者结果的差异是可以接受的，或者被认为是正义、公平的；哪些差异所造成的机会或结果的差异是不可接受的，或者被认为是非正义、不公平的。典型的如

以种族或者肤色的差异作为差别待遇的背景在现代社会中通常是不可接受的，会被认为是不公平、非正义的。罗尔斯的公平正义理论可以提供借鉴和参考（罗尔斯，1988）。

联系我国当前社会转型期的发展现状，由于社会分化而产生的弱势群体主要可以分为三类：第一类是因个人能力较弱等自身原因，在激烈的市场竞争中处于相对弱势；第二类是在社会变革过程中由于制度和政策等外在原因而导致成为弱势群体；第三类则是前面两种类型的原因交织在一起而产生的弱势群体。在我国社会转型期，因为企业改制、城市规划、大型工程项目等原因导致第二类弱势群体产生的概率较高，很多涉及"不公正"和"不公平"的问题，对此类现象应该给予高度关注。

构建以权利公平、机会公平和规则公平为主要内容的社会公平保障体系是实现社会公平和社会正义的重要途径。党的十八大报告将"权利公平、机会公平、规则公平"作为主要内容，形成了新时期社会主义公平观的核心理念，是对社会主义公平观的突破与创新。

如前面章节所述，权利公平是指每个社会个体在参与、增进和分享政治、经济和文化等方面的发展权利具有同样的权利起点。简言之，即公民在法律面前人人平等，《中华人民共和国宪法》赋予了每个公民平等的基本权利，并且有效地保障这种平等的基本权利。权利公平包括生存权和发展权在内的一系列权利，是社会公平保障体系建设中最为基础和核心的内容，是机会公平和规则公平的前提与基础。没有权利公平，就不可能出现机会公平和规则公平。

改革开放四十多年来，经济转型是我国经济发展的基本特征，由于是"摸着石头过河"，制度上的不完善在所难免，权利公平问题逐渐凸显。从"让一部分人先富裕起来"到实现"共同富裕"之路尚未走完，社会成员还没有公平享受发展的成果。权利公平首先应体现在政治权利公平上，即所有社会成员平等地享有各项政治权利，反对和摒弃任何特权，同时，权利公平也是具体的，对我国这样一个发展中国家而言，权利公平首先需要重视和强调生存权与发展权的公平。权利公平是建立在权利与义务相统一基础上的，是权利和义务的统一。

如前所述，机会公平既是权利公平的必然要求，又是实现权利公平的基本前提。促进机会公平，最基本的是要促进起点的机会公平和发展的机会公平。构建以机会平等为核心内容的社会公平保障体系，加大政策和制度的公平性，创造平等竞争的机会。将社会公平保障体系建设成为"收入分配的调节器"

"社会发展的稳定器""公平效率的平衡器""市场效率的发生器"。

在我国,制度不完善而导致的规则不公平是引发各类矛盾的重要根源。要保障社会公平,实现社会正义,根本在于制度建设公平的制度体系是社会公平保障体系的内在支撑,能够从根本上调节个体与个体、个体与社会以及整个社会资源网络体系的关系。公平与正义是实现社会发展和进步的前提,也是制度追求的首要目标。脱离了公平与正义,即使短期内取得了经济效益,也可能出现贫富差距加大和社会不平等问题,经济与社会也难以可持续发展。

公平的制度保障是实现社会公平和人们享有公平发展权的根本支撑。在我国,公平的制度体系既包括法律制度、户籍制度、财政税收制度、社会保障制度等一系列制度,也包括与收入再分配相关的转移支付制度、社会救济制度,还包括信息披露机制、评估调整机制、整合协调机制等的社会制度运行机制。权利公平、机会公平与规则公平是内容,由以上一系列制度组成的社会体系则是实现社会保障公平的载体。

社会公平保障体系建设涉及政治、经济、文化、法律、社会、伦理等各个领域(胡锦涛,2012)。当前,我国全面推进依法治国,"保证人民平等参与和发展权利"赋予每个个体在政治上享有平等参与社会管理和国家事业的机会,在经济上具有平等的市场主体地位以及追求正当合理经济利益的机会,以及在文化、法律和社会伦理等方面享有追求平等的参与权和发展权。而建设社会公平保障体系,则必须将从社会分配到整个社会制度的公正性都涵盖进来。

三、优化起点公平,保证过程公平,权衡结果公平

如前所述,从时序的角度来看,公平可以区分为起点公平、过程公平和结果公平三种。在社会公平保障体系建设方面,政府可以在尽可能的情况下创造公平的环境和条件去优化起点公平,比如我国实施九年制义务教育,使得广大城乡儿童,尤其是西部边远落后地区的儿童也能够获得受教育的权利。虽然不同地区的教育水平还有差异,但是九年制义务教育无疑将受教育的起点不公平的可能性降到了最低点,优化了人生的起点公平。

只有在起点公平与过程公平的基础上,才有可能尽量做到结果公平,起点公平与过程公平是保证结果公平的必要而非充分条件。对于结果不公平问题,可以从两个维度来探讨:第一,从起点公平的维度。对于社会弱势群体——这部分群体在起点上就低于一般群体,政府和社会应该为他们创造和提供平等受教育及发展的机会,完善、健全社会保障和救济体系,使弱势群体

可以通过政府和社会力量的帮助，增强适应社会和自身成长的能力，这将有利于弱势群体向社会上流爬升，增进社会福祉。第二，从过程公平的维度。如果说起点公平是结果公平的，过程公平则对于实现最终结果的公平具有非常重要的意义。从某种意义上讲，过程公平更多体现为社会游戏规则，规则公平才能真正激发社会群体积极发挥自身潜力和主观能动性投入公平竞争，才能实现个人目标，推动社会进步。

总之，研究公平问题不能把起点公平、过程公平和结果公平这三个紧密相关的方面分开，而且事实上也很难分开。这三种公平互相衔接，互相影响，互为条件，缺一不可。当前，建立与完善我国社会公平保障体系是这三个方面的有机统一，要不断优化起点公平，保证过程公平，权衡结果公平。将以上三个原则融入"规则正义、有限保障以及多元主体"这个建立社会公平保障体系的主旨思想之中，就可以形成一个建立我国社会公平保障体系维护社会公平正义的总体思路，并保证战略步骤和实现路径的科学化、一致性，以供政策制定者借鉴及学术界交流。

第二节 建立社会公平保障体系、维护社会公平正义的总体思路

建立公平保障体系与维护社会公平正义是文明社会发展的一个基本目标，也是一项浩大的社会系统工程，需要以系统论的整体观为基础，顺应传统的社会文化道德，吸收全世界人类文明的发展成果，坚持法律根基和制度建设，坚持公平原则，以人为本，注重人的自由发展，建立起体系完整、结构科学、层次合理、动态持续的社会公平保障体系，从而保证社会公平正义得以实现。

本节基于本书所提出的建立社会公平保障体系、维护社会公平正义的理论框架，以及对中国基本公共服务体系和中国社会保障体系公平正义性的评价结果，利用系统论的观点规划社会公平保障体系的建设蓝图，提出建立社会公平保障体系、维护社会公平正义的总体思路和政策建议，并给出实现社会公平保障、维护社会公平正义目标的具体路径和实现步骤。

系统论思想最早由美籍奥地利人、理论生物学家路德维希·冯·贝塔朗菲(Ludwig Von Bertalanffy)创立，他于1932年提出了"开放系统理论"。关于系统论观点，可以概括为以下几个方面：第一，整体性，即系统是指由两个或两

个以上的元素(要素)相互联系、相互作用而形成的有机整体;第二,结构性,是指构成系统的要素基于一定的结构和秩序相互联系,结构决定功能,功能是结构的属性;第三,动态性,即现实存在的系统不是一成不变的,而是不断变化与发展的。系统论思想具有重要的哲学意义,在构建公平正义的社会保障体系中,具有很高的参考价值,值得借鉴。

体系完整。提出体系完整的要求,是因为社会公平保障体系涉及社会经济生活的各个方面,但建立以"权利平等""机会公平""规则公正"为特征的社会公平保障体系,关键是完善对保障社会公平正义具有重大作用的制度,尤其是社会保障与基本公共服务体系,它不仅包含社会保障制度中的社会救助、社会保险、优抚安置和社会福利,还包括基本公共教育、基本医疗卫生服务、基本住房保障等基本公共服务。本书所提出的建立社会公平保障体系将是一个体系完整的系统,既是现有各种制度的缀合,也是社会公平保障体系的完善与发展。

结构科学。结构科学是指社会公平保障体系内部,无论是社会保障制度还是基本公共服务体系,都有一个比较科学的结构关系,在每一项制度上的资源投入都能实现边际社会成本和边际社会收益的基本对等,在公平与效率之间达成一个基本平衡,各项制度之间彼此呼应、相互促进,多项制度共同架构起一个既体现社会公平又充满效率的有机系统。为了保证结构科学,必须秉持的基本理念是,建立发展型福利体制,即推动人力资本发展以增强社会成员自我发展的能力,提供基本的社会福利但避免形成福利膨胀,其基础是为全体国民提供基本保障,尤其关注贫困人口的社会保障。同样重要的是,社会政策应该推进教育、医疗、就业和创业等方面的机会均等,促使每个人的潜能都得到充分发挥,大幅缩小收入、生活条件和财富上的差距,使人们拥有更高的生活质量,共享发展成果。

层次合理。层次合理是指社会公平保障体系的各项制度都有一个合理的层次,比如在社会保障制度建设中,我国一直以来所坚持的"多层次"的社会保障制度特征就是一个典型的体现,根据不同的人群提供多个层次的养老和医疗保障制度,在基本保证制度公平性的同时,追求制度的效率,以效率促公平。当然,设定的层次需要合理,否则会损害制度的公平与效率。

动态持续。动态持续是指社会公平保障体系的各项制度建设是根据社会经济政治形势与时俱进,并可持续发展的。任何制度的建设都不可能是一蹴而就的,在社会公平保障体系建设中,可持续发展和动态调整是并行不悖的两个方面。在社会公平保障制度的建设中,需要设定科学的战略发展方案,并对路径和难点及解决问题的方法具有非常清晰的制度顶层设计。

本章参考文献

[1] Dasgupta, P., Maskin, E. Uncertainty and hyperbolic discounting[J]. American Economic Review, 2005, 95(4): 1290-1299.

[2] Diener, E., Fujita, F. Social Comparisons and Subjective Well-Being[D]. Working Paper, 1996.

[3] Fehr, E., Schmidt, A. K. M. A theory of fairness, competition and corporation[J]. Quarterly Journal of Economics, 1999, 114 (3): 817-868.

[4] Gintis, H. Strong reciprocity and human sociality[J]. Journal of Theoretical Biology, 2000, 2006(2): 169-179.

[5] Rabin, M. Incorporating fairness into game theory and economics[J]. American Economic Review, 1993, 83 (5): 1282-1302.

[6] Scitovsky, T. The Joyless Economy[M]. Oxford: Oxford University Press, 1992.

[7] Sen, A. On Economic Inequality[M]. Oxford: Oxford University Press, 1973.

[8] Wagstaff, A., van Doorslaer, E., Paci, P. On the measurement of horizontal inequity in the delivery of health care[J]. Journal of Health Economics, 1991(10): 169-205.

[9] Wagstaff, A., Eddy van D. Measuring inequalities in health in the presence of multiple category morbidity indicators[J]. Health Economics, 1994(3): 281-291.

[10] Wagstaff, A, Eddy van D. Progressivity, horizontal equity and re-ranking in health care finance: A decomposition analysis for the Netherlands[J]. Journal of Health Economics, 1997(16): 499-516.

[11] 董志强.我们为何偏好公平:一个演化视角的解释[J].经济研究,2011(8):65—77.

[12] 冯虹,叶迎.完善社会正义原则实现农民工就业待遇公平[J].经济研究,2009(8):173—175.

[13] 国务院发展研究中心农村部课题组.从城乡二元到城乡一体——我国城乡二元体制的突出矛盾与未来走向[J].管理世界,2014(9):1—12.

[14] 哈耶克.哈耶克论文集[M].邓正来,编,译.北京:首都经济贸易大学出版社,2001.

[15] 哈耶克.通往奴役之路[M].北京:社会科学文献出版社,2000.

[16] 胡怀国.经济转轨中的公平与效率——读《包容性发展与社会公平政策的选择》[J].经济研究,2013(6):155—160.

[17] 胡锦涛.坚定不移沿着中国特色社会主义道路前进为全面建成小康社会而奋斗:在中

国共产党第十八次全国代表大会上的报告[N].人民日报,2012-11-18(1).
[18] 霍绍周.系统论:第一版[M].北京:科学技术文献出版社,1988.
[19] 厉以宁.论"中等收入陷阱"[J].经济学动态,2012(12):4—6.
[20] 林山君,孙祁祥.人口老龄化、现收现付制与中等收入陷阱[J].金融研究,2015(6):48—63.
[21] 孙祁祥,锁凌燕,郑伟.城镇化背景下社会公平保障体系建设的国际经验及其启示[J].中共中央党校学报,2014(4):46—53.
[22] 孙祁祥,锁凌燕,郑伟.社保制度中的政府与市场——兼论中国PPP导向的改革[J].北京大学学报,2015(3):28—35.
[23] 锁凌燕.转型期中国养老保障体系形成过程中政府与市场的关系[J].经济科学,2013(1):60—73.
[24] 韦倩.纳入公平偏好的经济学研究:理论与实证[J].经济研究,2010(9):137—148.
[25] 魏众,B.古斯塔夫森.中国居民医疗支出不公平性分析[J].经济研究,2005(12):26—34.
[26] 吴成丕.中国医疗保险制度改革中的公平性研究——以威海为例[J].经济研究,2003(6):54—63.
[27] 吴愈晓.中国城乡居民的教育机会不平等及其演变(1978—2008)[J].中国社会科学,2013(3):4—21.
[28] 徐月宾,刘凤芹,张秀兰.中国农村反贫困政策的反思——从社会救助向社会保护转变[J].中国社会科学,2007(3):40—53.
[29] 罗尔斯.正义论[M].何怀宏,何保钢,廖申白,译.北京:中国社会科学出版社,1988.
[30] 战涛.让困难群体拥有更多的机会——以罗尔斯公平机会原则为视角[J].理论研究,2011(2):60—62.
[31] 张国清.罗尔斯难题:正义原则的误读与批评[J].中国社会科学,2013(10):22—40.
[32] 赵学增.社会主义政治经济学重大原则的价值基础[J].经济研究,2016(3):41—43.
[33] 郑伟,孙祁祥.中国养老保险制度变迁的经济效应[J].经济研究,2003(10):75—93.
[34] 郑新业,张莉.社会救助支付水平的决定因素:来自中国的证据[J].管理世界,2009(2):49—57.
[35] 周钦,田森,潘杰.均等下的不公——城镇居民基本医疗保险受益公平性的理论与实证研究[J].经济研究,2016(6):172—185.
[36] 邹铁钉,叶航.形式公平与运行效率的替代效应——基于实质公平的养老改革[J].经济研究,2014(3):115—129.

第十一章 约束条件、战略步骤与实现路径

沉沦与崛起,崩溃与复兴,世界政治格局激烈动荡:欧洲面临着分崩离析的险境,美国重返孤立主义,日本军国主义死灰复燃,伊斯兰极端主义甚嚣尘上,朝鲜半岛危机重重。世事如棋,中华民族站在一个新的历史转折点上,如何兴利除弊?这需要各个领域各个层次的深入研究。毋庸置疑的是,社会公平正义是社会和谐、经济发展、民族进步、国家强大的基础,社会公平保障体系则是社会公平正义得以实现的制度保障。建立社会公平保障体系、维护社会公平正义,必须立足于面对的约束条件,并按照一定的战略步骤,沿着可行的路径前行。

第一节 建立社会公平保障体系、维护社会公平正义的约束条件

一、国民收入分配欠公平,面临"中等收入陷阱"的挑战

改革开放的总设计师邓小平1985年10月23日会见美国时代公司组织的美国高级企业家代表团时说:"一部分地区、一部分人可以先富起来,带动和帮助其他地区、其他的人,逐步达到共同富裕。"改革开放四十多年后,第一阶段的目标"让一部分人先富起来"已经达到,而共同富裕的目标尚未完成,尽管几乎每个群体的财富都在增长,但贫富分化的格局已经形成且在某种程度上有进一步加强的趋势。

众所周知,国际上通常把基尼系数等于0.4作为衡量收入分配是否公平的"警戒线",根据黄金分割律,其准确值应为0.382。一般发达国家的基尼系数在0.24和0.36之间,美国偏高,为0.45。根据中国国家统计局公布的数据,中国改革开放前的基尼系数为0.16(主要是绝对平均主义造成的),2001年就已

经超过警戒线0.4,达到了0.49,其后虽有所回落,但一直保持在0.46以上的高位。由于部分群体隐性福利的存在,中国实际收入的差距可能还要更高,远高于基尼系数国际警戒线,这说明我国收入分配差距较大,收入分配的不公平状况仍然非常突出。基尼系数代表一国居民收入贫富差距,我国由于城乡差距大,所以贫富差距过大在所难免。

公平发展不仅有利于改善收入分配,使其更为均衡地发展,还能够减少社会矛盾和冲突,从而有利于经济可持续发展;反之,则会阻碍社会经济的发展。拉丁美洲国家和亚洲的一些国家由于贫富差距悬殊,社会严重分化,经常发生激烈的社会动荡,甚至导致政权更迭,对经济发展、社会安定和社会进步造成了严重的不利影响。

日本、韩国是成功跨越中等收入陷阱的国家,其最重要的经验是实现了从"模仿"到自主创新的经济增长模式的转换。韩国于20世纪70年代依靠出口导向战略实现了"汉江奇迹",然后转向鼓励科技竞争和创新,并将科学技术和产业技术开发的主体由政府转向企业,促进了韩国产业实现"雁行模式"的转型。较为关键的是日本和韩国在跨越中等收入陷阱的过程中,有效地利用了社会公平保障机制控制收入差距的扩大。可以说,日本的"国民收入倍增计划"和韩国的"新社区运动",为其成功跨越中等收入陷阱创造了良好的条件。

借鉴跨越中等收入陷阱国家的成功经验,我们认为,中国必须根据自己的国情,在保持经济健康稳定快速发展的同时,建立起一个有效的社会公平保障体系,有助于跨越中等收入陷阱。经过四十多年的改革开放,中国经济发展已经取得了重大进步,社会生产力已经跃升至世界第一制造业强国水平,到了从"中国制造"到"中国创造"的阶段,需求升级成为拉动中国产业升级的关键因素。消费需求将在国民经济增长中扮演越来越重要的角色,而消费需求的提升不仅要求国民收入的持续增长,更对收入分配均衡提出了更高的要求。改革开放四十多年来,我国国民收入水平显著增长,但是基尼系数在世界上也处于较高水平,缩小收入差距已经成为中国未来经济可持续发展的重要路径。建设一个公平合理的社会保障体系,对于调整国民收入分配、扭转收入再分配在不同阶层扩大趋势、缩小收入分配差距都有重要的意义,是我国顺利跨越中等收入陷阱的重要战略抉择。

二、城乡差距仍然存在,快速城市化进程中各种矛盾十分突出

基于中国城乡二元的社会结构和从农业大国向工业国家转变的独特路

径，历史上形成的城乡之间的不公平仍旧是当代中国所面临的最大的不公平。城乡协调发展是全面建成小康社会的重要目标之一，是推动城乡共同繁荣的根本途径，也是社会公平正义得以实现的内在要求和重要保证。当前快速的城镇化造成了一些农村社区的凋敝，大量留守老人缺乏照料，大量留守儿童缺乏父母的关爱和良好的教育，也给城市的基础设施、社会保障和教育系统带来了巨大冲击；土地征用和流转中的不公造成了长期难以解决的社会矛盾；技术工人短缺和城乡失业同时并存；拆迁中的贫富不均和愚昧消费严重影响着社会和谐；城市低收入者生命波折期的生、老、病、死、残带来巨大的生存压力；贫富分化和各种社会不公瓦解着改革开放的基本共识；人民对社会公平正义的渴望在复杂多变的国际国内环境和各种矛盾中显得更为急切。

随着我国城镇化发展的深入，我国农村人口不断流向城市，农村人口城市化和市民化，客观上提升了原来源于农村人口的福利水平。但是，城乡居民在就业、教育、医疗、养老等领域的差距仍然存在。这迫切需要进一步融合，以城乡居民收入差距为基点的城乡公共服务和社会保障不公平现象有待进一步以制度化的方式消除。

（一）城乡居民收入差距增大趋势依然没有改变

改革开放四十多年来，我国经济规模跃升世界第二，居民收入水平也开始接近中等收入国家。但是，由于经济发展不平衡，城市居民的收入水平明显高于农村居民收入水平，并且随着城市居民收入增长速度高于农村居民收入增长速度，城乡居民间收入水平的差距越来越大，基尼系数偏高，收入不平等的现象仍然存在。根据国家统计局关于国民收入的统计数据，2002—2015年，我国城乡居民收入比除了2014年和2015年在"3"以下，其他年份均在"3"以上，2007年城乡居民收入差距扩大到改革开放以来的最高水平3.33∶1。

以2010—2015年我国城乡居民收入比变化趋势为例（见表11-1），我国城乡居民收入比在逐年缩小，但城乡居民收入绝对差距依然巨大，这对于构建公平正义的和谐社会无疑是一大挑战。

表11-1　2001—2015年我国城乡居民收入比变化情况

（单位：元）

年份	城镇居民可支配收入	农村居民可支配收入	城乡绝对差距	城乡收入比
2001	6 860	2 366	4 494	2.90∶1
2002	7 703	2 476	5 227	3.11∶1

(单位:元)(续表)

年份	城镇居民可支配收入	农村居民可支配收入	城乡绝对差距	城乡收入比
2003	8 472	2 600	5 872	3.26∶1
2004	9 422	2 936	6 486	3.21∶1
2005	10 493	3 255	7 233	3.22∶1
2006	11 759	3 587	8 172	3.28∶1
2007	13 786	4 140	9 646	3.33∶1
2008	15 781	4 761	11 020	3.31∶1
2009	17 175	5 153	12 022	3.33∶1
2010	19 109	5 919	13 190	3.23∶1
2011	21 810	6 977	14 833	3.13∶1
2012	24 564	7 917	16 648	3.10∶1
2013	26 955	8 896	18 059	3.03∶1
2014	28 844	9 892	18 952	2.92∶1
2015	31 195	11 422	19 773	2.73∶1

资料来源:根据国家统计局相关数据计算得出。

(二) 城乡之间的社会保障水平相差悬殊,制度衔接尚未完成

虽然我国已经建立了基本覆盖城乡的养老保障、医疗保障等保障体系,城乡利益格局总体状况得到一定改善。但是城乡之间社会保障的水平差距依然很大,农民社会保障的保障水平低且保障内容不全面。

根据民政部的统计数据显示,截至 2017 年年底,我国城市低保对象为 741.5 万户,共计 1 261 万人,当年全国各级政府用于城市低保的资金共计 640.5 亿元,统计得出我国城市低保的平均水平是 5 079.3 元/人·月。相比之下,2017 年我国农村总计有 2 249.3 万户,共计 4 045.2 万人领取低保,全国农村低保平均标准为 2 600 元/人·年,农村低保资金为 1 051.8 亿元。虽然农村低保在国家支付的人数和资金比城市低保多,然而如本书第七章相关内容所述,农村低保的标准大大低于城市低保标准,这客观上说明了同是低保对象,但是城乡居民享受的待遇标准存在差距。

另外,相比城市居民享有较高水平的"五险一金",即医疗保险、养老保险、生育保险、工伤保险、失业保险和住房公积金,目前大多数农村居民只有新农合和新农保,而且待遇水平大大低于城市居民水平。城乡居民保障权利和水

平的差距,客观上也反映了我国社会保障还存在不公平和不平等的现象,社会保障体系还不够完善,社会公平保障目标建设任重而道远。

(三)城乡之间的文化教育卫生等资源分配不均

目前,我国城市居民的生活水平已经实现小康。伴随着城镇化建设的深入和完善,城市的教育、医疗、文化、旅游等资源不断丰富,城市居民享有越来越好的教育条件、医疗条件、文化资源。与之形成鲜明对比的是,随着农村劳动力外出,农村人才资源的流失,农村经济萧条,医疗、教育和文化资源匮乏,居民生活单调,这种城乡居民在医疗、教育、文化等方面资源的失衡将进一步制约农村居民的全面发展和素质的提升。尽管政府新农村建设投入了很多资源,但是在这十几年我国城镇化成为国家发展大趋势的背景下,在社会资源流向城市的大格局下,农村在教育、医疗、文化等方面的进步明显落后于城市,且这种差距越拉越大。

以教育资源发展不均衡为例,前些年由于农村乡村撤并学校,很多山村尤其是偏远落后的山村都停办小学,导致一些偏远农村的儿童上学极为不便。农村教师资源的流失、教学设备的落后,使得农村学生在受教育的起点水平上就输于同期的城市学生。农村教育是农村学生走向城市和实现自身进步的重要途径,农村教育资源的匮乏,对农村学生实现自身成长的过程公平是一种制约。

三、社会政策不公平问题比较严重,需要进一步的法律制度整合

改革开放四十多年来,中国的社会发展取得了令人瞩目的成就:全面普及了义务教育,扩展了高等教育,显著拓宽了医疗保险覆盖面,大大减轻了广大人民群众就医负担。劳动力流动性增强,越来越多的农民进城务工。以国有企业为基础的"铁饭碗"式社会保障体系让位于一组不断扩大和完善的社会化保障体系。但亦毋庸讳言的是,社会政策缺失及其本身所造成的社会不公依然存在,特别是在户籍政策、土地政策、住房政策、人口政策、教育和医疗政策等方面。为消除社会政策不公,我国需要建立一个系统化的以"权利平等""机会公平""规则公正"为特征的社会公平保障体系,而建立这样一个保障体系,必须重视以下四个方面的挑战:

第一个挑战是政策不平等程度较高。地区与地区之间,及地区内部、不同行业不同人群之间,收入分配、消费能力,以及获得优质教育、医疗、就业、住房和社会保障的机会等领域,仍然存在较为严重的政策方面的不平等。尽管前面的研究显示,地区与地区之间的不平等有所减弱,但其他方面的不平等,例

如房地产拥有和支配权的不平等（占中国家庭财富总额的60%—70%）加剧了。相关政策上的不平等令中国社会流动性降低、社会结构逐渐固化的风险增大。此外，很多摆脱了贫困的人仍处于贫困边缘，即使是那些在我国脱贫攻坚战略中的受益者也很容易因为某些风险，如疾病、受伤或者失业等再度返贫。导致收入和消费不平等的原因之一是"库兹涅茨效应"①，即劳动力从生产率较低的农业部门流向生产率较高的制造业部门时，社会发生结构性变化，这也是相关政策本身导致的不公平的结果。

第二个挑战是政策激励和市场势力致使社会服务体系效率低下。社会服务领域的主体大多是处于垄断或准垄断地位的机构和组织，它们没有足够的竞争压力，也就缺乏提高服务效率和质量的动力。而政策激励不是基于向下负责的基础建立的，这些机构和组织也不会遭遇多少来自服务接受者的压力。比如，医疗部门为了获得更高的定级追求大而全的构架；教育部门则以升学率为最重要的评价标准；追求收入和政策激励鼓励公共服务机构不以社会效益而以经营效益为目标；城市地区的择校费拉大了"重点"学校和普通学校筹资能力的差距，把大量学生挡在"重点"之外。

第三个挑战是我国人口的迅速老龄化。由于三十多年长期执行严格的"一对夫妇只生一个孩子"的计划生育政策和经济发展社会观念改变等多重因素，中国成为有史以来人口结构转变最快的国家，这对未来的社会政策制定和经济总体发展构成了严峻的挑战。远低于1.5的总合生育率和人口预期寿命的提高，使得中国社会正经历着"未富先老"的转型。随着人口的老龄化和少子化，我国劳动年龄人口在2015年左右就已经达到峰值，之后一直处于下降阶段，而医疗和养老支出同步急剧上升。劳动年龄人口下降与抚养比率上升两个因素结合在一起，使得提高人力资本质量、提升劳动生产率变得格外重要，通过教育和培训提高相关能力的需求大大增强，也凸显了确保劳动力资源有效配置的重要性。人口老龄化还意味着慢性病等非传染性疾病所占的比重大幅增加，导致医疗卫生费用大幅增加，而且这个趋势越来越明显。这就要求医疗卫生战略从治疗性向预防性转变，同时加强对儿童和成人的健康教育。人口老龄化导致的人力资源数量上的不足要求国家对社会保障和公共服务进行结构性改革，特别是要利用现代科技手段，通过信息和通信技术来提高服务

---

① 库兹涅茨曲线表明，在经济发展过程开始的时候，尤其是在国民人均收入从最低上升到中等水平时，收入分配状况先趋于恶化，继而随着经济发展逐步改善，最后达到比较公平的收入分配状况，呈倒U形。

效率，同时为医疗服务提供者进行更为恰当的激励，科技的发展是应对这一挑战的有利条件。

第四个挑战是广大群众的利益诉求与社会保障及公共服务水平不一致的矛盾。广大人民群众，无论是快速发展的中产阶层，还是处在各种风险边缘的低收入阶层，对社会公共服务和社会保障的期望水平均大幅提升，他们希望拥有更高的薪水、更短的工作时间、更低的工作强度、更多的职业教育、更大的收入保障、更好的社会服务、更多的均等机会，以及在社会服务的设计和利用中能够享有更多的话语权、主动权、选择权和支配权。尽管服务也在升级，但人们对服务提供者的不满会越来越多，对问责制度、可负担性和公平性更高的社会公平保障体系有着更多期待。同时，不同群体的期望和利益却并不一致甚至会相互冲突。如果这些深层次的不平等的问题得不到有效缓解，社会不稳定性的可能将会增大。

第二节 建立社会公平保障体系、维护社会公平正义的战略步骤

任何战略构想的实现都依赖于具有可操作性的实施步骤，而总体规划、分步实施是中国建立和完善社会公平保障体系与维护社会公平正义应遵循的基本规则。鉴于此，我们将2017—2035年中国建立社会公平保障体系与维护社会公平正义的战略实施期划分为三个阶段（见图11-1）[①]。

一、第一阶段：2017—2020年

2017—2020年为我国社会公平保障体系建设奠定制度基础的时期，在全面系统地总结社会公平保障体系特别是公共服务体系和社会保障制度建设的经验与教训的基础上，针对我国社会公平保障体系建设所面临的若干问题，开展全面深入系统的研究工作，为系统化地建设我国社会公平保障体系提供理论和实践的支持。

在这一阶段，在我国基本公共服务体系公平性建设方面，重点把握基本公

---

① 党的十九大报告明确提出了从2020年到21世纪中叶可以分为"两个阶段"来安排：第一个阶段为2020年到2035年，在全面建成小康社会的基础上，再奋斗15年，基本实现社会主义现代化；第二个阶段为2035年到21世纪中叶，在基本实现现代化的基础上，再奋斗15年，把我国建成富强民主文明和谐美丽的社会主义现代化强国。因此，本章将2017—2035年设定为我国社会建立公平保障体系与维护社会公平正义的战略实施期。

	第一阶段 （2017—2020年）	第二阶段 （2021—2025年）	第三阶段 （2026—2035年）
基本公共教育	重视起点公平，总结各地教育资源均衡配置中的先进经验，完成基本公平教育制度的顶层设计；提升落后省份的小学生入学率至接近100%*，提高教育支出占财政支出的比例到20%以上；初步形成科学的师资流动机制	重点转向过程公平，全部省份教育支出占公共财政预算的比例提高至25%左右，继续调整各省份的生均指数、生师比和升学率，使各省份的各项教育指标达到较为均衡的程度，开始关注教育结果的公平，将义务教育年限提至12年	教育公平的重点开始从起点公平、过程公平转向结果公平；重视人均受教育的年限和个体受教育年限；基本全实现性别之间和城乡之间教育结果的公平，改革大学教育，将其中的一部分纳入公共教育体系*
基本医疗卫生服务	缩小地区差距：促进基本医疗卫生资源在地区间的合理分配，加大对落后地区的投入，缩小城乡差距：完成新农合和城居保制度整合	提高基本医疗卫生服务的质量，重点弥合城乡之间医疗费用、医疗质量和健康水平上的差异；加强对农村和西部地区公共卫生资源投入的倾斜	进一步完善医疗卫生体系，强化健康风险管理，繁荣健康产业，普及健康生活方式，提高健康服务质量和健康保障水平，基本实现医疗卫生领域的公平
基本住房保障	缩小保障范围，规范保障对象，集中资源保障低收入家庭，政府退出越级保障。增加低端住房供给，向货币补贴过渡，完善准入、申请、退出和监督制度，启动住房保障法立法*	着力推动住房保障方式由实物保障向货币补贴过渡，初步实现以货币补贴为主的补贴方式；完成《中华人民共和国住房保障法》的立法工作	政府借助市场机制参与保障房的建设和运作中为主流，形成市场融资为主体的多元化融资机制，进一步完善住房保障的法治化建设
基本养老保险	加强制度的顶层设计，以未来60—70年长距离视角合理规划养老金财政的平衡和持续性；完善投资运营制度；以公平为标准逐步调整不同制度、城乡、地区和人群之间的待遇水平	优化代际补偿机制弥补养老保险领域的代际不公问题，在对养老和教育综合考量的基础上增加儿童教育和健康支出，促进公共转移领域的代际公平，提升社会人力资本积累质量和科技水平*	重点建立养老金替代率的自动调整机制，完善多支柱的养老金体系，保证老年人基本可以享受到体面而有尊严的生活*
基本医疗保险	完善广覆盖、多层次的基本医疗保障制度，加快城乡医疗保险一体化进程；完善以职工基本医疗保险、城乡居民医疗保险为主体，商业健康保险等为补充的中国特色的医保制度体系	加快整合城乡居民医疗保障制度的步伐，进一步完善全民医保和大病保险体系，健全医保管理服务体系，积极发展商业健康保险	提升医保质量和管理效率，进一步增强医保制度的公平性、可及性和可持续性，让人民群众获得更可靠的医疗保障
社会救助	建立规则清晰简单明确的低保标准计算方法，以家计比较调查取代家计调查，建立统筹发展基准和财政分担机制，探索制度衔接	完善社会救助对象的分类标准，进一步完善财政分担机制，基本实现社会救助制度的全国统筹，完成全国性的社会救助制度顶层设计	基本消除城乡之间、地区之间的差距，实现救助对象、标准、待遇、方式的一致

图 11-1　2017—2035 年我国构建与完善社会公平正义保障体系的路线

注：*表示为本阶段的战略重点。

共教育公平性、基本医疗卫生服务公平性和基本住房保障制度的公平性。具体而言，在公共教育领域，需要充分总结各地在教育资源均衡配置中的先进经验，加强并完善覆盖城乡的九年制义务教育，大力发展职业教育和高等教育，确保人们能普遍、平等地获得公平和有质量保障的教育。公共教育领域的重点在于,全面提升各省份的入学率,不惜代价补短板,特别是要提升贵州、宁夏、甘肃、四川等省份的小学生入学率,使其接近100%,以保证全国基础公共教育的起点公平。全面提高教育支出占公共财政预算的比例,每个省份都至少要达到20%,同时重点提升内蒙古、辽宁、宁夏、西藏等短板省份教育支出在公共财政预算中的占比,使其超过20%。从而在一定程度上保证教育过程的公平,降低各省份的Theil指数、生均教育支出变异系数,特别是普通初中和普通高中的Theil指数、生均教育支出变异系数,降低各省份教育基尼系数,将之控制在2.0以下,在教育结果公平方面向实现性别教育平等和城乡教育平等的目标迈进。

总之,公共教育的公平,必须先从义务教育公平入手,总结各地在义务教育阶段的先进经验,在教育资源均等化方面进行中央层面的顶层设计。比如借鉴北京市东城区近几年的改革经验,将相近地区不同档次的初中(小学)划入同一优质教育资源带,资源带内名校和实力较弱的学校的教师及校园教学设备等一切教育资源完全统一调配,选拔有能力、有经验的校长和教学管理团队,整体提升整个教育资源带的教育水平。

师资流动机制是更有效地促进教育资源公平分配的手段。借鉴国际经验并根据我国的实际情况,在利用日新月异的网络信息技术,对义务教育阶段的学生进行"跟踪记录"的基础上,对全国中小学教师的需求做出预测,并据以确定各学区教师的分配指标,从而实现生师比的合理化以及不同地区之间师资数量配备的均衡化;协调各相关部门,在保证教师权益的基础上,通过约束激励机制,实现流动教师的统筹安排,确保教师升迁、调离、流动换岗及退休计划的落实,建立流动教师的整个职业生涯"全包"式的制度保障,为师资流动提供持续的动力。

在基本医疗卫生领域,基于前面的分析结论——当前我国的基本医疗卫生服务差异主要表现为起点上的差异,特别是在可及性和医疗支出上的差异(而且是农村内部和西部地区内部的差距较大,城乡间和地区间的差异相对较小),本阶段应将政策目标转移到保障医疗服务可及性和平衡基本医疗卫生支出方面。需要进行地区性乃至全国性的统筹规划,以促进基本医疗卫生资源在地区间的合理分配,特别是要加大对落后地区基础基本医疗卫生服务设施和基本医疗卫生服务人员队伍的建设,加大对落后地区医疗服务的补贴,保证基本医疗卫生服务的公平性与可及性;同时,还需要防止发达地区过度医疗,平衡地区间的基本医疗卫生支出。重点扶持农村和西部落后地区,使基本医疗服务真正覆盖国家的偏远地区,帮助农村和西部落后地区赶上医疗服务的平均水平,进一步完善覆盖城乡居民的中国特色基本医疗卫生制度,完善医疗卫生服务体系,激励优质卫生资源下沉到基层医疗服务机构;借助现代科技,结合中西医实践,提高预防和基础医疗水平,大幅降低抗癌药物的进口关税,放宽政府对医疗机构建设的审批权限,扩大医疗服务供给,使得人们的健康水平能够持续得到提高,健康素养水平持续得到提升,促使健康服务体系完善高效。

在基本住房保障领域,总结基本公共住房保障制度的经验与教训,建立市场配置和政府保障相结合的住房制度,加强保障性住房建设和管理,满足困难家庭的基本需求。鉴于前文分析的基本住房保障中房屋出租公平性高于出售公平性的一般情形,基于对我国城镇化进程和各地经验的判断,从公平正义性的角度出发,这一阶段设定的重点工作包括:缩小保障范围,规范保障对象,将住房保障资源集中分配给收入水平较低的家庭,政府逐渐退出不切实际的越级保障;尽管实物补贴是低效的住房保障方式,但鉴于多数省份低端住房市场供给不足的国情,现阶段还是需要在增加低端住房有效供给的基础上,因地制宜地保留实物补贴,同时做好从实物补贴转向货币补贴的各项准备。

在实现房产信息全国联网的基础上,着力完善住房保障制度。经过几十年的试验,经济适用房、廉租房、限价商品房、公共租赁房、自住商品房和长租房等住房保障形式的优势与劣势都已经充分显现,完全可以借此形成中央政府层面的顶层设计,正本清源,总结各地经验,分别由中央政府和地方政府严格限定每种保障房的准入标准、申请程序、退出机制和监督机制。中央政府采取行政、法律和经济手段鼓励和督促地方政府完成保障目标,鼓励地方充分利用市场机制,拓宽融资渠道,并加强对政策执行过程的监督,健全住房保障法律体系,在深入系统研究的基础上,推进住房保障法的立法工作,初步形成中央政府层面住房保障制度的大政方针。

在我国社会保障体系的公平性建设方面,此阶段应着重在夯实和完善养老保险体系、医疗保险体系以及社会救助体系的公平性建设。在养老保障体系领域,城镇企业职工基本养老保险、城乡居民基本养老保险和机关事业单位养老保险三种基本养老保险制度,商业养老保险市场之间的关系也需要进一步认真梳理,合理规划,以未来60—70年的时间综合安排养老金财政的平衡和持续性问题。扩大养老保险基金筹资渠道,完善养老保险基金投资运营制度,确保基金安全和保值增值,建立稳健、可持续的养老保障体系;助推城乡居民养老保险一体化进程,缩小城乡居民养老保障水平的差距,改革机关事业单位社会保险制度,实现基础养老金全国统筹,建立兼顾各类人员的养老保障待遇确定机制和正常调整机制。具体而言,需要在保障60岁以上老年人养老金绝对水平小步稳升的前提下,有区别地调整城镇企业职工基础养老金替代率水平;提高低收入者的养老金替代率,稳定中等收入者的养老金替代率,适当降低高收入者的养老金替代率。同时,继续推进国家机关事业单位养老金制度改革,打破双轨制,为构建统一的城镇职工社会养老保险制度创造条件。

在基本医疗保险领域,完善广覆盖、多层次、因地制宜的基本医疗保障制度仍然是这个阶段的主要任务。实现大病医疗保险的全覆盖,推进城乡医疗保险一体化进程,形成以职工基本医疗保险为主体,商业健康保险及其他多种形式医疗保险为补充的中国特色的医保制度体系。

社会救助体现的是一个社会的良心,它是社会生活的最后一道保障线、安全网,是维护社会和谐安定的稳压器,是消弭社会分配不公的减压阀。在社会救助领域,这一阶段需要完善城乡最低生活保障制度,以家计比较调查取代家计调查,建立城乡统一、规则清晰简单明确的低保标准计算方法,统一公布低保等社会救助项目标准,建立统筹发展基准,初步建立"分类转移支付"的财政分担机制;研究社会救助制度与社会保险制度、城镇登记失业制度、就业技能培训制度、残障人士就业促进制度等相关制度的衔接方案;完善社会救助信息系统,建立数据库,加强对社会救助公平和效率的探索。

二、第二阶段:2021—2025年

根据五年发展规划,2021—2025年为中国"十四五"规划阶段。按照部署,这个阶段已经是我国实现全面建成小康社会之后的新时期,系统化的社会公平保障体系已经初步形成,基本公共服务和社会保障体系基本实现均衡发展,城乡差距和地区差距进一步缩小,社会公平保障体系作用有效发挥,公平正义进一步彰显。

在此阶段,社会公平保障体系建设的重点是把握基本公共教育公平性和基本医疗服务公平性,以及基本住房保障制度在城乡、区域间的均衡发展,与时俱进,进一步完善社会保障制度。在基本公共服务体系公平性建设方面,教育公平的重点转向过程公平,将全部省份的教育支出占公共财政预算的比例提高至25%左右,继续调整各省份的生均指数、生师比和升学率,使各省份的各项教育指标达到较为均衡的程度,从而着力保证教育过程的公平;与此同

时,开始关注教育结果的公平,加大中央和地方层面的教育投入,将 9 年制义务教育年限提高到 12 年,或者将中小学教育的时间缩短至 10 年,国家实行 10 年制义务教育。借鉴国际经验,启动将大学教育中的一部分纳入公共教育的试点。

在基本医疗卫生领域,需要进一步加强对农村和西部地区的资源投入倾斜,推动健康领域基本公共服务均等化,维护基本医疗卫生服务的公益性,逐步缩小城乡、地区、人群间基本健康服务和健康水平的差异,实现全民健康覆盖,推进基本公共卫生服务均等化,提升医疗服务水平和质量,促进基本医疗服务社会公平,使人人享有基本医疗卫生服务,主要健康指标居于中高收入国家前列。

具体而言,经过第一阶段的努力,不同区域间的公平性将得到很大提升,在此阶段,弥合城乡之间医疗费用、医疗质量和健康水平上的差异应该是化解基本医疗卫生不公平性的重点。因此,在此阶段,需要进一步加大农村地区医疗支出的力度,随着城镇化的演进,农村人口减少,这方面的投入会大幅降低,但效果会非常明显,政府可以很容易地完成新农合和城市居民医疗保险制度整合的扫尾工作。随着农地流转和农业集约化经营的大规模推进,多个自然村集中起来形成的农村生活社区可以大大提高农村基本医疗卫生服务中心的效率,农村基本医疗卫生领域的诸多难题,比如提升医疗卫生服务的质量和健康水平等问题也将迎刃而解。

在基本住房保障领域,经过第一阶段的过渡,在市场低端住房短缺问题得到有效解决,保障房以出售为主转成出租为主后,在此阶段应着力推动住房保障方式由实物补贴向货币补贴过渡,初步实现以货币补贴为主的补贴方式。为了使基本住房保障最终纳入法治化的轨道,这一阶段要完成《中华人民共和国住房保障法》的立法工作,明确政府在住房保障中的责任,完善"招拍挂"等土地供应制度,降低房地产建设中的税负水平,压缩房地产企业的高额利润,维护失地农民的住房保障权利。

在我国社会保障体系的公平正义方面,这一阶段的主要任务是进一步完善我国养老保险体系、医疗保险体系以及社会救助体系的公平性和均衡性建设。坚持全覆盖、保基本和多层次的方针,以增强公平性、适应流动性、保证可持续性为重点,全面建成覆盖城乡居民的社会保障体系,充分发挥养老保障的收入再分配功能,进一步缩小城乡居民养老保障水平的差距。这个阶段必须考虑到优化代际补偿机制以弥补养老保险领域的代际不公问题,增加对儿童的教育和健康支出,促进公共转移领域的代际公平,提升社会人力资本积累质量和科技水平,抵消养老保险的代际不公,实现代际的公平和可持续发展。

在基本医疗保险领域,这个阶段需要加快整合城乡居民医疗保险制度的步伐,进一步完善全民医保和大病保险体系,健全医保管理服务体系,积极发展商业健康保险。

在社会救助领域,进一步完善制度,如将救助对象的收入、日常支出等特征作为人群分类的标准,取代以地区、户籍定论的分类标准,进一步完善财政分担机制,基本实现社会救助制度的全国统筹,完成全国性的社会救助制度顶层设计,保证及时和有效解决社会弱势群体的基本生活保障问题。

三、第三阶段:2026—2035 年

2026—2035 年是我国社会公平保障体系构建完成并逐渐走向成熟的时期,在这一阶段,我国公共服务和社会保障事业将在充分总结全面建成小康社会的经验基础上,实现健康、和谐有序发展,社会公平正义逐渐法治化,并达到一个新的高度。

在这一阶段,公共服务体系基本实现法治化、信息化和公开化,各项社会服务体系逐步走向完善。社会公平保障体系建设的重点在于基本公共教育公平性、基本医疗服务公平性和基本住房保障制度公平性的进一步提升。具体而言,在公共教育领域,要更加注重加强教育质量和提高人力资本素质,实现教育现代化,形成学习型社会,使我国进入人力资源强国行列;在此阶段,教育公平的重点开始从起点公平、过程公平转向结果公平,在第二阶段提高并平衡各省份教育支出占公共财政预算比例,调整生均指数、生师比和升学率的基础上,更加重视人均受教育的年限和个体受教育的年限,12 年义务教育全面实施;这个阶段要实现性别之间和城乡之间教育结果的公平,消除教育结果上的性别差异和城乡差异。大学教育的一部分也将纳入公共教育体系,借鉴美国和其他教育发达国家的高等教育模式,各省份都有政府出资的公立大学,主要满足本省份的高等教育需要。现有的百所重点大学(原 211 大学、985 大学和双一流大学)主要靠政府投入,学费较低;私立大学主要靠私人捐赠和学校创收,学费较高,其享受的收税等待遇借鉴美国大学管理体系并根据中国国情设计。

在基本医疗卫生领域,进一步完善医疗卫生体系,完善全民健康的制度体系,加强健康风险管理,繁荣健康产业,普及健康生活方式,提高健康服务质量

和健康保障水平,基本实现医疗卫生领域的公平公正,主要健康指标进入高收入国家前列,顺利实现国家"健康中国2030"的目标。

在基本住房保障领域,政府利用市场机制参与保障房的建设和运作应成为主流,保障性住房资金主要来源从财政拨款、公积金增值和部分土地出让金转化为借助市场力量融资,并逐步形成总量基本平衡、结构基本合理、房价与消费能力基本适应的保障住房供需格局,在进一步完善住房保障法治建设的基础上,朝着实现广大群众住有所居的目标迈进。

在我国社会保障体系的公平性建设方面,经过前两个阶段的努力,这个阶段的制度公平性已经达到了良好的程度,重点是建立养老金替代率的自动调整机制,完善多支柱的养老金体系。此时中国社会已经进入高度老龄化的时期,但得益于前两个阶段养老保障制度的改革与完善,社会资源供给的丰富多彩,尤其是科技比较发达,老年人基本可以享受到体面而有尊严的生活。

在基本医疗保险领域,城乡一体化的全民医保体系已经基本建成,这个阶段的主要任务是提升医保质量和管理效率,进一步增强医保制度的公平性、可及性和可持续性,让人民群众获得更可靠的医疗保障。

在改善民生和创新管理中,加强社会救助建设,进一步完善我国社会救助体系,基本消除城乡之间、地区之间的差距,实现救助对象、标准、待遇和方式的统一。维护社会的公平正义,有效地维护我国社会经济的稳定。

第三节　建立社会公平保障体系、维护社会公平正义的实现路径

建立社会公平保障体系,实现维护社会公平正义的目标,除了战略步骤的设计,还要有具体的实现路径。总结其他国家社会公平体系建设的经验,我们可以发现,有着不同公平正义指数的国家,其公平正义保障体系制度建立、模式选择和历史演进的路径有着很大的差异,导致其结果也大相径庭。实际上,任何社会政策目标的实现,都离不开由制度、道德和科技三个要素铺设出来的发展路径。因此,我国社会公平保障体系建设应利用好这三个要素,搭建并遵循科学的发展路径,以顺利跨越前面的三个战略阶段,实现既定的战略目标。

一、制度

这里的"制度"与制度经济学当中的制度同义,是一个非常宽泛的概念,指的是人际交往中的规则及社会组织的结构和机制。制度既包括成文的制度,也包括不成文的制度;既包括前文论述的经济制度、社会文化制度和法律制度,也包括社会组织的结构及其相应的机制。

中国改革开放以来所取得的成就无疑是市场经济制度建设的结果,制度经济学的理论在中国改革开放的实践中获得了很好的证明。一个好的制度可以使人的坏念头受到抑制,而坏的制度会让人的好愿望四处碰壁。秉持了公平正义的各项制度可以增加人们获得的效用,增强社会的文明程度,进而又提高市场交易的效率,促进经济的发展和物质的进一步丰富。能够保证"权利平等""机会公平""规则公正"的一系列制度,是一个有效率的社会公平保障体系得以建立、社会公平正义得以维护的根本保证。

社会公平保障体系的建立,涉及所有的社会组织结构及其相应的机制,包括人力资源和社会保障部、国家卫健委、民政部、国家发展改革委、财政部、工业和信息化部、住房和城乡建设部等几乎所有的政府部门;涉及养老、医疗卫生、建筑、房地产、金融保险等所有产业,涵盖所有社会组织,事关每一个家庭、每一个个体。一言以蔽之,社会公平保障体系的建立牵涉整个国家、整个社会,包括政府部门、社会组织、微观企业和公民个人家庭,以及它们之间的交易规则——一个由各项好的制度构成的社会公平保障体系是迈向理想彼岸的桥梁,是社会文明进步的快车道。

以财税制度为例,从保障社会公平的角度看,未来还需要大力推行财政结构性改革,以确保建立公平和可持续的社会公共服务所需的财政支撑。制度设计需要考虑如下两个问题:政府应该为社会公共服务和社会保障事业提供多大程度的财政支持,个人或者家庭需要肩负多大的担子?政府、社会组织以及社区在社会服务提供中应该扮演什么样的角色?在中国,对第一个问题的回答取决于政府计划为此投入多少财政资源。如果让占人口一半以上的农村居民和农民工也享有目前的城镇公共服务和社会保障水平,仅此一项就将给财政带来巨大负担,但从公平正义的角度来看,这又是必然之选。而国际经验也显示,随着国家日趋富裕,公共支出的增量部分将主要是社会公共性支出。在这个背景下,中国如何在实现扩大社会公共性支出和财政可持续性之间寻找一个恰当的平衡,以避免当前很多发达国家所面临的、由财务不可持续的社会福利造成的困境,就是我们需要认真思考和研究的一个问题。毫无疑问,一个基本的前提是,政府必须开展大力度的内部改革,降低成本,精兵简政,放权让利,以"小政府、大社会"的行政模式更好地服务社会。同时,借助 PPP 模式,发挥政府和市场的协同效应,提高公共产品的供给水平和质量。

从组织制度的角度分析,社会公平保障体系制度建设的要求是:政府部门公开透明,社会组织各司其职,企业运行有效,政府与市场间的边界清晰明确,居民家庭和个人遵纪守法。可以达到这些要求的制度都是好的制度,违反这些要求的制度都是需要修正的,社会的和谐首先需要的是各项"制度"之间的和谐。

在社会公平保障体系的各项制度中,社会组织的作用非常重要。社会组织也需要推行相应的结构性改革,提高服务提供效率,推动服务质量的均等化。首先,改革公共服务提供者的人力资源管理制度,对关键产出进行有效的绩效监督,强化绩效与职业发展之间的关联,实行有效激励以防止寻租行为,确保最好的医护人员和教师乐于向处于劣势的城镇和农村地区提供服务。其次,设计制度以扩大非政府组织提供公共服务的范围,让更多的利益相关方(社区、商业组织和非营利组织,甚至是家庭本身)共同参与,在明晰奖惩规则的基础上,拆除人为的进入壁垒[1]。在某些领域,与国际化企业增强合作关系可能也可以促进公共服务多元化的发展。服务提供者的多元化使社区和非政府部门可以在其中发挥更大的作用,政府只需要在对服务提供者的许可、认证、监督和管理等方面履行必要的职能。

日趋复杂和灵活多变的经济形势也将给劳动者的在职和退休生活带来更大的风险,要降低风险则需要设计一些制度,增强老年人口的安全保障,帮助劳动人口在更灵活的劳动市场中更好地管理风险。要实现这样一种"弹性安全"(flexicurity)[2],需要对养老金和失业保险制度进行结构改革,确保养老金保险覆盖面广泛,尤其要覆盖农村人口和外出务工人员,逐步增加对老年人口和绝症患者的长期护理,加强和完善劳动市场制度和争端解决机制,帮助平衡

---

[1] 为提高社会组织的责任感,需要:①建立行政制度对执行部门和机构实施监管;②建立市场机制鼓励私营部门参与公共服务事业;③增强公民责任感,发挥民间社会组织在发展社会福利事业中的作用。在某些情况下让社会组织共同承担管理社会服务的责任,从而加强公众对公共服务提供者的问责。在一些地方,公众开始参与对公共服务的监督和管理(例如通过学校理事会、校长选举和医疗纠纷调解委员会等),对服务质量提供反馈(如通过网络评议和市民打分卡等做法进行反馈),这些经验表明,中国可以像其他很多国家一样,从公众对服务提供的积极参与中受益。

[2] 弹性安全(flexicurity),为结合弹性(flexibility)与安全(security)两字之词,包含了经济动力与就业安全的意思。弹性安全是北欧模式下的劳动力市场积极福利政策。

员工与雇主之间的利益。

而在各种制度中,法律规范是社会公平保障体系赖以建立的客观基础与发展依据。市场经济应是法治经济,相应地,其社会形态应是法治社会。市场经济条件下的社会公平保障体系建设应以法治建设为基础。一整套系统化、彼此协调相互配合的法律体系是建立社会公平保障体系的制度保证,我国社会公平保障体系的构建与完善长期受到法律制度滞后的制约。以社会保险为例,虽然社会保险制度的探索和实践早在刚刚改革开放之后就已经开始,并形成了目前"四险一金"的制度体系,但直到2011年,中国才有了第一部真正意义上的《中华人民共和国社会保险法》,而且,这部法律至今仍存在较多争论,而囊括社会救助、社会福利、优抚安置、住房保障等内容的较为完整的社会保障法仍未列入立法议程。

以系统化的法律体系为基础的社会公平保障体系才可能是一个可持续发展的有效系统,相应的法律体系堪称社会公平保障体系得以健康运行的路基。除了以社会保险法和社会保障法为主体的社会保障法律体系,还需要在现行《中华人民共和国教育法》的基础上构建专门的公共教育法律体系;在修改《中华人民共和国医疗保障法》的基础上,构建住房保障法为主体的公民住房保障法律体系;构建以《中华人民共和国医疗保障卫生法》为核心的公共卫生法律体系。这些法律体系的构建应以构建社会公平保障体系、维护社会公平正义的思想为主导,彼此配合、相互协调,以系统化的方式呈现,至少应兼顾以下三个方面:第一,社会公平保障体系在立法、执法与司法方面应该适应我国经济社会的发展水平;第二,社会保障体系立法应有利于促进公平与提升效率;第三,社会保障体系立法应起到实现公平与正义的目标,有利于扶持弱势群体,缩小城乡差距,实现医疗、教育、社会保险等社会资源的公平化和平等化。

二、道德

建立社会公平保障体系,道德规范是最根本的要素,因为其最为持久,成本最低,效果最佳,但其建设需要漫长的时间,因此,在制度、道德和技术三要素中,道德规范建设总是被人为地设置到次要地位。

道德是人们共同生活及其行为的准则和规范,道德通过社会的或一定阶级的舆论对社会生活起约束作用。从博弈论的角度看,道德是一个人类群体经过长期博弈而形成的稳定预期下的共同信念。①

人类在长期的生存斗争中意识到,在追求自己利益最大化的过程中,每个个体必然受到他人利益以及群体利益的约束。个人为得到长远利益,必须遵守一定的道德规范。而为了保证这样的规范得到执行,人类不仅通过教育、惩戒和奖励等方式不断树立个体的道德感,还创造了国家、军队、警察、监狱、法律等工具。

康奈尔大学经济学教授考希克·巴苏(Kaushik Basu)将人类的道德行为规范划分为三类:理性限定规范(rational-limiting norms)、偏好变异规范(preference-changing norms)和均衡筛选规范(equilibrium-selection norms)(Basu,2000)。理性限定规范改变当事人面临的选择集。比如,从社会公平正义的道德角度看,将自己的幸福建立在别人的痛苦之上是不好的,因此,多数人不愿意做损人利己的事,因为道德理性限制了人们的行为。偏好变异规范改变人们的偏好,比如,在计划经济时代,人们偏好的是"根正苗红"的社会出身,以均贫富为荣,关注的是结果公平;而在今天,拥有更多的财富才是多数人的偏好,人们更关注的是起点和过程的公平。均衡筛选规范是协调人们在众多的纳什均衡中选择某个特定的纳什均衡的规范。比如人们的个人隐私和社会责任在互联网上的社会舆论中有着无数个组合,可以说每一个组合都是一个纳什均衡,但具体到每一个,是普通大众,还是公众人物;是政府官员,还是人民群众,人们的身份和地位等因素决定了他会落在其中的某一个组合上,该组合则称为聚点(focal point)。从公平正义的角度来说,公众人物和拥有公共权力的人应该拥有较少的个人隐私。不同人的不同聚点、不同时代的舆论导向已经不是博弈本身所能决定的,而是决定于博弈之外的社会道德规范,及其由道德规范上升成文的法律规范。

社会公平保障体系的建设需要重视社会道德规范的作用,因势利导,合理运用,并充分考虑到道德规范的时代性、阶级性、地域性和局限性。

"公正"一词在定义中就被界定为"道德范畴和道德品质之一"(黄有光,

---

① 对于道德的形成过程,一则故事常被引用,虽然显得有些粗糙和牵强,但仍可以作为对这个复杂问题的简单注解。有一群猴子被关在笼子里,笼子的上方有一条绳子,绳子一头拴着一根香蕉,另一头连着一个机关,机关又与一个水源相连。猴子们发现了香蕉,有猴子跳上去够这根香蕉,当猴子够到香蕉时,与香蕉相连的绳子带动了机关,于是一盆水倒下来,尽管够到香蕉的猴子吃到了香蕉,但其他猴子被淋湿了。这个过程重复着,猴子们发现,吃到香蕉的猴子是少数,而其余的大多数猴子都被淋湿。经过一段时间,有一伙猴子自觉地行动起来,当有猴子去够香蕉时,它们便揍那只猴子。久而久之,猴子们产生了合作,再也没有猴子去够香蕉了,于是在猴群中产生了"道德"。详见:潘天群,博弈生存[M].北京:中央编译出版社,2002。

2003),可见对公正的认识源于道德范畴,公正是道德的一种内在形式。人际关系和谐与市场交易高效所需要的诚信和信任、社会运行所需要的职业素养和职业道德、社会秩序所需要的公民素养,是人们追求的目标,也是实现进一步公平正义的工具。实验经济学和行为经济学的研究证实(蒲勇健,2007),人与人之间信任关系的建立、个人对公共物品的自愿供给,源于人们的公平互利性动机和对他人行为公平正义性的判断。人们利用一定的价值标准对他人行为的公平性和正义性进行判断,并愿意牺牲个人利益对公平正义的行为进行鼓励,而对违反公平正义的行为进行惩罚。

在亚当·斯密的著作中,与《国富论》同样重要的是《道德情操论》,而社会公共服务体系,特别是社会保障制度也被公认为一种道德承诺,这就要求无论是社会公共服务体系,还是社会保障体系的构建,或者有关制度的设计、立法的健全等,都需要道德精神的支撑。现实生活存在的不平等状况催生了人类追求公平正义的观念和意识,提出了人类构建公平公正的社会公共服务体系和社会保障体系的任务。毋庸置疑,我们只有在公正的道德指引下才能保证制度的正确方向,这也是为什么要求在关注社会公共服务体系和保障制度的设计运营之时,必须完善社会道德体系。

在建立社会公平保障体系的过程中,完善社会道德规范体系至少要注意协调处理好以下四个方面的关系:①社会道德规范体系建设与法律体系建设的关系;②社会道德规范体系建设与个人道德建设的关系;③制度道德规范和道德规范制度化的关系;④道德规范的全民教育与全程教育的关系。加强公共教育是提升社会道德水平的必由之路,两者相辅相成、互相促进。政府还应鼓励全社会发扬中华民族悠久的尊老爱幼、扶贫济困和集体主义的文化传统,充分调动社会各方的积极性来支持慈善事业,支持志愿者公益活动,鼓励互帮互助,发挥社团组织自我管理和自我服务的作用。

需要特别强调的是,在社会公平保障体系建设中,道德规范的培育不应再放在次要地位,因为道德文化事关全局,是保障社会公平正义的基础性工程。一个具有良好道德水平的社会,可以节省巨量的制度成本和技术监督成本,因此,要通过制度设计和教育坚持不懈、持之以恒地提高人们的道德水平。同时,在社会公平保障体系建设中充分发挥道德规范的作用。比如,可以利用人们的理性限定规范,对保险索赔或领取其他福利待遇的人做善意的无罪推定,同时加大抽查和查实惩罚的力度,以降低社会公平保障体系运行中的制度成本;比如,基于偏好变异规范,当今人们更关注的是起点和过程的公平,所以,在社会公平体系建设中要侧重于起点公平和过程公平,允许一定范围内结果的不公平;再比如,可以利用均衡筛选规范,遏制权势阶层获得更多的福利待遇,最大限度地保障最大公约数群体的利益。

三、科技

"科技是第一生产力",科技的力量是无穷的。正是因为有了科技革命,曾经沉沦于中世纪暗影中的欧洲国家才有了今天丰富的物质文明和精神文明,公平正义的社会秩序才得以建立起来;正是因为几十年来信息技术的快速发展,特别是互联网技术的突飞猛进和全面普及,社会的透明度才大大增强;正是因为各种数据和典型事例的随时披露和广泛讨论,才使社会诸多不公平非正义的黑暗面暴露于阳光之下,才有了改进的基础,社会公平保障制度的建立才能形成更广泛的社会共识,社会公平正义的事业才有了更加枝繁叶茂的可能。

比如,在我国几十年来社会保障制度建设的实践中,技术一直是一个具有决定性作用的因素。由于计算机技术和网络技术的发展,我国全国性的社会保障信息网络建设的构想逐渐成为现实,通过社会保障号码(与身份证号码同号)管理全体公民社会保障信息和账户的设想才具有了更强的可操作性,全国统筹一体化的社会保障制度建设因信息技术的发展而逐渐变成现实。而若干年前,在信息技术无以支撑的情况下,统一管理13亿人的社会保障信息一直是个因数据浩繁无法联网而成本巨大的任务。

现代社会对政府行政工作的透明度有了更高的要求,并且将行政信息透明度作为评定政府工作的一项重要指标。对于社会公平保障制度建设而言,信息化建设有着更为重要的意义,因为信息的暗箱里不可能孕育出公平正义。

仍以现代社会保障制度为例。社会保障管理部门在制度运行和实际管理过程中,行使着国家对社会成员提供保障的功能,依法对参保成员的基本生活权利提供社会保险、社会福利、社会救济等保障。特别地,在社会保险方面,社会保障部门不但要收集、统计和管理所有参保者的信息,建立和维护参保者的专门账户,对社保资金进行筹集、运营管理和待遇发放,并且要确保"偿付能力"充足,保证参与者公平和代际公平,采用统计精算技术科学评估缴费标准和领取待遇水平的高低,以在社会经济发展的承受能力范围内,实现社会保障水平的不断提升和可持续发展。

由此可见,信息是社会保障制度可持续运行的基础。一个透明的信息系统可以防止暗箱操作,有效防止腐败和一切不公正行为的发生。由此可见,作为一项涉及全体公民利益、关系国家财政长期收支的事业,社会保障的科学运营对信息化的依赖程度相当高。

我国的社会保障部门早已意识到信息技术的重要性,"金保工程"作为中央政府信息化的"十二金"工程之一,早在 2003 年 8 月就已经国务院同意正式启动。① 金保工程成为国家社会保障部门利用先进的信息技术,以中央、省、市三级网络为依托,支持劳动和社会保障业务经办、公共服务、基金监管和宏观决策等核心应用,覆盖全国统一的劳动和社会保障电子政务工程。金保工程的二期建设已经在建,并按照国务院的安排与其他政府信息工程联网,最终将形成一个统一的电子政务工程。

四、结语

人类历史的长河浩浩汤汤。"大道之行也,天下为公,选贤与能,讲信修睦。故人不独亲其亲,不独子其子,使老有所终,壮有所用,幼有所长,矜、寡、孤、独、废疾者皆有所养,男有分,女有归。货恶其弃于地也,不必藏于己;力恶其不出于身也,不必为己。是故谋闭而不兴,盗窃乱贼而不作,故外户而不闭,是谓大同。"《礼记》中所描绘的人类大同社会至今仍是人类文明前进的方向。公平与正义是人类社会向前发展的不竭动力。

中国的党和政府致力于建设一个富强民主的社会主义国家,率领全国人民励精图治,为中华民族伟大复兴而不懈努力。在新的时代背景下,中国共产党的二十大报告基于我国当前在社会主义初级阶段不同程度地存在于基本公共服务领域和社会保障领域的不规范、不公平、不公正的现实问题,提出了"健全覆盖全民、统筹城乡、公平统一、安全规范、可持续的多层次社会保障体系",就是要通过一系列的制度设计和完善,建立健全一个能够维护社会公平正义的社会公平保障体系,并不断加以完善,使中华民族在一个高效的社会公平保障体系下,更好地推进人类文明和社会进步,实现并超越大同社会的理想,为全人类贡献璀璨的中国智慧。

---

① 人力资源和社会保障部用"一二三四"概括了金保工程的内涵:"一"是一个工程,指在全国范围建设一个统一规划、统筹建设、网络共用、信息共享、覆盖各项劳动和社会保障业务的电子政务工程;"二"是两大系统,指建设社会保险子系统和劳动力市场子系统;"三"是三级结构,指由中央(劳动保障部)、省、市三层数据分布和管理结构组成;"四"是四项功能,指具备业务经办、公共服务、基金监管和宏观决策四项功能。

本章参考文献

[1] Basu, K. Prelude to Political Economy: A Study of the Social and Political Foundations of Economics[M]. Oxford: Oxford University Press, 2000.

[2] Fiscella, K., Peter F. Individual income, income inequality, health and mortality: What are the relationships? [J]. Health Services Research, 2000. 35(1): 307-318.

[3] Gintis, H. Behavioral ethics meets natural justice [J]. Politics, Philosophy & Economics, 2006, 5(1): 5-32.

[4] Sen, A. On Economic Inequality[M]. Oxford: Oxford University Press, 1973.

[5] Von Bertalanffy L. The history and status of general systems theory [J]. Academy of Management Journal, 1972, 15(4): 407-426.

[6] 黄有光.公平与公共政策[M].北京:社会科学文献出版社,2003.

[7] 金倍.以公平促进效率,以效率实现公平[J].经济研究,1986(7):78—81.

[8] 李春玲.社会政治变迁与教育机会不平等——家庭背景及制度因素对教育获得的影响(1940—2001)(1966—2003)[J].中国社会科学,2003(3):86—98.

[9] 李少冬,仲伟俊.中国医疗服务公平与效率问题的实证研究[J].管理世界,2006(5):146—147.

[10] 李煜.制度变迁与教育不平等的产生机制——中国城市子女的教育获得(1966—2003)[J].中国社会科学,2006(4):97—109.

[11] 卢梭.社会契约论[M].何兆武,译.北京:商务印书馆,2003.

[12] 莫京梁,翟东华.医疗保健的公平与效率分析[J].经济研究,1997(5):56—60.

[13] 蒲勇健.建立在行为经济学理论基础上的委托——物质效用与动机公平的替代[J].经济学(季刊),2007(7):297—318.

[14] 斯密.道德情操论[M].蒋自强,等,译.北京:商务印书馆,1997.

[15] 世界银行.中国:推动公平的经济增长[M].北京:清华大学出版社,2004.

[16] 史耀疆,崔瑜.公民公平观及其对社会公平评价和生活满意度影响分析[J].管理世界,2006(10):39—49.

[17] 孙祁祥,锁凌燕,郑伟.社保制度中的政府与市场——兼论中国PPP导向的改革[J].北京大学学报,2015(3):28—35.

[18] 孙祁祥,王国军,郑伟.中国养老年金市场未来发展战略与政策建议:2013—2023年[J].审计与经济研究,2013(5):3—13.

[19] 孙祁祥,锁凌燕、郑伟.论新形势下社会保障的协调发展[J].中共中央党校学报,2016(8):98—104.

[20] 杨奇明,林坚.教育扩张是否足以实现教育公平——兼论20世纪末高等教育改革对教育公平的影响[J].管理世界,2014(8):55—67.

[21] 杨汝岱,朱诗娥.公平与效率不可兼得吗?——基于居民边际消费倾向的研究[J].经济研究,2007(12):46—58.

[22] 叶航.效率与公平:一个建立在基数效用论上的新视角——黄有光新著《效率、公平与公共政策》评析[J].管理世界,2003(12):150—153.

后 记

社会公平正义是人类社会发展的终极目标,也是中国改革、开放、发展的最终目的。2013年7月,由我担任首席专家的国家社科基金重大项目"建立社会公平保障体系与维护社会公平正义研究"正式立项(批准号:13&ZD042)。同年10月11日,课题组在北京大学召开了开题论证会,全国人大常委会委员、中国人民大学郑功成教授,中国社科院世界社保研究中心主任郑秉文教授,国务院发展研究中心金融研究所所长张承惠研究员,北京大学社会学系邱泽奇教授等特邀专家就课题的意义和价值、研究主线和思路等发表了许多真知灼见。课题组全体成员、北京大学社科部副部长耿琴老师以及北京大学经济学院风险管理与保险学系师生代表参加了论证会。之后,我带领研究团队开始了这项长达5年的研究工作。2019年4月,项目顺利结项。

这个研究项目凝聚了所有参与者的心血。课题组成员经常在一起探讨、辩论,思想的交锋和观点的碰撞随处可见。如何理解公平正义?如何设定衡量指标?如何进行国际比较?如何选取代表性国家?如何更好地建立公平正义的社会保障体系?如何保障全体公民获得公平与正义?这些都是很现实的问题,都没有现成答案,都是我们试图去研究、去探索、去回答的。

课题分为五个部分:第一篇为理论研究框架;第二篇为中国基本公共服务体系的公平正义性研究;第三篇为中国社会保障体系的公平正义性研究;第四篇为国际比较研究;第五篇为中国的战略构想及实施步骤研究。具体分工如下:第一篇:孙祁祥、朱俊生、锁凌燕、袁铎珍;第二篇:蒋云赟、李登科、王雪坤、吴憾;第三篇:郑伟、姚奕、江华、完颜瑞云;第四篇:锁凌燕、赵昊东、王开;第五篇:王国军、周新发。王嘉鑫、任庆杰、张波、陈西岳、郭金杰、周丹丹等同学参加了课题相关部分的助研工作;郑伟教授作为项目的总协调人做了大量的组织、统稿和结项工作;完颜瑞云博士和周新发博士协助做了许多事务性工作。

作为课题的首席专家和总负责人,我要感谢国家社科基金对我们课题组的信任,感谢北京大学社科部和经济学院对课题研究的大力支持;感谢所有课题组成员对课题研究的倾情付出。我希望这项研究成果能够为我国建立公平正义保障体系、提升全体人民的获得感和幸福感提供微薄之力,同时也希望这项研究能够随着实践的发展而进一步深入。

孙祁祥
2023 年 11 月 23 日于北京